国网信息通信产业集团有限公司
STATE GRID INFORMATION & TELECOMMUNICATION GROUP CO.,LTD.

KUAIJI HESUAN SHOUCE

会计核算手册

国网信息通信产业集团有限公司财务资产部◎主编

经济管理出版社
ECONOMY & MANAGEMENT PUBLISHING HOUSE

图书在版编目（CIP）数据

会计核算手册/国网信息通信产业集团有限公司财务资产部主编 . —北京：经济管理出版社，
2018.4

ISBN 978-7-5096-5716-4

Ⅰ.①会…　Ⅱ.①国…　Ⅲ.①电力工业—工业会计—中国—手册　Ⅳ.①F426.61-62

中国版本图书馆 CIP 数据核字（2018）第 059439 号

组稿编辑：申桂萍
责任编辑：任爱清
责任印制：黄章平
责任校对：陈　颖

出版发行：经济管理出版社
　　　　　（北京市海淀区北蜂窝 8 号中雅大厦 A 座 11 层　100038）
网　　址：www. E-mp. com. cn
电　　话：（010）51915602
印　　刷：三河市延风印装有限公司
经　　销：新华书店
开　　本：787mm×1092mm/16
印　　张：27.25
字　　数：580 千字
版　　次：2018 年 4 月第 1 版　　2018 年 4 月第 1 次印刷
书　　号：ISBN 978-7-5096-5716-4
定　　价：98.00 元

编委会

主　任：王政涛　李　强
副主任：胡明安
委　员：王远征　华　伟　张春生　王新勇　孙　辉　历　爽
　　　　张晋芳　单荣军　侯春晓　贺成功　崔传健　王　伟
　　　　林建华　陈红梅　朱海萍　王　东

编写组

组　长：张晋芳
成　员：孙　辉　历　爽　单荣军　吕　静　侯春晓　李　昱
　　　　杨齐赞　倪明伟　赵　晴　许刚健　王　嬛　田俊丽
　　　　薛党莲　卢建猛　王丙寅　陆海红　刘　晶　陈幼吟
　　　　陈凤宝　李　凯　陈亚琴　汪丽君　陈定友　时明慧
　　　　宋　玲

前　言

一、编制依据

为规范国网信息通信产业集团有限公司（以下简称"国网信通产业集团"）及下属各单位的会计确认、计量和报告行为，规范并统一国网信通产业集团内各级单位会计核算工作，促进会计信息质量提升，根据《中华人民共和国会计法》《企业财务通则》《企业会计准则》《企业会计准则—应用指南》《国家电网公司会计核算办法》及其他相关法律、行政法规、政策及规定，结合国网信通产业集团实际业务情况，由国网信通产业集团财务资产部编制了适用于本单位各类业务的会计核算手册。

二、编制内容

本手册分为十七个章节，分别为总则、资金筹集与营运、长期股权投资、采购与付款、销售与收款、工程项目、研究开发支出、存货与成本核算、非流动资产、职工薪酬、费用核算、税费核算、所有者权益、特殊业务、会计调整、关联方及关联方交易、财务报告。每个章节以国网信通产业集团业务为出发点，从术语解释、核算原则、账务处理三个方面来编制各个业务环节涉及的核算内容，在每项业务账务处理中，明确账务处理流程、会计分录、凭证附件以及对应的现金流量表项目。

三、编制责任

本会计核算手册是在相关法律、法规的基础上，结合国网信通产业集团的会计实践编制而成，如果相关政策部门对相关法律、法规有新的解释或不同理解，在实际工作中应不受本会计核算手册的限制，以相关权威部门的解释或理解为准。目前，国家财政部及其他相关部门对会计政策和法规不断进行修订和更新，因此本会计核算手册有较强的时效性，国网信通产业集团将对手册内容进行及时修订和更正。

本书在编写过程中得到国网信通产业集团各级领导的大力支持和财务人员的辛勤付出，在此表示衷心的感谢。由于国网信通产业集团业务的特殊性，本书针对主要业务明确了核算标准，特殊业务请参照会计准则及国网会计核算办法执行。

目　录

目 录

第一章 总 则

第一节 基本要求

1. 企业应当对其本身发生的交易或者事项进行会计确认、计量和报告。

2. 企业会计确认、计量和报告应当以持续经营为前提。

3. 企业应当划分会计期间，分期结算账目和编制财务会计报告。

会计期间分为年度和中期。中期是指短于一个完整的会计年度的报告期间，如半年度、季度和月度等。会计期间均按公历起讫日期确定。

本手册所称的期末，是指月末、季末、半年末和年末。

4. 企业的会计核算以人民币为记账本位币。

业务收支是以人民币以外的货币为主的企业，可以选定其中一种货币为记账本位币，但编制的财务会计报告应当折算为人民币。

在境外设立的企业向国内报送的财务会计报告应当折算为人民币。

5. 企业的会计记账采用借贷记账法。

6. 会计记录的文字应当使用中文。

7. 企业会计的确认、计量和报告应当以权责发生制为基础。凡是当期已经实现的收入和已经发生或应当负担的费用，无论款项是否收付，都应当作为当期的收入和费用；凡是不属于当期的收入和费用，即使款项已在当期收付，也不应当作为当期的收入和费用。

8. 企业应当编制财务会计报告。财务会计报告的目标是向财务会计报告使用者提供与企业财务状况、经营成果和现金流量等有关的会计信息，反映企业管理层受托责任履行情况，有助于财务会计报告使用者做出经济决策。财务会计报告包括会计报表及其附注和其他应当在财务会计报告中披露的相关信息和资料。会计报表至少应当包括资产负债表、利润表、现金流量表等。

第二节　会计信息质量要求

1. 可靠性

企业应当以实际发生的交易或者事项为依据进行会计确认、计量和报告，如实反映符合确认和计量要求的各项会计要素及其他相关信息，保证会计信息真实可靠、内容完整。

2. 相关性

企业提供的会计信息应当与财务会计报告使用者的经济决策需要相关，有助于财务会计报告使用者对企业过去、现在或者未来的情况做出评价或者预测。

3. 可理解性

企业提供的会计信息应当清晰明了，便于财务会计报告使用者理解和使用。

4. 可比性

企业提供的会计信息应当具有可比性。

同一企业不同时期发生的相同或者相似的交易或者事项，应当采用一致的会计政策，不得随意变更。确需变更的应当在附注中说明。

不同企业同一会计期间发生的相同或者相似的交易或者事项，应当采用统一规定的会计政策，确保会计信息口径一致、相互可比。

5. 实质重于形式

企业应当按照交易或者事项的经济实质进行会计确认、计量和报告，不应仅以交易或者事项的法律形式为依据。

6. 重要性

企业提供的会计信息应当反映与企业财务状况、经营成果和现金流量等有关的所有重要交易或者事项。

7. 谨慎性

企业对交易或者事项进行会计确认、计量和报告应当保持应有的谨慎，不应高估资产或者收益、低估负债或者费用。

8. 及时性

企业对于已经发生的交易或者事项，应当及时进行会计确认、计量和报告，不得提前或者延后。

第三节 会计要素的确认

会计要素是根据交易或者事项的经济特征所确定财务会计对象的基本分类。会计要素按照其性质分为资产、负债、所有者权益、收入、费用和利润。

1. 资产

资产是指企业过去的交易或者事项形成的、由企业拥有或者控制的、预期会给企业带来经济利益的资源。一项资源在同时满足与该资源有关的经济利益很可能流入企业，且该资源的成本或者价值能够可靠地计量时，确认为资产。

企业过去的交易或者事项包括购买、生产、建造行为或其他交易或者事项。预期在未来发生的交易或者事项不形成资产。

由企业拥有或者控制，是指企业享有某项资源的所有权，或者虽然不享有某项资源的所有权，但该资源能被企业所控制。

预期会给企业带来经济利益，是指直接或者间接导致现金和现金等价物流入企业的潜力。

2. 负债

负债是指企业过去的交易或者事项形成的、预期会导致经济利益流出企业的现时义务。一项现时义务在同时满足与该义务有关的经济利益很可能流出企业，且未来流出的经济利益的金额能够可靠地计量时，确认为负债。

现时义务是指企业在现行条件下已承担的义务。未来发生的交易或者事项形成的义务，不属于现时义务，不应当确认为负债。

3. 所有者权益

所有者权益是指企业资产扣除负债后由所有者享有的剩余权益，主要来源包括所有者投入的资本、直接计入所有者权益的利得和损失、留存收益等。

所有者投入的资本是指所有者投入企业的资本部分，它既包括构成企业注册资本或者股本部分的金额，也包括投入资本超过注册资本或者股本部分的金额，即资本溢价或股本溢价。

直接计入所有者权益的利得和损失，是指不应计入当期损益、会导致所有者权益发生增减变动的、与所有者投入资本或者向所有者分配利润无关的利得或者损失。

利得是指由企业非日常活动所形成的、会导致所有者权益增加的、与所有者投入资本无关的经济利益的流入。

损失是指由企业非日常活动所发生的、会导致所有者权益减少的、与向所有者分配利润无关的经济利益的流出。

留存收益是指企业历年实现的净利润留存于企业的部分，主要包括盈余公积和未分配利润。

4. 收入

收入是指企业在日常活动中形成的、会导致所有者权益增加的、与所有者投入资本无关的经济利益的总流入。

收入只有在经济利益很可能流入从而导致企业资产增加或者负债减少，且经济利益的流入额能够可靠计量时才能予以确认。

5. 费用

费用是指企业在日常活动中发生的、会导致所有者权益减少的、与向所有者分配利润无关的经济利益的总流出。费用只有在经济利益很可能流出从而导致企业资产减少或者负债增加，且经济利益的流出额能够可靠计量时才能予以确认。

企业为生产产品、提供劳务等发生的可归属于产品成本、劳务成本等的费用，应当在确认产品销售收入、劳务收入等时，将已销售产品、已提供劳务的成本等计入当期损益。

企业发生的支出不产生经济利益的，或者即使能够产生经济利益但不符合或者不再符合资产确认条件的，应当在发生时确认为费用，计入当期损益。

在日常活动中，企业发生的交易或者事项导致其承担了一项负债而又不确认为一项资产的，应当在发生时确认为费用，计入当期损益。

6. 利润

利润是指企业在一定会计期间的经营成果，利润是收入减去费用后的净额、直接计入当期利润的利得和损失等。

直接计入当期利润的利得和损失，是指应当计入当期损益、最终会导致所有者权益发生增减变动的、与所有者投入资本或者向所有者分配利润无关的利得或者损失。

第四节　会计计量

企业在将符合确认条件的会计要素登记入账并列报于会计报表及其附注（又称财务报表，下同）时，应当按照规定的会计计量属性进行计量，确定其金额。会计计量属性主要包括历史成本、重置成本、可变现净值、现值、公允价值。

1. 历史成本

历史成本又称实际成本，就是取得或制造某项财产物资时所实际支付的现金或其他等价物。在历史成本计量下，资产按照购置时支付的现金或者现金等价物的金额，或者按照购置资产时所付出的对价的公允价值计量。负债按照因承担现时义务而实际收到的款项或者资产的金额，或者承担现时义务的合同金额，或者按照日常活动中为偿还负债预期需要支付的现金或者现金等价物的金额计量。

2. 重置成本

重置成本又称现行成本，是指按照当前市场条件，重新取得同样一项资产所需支付的现金或现金等价物金额。在重置成本计量下，资产按照现在购买相同或者相似资产所需支付的现金或者现金等价物的金额计量。负债按照现在偿付该项债务所需支付的现金或者现金等价物的金额计量。

3. 可变现净值

可变现净值是指在正常生产经营过程中，以预计售价减去进一步加工成本和预计销售费用以及相关税费后的净值。在可变现净值计量下，资产按照其正常对外销售所能收到现金或者现金等价物的金额扣减该资产至完工时估计将要发生的成本、估计的销售费用以及相关税费后的金额计量。

4. 现值

现值是指对未来现金流量以恰当的折现率进行折现后的价值，是考虑货币时间价值的一种计量属性。在现值计量下，资产按照预计从其持续使用和最终处置中所产生的未来净现金流入量的折现金额计量。负债按照预计期限内需要偿还的未来净现金流出量的折现金额计量。

5. 公允价值

公允价值是指市场参与者在计量日发生的有序交易中，出售一项资产所能收到或者转移一项负债所需支付的价格。

企业对资产或负债需要按照公允价值计量的，一般应按如下顺序确定公允价值：①资产或负债存在活跃市场的，应按活跃市场中的报价确定其公允价值；②资产或负债不存在活跃市场的，参考熟悉情况并自愿交易的各方最近进行的市场交易中使用的价格或参照实质上相同或相似的其他资产或负债等的市场价格确定其公允价值。不存在活跃市场的，且不满足上述两个条件的，应当采用估值技术等确定公允价值。

企业在对会计要素进行计量时，一般应采用历史成本、重置成本、可变现净值、现值、公允价值计量的，应当保证所确定的会计要素金额能够取得并可靠计量。

企业应建立、健全同公允价值相关的决策体系，审慎地选用公允价值计量模式。

第二章　资金筹集与营运

本章主要核算资金筹集、资金营运业务。主要涉及长、短期借款、委托借款、统借统还、库存现金、银行存款、其他货币资金及委托贷款的处理等。

第一节　资金筹集

一、核算原则及术语解释

1. 核算原则

筹集资金到位以后，按照企业会计准则和集团内控制度的要求，正确核算和监督资金筹集、费用的计提、支付以及会计核算等工作，确保筹资活动符合筹资方案及筹资合同或协议的要求。

2. 术语解释

资金筹集是指为了满足集团经营发展的需要，以付息债务方式筹集资金的活动。资金筹集的主要方式包括银行借款筹资、委托借款筹资等。

二、账务处理

1. 委托借款

委托借款是指集团本部（借款人）向公司系统内单位（委托人）贷款，由金融机构（受托人）根据委托人确定的贷款对象、用途、金额、期限、利率等代为发放、监督使用并协助收回的借款。受托人只收取手续费，不承担贷款风险。

设置"短期借款-委托借款本金"和"长期借款-委托借款本金"等会计科目核算委托借款的本金入账、利息计提与支付、本金偿还等内容。

（1）委托借款本金借入。

账务处理：

记账凭证

摘要	会计科目	借方	贷方
向××公司委托借款	银行存款-人民币-××银行-××账户	××.××	
向××公司委托借款	短期借款-委托借款本金【合同号】		××.××
向××公司委托借款	长期借款-委托借款本金【合同号】		××.××
合　计		××.××	××.××

凭证附件：合同审批表、委托借款合同、借款借据（回单联）。

现金流量表项目：CB1 取得借款收到的现金-集团内关联单位；CB2 取得借款收到的现金-集团外系统内关联单位。

（2）计提利息费用。根据委托借款合同金额和利率计提每月应负担的利息。

账务处理：

记账凭证

摘要	会计科目	借方	贷方
计提××公司委托借款利息	财务费用-利息支出	××.××	
计提××公司委托借款利息	在建工程-待摊基建-建设期贷款利息	××.××	
计提××公司委托借款利息	研发支出-自主研发/资本化支出/科技项目/贷款利息	××.××	
计提××公司委托借款利息	应付利息-短期/长期借款利息（挂账方为委托方）		××.××
合　计		××.××	××.××

凭证附件：借款利息计提表。

（3）支付利息费用、支付手续费。

账务处理：

记账凭证

摘要	会计科目	借方	贷方
支付××公司委托借款利息	应付利息-短期/长期借款利息	××.××	
支付××公司委托借款利息	银行存款-人民币-××银行-××账户		××.××
合　计		××.××	××.××

凭证附件：银行付款回单、利息支付申请表，手续费计算表。

现金流量表项目：CP1 分配股利、利润或偿付利息支付现金-支付股利等投资收益-集团内关联单位或 CP2 分配股利、利润或偿付利息支付现金-支付股利等投资收益-集团外系统内关联单位。

（4）偿还委托借款本金。

账务处理：

记账凭证

摘要	会计科目	借方	贷方
偿还××公司短期委托借款	短期借款–委托借款本金	××.××	
偿还××公司长期委托借款	长期借款–委托借款本金	××.××	
偿还××公司委托借款	银行存款–人民币–××银行–××账户		××.××
合 计		××.××	××.××

凭证附件：付款申请单、《银行回单》。

现金流量表项目：CP2 偿还债务支付的现金–偿还委托贷款本金支付现金。

2. 统借统还业务

统借统还业务是集团本部从外部银行或非银行金融机构统一借款，将资金发放给下属各用款单位使用，集团本部统一归还本金。集团本部对下属用款单位发放贷款时，通过"其他应收款""长期应收款"科目处理，用款单位根据贷款期限分别计入"短期借款""长期借款"科目。

（1）取得统借统还资金。

账务处理：

①集团本部取得借款。

记账凭证

摘要	会计科目	借方	贷方
本部向××银行取得借款	银行存款–人民币–××银行–××账户	××.××	
本部向××银行取得借款	短期借款/长期借款–金融机构借款本金		××.××
合 计		××.××	××.××

②集团本部收到用款单位归还的统借统还本金。

记账凭证

摘要	会计科目	借方	贷方
本部收到××公司归还本金	银行存款–人民币–××银行–××账户	××.××	
本部收到××公司归还本金	其他应收款–××单位		××.××
合 计		××.××	××.××

③用款单位收到统借统还资金。

记账凭证

摘要	会计科目	借方	贷方
收到统借统还资金	银行存款–人民币–××银行–××账户	××.××	
收到统借统还资金	短期借款/长期借款		××.××
合 计		××.××	××.××

凭证附件：合同审批表、借款合同、借款借据（回单联）、银行回单等。

现金流量表项目：

集团本部：收到的与其他与筹资活动有关的现金。

用款单位：取得借款所收到的现金。

（2）集团本部下拨统借统还资金。

账务处理：

记账凭证

摘要	会计科目	借方	贷方
本部下拨款项	其他应收款-××单位	××.××	
本部下拨款项	银行存款-人民币-××银行-××账户		××.××
合 计		××.××	××.××

凭证附件：付款申请单、银行回单等。

现金流量表项目：支付其他与筹资活动有关的现金。

（3）利息计提与支付。

账务处理：

①用款单位计提利息。月末，用款单位借记"财务费用-利息支出""在建工程"等科目，贷记"应付利息"科目。

记账凭证

摘要	会计科目	借方	贷方
计提统借统还借款利息	财务费用-利息支出	××.××	
计提统借统还借款利息	在建工程-待摊基建支出-建设期贷款利息	××.××	
计提统借统还借款利息	研发支出-自主研发/资本化支出/科技项目/贷款利息	××.××	
计提统借统还借款利息	应付利息-短期/长期借款利息		××.××
合 计		××.××	××.××

②用款单位支付利息。

记账凭证

摘要	会计科目	借方	贷方
支付统借统还借款利息	应付利息-短期/长期借款利息	××.××	
支付统借统还借款利息	银行存款-人民币-××银行-××账户		××.××
合 计		××.××	××.××

③集团本部收到利息。

记账凭证

摘要	会计科目	借方	贷方
本部收到××公司归还利息	银行存款–人民币–××银行–××账户	××.××	
本部收到××公司归还利息	其他应收款–××单位		××.××
合　计		××.××	××.××

④集团本部向银行归还利息。

记账凭证

摘要	会计科目	借方	贷方
本部向××银行归还统借统还借款利息	其他应付款–××单位	××.××	
本部向××银行归还统借统还借款利息	银行存款–人民币–××银行–××账户		××.××
合　计		××.××	××.××

凭证附件：同委托借款。

现金流量表项目：CP1 分配股利、利润或偿付利息支付现金；支付其他与筹资活动有关的现金。

（4）归还本金。

账务处理：

①集团本部向银行偿还本金。

记账凭证

摘要	会计科目	借方	贷方
本部向××银行归还统借统还借款本金	短期借款/长期借款–金融机构借款本金	××.××	
本部向××银行归还统借统还借款本金	银行存款–人民币–××银行–××账户		××.××
合　计		××.××	××.××

②用款单位归还统借统还本金。

记账凭证

摘要	会计科目	借方	贷方
归还统借统还借款本金	短期借款/长期借款	××.××	
归还统借统还借款本金	银行存款–人民币–××银行–××账户		××.××
合　计		××.××	××.××

凭证附件：付款申请单、银行回单。

现金流量表项目：

集团本部：支付其他与筹资活动有关的现金；

用款单位：偿还债务支付的现金。

3. 银行借款

短期借款是指集团向银行或其他金融机构等借入的期限在 1 年以下（含 1 年）的各种借款。

长期借款是指企业向银行或其他金融机构等借入的期限在 1 年以上（不含 1 年）的各项借款。

企业分别设置"短期借款-银行借款本金""长期借款-银行借款本金"等会计科目核算银行借款的本金入账、利息计提与支付、本金偿还等内容。

（1）取得短期借款或长期借款本金。

账务处理：

记账凭证

摘要	会计科目	借方	贷方
向××银行借款	银行存款-人民币-××银行-××账户	××.××	
向××银行借款	短期借款/长期借款-金融机构借款本金		××.××
合计		××.××	××.××

凭证附件：合同审批表、短期借款合同、提款通知书、短期借款借据。

现金流量表项目：CP3 取得借款收到的现金-系统外单位。

（2）短期借款利息费用。根据短期借款合同金额和利率计提每月应负担的利息。

账务处理：

①计提利息。

记账凭证

摘要	会计科目	借方	贷方
计提××银行借款利息	财务费用-利息支出	××.××	
计提××银行借款利息	应付利息-短期借款利息		××.××
合计		××.××	××.××

②支付利息。

记账凭证

摘要	会计科目	借方	贷方
支付××银行借款利息	应付利息-短期借款利息	××.××	
支付××银行借款利息	银行存款-人民币-××银行-××账户		××.××
合计		××.××	××.××

凭证附件：贷款利息单（客户联）、利息支付申请表、银行回单。

现金流量表项目：CP4 分配股利、利润或偿付利息支付现金-偿还外部贷款利息支付现金。

（3）长期借款利息费用。月末，会计核算岗位专责根据长期借款的摊余成本和实际利率计算确定的利息费用计入"在建工程""财务费用"等科目，按照借款本金与合同利率计算确定的应付未付利息，贷记"应付利息""长期借款-应计利息"科目，差额计入"长期借款-利息调整"科目。

账务处理：

①计提长期借款利息费用。

记账凭证

摘要	会计科目	借方	贷方
计算确定××借款的资本化利息	在建工程-待摊基建支出-建设期贷款利息	××.××	
计算确定××借款的资本化利息	研发支出-自主研发/资本化支出/科技项目/贷款利息		
计算确定××借款的费用化利息	财务费用-利息支出	××.××	
计算确定的利息费用（一次还本，分次付息）	应付利息-长期借款利息		××.××
计算确定××借款的利息费用（一次还本付息）	长期借款-应计利息		××.××
计算确定××借款的利息费用	长期借款-利息调整		××.××
合　计		××.××	××.××

②支付长期借款利息费用。

记账凭证

摘要	会计科目	借方	贷方
向××银行支付借款利息（一次还本，分次付息）	应付利息-长期借款利息	××.××	
向××银行支付借款利息	银行存款-人民币-××银行-××账户		××.××
合　计		××.××	××.××

凭证附件：利息计算分摊表、贷款利息单（客户联）、利息支付申请表、银行回单。

现金流量表项目：CP4 分配股利、利润或偿付利息支付现金-偿还外部贷款利息支付现金。

（4）归还借款。

账务处理：

①归还短期借款。

记账凭证

摘要	会计科目	借方	贷方
向××银行偿还短期借款	短期借款–金融机构借款本金	××.××	
向××银行偿还短期借款	银行存款–人民币–××银行–××账户		××.××
合 计		××.××	××.××

②归还长期借款。

记账凭证

摘要	会计科目	借方	贷方
向××银行偿还长期借款	长期借款–金融机构借款本金	××.××	
向××银行支付借款利息（一次还本付息）	长期借款–应计利息	××.××	
向××银行偿还长期借款	银行存款–人民币–××银行–××账户		××.××
合 计		××.××	××.××

凭证附件：付款申请单、银行回单。

现金流量表项目：CO1 偿还债务支付的现金–偿还外部贷款本金支付现金。

第二节 资金营运

一、核算原则及术语解释

1. 核算原则

（1）严格遵循现金流量预算管理制度，保证合理的资金存量，满足日常生产经营需要。

（2）资金收付以业务发生为基础。

（3）严格履行审批手续。

2. 术语解释及核算内容

资金营运活动是指企业日常生产经营活动中发生的一系列资金收付行为。

在资金营运活动中，营运资金是企业日常经营活动所需要的资金，营运资金运作是企业整体资金运作的支撑，承载着企业价值补偿与价值增值的使命。

二、账务处理

1. 库存现金

库存现金是指单位为了满足经营过程中零星支付需要而保留的现金。

库存现金限额是指为了保证各单位日常零星支付按规定允许留存的现金最高数额。库存现金的限额，由开户行根据开户单位的实际需要和距离银行远近等情况核定。其限额一般按照单位 3~5 天日常零星开支所需现金确定。远离银行机构或交通不便的单位可依据实际情况适当放宽，但最高不得超过 15 天。

设置"库存现金"科目。主要核算日常经营活动中库存现金的收取、支付、现金缴存银行、从银行提取现金等业务。

2. 银行存款

银行存款是指企业存放在银行和其他金融机构的货币资金。银行存款又分为活期银行存款、定期银行存款。

活期银行存款。活期银行存款指一种不限存期，凭银行卡或存折及预留密码可在银行营业时间内通过柜面或通过银行自助设备随时存取和转让的一种银行存款。

定期银行存款。定期银行存款是指银行与存款人双方在存款时事先约定期限、利率，到期后支取本息的存款。

（1）银行账户的开立与撤销。

1）银行账户。是指银行为企业（存款人）开立的办理资金收付结算的活期存款账户。企业银行账户按用途分为基本存款账户、一般存款账户、专用存款账户、临时存款账户。

①基本存款账户是企业因办理日常转账结算和现金收付需要开立的银行结算账户。企业只能开立一个基本存款账户，开户时必须要有中国人民银行当地分支机构核发的开户许可证。存款人日常经营活动的资金收付及其工资、奖金和现金的支取，应通过该账户办理。

②一般存款账户是存款人因借款或其他结算需要在基本存款账户开户银行以外的银行营业机构开立的银行结算账户。该账户可以办理现金缴存，但不得办理现金支取。

③专用存款账户是存款人按照法律、行政法规和规章，对其特定用途资金进行专项管理和使用而开立的银行结算账户。特定用途资金主要包括基本建设资金、更新改造资金和其他特定用途、需要专户管理的账户。

④临时存款账户是存款人因临时需要并在规定期限内使用而开立的银行结算账户。可用于办理转账结算和根据国家现金管理规定办理现金收付。

企业银行账户按币种分为人民币存款账户和外币存款账户，其中外币存款账户根据币种又可分为美元存款账户、欧元存款账户、日元存款账户等。

本科目按照币种设置"人民币""美元""欧元"等二级明细科目进行明细核算；

在二级明细科目下按照开户行名称设置"工商银行""农业银行""中国银行"三级明细科目核算；在三级明细科目下按照银行账号设置四级明细科目。主要核算日常的转账结算和现金收付业务。

2）银行账户开立。集团开立账户需遵循公司相关制度规定。

3）银行账户撤销。

账务处理：

记账凭证

摘要	会计科目	借方	贷方
撤销××账户划款	银行存款-人民币-××银行-××账户	XX.XX	
撤销××账户划款	银行存款-人民币-××银行-××账户		XX.XX
合计		XX.XX	XX.XX

凭证附件：银行账户撤销申请、银行回单或转账支票存根联、《销户申请书》（客户联）。

（2）一般核算。

1）资金调户。

记账凭证

摘要	会计科目	借方	贷方
资金调户划款	银行存款-人民币-××银行-××账户	XX.XX	
资金调户划款	银行存款-人民币-××银行-××账户		XX.XX
合计		XX.XX	XX.XX

凭证附件：银行存款调户申请、银行回单。

2）汇款退回。出纳取回收款银行回单，与原付款银行回单核对，确认是否为银行退款，审核无误后转交会计核算专责进行账务处理。

记账凭证

摘要	会计科目	借方	贷方
××款项退回	银行存款-人民币-××银行	XX.XX	
××款项退回	应付账款-应付××款		XX.XX
××款项退回	其他应付款-××款		XX.XX
合计		XX.XX	XX.XX

凭证附件：收款银行回单。

现金流量表项目：分别按原汇出款项时的现金流量进行选择 AR1 到 AR8 支付的其他与经营活动有关的现金。

3）活期存款与定期存款转换。出纳将银行存款调户申请、银行回单、定期存单复印件交给会计核算专责后形成记账凭证。

记账凭证

摘要	会计科目	借方	贷方
办理定期存款	银行存款-人民币-××银行-定期存款账户	××.××	
办理定期存款	银行存款-人民币-××银行-活期存款账户		××.××
合 计		××.××	××.××

凭证附件：银行存款调户申请、银行回单、定期存单复印件。

4）定期存款转活期存款。定期存款到期，将单位定期存单交银行，填制银行进账单，送交开户行；出纳取回银行回单，交会计核算专责核对无误后形成记账凭证。

记账凭证

摘要	会计科目	借方	贷方
定期存款到期	银行存款-人民币-××银行-活期存款账户	××.××	
定期存款到期	银行存款-人民币-××银行-定期存款账户		××.××
合 计		××.××	××.××

凭证附件：银行计息回单、银行进账单。

3. 其他货币资金

其他货币资金是指在企业的经营资金中存放地点和用途与库存现金和银行存款不同的货币资金，如银行汇票存款、银行本票存款、信用证保证金存款、信用卡存款、存出投资款、保函押金、外埠存款和在途货币资金等。

设置"其他货币资金"一级科目，按照其他货币资金的种类设置"银行汇票存款""银行本票存款""信用证保证金存款""信用卡存款""存出投资款""保函押金""外埠存款"和"在途货币资金"二级科目。

以保函押金为例说明其他货币资金的核算。

目前集团内单位主要涉及投标保函和履约保函，因此本章主要以银行开具的履约保函为例介绍其使用方式，投标保函和质量维修保函（若涉及）以及其他金融机构开具的保函可参照处理。

履约保函是指为了保证交易双方商务合同的切实履行，银行应申请人（一般为承包方或供货方）请求，向其交易对手（一般为发包方或购货方，即保函受益人）出具的，承诺如申请人不履行商务合同约定的义务，银行将根据其交易对手的书面索赔要求，赔偿保函规定金额款项的书面保证。

适用范围：履约保函可用于任何项目中对当事人履行合同义务提供担保的情况，常见用于工程承包、物资采购等经济活动中。在工程承包、物资采购等项目中，业主或买方为避免承包方或供货方不履行合同义务而给自身造成损失，通常都要求承包方提供银行履约保函，担保银行主要责任是保证承包方按期、按时、按质、按量完成承包工程，一旦承包方违约，银行就必须赔偿受益人经济损失。

（1）作为申请人的账务处理。

①支付履约保函保证金款。

记账凭证

摘要	会计科目	借方	贷方
××银行保函款：××项目	其他货币资金-保证金-保函保证金-××银行	××.××	
××银行保函款：××项目	银行存款-人民币-××银行-××账户		××.××
合　计		××.××	××.××

凭证附件：履约保函申请书、付款申请单、履约保函、银行回单。

②支付保函手续费。

记账凭证

摘要	会计科目	借方	贷方
××银行保函手续费	财务费用-手续费	××.××	
××银行保函手续费	银行存款-人民币-××银行-××账户		××.××
合　计		××.××	××.××

凭证附件：银行回单。

现金流量表项目：AR8 支付的其他与经营活动有关的现金-其他经营性支付现金-集团外单位。

③保函账户利息收入。

记账凭证

摘要	会计科目	借方	贷方
××银行保函账户利息	其他货币资金-保证金-保函保证金-××银行	××.××	
××银行保函账户利息	财务费用-利息收入		××.××
合　计		××.××	××.××

凭证附件：银行利息回单。

现金流量表项目：AC2 收到的其他与经营活动有关的现金-存款利息收入收到现金-集团外单位。

④保函到期：

A. 履约保函到期，未发生违约情况，应收回保函押金。

记账凭证

摘要	会计科目	借方	贷方
××银行保函到期款：××项目	银行存款-人民币-××银行-××账户	XX.XX	
××银行保函到期款：××项目	其他货币资金-保证金-保函保证金-××银行		XX.XX
合 计		XX.XX	XX.XX

凭证附件：银行回单、利息回单。

B. 履约保函期内，受益人因申请人违约而进行索赔。

记账凭证

摘要	会计科目	借方	贷方
××项目违约支付保函金	营业外支出-违约金	XX.XX	
××项目违约支付保函金	其他货币资金-保证金-保函保证金-××银行		XX.XX
合 计		XX.XX	XX.XX

凭证附件：申请人的说明及违约证据、经办部门说明、银行已赔付保函保证金的通知单、利息回单。

现金流量表项目：AR8 支付的其他与经营活动有关的现金-其他经营性支付现金-集团外单位。

（2）作为受益人的账务处理。

集团单位作为受益人收取履约保函的，一般不做账务处理。因对方单位违约收到的索赔应进行账务处理。

记账凭证

摘要	会计科目	借方	贷方
××项目违约收取保函金	银行存款-人民币-××银行-××账户	XX.XX	
××项目违约收取保函金	营业外收入-违约金-其他违约金		XX.XX
合 计		XX.XX	XX.XX

凭证附件：履约保函、向对方索赔的说明及双方认可的证明材料、银行回单。

现金流量表项目：AC3 收到的其他与经营活动有关的现金-其他经营性收入收到现金-集团内关联单位（或 AC4 集团外单位）。

4. 委托贷款

委托贷款是指由委托人提供资金，由金融机构（受托人）根据委托人确定的贷款对象、用途、金额、期限、利率等代为发放、监督使用并协助收回的贷款。受托人只收取手续费，不承担贷款风险。

委托贷款的借款人指公司系统内公司，一般指集团各下属子公司。

设置"委托贷款"科目，并按贷款类别、客户，分别"本金""利息调整""已减值"等进行明细核算。

设置"委托贷款损失准备"科目，并按计提委托贷款损失准备的资产类别进行明细核算。

（1）放款。出纳收到银行转来的《借款借据》和银行回单，转交会计核算专责复核无误后，形成委托贷款记账凭证。

记账凭证

摘要	会计科目	借方	贷方
××单位委托贷款××万元	委托贷款-本金	××.××	
委托贷款利息调整	委托贷款-利息调整（或贷记）	××.××	
××单位委托贷款××万元	银行存款-人民币-××银行-××账户		××.××
合　计		××.××	××.××

凭证附件：委托贷款合同审批表、《借款借据》《委托贷款借款合同》、银行回单。

现金流量表项目：BP1投资支付的现金-集团内关联单位。

（2）收取委托贷款利息。出纳取回银行回单和利息清单交资金主管复核无误后，由会计核算专责编制记账凭证。

记账凭证

摘要	会计科目	借方	贷方
计提××单位委托贷款利息	应收利息-其他	××.××	
计提××单位委托贷款利息	投资收益-委托贷款收益		××.××
计提××单位×月委托贷款增值税销项税额	应交税金-应交增值税-销项税额-服务-已开票		××.××
合　计		××.××	××.××

记账凭证

摘要	会计科目	借方	贷方
收取××单位委托贷款利息	银行存款-人民币-××账户	××.××	
收回××单位委托贷款利息	应收利息-其他		××.××
合　计		××.××	××.××

凭证附件：委托贷款利息计算表、银行回单。

现金流量表项目：BB1取得投资收益所收到的现金-委托贷款利息收入。

（3）收回贷款。出纳取回银行回单交资金主管复核后，返还给借款人。会计核算专责审核相关资料，编制记账凭证。

记账凭证

摘要	会计科目	借方	贷方
收回××单位委托贷款	银行存款-人民币-××银行-××账户	××.××	
差额调整	投资收益-委托贷款收益（或贷记）	××.××	
收回××单位委托贷款	委托贷款-本金		××.××
利息调整余额	委托贷款-利息调整（或借记）		××.××
合 计		××.××	××.××

凭证附件：借款借据复印件、银行回单。

现金流量表项目：BA1 收回投资所收到的现金-集团内关联单位。

第三章　长期股权投资

本章主要核算集团的长期股权投资的处理。

第一节　核算原则及术语解释

一、核算原则

1. 初始计量

（1）同一控制下企业合并取得的长期股权投资，应当在合并日按照取得被合并方所有者权益在最终控制方合并财务报表中的账面价值的份额作为长期股权投资的初始投资成本，与付出资产账面价值差额调整资本公积（资本溢价或股本溢价）；资本公积（资本溢价或股本溢价）的余额不足冲减的，调整留存收益。

（2）非同一控制下的企业合并取得的长期股权投资，购买方应当按照确定的企业合并成本作为长期股权投资的初始投资成本。企业合并成本包括购买方付出的资产、发生或承担的负债、发行的权益性证券的公允价值之和。

（3）以支付现金方式取得的长期股权投资，应当按照实际支付的购买价款作为初始投资成本，包括购买过程中支付的手续费、税金等必要支出，但所支付价款中包含的被投资单位已宣告但尚未发放的现金股利或利润应作为应收项目核算，不构成取得长期股权投资的成本。

（4）以发行权益性证券方式取得的长期股权投资，其成本为所发行权益性证券的公允价值，但不包括被投资单位收取的已宣告但尚未发放的现金股利或利润。

（5）投资者投入的长期股权投资，应当按照投资合同或协议约定的价值作为初始投资成本，但合同或协议约定的价值不公允的除外。

（6）以持有的其他单位股权投资获取的上市公司股权的业务主要参照《企业会计准则第7号——非货币性资产交换》的规定进行，在具有商业实质的前提下，换入股权的初始投资成本以合同约定交换日上市公司收盘价及公允价值为计量依据，换出股权以交换日账面价值为依据，差额部分根据合同约定采取支付现金方式、发行权益性证券方式、债务重组方式或无偿划入等方式进行处理。

2. 后续计量

（1）成本法后续计量。

1）初始投资或追加投资时，按照初始投资或追加投资的成本增加长期股权投资的账面价值。

2）被投资单位宣告分派的现金股利或利润中，投资企业按应享有的部分确认为当期投资收益。

（2）权益法后续计量。

1）初始投资或追加投资时，按照初始投资成本或追加投资的投资成本，增加长期股权投资的账面价值。

2）比较初始投资成本与投资时应享有被投资单位可辨认净资产公允价值的份额，对于初始投资成本小于应享有被投资单位可辨认净资产公允价值份额的，应对长期股权投资的账面价值进行调整，计入取得投资当期的损益（营业外收入）；对于初始投资成本大于应享有被投资单位可辨认净资产公允价值份额的，不调整长期股权投资账面价值。

3）持有投资期间，随着被投资单位所有者权益的变动相应调整增加或减少长期股权投资的账面价值，并分情况处理：应当按照应享有或应分担的被投资单位实现的净损益和其他综合收益的份额，分别确认投资收益和其他综合收益，同时调整长期股权投资的账面价值；投资方按照被投资单位宣告分派的利润或现金股利计算应享有的部分，相应减少长期股权投资的账面价值；投资方对于被投资单位除净损益、其他综合收益和利润分配以外所有者权益的其他变动，应当调整长期股权投资的账面价值并计入资本公积。被投资单位能够提供合并财务报表的，应当以合并财务报表净利润和其他投资变动为基础进行核算。

4）被投资单位宣告分派利润或现金股利时，投资企业按持股比例计算应分得的部分，一般应冲减长期股权投资的账面价值。

（3）投资的转换与处置。长期股权投资核算方法转换主要核算原则参照初始计量、后续计量以及处置进行。

企业处置长期股权投资时，应相应结转与所售股权相对应的长期股权投资的账面价值，出售所得价款与处置长期股权投资账面价值之间的差额，应确认为处置损益。

采用权益法核算的长期股权投资，原记入其他综合收益和资本公积中的金额，在处置时亦应进行结转，将与所出售股权相对应的部分在处置时自资本公积转入当期损益。

二、术语解释

1. 长期股权投资

长期股权投资是指集团将货币资金、股权以及经资产评估后的房屋、机器、设备、物资等实物资产以及专利权、非专利技术、商标权、土地使用权等无形资产作价出资，进行各种形式的为了长期持有、不准备随时出售，以股东的身份按持股比例分享收益而进行的权益性投资。根据长期股权投资准则规定，长期股权投资包括以下三个方面：

（1）投资企业能够对被投资单位实施控制的权益性投资，即对子公司投资。

（2）投资企业与其他合营方一同对被投资单位实施共同控制的权益性投资，即对合营企业投资。

（3）投资企业对被投资单位具有重大影响的权益性投资，即对联营企业投资。

2. 控制

控制是指拥有对被投资方的权利，通过参与被投资方的相关活动而享有可变回报，并且有能力运用对被投资方的权利影响其回报金额。

3. 共同控制

共同控制是指按照合同约定对某项经济活动共有的控制，并且该安排的相关活动必须经过分享控制权的参与方一致同意后才能决策。共同控制的实质是通过合同约定建立起来的、合营各方对合营企业共有的控制。一般可以考虑以下三种情况作为确定基础：

（1）任何一个合营方均不能单独控制合营企业的生产经营活动。

（2）涉及合营企业基本经营活动的决策需要各合营方一致同意。

（3）合营方可能通过合同或协议的形式任命其中的一个合营方对合营企业的日常活动进行管理，但其必须在各合营方已经一致同意的财务和经营政策范围内行使管理权。

4. 重大影响

重大影响是指对一个企业的财务和经营政策有参与决策的权力，但并不能够控制或者与其他方一起共同控制这些政策的制定。

当投资企业直接或通过子公司间接拥有被投资单位 20% 以上但低于 50% 的表决权股份时，一般认为对被投资单位具有重大影响，除非有确凿证据表明该种情况下不能参与被投资单位的生产经营决策，不形成重大影响。

企业在确定能否对被投资单位实施控制或施加重大影响时，一方面应考虑企业直接或间接持有被投资单位表决权股份，同时要考虑企业和其他方持有的现行可执行潜在表决权，在假定转换为对被投资单位的股权后产生的影响，如被投资单位发行的现行可行权的认股权证、股份期权及可转换集团债券等的影响。

当投资企业拥有被投资单位表决权股份的比例低于 20% 的，一般认为对被投资单位不具有重大影响。但符合下列情况之一的，也应当认为对被投资单位具有重大影响：

（1）在被投资单位的董事会或类似的权力机构中派有代表，并享有相应的实质性的参与决策权。

（2）参与被投资单位的政策制定过程，在制定政策过程中可以为其自身利益而提出建议和意见。

（3）与被投资单位之间发生重要交易，有关的交易对被投资单位的日常经营具有重要性。

（4）向被投资单位派出管理人员，并且该管理人员有权力负责被投资单位的财务和经营活动。

（5）被投资单位的生产经营依赖投资企业的技术资料，从而表明投资企业对被投资单位具有重大影响。

5. 成本法核算

成本法是指投资按成本计价的方法。主要适用于企业持有的对子公司投资。

6. 权益法核算

权益法是指投资以初始投资计量后，在投资持有期间根据投资企业享有被投资单位所有者权益份额的变动对投资的账面价值进行调整的方法。主要适用于对合营企业的投资以及对联营企业的投资。

第二节　主要账务处理

一、长期股权投资初始计量

1. 同一控制下企业合并形成的长期股权投资

合并方以支付现金、转让非现金资产或承担债务方式作为合并对价的，应当在合并日按照取得被合并方所有者权益账面价值的份额作为长期股权投资的初始投资成本。长期股权投资的初始投资成本与支付的现金、转让的非现金资产及所承担债务账面价值之间的差额，应当调整资本公积（资本溢价或股本溢价）；资本公积（资本溢价或股本溢价）的余额不足冲减的，应调整留存收益。

合并方以发行权益性证券作为合并对价的，应按发行股份的面值总额作为股本，长期股权投资的初始投资成本与所发行股份面值总额之间的差额，应当调整资本公积（资本溢价或股本溢价）；资本公积（资本溢价或股本溢价）的余额不足冲减的，应调整留存收益。

上述在按照合并日应享有被合并方账面所有者权益的份额确定长期股权投资的初始投资成本时，前提是合并前合并方与被合并方采用的会计政策应当一致。如企业合并前的合并方与被合并方采用的会计政策是不同的，应基于重要性原则，统一合并方与被合并方的会计政策。在按照合并方的会计政策对被合并方资产、负债的账面价值进行调整的基础上，计算确定形成长期股权投资的初始投资成本。如果被合并方存在合并财务报表，则应当以合并日被合并方合并财务报表所有者权益为基础确定长期股权投资的初始投资成本。

通过多次交换交易，分步取得股权最终形成企业合并的，在个别财务报表中，应当以持股比例计算的合并日应享有被合并方账面所有者权益份额作为该项投资的初始投资成本。初始投资成本与其原长期股权投资账面价值加上合并日取得进一步股份新支付对价的公允价值之和的差额，调整资本公积（资本溢价或股本溢价），资本公积不足冲减的，冲减留存收益。

（1）以支付现金作为合并对价记账凭证。

记账凭证

摘要	会计科目	借方	贷方
收购××公司股权	长期股权投资-成本法-全资子公司（控股子公司）【××公司】	××.××	
收购××公司股权	应收股利-股权投资股利【××公司】	××.××	
付××股权收购款	银行存款-人民币-××银行		××.××
收购××公司股权	资本公积-资本（股本）溢价	（××.××）	××.××
合　计		××.××	××.××

（2）以发行权益性证券作为合并对价记账凭证。

记账凭证

摘要	会计科目	借方	贷方
收购××公司股权	长期股权投资-成本法-全资子公司（控股子公司）【××公司】	××.××	
收购××公司股权	应收股利-股权投资股利【××公司】	××.××	
收购××公司股权	实收资本（股本）-国有法人资本等		××.××
收购××公司股权	资本公积-资本（股本）溢价	（××.××）	××.××
合　计		××.××	××.××

注：资本公积-资本（股本）溢价不足冲减的，冲减盈余公积、利润分配—未分配利润。

凭证附件：股权投资决议或批复文件、投资协议、被投资方宣告发放股利的决议、被投资公司合并日报表、付款申请单、银行回单。

现金流量表项目：BP1（BP2）投资支付的现金-集团内关联单位（集团外系统内单位）。

2. 非同一控制下企业合并形成的长期股权投资（含反向购买业务）

（1）非同一控制下的控股合并中，购买方应当按照确定的企业合并成本作为长期股权投资的初始投资成本。企业合并成本包括购买方付出的资产、发生或承担的负债、发行的权益性证券的公允价值之和，购买方为企业合并发生的审计、法律服务、评估咨询等中介费用以及其他相关管理费用，应当于发生时计入当期损益；购买方作为合并对价发行的权益性证券或债务性证券的交易费用，应当计入权益性证券或债务性证券的初始确认金额。

（2）通过多次交换交易分步实现非同一控制下企业合并的，应当区分个别财务报表和合并财务报表进行相关会计处理：

1）在个别财务报表中，应当以购买日之前所持被购买方的股权投资的账面价值与购买日新增投资成本之和，作为该项投资的初始投资成本；购买日之前持有的被购买方的股权涉及其他综合收益的，应当在处置该项投资时将与其相关的其他综合收益转入当期投资收益。

2）在合并财务报表中，对于购买日之前持有的被购买方的股权，应当按照该股权在购买日的公允价值进行重新计量，公允价值与其账面价值的差额计入当期投资收益；购买日之前持有的被购买方的股权涉及其他综合收益的，与其相关的其他综合收益应当转为购买日所属当期投资收益。购买方应当在附注中披露其在购买日之前持有的被购买方的股权在购买日的公允价值、按照公允价值重新计量产生的相关利得或损失的金额。

3）在反向购买情况下，发行权益性证券取得股权的一方因其生产经营决策在合并后被参与合并的另一方所控制，故发行权益性证券的一方为法律上的母公司，为会计上的被购买方，在法律上母公司个别报表中，其长期股权投资成本为所发行权益性证券的公允价值，但不包括应自被投资单位收取的已宣告但尚未发放的现金股利或利润，具体业务流程及账务处理参见本章"已发行权益性证券方式取得的长期股权投资"部分内容，合并报表编制原则及方法参见"财务报告"章节。

（1）以支付现金作为合并对价记账凭证。

记账凭证

摘要	会计科目	借方	贷方
收购××公司股权	长期股权投资－成本法－全资子公司（控股子公司）【××公司】	××.××	
收购××公司股权	应收股利－股权投资股利【××公司】	××.××	
收购××公司股权	银行存款－人民币－××银行		××.××
合　计		××.××	××.××

（2）以发行权益性证券作为合并对价记账凭证。

记账凭证

摘要	会计科目	借方	贷方
收购××公司股权	长期股权投资－成本法－全资子公司（控股子公司）【××公司】	××.××	
收购××公司股权	应收股利－股权投资股利【××公司】	××.××	
收购××公司股权	实收资本（股本）－国有法人资本		××.××
收购××公司股权	资本公积－资本（股本）溢价	（××.××）	××.××
合　计		××.××	××.××

凭证附件：股权投资决议或批复文件、投资协议、被投资方宣告发放股利的决议、付款申请单、银行回单。

现金流量表项目：BP3 投资支付的现金-系统外单位。

3. 以支付现金方式形成的长期股权投资

以支付现金方式取得的长期股权投资，应当按照实际支付的购买价款作为初始投资成本，包括购买过程中支付的手续费、税金等必要支出，但所支付价款中包含的被投资单位已宣告但尚未发放的现金股利或利润应作为应收项目核算，不构成取得长期股权投资的成本。

账务处理：

记账凭证

摘要	会计科目	借方	贷方
购买××公司股权	长期股权投资-权益法-合营企业（联营企业）-成本【××公司】	××.××	
购买××公司股权	应收股利-股权投资股利【××公司】	××.××	
购买××公司股权	银行存款-人民币-××银行		××.××
合计		××.××	××.××

凭证附件：股权投资决议或批复文件、投资协议、被投资方宣告发放股利的决议、付款申请单、银行回单。

现金流量表项目：BP1（BP2\BP3）投资支付的现金-集团内关联单位（集团外系统内单位\系统外单位）。

4. 以发行权益性证券方式取得的长期股权投资

以发行权益性证券方式取得的长期股权投资，其成本为所发行权益性证券的公允价值，但不包括应自被投资单位收取的已宣告但尚未发放的现金股利或利润。

确定发行的权益性证券的公允价值时，所发行的权益性证券存在公开市场，有明确市价可供遵循的，应以该证券的市价作为确定其公允价值的依据，同时应考虑该证券的交易量、是否存在限制性条款等因素的影响；所发行权益性证券不存在公开市场，没有明确市价可供遵循的，应考虑以被投资单位的公允价值为基础确定权益性证券的价值。

为发行权益性证券支付给有关证券承销机构等的手续费、佣金等与权益性证券发行直接相关的费用，不构成取得长期股权投资的成本。该部分费用应自权益性证券的溢价发行收入中扣除，权益性证券的溢价收入不足冲减的，应冲减盈余公积和未分配利润。

账务处理：

记账凭证

摘要	会计科目	借方	贷方
购买××公司股权	长期股权投资-权益法-合营企业（联营企业）-成本【××公司】	××.××	
购买××公司股权	应收股利-股权投资股利【××公司】	××.××	
购买××公司股权	实收资本（股本）-国有法人资本		××.××
购买××公司股权	资本公积-资本（股本）溢价	（××.××）	××.××
手续费\佣金及其他相关费用	银行存款-人民币-××银行		××.××
合 计		××.××	××.××

凭证附件：股权投资决议或批复文件、投资协议、被投资方宣告发放股利的决议、付款申请单、银行回单。

现金流量表项目：BR2 支付的其他与投资活动有关的现金-其他投资性现金支出。

5. 投资者投入的长期股权投资

投资者投入的长期股权投资，应当按照投资合同或协议约定的价值作为初始投资成本，但合同或协议约定的价值不公允的除外。

投资者投入的长期股权投资，是指投资者以其持有的对第三方的投资作为出资投入企业，接受投资的企业原则上应当按照投资各方在投资合同或协议中约定的价值作为取得投资的初始投资成本，但有明确证据表明合同或协议中约定的价值不公允的除外。

在确定投资者投入的长期股权投资的公允价值时，有关权益性投资存在活跃市场的，应当参照活跃市场中的市价确定其公允价值；不存在活跃市场，无法按照市场信息确定其公允价值的情况下，应当将按照一定的估值技术等合理的方法确定的价值作为其公允价值。

账务处理：

记账凭证

摘要	会计科目	借方	贷方
购买××公司股权	长期股权投资-权益法-合营企业（联营企业）-成本【××公司】	××.××	
购买××公司股权	应收股利-股权投资股利【××公司】	××.××	
购买××公司股权	实收资本（股本）-国有法人资本		××.××
购买××公司股权	资本公积-资本（股本）溢价	（××.××）	××.××
合 计		××.××	××.××

凭证附件：股权投资决议或批复文件、投资协议、被投资方宣告发放股利的决议、验资报告。

二、长期股权投资后续计量

1. 成本法核算

（1）追加投资。采用成本法核算的长期股权投资，初始投资或追加投资时，按照初始投资或追加投资的成本增加长期股权投资的账面价值。

（2）宣告分派的现金股利或利润。被投资单位宣告分派的现金股利或利润中，投资企业按应享有的部分确认为当期投资收益。

账务处理：

记账凭证

摘要	会计科目	借方	贷方
××公司分红确认投资收益	应收股利-股权投资股利【××公司】	××.××	
××公司分红确认投资收益	投资收益-子公司投资收益		××.××
合计		××.××	××.××

凭证附件：被投资单位宣告分派的现金股利或利润的决议文件。

（3）收到被投资单位宣告分派的现金股利或利润。

账务处理：

记账凭证

摘要	会计科目	借方	贷方
收××公司分红款	银行存款-人民币-××银行	××.××	
收××公司分红款	应收股利-股权投资股利【××公司】		××.××
合计		××.××	××.××

凭证附件：银行回单。

现金流量表项目：BB2（BB3\BB4）取得投资收益收到的现金-集团内关联单位（集团外系统内单位\系统外单位）。

（4）处置投资。采用成本法核算的长期股权投资，处置投资后仍应按成本法进行核算时，应相应结转与所售股权相对应的长期股权投资的账面价值，贷记"长期股权投资-成本法-全资子公司（控股子公司\参股公司）"科目，出售所得款项与处置长期股权投资账面价值之间的差额，应确认为处置损益，计入"投资收益-处置子公司（参股公司）投资收益"，对剩余股权账面价值不做调整。

账务处理方式可参照本节"长期股权投资的处置"部分内容。

2. 权益法核算

（1）追加投资。采用权益法核算的长期股权投资，追加投资后仍应按权益法进行核算时，应按照追加投资的成本增加长期股权投资的账面价值，借记"长期股权投资-权益法-成本"科目，并根据权益法核算原则进行后续调整。

账务处理方式可参照本章"企业合并以外方式形成的长期股权投资"的部分内容。

（2）初始投资成本调整。投资企业取得对联营企业或合营企业的投资以后，对于取得投资时初始投资成本与应享有被投资单位可辨认净资产公允价值份额之间的差额，应区别情况处理。

1）初始投资成本大于取得投资时应享有被投资单位可辨认净资产公允价值份额的，该部分差额是投资企业在取得投资过程中通过作价体现出的与所取得股权份额相对应的商誉及被投资单位不符合确认条件的资产价值，这种情况下不要求对长期股权投资的成本进行调整。

2）初始投资成本小于取得投资时应享有被投资单位可辨认净资产公允价值份额的，两者之间的差额体现为双方在交易作价过程中转让方的让步，该部分经济利益流入应作为收益处理，计入取得投资当期的营业外收入，同时调整增加长期股权投资的账面价值。

账务处理：

记账凭证

摘要	会计科目	借方	贷方
调整××公司初始投资成本	长期股权投资-权益法-合营企业（联营企业）-成本【××公司】	××.××	
调整××公司初始投资成本	营业外收入-股权投资贷方差额		××.××
合 计		××.××	××.××

凭证附件：被投资单位可辨认净资产评估报告、投资转让协议。

（3）投资损益的确认。采用权益法核算的长期股权投资，在确认应享有或应分担被投资单位的净利润或净亏损时，在被投资单位账面净利润的基础上，应考虑以下因素的影响并进行适当调整：

1）会计政策及会计期间调整。被投资单位采用的会计政策及会计期间与投资企业不一致的，应按投资企业的会计政策及会计期间对被投资单位的财务报表进行调整，在此基础上确定被投资单位的损益。

2）取得资产公允价值基础调整。以取得投资时被投资单位固定资产、无形资产的公允价值为基础计提的折旧额或摊销额，以及有关资产减值准备金额等对被投资单位净利润的影响。

被投资单位个别利润表中的净利润是以其持有的资产、负债账面价值为基础持续计算的，而投资企业在取得投资时，是以被投资单位有关资产、负债的公允价值为基础确定投资成本，取得投资后应确认的投资收益代表的是被投资单位资产、负债在公允价值计量的情况下在未来期间通过经营产生的损益中归属于投资企业的部分。投资企业取得投资时被投资单位有关资产、负债的公允价值与其账面价值不同的，未来期间，在计算归属于投资企业应享有的净利润或应承担的净亏损时，应考虑被投资单位计提的折旧额、摊销额以及资产减值准备金额等进行调整。

投资企业在对被投资单位的净利润进行调整时，应考虑重要性原则，不具有重要性的项目可不予调整。符合下列条件之一的，投资企业可以被投资单位的账面净利润为基础，经调整未实现内部交易损益后，计算确认投资损益，同时应在附注中说明因下列情况不能调整的事实及其原因：

①投资企业无法合理确定取得投资时被投资单位各项可辨认资产等的公允价值。

②投资时被投资单位可辨认资产的公允价值与其账面价值相比，两者之间的差额不具重要性的。

③其他原因导致无法取得被投资单位的有关资料，不能按照准则中规定的原则对被投资单位的净损益进行调整的。

3）未实现内部交易损益抵销调整。对于投资企业与其联营企业及合营企业之间发生的未实现内部交易损益应予抵销。投资企业与联营企业及合营企业之间发生的未实现内部交易损益按照持股比例计算归属于投资企业的部分，应当予以抵销，在此基础上确认投资损益。投资企业与被投资单位发生的内部交易损失，按照《企业会计准则第8号——资产减值》等规定属于资产减值损失的，应当全额确认。

投资企业与其联营企业及合营企业之间的未实现内部交易损益抵销与投资企业与子公司之间的未实现内部交易损益抵销有所不同，母子公司之间的未实现内部交易损益在合并财务报表中是全额抵销的，而投资企业与其联营企业及合营企业之间的未实现内部交易损益抵销仅仅是投资企业或是纳入投资企业合并财务报表范围的子公司享有联营企业或合营企业的权益份额。

应当注意：该未实现内部交易损益的抵销既包括顺流交易也包括逆流交易，其中，顺流交易是指投资企业向其联营企业或合营企业出售资产，逆流交易是指联营企业或合营企业向投资企业出售资产。当该未实现内部交易损益体现在投资企业或其联营企业、合营企业持有的资产账面价值中时，相关的损益在计算确认投资损益时应予抵销。

①顺流交易。对于投资企业向联营企业或合营企业出售资产的顺流交易，在该交易存在未实现内部交易损益的情况下（即有关资产未对外部独立第三方出售），当投资企业在采用权益法计算确认应享有联营企业或合营企业的投资损益时，应抵销该未实现内部交易损益的影响，同时调整对联营企业或合营企业长期股权投资的账面价值。当投资方向联营企业或合营企业出资或是将资产出售给联营企业或合营企业，同时有关资产由联营企业或合营企业持有时，投资方对于投出或出售资产产生的损益确认仅限于归属于联营企业或合营企业其他投资者的部分。即在顺流交易中，投资方投出资产或出售资产给其联营企业或合营企业产生的损益中，按照持股比例计算确定归属于本企业的部分不予确认。

②逆流交易。对于联营企业或合营企业向投资企业出售资产的逆流交易，在该交易存在未实现内部交易损益的情况下（即有关资产未对外部独立第三方出售），投资企业在采用权益法计算确认应享有联营企业或合营企业的投资损益时，应抵销该未实现内部交易损益的影响。当投资企业自其联营企业或合营企业购买资产时，在将该资产出售给外部独立第三方之前，不应确认联营企业或合营企业因该交易产生的损益中本企业应享有的部分。

因逆流交易产生的未实现内部交易损益，在未对外部独立第三方出售之前，体现在投资企业持有资产的账面价值当中。投资企业对外编制合并财务报表的，应在合并财务报表中对长期股权投资及包含未实现内部交易损益的资产账面价值进行调整，抵销有关资产账面价值中包含的未实现内部交易损益，并相应调整对联营企业或合营企业的长期股权投资。

应当说明：投资企业与其联营企业及合营企业之间发生的无论是顺流交易还是逆流交易产生的未实现内部交易损失，属于所转让资产发生减值损失的，有关的未实现内部交易损失不应予以抵销。

被投资单位盈利：

记账凭证

摘要	会计科目	借方	贷方
××公司投资损益变动调整	长期股权投资-权益法-合营企业（联营企业）-损益调整【××公司】	××.××	
××公司投资损益变动调整	投资收益-合营企业（联营企业）投资收益		××.××
合 计		××.××	××.××

被投资单位亏损：

记账凭证

摘要	会计科目	借方	贷方
××公司投资损益变动调整	投资收益-合营企业投资收益（联营企业）投资收益		-××.××
××公司投资损益变动调整	长期股权投资-权益法-合营企业（联营企业）-损益调整【××公司】		××.××
合 计		××.××	××.××

凭证附件：被投资单位年度经审计的财务报表、投资协议复印件、调整事项明细等。

（4）取得现金股利或利润。按照权益法核算的长期股权投资，投资企业自被投资单位取得的现金股利或利润，应抵减长期股权投资的账面价值。在被投资单位宣告分派现金股利或利润时，借记"应收股利"科目，贷记"长期股权投资（损益调整）"科目；自被投资单位取得的现金股利或利润超过已确认损益调整的部分应视同投资成本的收回，冲减长期股权投资的成本。

账务处理：

记账凭证

摘要	会计科目	借方	贷方
××公司分红确认投资收益	应收股利-股权投资股利【××公司】	××.××	
××公司分红确认投资收益	长期股权投资-权益法-合营企业（联营企业）-损益调整【××公司】		××.××
××公司分红确认投资收益	长期股权投资-权益法-合营企业（联营企业）-成本【××公司】		××.××
合计		××.××	××.××

说明：自被投资单位取得的现金股利或利润超过已确认损益调整的部分应视同投资成本的收回，冲减长期股权投资的成本。

凭证附件：被投资单位宣告分派的现金股利或利润的决议文件。

（5）收到被投资单位宣告分派的现金股利或利润。

账务处理：

记账凭证

摘要	会计科目	借方	贷方
收××公司分红款	银行存款-人民币-××银行	××.××	
收××公司分红款	应收股利-股权投资股利【××公司】		××.××
合计		××.××	××.××

凭证附件：银行回单。

现金流量表项目：BB2（BB3\BB4）取得投资收益收到的现金-集团内关联单位（集团外系统内单位\系统外单位）。

（6）超额亏损的确认。投资企业确认应分担被投资单位发生的损失，原则上应以长期股权投资及其他实质上构成对被投资单位净投资的长期权益减记至零为限，投资企业负有承担额外损失义务的除外。

"其他实质上构成对被投资单位净投资的长期权益"通常是指长期应收项目，例如，企业对被投资单位的长期债权，该债权没有明确的清收计划，且在可预见的未来期间不准备收回的，实质上构成对被投资单位的净投资。应予说明的是该类长期权益不包括投资企业与被投资单位之间因销售商品、提供劳务等日常活动所产生的长期债权。

投资企业在确认应分担被投资单位发生的亏损时，应将长期股权投资及其他实质上构成对被投资单位净投资的长期权益项目的账面价值综合考虑，在长期股权投资的账面价值减记至零的情况下，如果仍有未确认的投资损失，应以其他长期权益的账面价值为基础继续确认。另外，投资企业在确认应分担被投资单位的净损失时，除应考虑长期股权投资及其他长期权益的账面价值之外，如果在投资合同或协议中约定将履行其他额外的损失补偿义务，还应按《企业会计准则第13号——或有事项》的规定确认预计将承担的损失金额。被投资单位在以后期间实现净利润、其他综合收益以及所有者权益的其他变动（不包括被投资单位利润分配）等时，投资企业应按以前确认或登记有关投资损失时的相反顺序进行会计处理，即依次减记账外备查登记的损失金额、减记已确认的预计负债、恢复其他长期权益和恢复长期股权投资的账面价值。

账务处理：

月末，按照持股比例计算本期应分担的净损益，生成确认投资收益、其他综合收益、资本公积等记账凭证。

记账凭证

摘要	会计科目	借方	贷方
××公司亏损变动调整	投资收益-合营企业投资收益（联营企业）投资收益		-××.××
××公司亏损变动调整	其他综合收益		-××.××
××公司亏损变动调整	资本公积-被投资单位其他权益变动		-××.××
××公司亏损变动调整	①长期股权投资-权益法-合营企业（联营企业）-损益调整【××公司】		××.××
××公司亏损变动调整	②长期股权投资-权益法-合营企业（联营企业）-成本【××公司】		××.××
××公司亏损变动调整	③长期股权投资-权益法-合营企业（联营企业）-其他综合收益变动【××公司】		××.××
××公司亏损变动调整	④长期股权投资-权益法-合营企业（联营企业）-其他权益变动【××公司】		××.××
××公司亏损变动调整	⑤长期应收款-应收长期权益投资款【××公司】		××.××
××公司亏损变动调整	⑥预计负债-其他【××公司】		××.××
合　计			

注：上述分录中"①、②、③、④、⑤、⑥"是指确认损失减记项目的顺序。

确认损失后，被投资单位以后各期实现盈利，依次返回预计负债、长期应收款、长期股权投资，生成确认投资收益、其他综合收益、资本公积等记账凭证。

记账凭证

摘要	会计科目	借方	贷方
××公司损益变动调整	①预计负债-其他【××公司】	××.××	
××公司损益变动调整	②长期应收款-应收长期权益投资款【××公司】	××.××	
××公司损益变动调整	③长期股权投资-权益法-合营企业（联营企业）-成本【××公司】	××.××	

续表

摘要	会计科目	借方	贷方
××公司损益变动调整	④长期股权投资-权益法-合营企业（联营企业）-损益调整【××公司】	××.××	
××公司亏损变动调整	⑤长期股权投资-权益法-合营企业（联营企业）-其他权益变动【××公司】	××.××	
××公司亏损变动调整	⑥长期股权投资-权益法-合营企业（联营企业）-其他综合收益变动【××公司】	××.××	
××公司亏损变动调整	其他综合收益		××.××
××公司亏损变动调整	资本公积-被投资单位其他权益变动		××.××
××公司损益变动调整	投资收益-合营企业投资收益（联营企业）投资收益		××.××
合　计		××.××	××.××

注：上述分录中"①、②、③、④、⑤、⑥"是指超额亏损恢复确认时的顺序。

凭证附件：被投资单位年度经审计财务报告、投资协议复印件、调整事项明细等。

（7）被投资单位除净损益以外所有者权益的其他变动。采用权益法核算时，投资企业对于被投资单位除净损益以外所有者权益的其他变动，在持股比例不变的情况下，应当按照应享有或应分担的被投资单位实现其他综合收益的份额，确认其他综合收益；投资企业对于被投资单位除净损益、其他综合收益和利润分配以外所有者权益的其他变动，应当调整长期股权投资的账面价值并计入资本公积。

账务处理：

记账凭证

摘要	会计科目	借方	贷方
××公司其他权益变动调整	长期股权投资-权益法-合营企业（联营企业）-其他权益变动【××公司】	××.××	
××公司其他综合收益变动调整	长期股权投资-权益法-合营企业（联营企业）-其他综合收益变动【××公司】	××.××	
××公司其他权益变动调整	资本公积-被投资单位其他权益变动		××.××
××公司其他综合收益变动调整	其他综合收益		××.××
合　计		××.××	××.××

凭证附件：被投资单位年度经审计财务报告、投资协议复印件、调整事项明细等。

（8）处置投资。采用权益法核算的长期股权投资，处置投资后仍应按权益法进行核算时，应相应结转与所售股权相对应的长期股权投资的账面价值，贷记"长期股权投资-权益法-合并企业（联营企业）"科目，出售所得价款与处置长期股权投资账面价值之间的差额，应确认为处置损益，计入"投资收益-处置合营企业（联营企业）投资收益"科目，原计入资本公积及其他综合收益中的金额，在处置时亦应进行结转，将与所出售股权相对应的部分在处置时自资本公积及其他综合收益转入当期损益，计入"投资收益-处置合营企业（联营企业）投资收益"科目，剩余股权账面价值不做调整。

账务处理方式可参照本节"长期股权投资的处置"部分内容。

3. 成本法转权益法

因处置投资导致对被投资单位的影响能力由控制转为具有重大影响或者与其他投资方一起实施共同控制的情况下，首先应按处置或收回投资的比例结转应终止确认的长期股权投资成本。

在编制个别财务报表时，对剩余股权视同自取得时即采用权益法核算进行调整，在此基础上，应当比较剩余的长期股权投资成本与按照剩余持股比例计算原投资时应享有被投资单位可辨认净资产公允价值的份额：属于投资作价中体现的商誉部分，不调整长期股权投资的账面价值；属于投资成本小于原投资时应享有被投资单位可辨认净资产公允价值份额的，在调整长期股权投资成本的同时，应调整留存收益。

对于原取得投资后至因处置投资导致转变为权益法核算之间被投资单位实现净损益中应享有的份额，应当调整长期股权投资的账面价值，同时对于原取得投资时至处置投资当期期初被投资单位实现的净损益（扣除已发放及已宣告发放的现金股利和利润）中应享有的份额，调整留存收益，对于处置投资当期期初至处置投资之日被投资单位实现的净损益中享有的份额，调整当期损益；其他原因导致被投资单位所有者权益变动中应享有的份额，在调整长期股权投资账面价值的同时，应当计入"资本公积-被投资单位其他权益变动"。

长期股权投资自成本法转为权益法后，未来期间应当按照准则规定计算确认应享有被投资单位实现的净损益及所有者权益其他变动的份额。

（1）处置投资入账。

记账凭证

摘要	会计科目	借方	贷方
处置××公司长期股权投资	其他应收款-其他【××公司】	××.××	
处置××公司长期股权投资	长期股权投资-成本法-全资子公司（控股子公司）【××公司】		××.××
处置××公司长期股权投资	投资收益-处置子公司投资收益		××.××
合 计		××.××	××.××

（2）账面成本调整。

1）原投资类型转换记账凭证。

记账凭证

摘要	会计科目	借方	贷方
调整××公司投资类型	长期股权投资-权益法-合营企业（联营企业）-成本【××公司】	××.××	
调整××公司投资类型	长期股权投资-成本法-全资子公司（控股子公司）【××公司】		××.××
合　计		××.××	××.××

2）账面成本调整记账凭证。

记账凭证

摘要	会计科目	借方	贷方
调整××公司股权投资成本	长期股权投资-权益法-合营企业（联营企业）-成本【××公司】	××.××	
调整××公司股权投资成本	盈余公积-法定盈余公积		××.××
调整××公司股权投资成本	利润分配-未分配利润		××.××
合　计		××.××	××.××

（3）账面价值调整。

1）初始投资日至处置日损益变动调整。

记账凭证

摘要	会计科目	借方	贷方
××公司初始投资至处置日损益变动调整	长期股权投资-权益法-合营企业（联营企业）-损益调整【××公司】	××.××	
××公司投资处置期初至处置日损益变动调整	投资收益-合营企业投资收益（联营企业）投资收益		××.××
××公司初始投资至处置期初损益变动调整	盈余公积-法定盈余公积		××.××
××公司初始投资至处置期初损益变动调整	利润分配-未分配利润		××.××
合　计		××.××	××.××

注：初始投资日至处置当期期初的损益变动应该调整期初留存收益，处置当期期初至处置日的损益变动调整当期损益；被投资单位若为亏损，需做相反分录。

2）初始投资日至处置日其他权益变动调整。

记账凭证

摘要	会计科目	借方	贷方
××公司初始投资至处置日权益变动调整	长期股权投资–权益法–合营企业（联营企业）–其他权益变动【××公司】	××.××	
××公司初始投资至处置日权益变动调整	资本公积–被投资单位其他权益变动		××.××
合 计		××.××	××.××

（4）收款入账。

记账凭证

摘要	会计科目	借方	贷方
收××公司股权处置款	银行存款–人民币–××银行	××.××	
收××公司股权处置款	其他应收款–其他【××公司】		××.××
合 计		××.××	××.××

凭证附件：投资处置批复文件、内部决议、产权交易合同、初始投资时的投资协议以及被投资单位报表（初始投资与处置当期期初）、被投资单位可辨认净资产评估报告、调整事项明细、银行回单。

现金流量表项目：BA1（BA2\BA3）收回投资收到的现金–集团内关联单位（集团外系统内单位\系统外单位）。

4. 权益法转成本法

因追加投资原因导致原持有的对联营企业或合营企业的投资转变为对子公司投资的，长期股权投资的核算原则上是按照本节"企业合并形成的长期股权投资"中关于多次交易分步实现企业合并的长期股权投资的会计处理部分的核算原则进行。

（1）通过多次交换交易，分步取得股权最终形成同一控制下企业合并的，在个别财务报表中，应当以持股比例计算的合并日应享有被合并方账面所有者权益份额作为该项投资的初始投资成本。初始投资成本与其原长期股权投资账面价值加上合并日取得进一步股份新支付对价的公允价值之和的差额，调整资本公积（资本溢价或股本溢价），资本公积不足冲减的应冲减留存收益。

（2）通过多次交换交易分步实现非同一控制下企业合并的，应当区分个别财务报表和合并财务报表进行相关会计处理：

①在个别财务报表中，应当以购买日之前所持被购买方的股权投资的账面价值与购买日新增投资成本之和，作为该项投资的初始投资成本；购买日之前持有的被购买方的股权涉及其他综合收益的，应当在处置该项投资时将与其相关的其他综合收益转入当期投资收益。

②在合并财务报表中，对于购买日之前持有的被购买方的股权，应当按照该股权在

购买日的公允价值进行重新计量，公允价值与其账面价值的差额计入当期投资收益；购买日之前持有的被购买方的股权涉及其他综合收益的，与其相关的其他综合收益应当转为购买日所属当期投资收益。购买方应当在附注中披露其在购买日之前持有的被购买方的股权在购买日的公允价值、按照公允价值重新计量产生的相关利得或损失的金额。

账务处理方式可参照本章"企业合并形成的长期股权投资"部分内容，编制生成记账凭证后需根据上述核算原则进行账面价值调整的检查与审核，并需要注意投资类型转变对应的科目调整。

5. 成本法/权益法转公允价值计量

对原持有的被投资单位的股权具有共同控制或重大影响，因部分处置等原因导致持股比例下降，不再能对被投资单位实施共同控制或重大影响的，应于失去共同控制或重大影响时，改按金融工具确认和计量准则的规定对剩余股权进行会计处理。即对剩余股权在改按公允价值计量时，公允价值与原账面价值之间的差额计入投资收益。同时，原采用权益法核算的相关其他综合收益应当在终止采用权益法核算时，采用与被投资单位直接处置相关资产和负债相同的基础上进行会计处理；因被投资单位除净损益、其他综合收益和利润分配以外的其他所有者权益变动而确认的所有者权益，应当终止采用权益法全部转入投资收益。

（1）确认相关股权投资的处置损益。

记账凭证

摘要	会计科目	借方	贷方
确认××公司股权处置损益	银行存款-人民币-××银行	××.××	
确认××公司股权处置损益	长期股权投资-成本法-全资子公司（控股子公司）【××公司】		××.××
确认××公司股权处置损益	长期股权投资-权益法-合营企业-成本（联营企业）【××公司】		××.××
确认××公司股权处置损益	长期股权投资-权益法-合营企业-损益调整（联营企业）【××公司】		××.××
确认××公司股权处置损益	投资收益		××.××
合 计		××.××	××.××

（2）将确认的相关其他综合收益全部转入投资收益。

记账凭证

摘要	会计科目	借方	贷方
处置××公司股权确认相关投资收益	其他综合收益	××.××	
处置××公司股权确认相关投资收益	资本公积-被投资单位其他权益变动	××.××	
处置××公司股权确认相关投资收益	投资收益		××.××
合 计		××.××	××.××

（3）将剩余股权投资转为可供出售金融资产。

记账凭证

摘要	会计科目	借方	贷方
处置××公司股权将剩余股权确认金融资产	可供出售金额资产–成本	××.××	
处置××公司股权将剩余股权确认金融资产	长期股权投资–权益法–合营企业–成本（联营企业）【××公司】		××.××
处置××公司股权将剩余股权确认金融资产	长期股权投资–权益法–合营企业–成本（联营企业）【××公司】		××.××
处置××公司股权将剩余股权确认金融资产	投资收益		××.××
合计		××.××	××.××

6. 长期股权投资减值准备计提

长期股权投资按照规定在进行核算确定其账面价值的基础上，如果存在减值迹象的，应当按照相关准则的规定计提减值准备。其中对子公司、联营企业及合营企业的投资，应当按照《企业会计准则第 8 号——资产减值》的规定确定其可收回金额及应予计提的减值准备。有关长期股权投资的减值准备在提取以后，均不允许转回。在处置时，结转相应的减值准备。

资产可收回金额的估计，应当根据其公允价值减去处置费用后的净额与资产预计未来现金流量的现值两者之间较高者确定。因此，要估计资产的可收回金额，通常需要同时估计该资产的公允价值减去处置费用后的净额和资产预计未来现金流量的现值，但是在下列情况下，可以有例外或者做特殊考虑：

（1）资产的公允价值减去处置费用后的净额与资产预计未来现金流量的现值，只要有一项超过了资产的账面价值，就表明资产没有发生减值，不需要再估计另一项金额。

（2）没有确凿证据或者理由表明，资产预计未来现金流量现值显著高于其公允价值减去处置费用后净额的可以将资产的公允价值减去处置费用后的净额视为资产的可收回金额。企业持有待售的资产往往属于这种情况，即该资产在持有期间（处置之前）所产生的现金流量可能很少，其最终取得的未来现金流量往往就是资产的处置净收入，在这种情况下，以资产公允价值减去处置费用后的净额作为其可收回金额是适宜的，因为资产的未来现金流量现值通常不会显著高于其公允价值减去处置费用后的净额。

（3）资产的公允价值减去处置费用后的净额如果无法可靠估计的，应当以该资产预计未来现金流量的现值作为其可收回金额。

在会计实务中，投资方每年末需要获取被投资方合法财务报告资料并对长期股权投资进行减值测试，当其子公司、联营企业或合营企业如果出现多年未分红、连年亏损、资不抵债或其他影响持续经营的情况时，即出现减值迹象时，投资方可以选择聘请专业评估机构对其进行评估，获得合理的可回收金额数据信息，作为计提长期股权投资减值准备的主要依据。

账务处理：

记账凭证

摘要	会计科目	借方	贷方
对××公司长期股权投资计提减值	资产减值损失-长期股权投资减值损失	××.××	
对××公司长期股权投资计提减值	长期股权投资减值准备【××公司】		××.××
合计		××.××	××.××

凭证附件：减值准备计算表、减值决议文件以及被投资单位资产评估报告等。

7. 长期股权投资的核销

长期股权投资核销是指长期股权投资发生损失，投资方在获取相关证据资料以及批复文件后进行长期股权投资账务核销的处理。

根据《国有企业资产损失认定工作规则》（国资评〔2003〕72号）文件第四十二条"投资损失"的规定，长期股权投资损失按损失原因主要划分为两类，需要获取的损失认定证据也有所不同，主要类型及证据如下：

（1）被投资单位已破产、清算、被撤销、关闭或被注销、吊销工商登记等。此类损失需要取得的损失认定证据主要有：①法院的破产公告和破产清算的清偿文件；②工商部门的注销、吊销证明；③政府部门有关行政决定文件。已经清算的，扣除清算财产清偿后的差额部分，认定为损失；尚未清算的，由社会中介机构进行职业推断和客观评判后出具经济鉴证证明，对被投资单位剩余财产确实不足清偿投资的差额部分，认定为损失。

（2）有关参股投资项目金额较小，确认被投资单位已资不抵债、连续经营亏损三年以上或连续停止经营三年以上的。此类损失需要取得的损失认定证据主要有：①被投资单位连续三年报表复印件；②被投资单位连续停止经营三年以上的证明；③中介机构经济鉴证证明。对确实不能收回的部分，确认为投资损失。

账务处理：

记账凭证

摘要	会计科目	借方	贷方
对××公司长期股权投资损失核销	其他应收款-其他【××公司】	××.××	
对××公司长期股权投资损失核销	营业外支出-其他	××.××	
对××公司长期股权投资损失核销	长期股权投资减值准备	××.××	
对××公司长期股权投资损失核销	长期股权投资-成本法-全资子公司（控股子公司）【××公司】		××.××
对××公司长期股权投资损失核销	长期股权投资-权益法-合营企业（联营企业）-成本【××公司】		××.××

摘要	会计科目	借方	贷方
对××公司长期股权投资损失核销	长期股权投资-权益法-合营企业（联营企业）-损益调整【××公司】		××.××
对××公司长期股权投资损失核销	长期股权投资-权益法-合营企业（联营企业）-其他权益变动【××公司】		××.××
合　计		××.××	××.××

注：权益法核算下确认的其他综合收益及资本公积，需要一并转出计入当期损益。

凭证附件：上述损失认定资料、集团决议文件以及有关部门的批复文件等资料。

8. 对外处置长期股权投资

在企业持有长期股权投资的过程中，由于各方面的考虑，决定将所持有的对被投资单位的股权全部或部分对外出售时，应相应结转与所售股权相对应的长期股权投资的账面价值，出售所得价款与处置长期股权投资账面价值之间的差额，应确认为处置损益。

（1）采用权益法核算的长期股权投资，原记入其他综合收益或资本公积中的金额，在处置时亦应进行结转，将与所出售股权相对应的部分在处置时自其他综合收益和资本公积转入投资收益。

（2）企业处置子公司的投资，处置价款与处置投资对应的账面价值的差额，在母公司个别财务报表中应当确认为当期投资收益；处置价款与处置投资对应的享有该子公司净资产份额的差额，在合并财务报表中应当确认为当期投资收益。

（3）企业部分处置对子公司的长期股权投资，在不丧失控制权的情况下，在个别财务报表中，应当处置价款与处置投资对应的账面价值的差额确认为当期投资收益；在合并财务报表中处置价款与处置投资对应的享有该子公司净资产份额的差额应当计入资本公积（资本溢价），资本溢价不足冲减的，应当调整留存收益。

（4）企业因处置部分股权投资或其他原因丧失了对原有子公司控制权的，应当区分个别财务报表和合并财务报表进行相关会计处理：

①在个别财务报表中，对于处置的股权，应当按照上述规定，结转与所售股权相对应的长期股权投资的账面价值，出售所得价款与处置长期股权投资账面价值之间的差额，确认为投资收益（损失）；同时，处置后的剩余股权能够对原有子公司实施共同控制或重大影响的，按本节中有关成本法转为权益法的相关规定进行会计处理，对不具有共同控制或重大影响的，应当按其账面价值确认为可供出售金融资产或其他相关金融资产。

②在合并财务报表中，对于剩余股权，应当按照其在丧失控制权日的公允价值进行重新计量。处置股权取得的对价与剩余股权公允价值之和，减去按原持股比例计算应享有原有子公司自购买日开始持续计算的净资产的份额之间的差额，计入丧失控制权当期的投资收益。与原有子公司股权投资相关的其他综合收益，应当在丧失控制权时转为当

期投资收益。企业应当在附注中披露处置后的剩余股权在丧失控制权日的公允价值、按照公允价值重新计量产生的相关利得或损失的金额。

账务处理：

记账凭证

摘要	会计科目	借方	贷方
处置××公司长期股权投资	其他应收款–其他【××公司】	××.××	
处置××公司长期股权投资	长期股权投资减值准备【××公司】	××.××	
处置××公司长期股权投资	长期股权投资–成本法–全资子公司（控股子公司）【××公司】		××.××
处置××公司长期股权投资	投资收益–处置子公司投资收益		××.××
处置××公司长期股权投资	长期股权投资–权益法–合营企业（联营企业）–成本【××公司】		××.××
处置××公司长期股权投资	长期股权投资–权益法–合营企业（联营企业）–损益调整【××公司】		××.××
处置××公司长期股权投资	长期股权投资–权益法–合营企业（联营企业）–其他权益变动【××公司】		××.××
处置××公司长期股权投资	投资收益–处置合营企业投资收益（处置联营企业投资收益）		××.××
转出持有期间确认的其他资本公积	资本公积–被投资单位其他权益变动	××.××	
转出持有期间确认的其他资本公积	投资收益–处置合营企业投资收益（处置联营企业投资收益）		××.××
合 计		××.××	××.××

凭证附件：投资处置批复文件、内部决议、产权交易合同、资本公积转出额计算表。

9. 系统内股权无偿划出

公司系统内部股权无偿划转形成股权划出减少，需根据集团无偿划转批复规定，将长期股权投资账面价值转出，对应科目计入"资本公积–无偿调出资产"。如资本公积余额不足冲减时，减少盈余公积，在盈余公积余额不足冲减时，减少未分配利润。

（1）账面价值划出。

记账凭证

摘要	会计科目	借方	贷方
无偿划出××公司股权	资本公积–无偿调出资产	××.××	
无偿划出××公司股权	盈余公积–法定或任意盈余公积	××.××	
无偿划出××公司股权	利润分配–未分配利润	××.××	

摘要	会计科目	借方	贷方
无偿划出××公司股权	长期股权投资-成本法-全资子公司（控股子公司）【××公司】		××.××
无偿划出××公司股权	长期股权投资-权益法-合营企业（联营企业）-成本【××公司】		××.××
无偿划出××公司股权	长期股权投资-权益法-合营企业（联营企业）-损益调整【××公司】		××.××
无偿划出××公司股权	长期股权投资-权益法-合营企业（联营企业）-其他权益变动【××公司】		××.××
合 计		××.××	××.××

（2）权益法核算其他权益变动转出。

记账凭证

摘要	会计科目	借方	贷方
转出持有期间确认的其他资本公积	资本公积-被投资单位其他权益变动	××.××	
转出持有期间确认的其他资本公积	资本公积-无偿调出资产		××.××
合 计		××.××	××.××

凭证附件：无偿划转批复、协议、划入方无偿划入股权记账凭证复印件。

第四章　采购与付款

本章主要核算原材料、委托加工物资、物资采购、服务采购、低值易耗品的采购与付款业务以及相关的保证金业务。

第一节　会计核算原则

集团取得的存货，应当按照成本进行初始计量。成本按以下方法确定：

一、购入的存货

（1）购入存货的成本包括购买价款、运输费、装卸费、保险费、包装费、仓储费、运输途中的合理损耗、入库前的挑选整理等费用以及按规定应计入成本的相关税费等。

1）买价是指购入材料或商品的发票账单上列明的价款，但不包括按规定可以抵扣的增值税额。

2）相关税费是指企业购买、自制或委托加工存货发生的进口关税、消费税、资源税和不能抵扣的增值税进项税额等。

3）其他费用能分清负担对象的，应直接计入采购成本；不能分清负担对象的，应选择合理的分配方法，分配计入有关存货的采购成本，通常按所购存货的数量或采购价格比例进行分配。

4）如果除购买价款外的其他费用在材料入库时未能取得发票，应暂估计入材料的成本，不得计入存货成本差异。

（2）对于采购过程中发生的物资毁损、短缺等，除合理的途中损耗外，应区别不同情况进行会计处理：

1）从供应单位、外部运输机构等收回的物资短缺或其他赔偿款项，应冲减所购物资的采购成本；

2）因遭受意外灾害发生的损失和尚待查明原因的途中损耗，暂作为待处理财产损溢进行核算，查明原因后再作处理。

二、加工取得的存货

（1）加工取得的存货主要包括产成品、在产品、半成品、委托加工物资等，存货成本由采购成本和加工成本构成。

采购成本即所使用或消耗的原材料的采购成本。

加工成本包括直接人工和制造费用。直接人工是指生产产品过程中直接从事产品生产的工人的薪酬，制造费用是为生产产品和提供劳务而发生的各项间接费用，包括生产部门（如车间）管理人员的薪酬、折旧费、办公费、水电费、机物料消耗、劳动保护费、季节性和修理期间的停工损失等。

（2）加工成本如果能够直接计入有关的成本核算对象，应直接计入该成本核算对象，否则，应按合理方法分配计入有关成本核算对象，分配方法一经确定不得随意变更。

三、其他方式取得的存货

（1）投资者投入的存货，应当按照投资合同或协议约定的价值确定，但合同或协议约定价值不公允的，按照该项存货的公允价值作为其入账价值。

（2）企业接受捐赠的存货，应按以下规定确定其入账价值：

1）该资产附带有关文件、协议、发票、报关单等凭证注明的价值与公允价值差异不大的，应当以有关凭证中注明的价值作为入账价值；

2）没有注明价值或注明价值与公允价值差异较大、但有活跃市场的，应当根据有确凿证据表明的同类或类似资产市场价格作为入账价值。

（3）盘盈的存货。盘盈的存货应按其重置成本作为入账价值，通过"待处理财产损溢"科目进行会计处理，按管理权限报经批准后冲减当期管理费用。

四、不计入存货成本的相关费用

下列费用不应包括在存货成本中，而应当在其发生时确认为当期费用：

（1）非正常消耗的直接材料、直接人工及制造费用。

（2）仓储费用（不包括在生产过程中为达到下一个生产阶段所必需的仓储费用）。

（3）不能归属于使存货达到目前场所和状态的其他支出。

第二节 外购材料

一、定义与概念

本书所述材料是指为满足生产及项目需要从外部购入的各项物资，包括各种生产辅料、成品设备、成品物资等，购入材料有半成品也有成品，但由于不能直接作为成品对外销售，需要进行加工、拷机或调试等操作，故统称为原材料。

本书主要核算材料采购暂估入库、发票校验以及付款流程。

主要涉及原材料、材料成本差异以及应付账款的核算，涉及科目包括："原材料-原料及主要材料""存货成本差异-原材料""应付账款-应付暂估款-物资暂估-原材料暂估""应付账款-应付物资款"等。

二、主要账务处理

1. 材料采购入库

（1）项目专用材料入库凭证。

记账凭证

摘要	会计科目	借方	贷方
采购订单××××收货	生产成本-产品生产成本-材料费【WBS号\××合同\生产订单号】	××.××	
采购订单××××收货	应付账款-应付暂估款-物资暂估-原材料暂估【WBS号\订单号】		××.××
合计		××.××	××.××

记账凭证

摘要	会计科目	借方	贷方
采购订单××××收货	研发支出-受托研发-费用化支出-科技项目-材料费【WBS号\××合同\生产订单号】	××.××	
采购订单××××收货	应付账款-应付暂估款-物资暂估-原材料暂估【WBS号\订单号】		××.××
合计		××.××	××.××

（2）通用材料入库凭证。

记账凭证

摘要	会计科目	借方	贷方
采购订单××××收货	原材料-原料及主要材料	××.××	
采购订单××××收货	应付账款-应付暂估款-物资暂估-原材料暂估【订单号】		××.××
合　计		××.××	××.××

（3）成本中心其他材料入库凭证。

记账凭证

摘要	会计科目	借方	贷方
采购订单××××收货	制造（施工间接）费用-材料费	××.××	
采购订单××××收货	应付账款-应付暂估款-物资暂估-原材料暂估【订单号\成本中心】		××.××
合　计		××.××	××.××

凭证附件：物料入库单。

2. 材料成本发票校验

会计核算岗位审核发票及其他相关单据，在系统中查询对应的采购订单，确认收货已完成，审核入库单与采购订单、发票的一致性，核实暂估金额与发票金额的差异原因；在对应的发票校验界面核对发票信息的完整与准确，并在系统中进行确认。发票信息确认后，由系统根据内置规则自动生成记账凭证。

记账凭证

摘要	会计科目	借方	贷方
"应付"+××公司"物资"+"合同编号（如有）"	应付账款-应付暂估款-物资暂估-原材料暂估【WBS号\订单号】	××.××	
"应付"+××公司"物资"+"合同编号（如有）"	应交税费-应交增值税-进项税额-硬件\软件	××.××	
"应付"+××公司"物资"+"合同编号（如有）"	应付账款-应付物资款【××公司】		××.××
合　计		××.××	××.××

凭证附件：物料入库单、采购发票、产品清单、采购合同。

当发票总价与入库总价不一致时，由系统在发票校验环节根据内置规则自动补记应付暂估与材料成本，根据材料分类计入不同科目。

（1）项目专用材料，差额确认生产成本。

记账凭证

摘要	会计科目	借方	贷方
差异调整	生产成本-产品生产成本-材料费【WBS 号\××合同\生产订单号】	××.××	
差异调整	应付账款-应付暂估款-物资暂估-原材料暂估【××公司】		××.××
合 计		××.××	××.××

（2）通用材料，计入存货成本差异，月末通过差异分摊程序进行差异分摊。

记账凭证

摘要	会计科目	借方	贷方
差异调整	原材料-原料及主要材料（在库部分）	××.××	
差异调整	存货成本差异-原材料（领用部分）	××.××	
差异调整	应付账款-应付暂估款-物资暂估-原材料暂估【××公司】		××.××
合 计		××.××	××.××

凭证附件：无。

3. 预付款清账

会计人员需每月要完成供应商清账操作，并生成清账记账凭证。

记账凭证

摘要	会计科目	借方	贷方
冲预付+物资+采购订单号	应付账款-应付物资款【××公司】	××.××	
冲预付+物资+采购订单号	预付账款-预付物资款【××公司】		××.××
合 计		××.××	××.××

注：往来清账记账凭证是系统特有的记账凭证，此凭证不一定要打印，但要注意及时进行清账操作，确保供应商往来余额的准确性。

4. 付款及预付款处理

目前涉及的付款方式主要有：网银付款、票据付款、支票付款等，由付款申请部门与财务部门沟通后确定。

（1）网银、支票付款。

1）应付账款付款。

记账凭证

摘要	会计科目	借方	贷方
支付××合同材料货款	应付账款-应付物资款【××公司】	××.××	
支付××合同材料货款	银行存款-人民币-××银行		××.××
合 计		××.××	××.××

2）如果为支付预付款，则生成凭证。

记账凭证

摘要	会计科目	借方	贷方
预付××公司材料货款	预付账款-预付物资款【××公司】	××.××	
预付××公司材料货款	银行存款-人民币-××银行		××.××
合计		××.××	××.××

凭证附件：付款申请单、银行回单。

现金流量表项目：AO1（AO2\AO3\AO4）购买商品、接受劳务支付的现金-生产经营类采购支付现金（科研项目购买商品支付现金）-集团外单位（集团内关联单位）。

（2）票据付款。

方式1：应收票据背书转让付款。

记账凭证

摘要	会计科目	借方	贷方
支付××公司××款	应付账款-应付物资款【××公司】	××.××	
支付××公司××款	应收票据-银行（商业）承兑汇票		××.××
合计		××.××	××.××

方式2：应付票据付款。

记账凭证

摘要	会计科目	借方	贷方
支付××公司××款	应付账款-应付物资款【××公司】	××.××	
支付××公司××款	应付票据-银行承兑汇票-背书【××单位】		××.××
合计		××.××	××.××

凭证附件：付款申请单、应付票据复印件、收据等。

第三节　委托加工物资

一、定义与概念

本书所述委托加工物资是指为满足生产及项目需要提供自有材料以及设计方案，委托协作单位加工生产的物品，亦称为"外协加工物资"，委托加工过程中发生的加工服务费需增加入库材料价值。

本书主要核算委托加工物资出库、委托加工物资暂估入库、外协加工费发票校验以及付款流程。

主要涉及原材料、委托加工物资、材料成本差异以及应付账款的核算，涉及科目包括："原材料-原料及主要材料""自制半成品""存货成本差异-原材料""委托加工物资""应付账款-应付暂估款-物资暂估-原材料暂估""应付账款-应付物资款"等。

二、主要账务处理

1. 外协加工领用出库

外协加工领用出库流程内容及账务处理参见"存货与成本核算"中"外协加工领用出库"部分内容。

2. 外协加工完工暂估入库

情况1：当外协加工物资为原材料时：

记账凭证

摘要	会计科目	借方	贷方
采购订单××××收货	委托加工物资-委托加工物资	××.××	
采购订单××××收货	应付账款-应付暂估款-物资暂估-原材料暂估【订单号】		××.××
采购订单××××收货	原材料-原料及主要材料	××.××	
采购订单××××收货	委托加工物资-委托加工物资		××.××
合　计		××.××	××.××

情况2：当外协加工物资为自制半成品时：

记账凭证

摘要	会计科目	借方	贷方
采购订单××××收货	委托加工物资-委托加工物资	××.××	
采购订单××××收货	应付账款-应付暂估款-物资暂估-原材料暂估【WBS号\订单号】		××.××
采购订单××××收货	自制半成品	××.××	
采购订单××××收货	存货成本差异-原材料	××.××	（××.××）
采购订单××××收货	委托加工物资-委托加工物资		××.××
合　计		××.××	××.××

注：①系统内置自制半成品标准单价，故将差额调整计入存货成本差异。

②外协加工出库与入库凭证在实际操作时是一张大凭证，为真实反映集团库存，此处分开编制。

凭证附件：物料入库单、当月外协加工入库汇总表（以月为单位）。

3. 外协加工费发票校验

会计核算岗在对应的采购订单界面核对发票信息的完整与准确，并在系统中进行确认。在发票信息确认后，由系统根据内置规则自动生成记账凭证。

记账凭证

摘要	会计科目	借方	贷方
"应付"+××公司"物资"+"合同编号（如有）"+发票号+××收	应付账款–应付暂估款–物资暂估–原材料暂估【订单号】	××.××	
"应付"+××公司"物资"+"合同编号（如有）"+发票号+××收	应交税费–应交增值税–进项税额–硬件\软件	××.××	
"应付"+××公司"物资"+"合同编号（如有）"+发票号+××收	应付账款–应付物资款【××公司】		××.××
合 计		××.××	××.××

凭证附件：物料入库单、采购发票、大额采购合同。

记账凭证

摘要	会计科目	借方	贷方
差异调整	原材料–原料及主要材料（在库部分）	××.××	
差异调整	存货成本差异–原材料（领用部分）	××.××	
差异调整	应付账款–应付物资款【××公司】		××.××
合 计		××.××	××.××

凭证附件：无。

4. 预付款清账

会计人员需每月完成供应商清账操作，并生成清账记账凭证。

记账凭证

摘要	会计科目	借方	贷方
冲预付+物资+采购订单号	应付账款–应付物资款【××公司】	××.××	
冲预付+物资+采购订单号	预付款项–预付物资款【××公司】		××.××
合 计		××.××	××.××

注：往来清账记账凭证是系统特有的记账凭证，此凭证不一定要打印，但要注意及时进行清账操作，确保供应商往来余额的准确性。

5. 外协加工费付款

业务流程及主要账务处理参见材料付款及预付款处理。

第四节　服务采购

一、术语解释及核算内容

本书所述服务是指项目专用物资外协加工服务费,以及通过外包方式由其他单位提供安装调试劳务或其他人员技术服务等情况。

本书主要核算服务确认、发票校验以及服务付款流程。

主要涉及委托加工及制作费、安装调试费的核算,涉及科目包括"生产成本""研发支出""制造(施工间接)费用""应付账款"等。

二、主要账务处理

1. 服务类采购确认

情况1:项目直接服务确认。

记账凭证

摘要	会计科目	借方	贷方
对××项目服务确认	生产成本-产品生产成本-委托加工及制作费【WBS号\合同号\生产订单号】	××.××	
对××项目服务确认	生产成本-产品生产成本-安装调试费【WBS号\合同号\生产订单号】	××.××	
对××项目服务确认	应付账款-应付暂估款-物资暂估-原材料暂估【WBS号\订单号】		××.××
合 计		××.××	××.××

情况2:成本中心服务确认。

记账凭证

摘要	会计科目	借方	贷方
对××公司服务进行确认	制造(施工间接)费用-委托加工及制作费	××.××	
对××公司服务进行确认	制造(施工间接)费用-其他费用-试验检验费	××.××	
对××公司服务进行确认	应付账款-应付暂估款-物资暂估-原材料暂估【订单号】		××.××
合 计		××.××	××.××

情况 3：研发服务确认。

记账凭证

摘要	会计科目	借方	贷方
对××项目服务确认	研发支出-受托研发-费用化支出-科技项目-委托加工及制作费【WBS 号\合同号\生产订单号】	××.××	
对××项目服务确认	研发支出-受托研发-费用化支出-科技项目-安装调试费【WBS 号\合同号\生产订单号】	××.××	
对××项目服务确认	应付账款-应付暂估款-物资暂估-原材料暂估【WBS 号\订单号】		××.××
合 计		××.××	××.××

注：本处以受托研发的科技项目账务处理为例。

凭证附件：物料入库单、项目工作量确认单或服务确认单等。

2. 服务类成本发票检验

会计核算岗核对发票信息的完整与准确，结合采购合同对物料入库单、项目工作量确认单或服务确认单、服务发票等资料进行审核，核实暂估金额与发票金额的差异原因，并在系统中进行确认。发票信息确认后，由系统根据内置规则自动生成记账凭证。

记账凭证

摘要	会计科目	借方	贷方
"应付"+××公司"服务费"+"合同编号（如有）"+发票号+××收	应付账款-应付暂估款-物资暂估-原材料暂估【WBS 号\订单号】	××.××	
"应付"+××公司"服务费"+"合同编号（如有）"+发票号+××收	应交税费-应交增值税-进项税额-服务	××.××	
"应付"+××公司"服务费"+"合同编号（如有）"+发票号+××收	应付账款-应付物资款【××公司】		××.××
合 计		××.××	××.××

凭证附件：发票入账申请单、项目工作量确认单或服务确认单、项目进度确认单、服务发票、采购合同。

记账凭证

摘要	会计科目	借方	贷方
差异调整	生产成本-产品生产成本-委托加工及制作费【WBS 号\××合同\生产订单号】	××.××	
差异调整	生产成本-产品生产成本-安装调试费【WBS 号\××合同\生产订单号】	××.××	
差异调整	应付账款-应付暂估款-物资暂估-原材料暂估【WBS 号\××合同\生产订单号】		××.××
合 计		××.××	××.××

凭证附件：无。

3. 预付款清账

会计人员需每月完成供应商清账操作，并生成清账记账凭证。

记账凭证

摘要	会计科目	借方	贷方
冲预付+物资+采购订单号	应付账款-应付物资款【××公司】	××.××	
冲预付+物资+采购订单号	预付账款-预付物资款【××公司】		××.××
合　计		××.××	××.××

注：往来清账记账凭证是系统特有的记账凭证，此凭证不需要打印，但要注意及时进行清账操作，确保供应商往来余额的准确性。

4. 服务类采购付款

业务流程主要账务处理参见"付款及预付款处理"。

第五节　低值易耗品

一、术语解释及核算内容

低值易耗品是指不能作为固定资产的各种用具物品，如工具、管理用具、玻璃器皿，以及在经营过程中周转使用的包装容器等。

二、主要账务处理

1. 低值易耗品采购及领用

物资部门将发票、入库验收单、采购合同和采购申请表交给资产会计，由资产会计进行发票校验，在系统中生成会计凭证，并由财务部或相关部门建立资产卡片。

记账凭证

摘要	会计科目	借方	贷方
购买××低值易耗品入账	低值易耗品-在用	××.××	
购买××低值易耗品入账	应交税费-应交增值税-进项税额-硬件	××.××	
购买××低值易耗品入账	应付账款-应付物资款【××公司】		××.××
合计		××.××	××.××

凭证附件：发票入账申请单、收货确认单、低值易耗品验收报告、发票、低值易耗品管理卡片、领用单或出库单。

2. 低值易耗品摊销

（1）摊销方法。集团采用一次性摊销法对低值易耗品进行摊销，计入相关资产的成本或者当期损益。

一次摊销是指在低值易耗品领用时，将其价值一次转入"管理费用""制造费用""主营业务成本"账务摊销方法。

（2）低值易耗品摊销的一般原则：

1）生产车间发生的低值易耗品费用计入"制造（施工间接）费用"。

2）专设销售机构发生的低值易耗品费用计入"销售费用"。

3）管理用低值易耗品费用计入"管理费用"。

4）研发用低值易耗品费用计入"研发支出"。

5）工程项目用低值易耗品费用计入"工程成本"。

（3）计提摊销。

记账凭证

摘要	会计科目	借方	贷方
计提低值易耗品摊销	制造（施工间接）费用-低值易耗品摊销	××.××	
计提低值易耗品摊销	销售费用-低值易耗品摊销	××.××	
计提低值易耗品摊销	管理费用-低值易耗品摊销	××.××	
计提低值易耗品摊销	工程成本-待摊基建支出-建设单位管理费-低值易耗品摊销	××.××	
计提低值易耗品摊销	低值易耗品-摊销		××.××
合计		××.××	××.××

凭证附件：摊销计算明细表（按资产明细）、摊销计算明细表（按部门）。

（4）平账。按低值易耗品账面实际摊销金额进行结转：

记账凭证

摘要	会计科目	借方	贷方
低值易耗品结转冲销	低值易耗品-摊销	××.××	
低值易耗品结转冲销	低值易耗品-在用		××.××
合计		××.××	××.××

3. 低值易耗品盘点

为保证低值易耗品会计资料的真实性，必须定期对低值易耗品进行实地盘点以便确保账实相符。盘点结束后，参与盘点人员在盘点表中签字确认，由使用部门编制低值易耗品盘盈报告表、低值易耗品盘亏审批表，并履行相关审批程序。资产会计根据低值易耗品盘点表、低值易耗品盘盈报告表、进行相关账务处理。

（1）低值易耗品盘盈。盘盈低值易耗品的账务处理时，按实际成本借记"低值易耗品—在用"科目，按估计损耗，贷记"低值易耗品—摊销"科目，按其差额，贷记"待处理财产损溢"科目，报经批准处理后，冲减"管理费用"科目。

记账凭证

摘要	会计科目	借方	贷方
"盘盈" + "资产名称" + "资产数量"	低值易耗品-在用	XX.XX	
"盘盈" + "资产名称" + "资产数量"	低值易耗品-摊销		XX.XX
"盘盈" + "资产名称" + "资产数量"	待处理财产损溢-待处理流动资产损溢		XX.XX
合计		XX.XX	XX.XX

说明：同类或类似固定资产存在活跃市场的，按同类或类似固定资产的市场价格作为原价入账，按其新旧程度估计的价值损耗作为"低值易耗品-摊销"反映；不存在活跃市场的，按历史采购金额考虑新旧程度入账。

记账凭证

摘要	会计科目	借方	贷方
"盘盈" + "资产名称" + "资产数量"	待处理财产损溢-待处理流动资产损溢	XX.XX	
"盘盈" + "资产名称" + "资产数量"	管理费用-存货盘亏和毁损	-XX.XX	
合计		0.00	

说明：期末盘点实存数量多于账面数量的，应查清原因，属于以前年度差错产生的部分，按会计差错调整进行处理，按会计调整及会计账期的相关规定处理。其他部分按重置成本计量，冲销管理费用。

凭证附件：低值易耗品盘点表、低值易耗品盘盈报告表、价值确定依据、低值易耗品管理卡片。

（2）低值易耗品盘亏。因对低值易耗品盘亏采用一次转销法进行摊销，因此低值易耗品摊销后无账面价值，无须进行账务处理，但需调整系统中低值易耗品卡片信息。

4. 低值易耗品报废

对低值易耗品报废采用一次转销法进行摊销，因此低值易耗品摊销后无账面价值，无需进行账务处理，但需调整系统中低值易耗品卡片信息。

第六节　其他业务类型付款

一、投标保证金付款

投标保证金是指在招标投标活动中，投标人按照招标文件的要求向招标人出具的，以一定金额表示的投标责任担保。集团作为投标人根据要求支付相应金额的投标保证金。

出纳根据审批确认的付款申请单完成款项支付，会计人员编制保证金付款记账凭证。

记账凭证

摘要	会计科目	借方	贷方
××付××公司保证金	其他应收款-保证金【××公司】	××.××	
××付××公司保证金	银行存款-人民币-××银行		××.××
合计		××.××	××.××

凭证附件：付款申请单、银行回单、招标文件等。

二、退回招标保证金

集团作为招标采购单位时，需要根据规定退还未中标供应商的投标保证金，并根据采购合同约定期限退还中标供应商的投标保证金。

记账凭证

摘要	会计科目	借方	贷方
××退××公司保证金	其他应付款-其他应付保证金【××公司】	××.××	
××退××公司保证金	银行存款-人民币-××银行		××.××
合计		××.××	××.××

三、支付质保金

参见"工程项目"中关于支付质保金的内容。

第七节 其他应付款核算

一、术语解释及核算内容

其他应付款是指集团在日常生产经营过程中发生的各项债务，包括应付票据、其他应付款、应付股利及应付利息等。

设置"应付票据""其他应付款""应付股利""应付利息"一级科目，并按具体情况设置相应的二级科目或明细科目。

二、主要账务处理

1. 应付票据

汇票包括银行汇票和商业汇票，本书主要涉及商业汇票的核算。

出纳按照银行规定的承兑汇票办理条件负责办理票据，并进行备案登记，将银行承兑协议、银行回单、票据复印件等交会计人员。

（1）支付银行承兑手续费。

记账凭证

摘要	会计科目	借方	贷方
支付银行承兑手续费	财务费用-手续费	××.××	
支付银行承兑手续费			
支付银行承兑手续费	银行存款-人民币-××银行-××银行		××.××
合 计		××.××	××.××

说明：如果有保证金计入其他货币资金。

凭证附件：银行承兑协议、手续费单据、票据复印件。

（2）应付票据采购货物和付款。用应付票据采购货物可以分解为采购货物和用应付票据偿还货款两部分，具体账务处理参照本章前述内容。

（3）应付票据利息。

记账凭证

摘要	会计科目	借方	贷方
计提应付票据利息	财务费用-利息支出	××.××	
计提应付票据利息	应付票据-银行承兑汇票-××单位		××.××
合 计		××.××	××.××

凭证附件：利息计算表、票据复印件。

（4）应付票据到期。票据到期前，应将足额资金存入银行，由银行划款，若资金不足，银行承兑后将作为贷款处理。若为商业承兑汇票则按应付票据账面余额转为应付账款。

记账凭证

摘要	会计科目	借方	贷方
应付票据到期支付	应付票据-银行承兑汇票-××单位	××.××	
应付票据到期支付	银行存款-人民币-××银行-××账户		××.××
合 计		××.××	××.××

凭证附件：银行回单、票据复印件等。

2. 其他应付款

其他应付款核算除应付票据、应付账款、预收账款、应付职工薪酬、应付利息、应付股利、应交税费、长期应付款等以外的其他各项应付、暂收的款项。本书主要涉及履约保证金的核算，其他应付项目可参照核算。

本书所述履约保证金是狭义的概念，是对合同履行的一种现金保证。

（1）收取履约保证金。

记账凭证

摘要	会计科目	借方	贷方
收到××单位履约保证金	银行存款-人民币-××银行-××账户	××.××	
收到××单位履约保证金	其他应付款-其他应付保证金		××.××
合 计		××.××	××.××

凭证附件：合同、银行回单、收款收据记账联。

AC3 收到的其他与经营活动有关的现金-其他经营性收入收到现金-集团内关联单位（或 AC4 集团外单位）。

（2）退回履约保证金。

出纳将合同、付款申请单、银行回单等转交收入与应收会计进行账务处理。

记账凭证

摘要	会计科目	借方	贷方
退回××单位履约保证金	其他应付款-其他应付保证金	××.××	
退回××单位履约保证金	银行存款-人民币-××银行-××账户		××.××
合 计		××.××	××.××

凭证附件：付款申请单、银行回单、相关合同。

现金流量表项目：AAR7 支付的其他与经营活动有关的现金-其他经营性支付现金-集团内关联单位（或集团外单位）。

第五章　销售与收款

本书主要核算经营活动中收入与回款业务，涉及主营业务收入与回款、其他业务收入与收款、营业外收入与收款以及应收账款管理等方面的会计核算。

第一节　总　述

一、基本概念与分类

收入是指企业在日常活动中形成的、会导致所有者权益增加的、与所有者投入资本无关的经济利益的总流入。

本章所涉及的收入包括销售商品收入、提供劳务收入、让渡资产使用权收入。

按照企业从事日常活动对企业的重要性，可将收入分为主营业务收入、其他业务收入。根据集团业务特点，一般开展管理信息、信息系统集成、通信技术以及芯片销售收入等计入主营业务收入，销售材料、出租固定资产、出租无形资产、投资性房地产、手续费收入等计入其他业务收入。

二、会计处理原则

1. 销售商品收入

销售商品收入同时满足下列条件的，才能予以确认：

（1）企业已将商品所有权上的主要风险和报酬转移给购货方；

（2）企业既没有保留通常与所有权相联系的继续管理权，也没有对已售出的商品实施有效控制；

（3）收入的金额能够可靠地计量；

（4）相关的经济利益很可能流入企业；

（5）相关的已发生或将发生的成本能够可靠地计量。

企业应当按照从购货方已收或应收的合同或协议价款确定销售商品收入金额，但已收或应收的合同或协议价款不公允的除外。合同或协议价款的收取采用递延方式，实质上具有融资性质的，应当按照应收的合同或协议价款的公允价值确定销售商品收入金额。应收的合同或协议价款与其公允价值之间的差额，应当在合同或协议期间内采用实际利率法进行摊销，计入当期损益。

企业已经确认销售商品收入的售出商品发生销售退回的，应当在发生时冲减当期销售商品收入。销售退回属于资产负债表日后事项的，适用《企业会计准则第 29 号——资产负债表日后事项》。销售退回是指企业售出的商品由于质量、品种不符合要求等原因而发生的退货。

2. 提供劳务收入

企业在资产负债表日提供劳务交易的结果能够可靠估计的，应当采用完工百分比法确认提供劳务收入。

完工百分比法是指按照提供劳务交易的完工进度确认收入与费用的方法。

提供劳务交易的结果能够可靠估计，是指同时满足下列条件：

（1）收入的金额能够可靠地计量；

（2）相关的经济利益很可能流入企业；

（3）交易的完工进度能够可靠地确定；

（4）交易中已发生和将发生的成本能够可靠地计量。

企业确定提供劳务交易的完工进度，可以选用下列方法：

（1）已完工作的测量；

（2）已经提供的劳务占应提供劳务总量的比例；

（3）已经发生的成本占估计总成本的比例。

企业应当按照从接受劳务方已收或应收的合同或协议价款确定提供劳务收入总额，但已收或应收的合同或协议价款不公允的除外。

企业应当在资产负债表日按照提供劳务收入总额乘以完工进度扣除以前会计期间累计已确认提供劳务收入后的金额，确认当期提供劳务收入；同时，按照提供劳务估计总成本乘以完工进度扣除以前会计期间累计已确认劳务成本后的金额，结转当期劳务成本。

企业在资产负债表日提供劳务交易结果不能够可靠估计的，应当分下列情况处理：

（1）已经发生的劳务成本预计能够得到补偿的，按照已经发生的劳务成本金额确认提供劳务收入，并按相同金额结转劳务成本；

（2）已经发生的劳务成本预计不能够得到补偿的，应当将已经发生的劳务成本计入当期损益，不确认提供劳务收入。

企业与其他企业签订的合同或协议包括销售商品和提供劳务时，销售商品部分和提供劳务部分能够区分且能够单独计量的，应当将销售商品的部分作为销售商品处理，将提供劳务的部分作为提供劳务处理。

销售商品部分和提供劳务部分不能够区分，或虽能区分但不能够单独计量的，应当将销售商品部分和提供劳务部分全部作为销售商品处理。

3. 让渡资产使用权收入

让渡资产使用权收入包括利息收入、使用费收入。利息收入是指金融企业对外贷款收入及同业之间发生往来形成的利息收入；使用费收入是指企业转让无形资产等资产使用权形成的使用费收入。根据集团业务特点，可能发生使用费收入。

让渡资产使用权收入同时满足下列条件的，才能予以确认：

（1）相关的经济利益很可能流入企业；

（2）收入的金额能够可靠地计量。

企业应当分下列情况确定让渡资产使用权收入金额：

（1）利息收入金额，按照他人使用本企业货币资金的时间和实际利率计算确定；

（2）使用费收入金额，按照有关合同或协议约定的收费时间和方法计算确定。

三、核算管理要求

按照会计准则的规定确认收入，确认依据充分、金额准确，没有提前或延后，财务报表数据准确。

第二节　主营业务收入与回款

一、术语解释及核算内容

1. 术语解释

集团主营业务收入主要为开展管理信息、信息系统集成、通信技术以及芯片制造销售等而获得的收入。

主要核算：项目类业务销售（包括混合类、技术服务类）、订单类业务销售（主要为产品销售）的确认及款项的回收等。

2. 核算内容

设置"应收账款""预收账款""应交税费""主营业务收入"等一级科目及明细科目进行核算。

二、账务处理

（一）项目类业务收入

1. 销售开票的账务处理

（1）集团确认的销售商品或提供劳务混合类销售开票。

记账凭证

摘要	会计科目	借方	贷方
开发票+销售订单号	预收账款-预收产品销售收入款-设备制造收入-预收开票【××公司】	××.××	
开发票+销售订单号	应交税费-应交增值税-销项税额-硬件/软件-已开票		××.××
开发票+销售订单号	主营业务收入-产品销售收入-设备制造收入-硬件/软件/【WBS号/××项目名称】		××.××
开发票+销售订单号	主营业务收入-产品销售收入-设备制造收入-硬件/软件【WBS号/××项目名称】		-××.××
开发票+销售订单号	预收账款-预收产品销售收入款-设备制造收入-预计收入		××.××
合计		××.××	××.××

（2）提供劳务类销售开票。

记账凭证

摘要	会计科目	借方	贷方
开发票+销售订单号	预收账款-预收技术收入款-服务收入-预收开票【××公司】	××.××	
开发票+销售订单号	应交税费-应交增值税-销项税额-服务-已开票		××.××
开发票+销售订单号	主营业务收入-技术收入-技术服务/技术开发/技术咨询【WBS号/××项目名称】		××.××
开发票+销售订单号	主营业务收入-技术收入-技术服务/技术开发/技术咨询【WBS号/××项目名称】		-××.××
开发票+销售订单号	预收账款-预收技术收入款-服务收入		××.××
合计		××.××	××.××

（3）建造合同类销售开票。

记账凭证

摘要	会计科目	借方	贷方
开发票+销售订单号	预收账款-预收工程收入款-预收开票【××公司】	××.××	
开发票+销售订单号	应交税费-应交增值税-销项税额-建造合同-已开票		××.××
开发票+销售订单号	主营业务收入-工程结算收入【WBS号/项目名称】		××.××
开发票+销售订单号	主营业务收入-工程结算收入【WBS号/项目名称】		-××.××
开发票+销售订单号	预收账款-预收工程收入款-预计收入		××.××
合计		××.××	××.××

凭证附件：开票申请单、增值税专用发票。

2. 销售收入确认

（1）销售商品。会计核算岗通过系统查询对应的销售订单、合同，在系统里根据销售订单完成记账凭证编制。

记账凭证

摘要	会计科目	借方	贷方
确认收入+销售订单号	应收账款-应收产品销售收入-设备制造收入【××公司】	××.××	
确认收入+销售订单号	应交税费-应交增值税-销项税额-硬件/软件-未开票		××.××
确认收入+销售订单号	主营业务收入-产品销售收入-设备制造收入-硬件/软件【WBS号/××项目名称】		××.××
合　计		××.××	××.××

（2）销售商品与提供劳务混合类。会计核算岗对业务部门提交的收入确认资料进行审核；审核通过后根据系统内置规则生成收入确认记账凭证。

记账凭证

摘要	会计科目	借方	贷方
投运+WBS号	应收账款-应收产品销售收入-设备制造收入【××公司】	××.××	
投运+WBS号	应交税费-应交增值税-销项税额-硬件/软件-未开票		××.××
投运+WBS号	主营业务收入-产品销售收入-设备制造收入-硬件/软件【WBS号\××项目名称】		××.××
合　计		××.××	××.××

（3）提供劳务。会计核算岗对进度（投运）确认单进行审核，根据销售订单完成记账凭证编制。

记账凭证

摘要	会计科目	借方	贷方
投运+WBS号	应收账款-应收技术收入-服务收入【××公司】	××.××	
投运+WBS号	应交税金-应交增值税-销项税额-服务-未开票		××.××
投运+WBS号	主营业务收入-技术收入-技术服务\技术开发\技术咨询【WBS号\××项目名称】		××.××
合　计		××.××	××.××

凭证附件：收货确认单（或经客户确认的验收单据）、进度（投运）确认单等。

3. 收入税金调整

（1）销售商品或销售商品与提供劳务混合类的税金调整。

记账凭证

摘要	会计科目	借方	贷方
收入税金调整+WBS 号	预收账款-预收产品销售收入款-设备制造收入-预计收入		-××.××
收入税金调整+WBS 号	应交税费-应交增值税-销项税额-硬件/软件-未开票		-××.××
收入税金调整+WBS 号	预收账款-预收产品销售收入款-设备制造收入-预收开票【××公司】	-××.××	
收入税金调整+WBS 号	主营业务收入-产品销售收入-设备制造收入-硬件/软件/【WBS 号/××项目名称】		-××.××
收入税金调整+WBS 号	主营业务收入-产品销售收入-设备制造收入-硬件/软件/【WBS 号/××项目名称】		××.××
合 计		-××.××	-××.××

（2）提供劳务收入税金调整。

记账凭证

摘要	会计科目	借方	贷方
收入税金调整+WBS 号	预收账款-预收技术收入款-服务收入-预计收入		-××.××
收入税金调整+WBS 号	应交税费-应交增值税-销项税额-服务-未开票		-××.××
收入税金调整+WBS 号	预收账款-预收技术收入款-服务收入-预收开票【××公司】	-××.××	
收入税金调整+WBS 号	主营业务收入-技术收入-技术服务/技术开发/技术咨询【WBS 号/××项目】		-××.××
收入税金调整+WBS 号	主营业务收入-技术收入-技术服务/技术开发/技术咨询【WBS 号/××项目】		××.××
合 计		-××.××	-××.××

（二）订单类业务收入

销售商品开票、确认收入同时结转成本。

记账凭证

摘要	会计科目	借方	贷方
开发票+销售订单号	应收账款-应收产品销售收入款-设备制造收入【××公司】	××.××	
开发票+销售订单号	应交税费-应交增值税-销项税额-硬件/软件-已开票		××.××
开发票+销售订单号	主营业务收入-产品销售收入-设备制造收入-硬件/软件		××.××
开发票+销售订单号	发出商品-分期收款发出商品		-××.××
开发票+销售订单号	主营业务成本-产品销售成本	××.××	
合 计		××.××	××.××

凭证附件：开票申请单、增值税专用发票；交货通知单（赊销需同时提供经客户确认的验收单据）、进度（投运）确认单等。

1. 销售收款

（1）电汇收款。出纳从网银系统中导出银行收款明细，由财务进行审核确认后，生成回款凭证。如该合同未确认收入或来款暂无法对应至具体合同的，先计入预收账款，在能确认到具体合同时从预收账款转至应收账款，编制生成如下凭证：

记账凭证

摘要	会计科目	借方	贷方
收款：××公司	银行存款-币种-××银行-基本存款/一般存款	××.××	
收款：××公司	预收账款-预收产品销售收入款-设备制造收入-预收来款【××公司】		××.××
合　计		××.××	××.××

记账凭证

摘要	会计科目	借方	贷方
待认款确认：××公司+合同号	预收账款-预收产品销售收入款—设备制造收入-预收来款【××公司】	××.××	
待认款确认：××公司+合同号	应收账款-应收产品销售收入-设备制造收入【××公司】等		××.××
合　计		××.××	××.××

如该合同已确认收入：

记账凭证

摘要	会计科目	借方	贷方
收款：××公司	银行存款-币种-××银行-基本存款/一般存款	××.××	
收款：××公司	应收账款-应收产品销售收入-设备制造收入【××公司】		××.××
合　计		××.××	××.××

凭证附件：银行回单。

现金流量表项目：AA1 销售商品、提供劳务收到的现金-产品销售收入收到现金-集团内关联单位

AA2 销售商品、提供劳务收到的现金-产品销售收入收到现金-集团外单位

AA3 销售商品、提供劳务收到的现金-技术收入收到现金-集团内关联单位

AA4 销售商品、提供劳务收到的现金-技术收入收到现金-集团外单位

AA5 销售商品、提供劳务收到的现金-其他主营收入收到现金-集团内关联单位

AA6 销售商品、提供劳务收到的现金-其他主营收入收到现金-集团外单位

（2）票据收款。会计核算岗位核对票据信息后，生成会计凭证。

记账凭证

摘要	会计科目	借方	贷方
收款：××公司+票据号+合同号	应收票据–银行承兑汇票–收取【××公司】	××.××	
收款：××公司+票据号+合同号	应收票据–商业承兑汇票–收取【××公司】	××.××	
收款：××公司+票据号+合同号	应收账款–应收产品销售收入–设备制造收入【××公司】		××.××
合 计		××.××	××.××

凭证附件：汇票复印件。

2. 清账

月末进行清账操作，会计核算岗位在客户某一订单确认收入并收款时进行清账，生成清账记账凭证。

记账凭证

摘要	会计科目	借方	贷方
清账+合同号	应收账款–应收产品销售收入–设备制造收入【××公司】		-××.××
清账+合同号	应收账款–应收产品销售收入–设备制造收入【××公司】	-××.××	
清账+合同号	预收账款–预收产品销售收入–设备制造收入【××公司】		-××.××
清账+合同号	预收账款–预收产品销售收入款–设备制造收入【××公司】	-××.××	
合 计		××.××	××.××

第三节　其他业务收入与收款

一、术语解释及核算内容

1. 术语解释

其他业务收入是指企业主营业务收入以外的所有通过销售商品、提供劳务收入及让渡资产使用权等日常活动中所形成的经济利益的流入，主要包括销售材料、出租固定资产、出租无形资产、投资性房地产收入、手续费收入等。

2. 核算内容

设置"其他业务收入–出租固定资产""其他业务收入–出租无形资产""其他业务

收入-投资性房地产"﹃其他业务收入-销售材料"﹃其他业务收入-手续费收入"等科目进行核算。

二、主要账务处理

1. 销售材料和废料收入

（1）材料销售收入的账务处理。会计核算岗位根据销售合同、材料出库单等确认材料销售收入。

记账凭证

摘要	会计科目	借方	贷方
××单位+材料销售+订单号	其他应收款-应收其他业务收入-其他收入【××公司】	××.××	
××单位+材料销售+订单号	其他业务收入-利库物资处置收入		××.××
××单位+材料销售+订单号	应交税费-应交增值税-销项税额-硬件		××.××
合 计		××.××	××.××

同时结转成本：

记账凭证

摘要	会计科目	借方	贷方
××单位+材料销售+订单号	其他业务成本-利库物资处置成本【订单号】【××公司】	××.××	
××单位+材料销售+订单号	原材料-原料及主要材料等		××.××
合 计		××.××	××.××

（2）废料销售。废料如果入库一般不会估价（主要是实务中难以计算应冲减的成本金额），因此，直接按销售金额确认其他业务收入，不确认其他业务成本。会计核算岗根据相关资料确认废料销售收入。

记账凭证

摘要	会计科目	借方	贷方
××单位+废料销售+订单号	其他应收款-应收其他业务收入-其他收入【订单号】【××公司】	××.××	
××单位+废料销售+订单号	其他业务收入-利库物资处置收入		××.××
××单位+废料销售+订单号	应交税费-应交增值税-销项税额-硬件-已开票		××.××
合 计		××.××	××.××

凭证附件：销售合同、开票申请单、增值税发票记账联、材料出库单等。

2. 固定资产、无形资产、投资性房地产出租收入

主要核算日常经营活动中出租收入的账务处理。会计核算岗位根据固定资产、无形资产、投资性房地产租赁合同，确认当期应收取的租赁收入。

账务处理：

记账凭证

摘要	会计科目	借方	贷方
××单位+租赁收入	其他应收款-应收其他业务收入-其他收入【××公司】	××.××	
××单位+租赁收入	其他业务收入-出租固定资产/无形资产/投资性房地产		××.××
××单位+租赁收入	应交税费-应交增值税-销项税额-服务-已开票		××.××
合　计		××.××	××.××

凭证附件：租赁合同、开票申请单、发票。

3. 手续费收入

主要核算日常经营活动中集团代扣代缴个人所得税等资金取得的手续费收入。

账务处理：

记账凭证

摘要	会计科目	借方	贷方
收到××手续费收入	银行存款-币种-××银行-基本存款/一般存款	××.××	
收到××手续费收入	其他业务收入-手续费收入		××.××
合　计		××.××	××.××

凭证附件：银行回单、手续费申请表及税务受理通知书。

现金流量表项目：C4 收到的其他与经营活动有关的现金-其他经营性收入收到现金-集团外单位。

4. 其他业务收入收款

账务处理：

记账凭证

摘要	会计科目	借方	贷方
收款：××公司	银行存款-币种-××银行-基本存款/一般存款	××.××	
收款：××公司	其他应收款-应收其他业务收入-其他收入【××公司】		××.××
合　计		××.××	××.××

凭证附件：银行回单。

现金流量表项目：AC3 收到的其他与经营活动有关的现金-其他经营性收入收到现金-集团内关联单位。AC4 收到的其他与经营活动有关的现金-其他经营性收入收到现金-集团外单位。

第四节　营业外收入与收款

一、术语解释及核算内容

1. 术语解释

营业外收入是指企业发生的与其日常活动无直接关系，计入当期损益的各项利得，主要包括非流动资产处置利得、非货币性资产交换利得、债务重组利得、政府补助、盘盈利得、捐赠利得、确实无法支付而按规定程序经批准后转作营业外收入的应付款项、出售债权收益等。

2. 核算内容

设置"营业外收入-非流动资产处置利得""营业外收入-非货币性资产交换利得""营业外收入-盘盈利得""营业外收入-接受捐赠利得""营业外收入-违约金"等科目进行核算。

二、主要账务处理

1. 政府补助

政府补助是指企业从政府无偿取得货币性资产或非货币性资产，但不包括政府作为企业所有者投入的资本。政府包括各级政府及其所属机构，国际类似组织也在此范围之内。

政府补助分为与资产相关的政府补助和与收益相关的政府补助。

企业取得与资产相关的政府补助，在实际收到款项或资产时，计入递延收益。在相关资产购建完成交付使用时起，按照系统、合理的方法，将递延收益在资产预计使用期限，分期结转至损益。结转损益时需判断与日常活动的相关性，与日常活动无关的，计入营业外收入。

企业取得与收益相关的政府补助，应当按照以下情况分别进行会计处理：第一，用于补偿企业以后期间相关成本费用或损失的，企业应在收到时确认为递延收益。在确认相关成本费用或损失期间，判断与日常活动的相关性并计入损益，与日常活动无关的，计入营业外收入。第二，用于补偿企业已发生的相关成本费用或损失的，企业在收到时判断与日常活动的相关性并直接计入当期损益，与日常活动无关的，计入营业外收入。

相关资产在使用寿命结束时或结束前被处置，尚未分摊的递延收益余额，根据与日常活动的相关性转入资产处置当期的其他收益或营业外收入。

如与日常经营活动无关的且与资产相关的政府补助的会计处理如下：

账务处理：

（1）递延期间内摊销递延收益。

记账凭证

摘要	会计科目	借方	贷方
递延收益摊销	递延收益-政府补助	XX.XX	
递延收益摊销	营业外收入-政府补助-递延收益转入		XX.XX
合 计		XX.XX	XX.XX

（2）如果相关资产在使用寿命结束前被处理（出售、转让、报废等），尚未分摊的递延收益余额应当一次性转入资产处置当期的收益，不再予以递延。

记账凭证

摘要	会计科目	借方	贷方
结转递延收益余额	递延收益-政府补助	XX.XX	
结转递延收益余额	营业外收入-政府补助-递延收益转入		XX.XX
合 计		XX.XX	XX.XX

凭证附件：政府补助文件、银行收款回单、政府补助收入分期确认表；资产处置审批文件、递延收益摊销计算表。

2. 违约金收入

企业在经营过程中应收有关方面的违约补偿收入，应在得到违约方的确认或认可，并且有足够证据表明经济利益很可能流入企业且能可靠计量时才能予以确认。在没有取得违约方的认可，也没有取得相关证据之前，不得确认为一项资产，也不得确认为当期营业外收入。

账务处理：

（1）确认违约金收入。

记账凭证

摘要	会计科目	借方	贷方
确认XX项目违约金	其他应收款-其他【XX公司】	XX.XX	
确认XX项目违约金	营业外收入—违约金-其他违约金		XX.XX
合 计		XX.XX	XX.XX

（2）收到违约金。

记账凭证

摘要	会计科目	借方	贷方
收款：XX违约金	库存现金-人民币	XX.XX	
收款：XX违约金	银行存款-币种-XX银行-基本存款/一般存款	XX.XX	
收款：XX违约金	其他应收款-其他【XX公司】		XX.XX
合 计		XX.XX	XX.XX

凭证附件：发票记账联、收据、银行收款回单，违约通知单至少应包括收费项目、金额、合同条款等信息，原合同复印件。

现金流量表项目：AC3 收到的其他与经营活动有关的现金-其他经营性收入收到现金-集团内关联单位。AC4 收到的其他与经营活动有关的现金-其他经营性收入收到现金-集团外单位。

3. 接受捐赠利得

接受捐赠利得是指企业接受捐赠产生的利得。接受捐赠资产附带有关文件、协议、发票等凭证注明的价值与公允价值差异不大的，应当以有关凭证中注明的价值作为入账价值；接受捐赠资产没有注明价值或注明价值与公允价值差异较大、但有活跃市场的，应当根据有确凿证据表明的同类或类似资产市场价格作为入账价值。

（1）接受货币捐赠。

记账凭证

摘要	会计科目	借方	贷方
接受××捐赠货币资金	银行存款-币种-××银行-基本存款/一般存款	××.××	
接受××捐赠货币资金	营业外收入—接受捐赠利得		××.××
合　计		××.××	××.××

凭证附件：银行回单、接受捐赠说明。

现金流量表项目：AC4 收到的其他与经营活动有关的现金-其他经营性收入收到现金-集团外单位。

（2）接受非货币资产捐赠。

记账凭证

摘要	会计科目	借方	贷方
接受××捐赠	固定资产（原材料）等	××.××	
接受××捐赠	应交税费-应交增值税-进项税额-硬件/固定资产	××.××	
接受××捐赠	营业外收入—接受捐赠利得		××.××
合　计		××.××	××.××

注：如果接受捐赠的实物为存货、固定资产等，但没有取得合法进项税发票的不能抵扣进项税。

凭证附件：资产交接清单、发票、接受捐赠说明等。

4. 无法支付的应付款

原始凭证需附债权单位破产、吊销等证明材料或中介机构鉴证报告，经办业务部门出具并盖章的情况说明书，金额较大的应附办公会或类似机构决议。按规定程序履行审批手续后由"应付账款"转入"营业外收入"。

第五节　其他应收类款项

一、术语解释及核算内容

1. 术语解释

其他应收类款项是指集团在日常生产经营过程中发生的各项债权，包括应收票据、其他应收、备用金、应收股利及应收利息等。

2. 核算内容

设置"应收票据""其他应收款""应收股利""应收利息"一级科目，并按具体情况设置相应的二级科目或明细科目。

二、主要账务处理

1. 应收票据

集团内使用的票据主要包括支票和汇票，汇票包括银行汇票和商业汇票。

（1）收取应收票据。企业一般可能在销售商品、提供劳务时收到应收票据，也可能债务人抵偿前欠货款取得应收票据。具体账务处理见前述章节。

（2）应收票据计息。如为带息应收票据，应于期末时，按应收票据的票面价值和确定的利率计算计提利息，计提的利息增加应收票据的账面余额。

记账凭证

摘要	会计科目	借方	贷方
计提应收票据××期间利息	应收票据-银行（商业）承兑汇票\××单位	××.××	
计提应收票据××期间利息	财务费用-利息收入		××.××
合计		××.××	××.××

凭证附件：票据复印件、利息计算表。

（3）应收票据背书转让。应收票据背书转让主要涉及两种情形：①以应收票据购买原材料等；②以应收票据偿还应付账款。

记账凭证

摘要	会计科目	借方	贷方
支付××单位××款	应付账款-××款\××单位	××.××	
支付××单位××款	应收票据-银行（商业）承兑汇票-背书【××单位】		××.××
合计		××.××	××.××

凭证附件：付款申请单、背书转让的应收票据正、反面复印件、对方收据、合同等辅助单据。

（4）应收票据贴现。

未到期的应收票据向银行办理贴现，分如下两种情况处理：

情况1：符合金融资产终止确认条件，银行等金融机构不附追索权，会计核算岗在系统中生成记账凭证如下：

记账凭证

摘要	会计科目	借方	贷方
××银行贴现应收票据	银行存款-人民币-××银行-××账户	××.××	
××银行贴现应收票据贴现息	财务费用-贴现利息	××.××	
××银行贴现应收票据	应收票据-银行（商业）承兑汇票-贴现【××单位】		××.××
合 计		××.××	××.××

现金流量表项目：AA1 或 AA2 销售商品提供劳务收到的现金-产品销售收入收到的现金-集团内关联单位或集团外单位。

情况2：持未到期的商业承兑汇票向银行等金融机构贴现，银行等金融机构拥有追索权，则应收票据贴现不符合金融资产终止确认条件，应将贴现所得作为以应收票据为质押取得借款。

记账凭证

摘要	会计科目	借方	贷方
××银行贴现应收票据	银行存款-人民币-××银行-××账户	××.××	
××银行贴现应收票据贴现息	财务费用-贴现利息	××.××	
××银行贴现应收票据	短期借款-××银行		××.××
合 计		××.××	××.××

凭证附件：银行贴现凭证回单、应收票据贴现申请单、票据贴现清单、贴现协议书、应收票据复印件等。

现金流量表项目：CB3 取得借款收到的现金-系统外单位。

（5）贴现的商业承兑票据到期。

情况1：附有追索权的票据到期后，未发生追索：

记账凭证

摘要	会计科目	借方	贷方
××银行附有追索权的汇票到期	短期借款-××银行	××.××	
××银行附有追索权的汇票到期	应收票据-银行（商业）承兑汇票-承兑【××单位】		××.××
合 计		××.××	××.××

凭证附件：贴现协议、应收票据复印件等。

情况 2：附有追索权发生追索的，银行将票据退还给企业，从集团账面扣款，若账户内款项不足以扣除，则银行将按逾期贷款处理。

1）出纳取回银行回单及汇票交会计核算岗：

记账凭证

摘要	会计科目	借方	贷方
××银行退回附有追索权的汇票	短期借款-××银行	××.××	
××银行退回附有追索权的汇票支付利息额	财务费用-贴现利息	××.××	
××银行退回附有追索权的汇票	银行存款-人民币-××银行-××账户		××.××
合计		××.××	××.××

凭证附件：银行回单、利息清单、应收票据等。

现金流量表项目：CO1 偿还债务支付的现金-偿还外部贷款本金支付现金和 CP4 分配股利、利润或偿付利息支付现金-偿还外部贷款利息支付现金。

2）票据到期因付款人无力支付票款，按应收票据的账面余额转入应收账款：

记账凭证

摘要	会计科目	借方	贷方
到期票据转入应收账款	应收账款-××款\××单位	××.××	
到期票据转入应收账款	应收票据-商业承兑汇票-承兑【××单位】		××.××
合计		××.××	××.××

注：到期不能收回的带息应收票据，转入"应收账款"科目核算后，期末不再计提利息，其所包含的利息，在有关备查簿中进行登记，待实际收到时再冲减当期的财务费用。

凭证附件：托收退票通知单、转入应收账款的说明、应收票据复印件等。

（6）票据盘点。集团根据规定的票据盘点要求，定期对库存票据进行盘点，检查是否有票据丢失或毁损情况，并编制票据盘点表，记录盘点结果，编制完成后签字确认。

2. 其他应收款

其他应收款核算除应收票据、应收账款、预付账款、应收股利、应收利息、长期应收款等以外的其他各种应收及暂付款项。

本书主要涉及备用金和履约保证金的核算，其他应收项目可参照核算。

（1）备用金。

1）备用金是指单位员工以现金、银行存款方式借用的用作差旅费、零星采购、零星开支等业务的款项。备用金分可为专项用途和临时备用两类。

a. 专项用途指用于单一用途的临时借用资金，必须在完成本次借用用途后立即报销并归还，多退少补。主要包括采购员零星采购、个人因公出差零星开支等。

b. 临时备用主要指经常性的零星开支备用金和其他各部门借用的定额周转金。

2）备用金的核算，单独设置"备用金"账户，并按个人设置明细科目进行核算。

（2）履约保证金。

本书所述履约保证金是狭义的概念，是对合同履行的一种现金保证，如投标保证金。

1）支付履约保证金。出纳完成款项支付后，将合同、付款申请单、银行回单等转交会计核算岗进行账务处理。

记账凭证

摘要	会计科目	借方	贷方
支付××单位履约保证金	其他应收款–履约保证金	××.××	
支付××单位履约保证金	银行存款–人民币–××银行–××账户		××.××
合计		××.××	××.××

凭证附件：保证金付款申请单、银行回单、收款收据。

现金流量表项目：AR7 支付的其他与经营活动有关的现金–其他经营性支付现金–集团内关联单位（或 AR8 集团外单位）。

2）收回履约保证金。出纳取回银行回单，开具《收款收据》，由会计核算岗编制记账凭证。

记账凭证

摘要	会计科目	借方	贷方
收回××单位履约保证金	银行存款–人民币–××银行–××账户	××.××	
收回××单位履约保证金	其他应收款–履约保证金		××.××
合计		××.××	××.××

注：若因违约收不回履约保证金，做营业外支出。

凭证附件：银行回单、《收款收据》记账联。

现金流量表项目：AR7 支付的其他与经营活动有关的现金–其他经营性支付现金–集团内关联单位（或 AR8 集团外单位）。

3. 应收股利

在取得长期股权投资、可供出售权益工具投资等或实际收到现金股利或利润时，涉及"应收股利"科目的核算，参见本手册"长期股权投资"章节部分。

4. 应收利息

在取得可供出售债务工具投资、委托贷款等或实际收到利息时，涉及"应收利息"科目的核算，参见本手册"资金筹集与营运"章节部分。

第六节　应收款项管理

一、术语解释及核算内容

主要核算日常经营活动中往来款项账龄分析、坏账准备的计提、核销与转回以及往来款项对账管理。

1. 账龄分析与坏账计提

财务部门会计核算岗应当定期或者至少于每年年度终了，根据应收款项余额的账龄情况对应收款项账龄进行分析，对应收款项的可收回性进行全面分析、评估，预计可能发生的坏账损失，根据分析结果计提坏账准备。

（1）对于单项金额重大的应收款项，应当单独进行减值测试；对于单项金额非重大的应收款项可以单独进行减值测试，也可以与其他未单独测试的应收款项一起按类似信用风险特征（如逾期状态等）划分为若干组合进行减值测试。

集团一般可按以下比例预计坏账准备。预计的坏账准备，如果与测试应提取的坏账准备相差不大的，则按以下比例提取坏账准备；如果预计的坏账准备与测试应提取的坏账准备相差较大的，则按测试结果提取坏账准备。

逾期1年以内（含1年）的应收款项，按5%计提坏账准备；

逾期1~2年（含2年）的应收款项，按10%计提坏账准备；

逾期2~3年（含3年）的应收款项，按50%计提坏账准备；

逾期3~4年（含4年）的应收款项，按80%计提坏账准备；

逾期4~5年（含5年）的应收款项，按90%计提坏账准备；

逾期5年以上的应收款项，按100%计提坏账准备。

（2）对于集团应收的备用金及应向集团职工收回的各种代垫款，以及同一法人单位内部所属各分公司之间、分公司和本部之间的应收款项，不计提坏账准备。

（3）公司合并范围内企业之间的应收款项原则上不计提坏账准备，但合并范围内企业存在现金流量严重不足、资不抵债、已经宣告破产或进入破产清算程序等情况，不能清偿部分或全部债务时，应当计提坏账准备。合并范围由公司定期发布，企业应根据定期发布的合并范围相应调整坏账准备的计提与转回。

（4）对同一债务人存在多笔应收款项，且各笔应收款项逾期时间不同的情况下，收到债务单位当期偿还的部分债务，应当逐笔认定收到的是哪一笔应收款项；如果确实无法认定的，按照先发生先收回的原则确定。

2. 坏账核销

应收款项存在下列情况之一的，应当予以核销：

（1）债务单位已经宣告破产或进入破产清算程序的，应取得法院的破产公告。债务单位已清算的，应取得清算报告及债权凭证，扣除债务人以清算财产清偿的部分，对仍不能收回的应收款项，作为坏账损失予以核销。债务单位未清算的，应取得相关不能收回的证据资料，予以核销。

（2）债务单位因经营不善清理整顿、歇业等原因而非持续经营的，应取得政府的行政决定或文件、吊销统一社会信用代码，予以核销。

（3）债务人死亡或者依法被宣告失踪、死亡，其财产或者遗产不足清偿且没有继承人的应收款项，在取得相关法律文件后，作为坏账损失，予以核销。

相关法律文件包括：属于自然死亡的，应取得债务人有效死亡证明；债务人被依法宣告死亡的，应取得法院的死亡宣告；债务人失踪的，应取得法院的失踪宣告。此外，还需取得法院关于债务人财产或遗产分配的裁定书或其他文件。

（4）涉诉的应收款项，已生效的人民法院判决书、裁定书判定、裁定败诉的，或者虽然胜诉但因无法执行被裁定终止执行的，作为坏账损失，予以核销。

（5）债务人遭受重大自然灾害、战争、政治事件或其他意外事故等导致停产，损失巨大，以其财产（包括保险款等）确实无法清偿的应收款项，应取得政府公告、相关不能收回的证据资料等，作为坏账损失，予以核销。

二、账龄分析与坏账计提

主要账务处理

本期应计提的坏账准备大于其账面余额的：

记账凭证

摘要	会计科目	借方	贷方
计提××坏账准备	资产减值损失-应收款项减值损失	××.××	
计提××坏账准备	坏账准备-应收账款		××.××
计提××坏账准备	坏账准备-其他应收款		××.××
合　计		××.××	××.××

本期应计提的坏账准备小于其账面余额的：

记账凭证

摘要	会计科目	借方	贷方
转回××坏账准备	资产减值损失-应收款项减值损失	××.××	
转回××坏账准备	坏账准备-应收账款		××.××
转回××坏账准备	坏账准备-其他应收款		××.××
合　计		××.××	××.××

凭证附件：坏账情况分析报告、坏账准备计提表等。

三、坏账核销

坏账核销，主要是指债务单位或债务人已不具备清偿条件，其资产确实无法偿还欠款。具体包括两方面：①债务单位已经宣告破产或进入破产清算程序的；②债务单位因经营不善清理整顿、歇业等原因而非持续经营的。债务人死亡或者依法被宣告失踪、死亡，债务人遭受重大自然灾害、战争、政治事件或其他意外事故等导致停产，损失巨大，以其财产（包括保险款等）确实无法清偿的应收款项。

记账凭证

摘要	会计科目	借方	贷方
核销坏账	坏账准备-应收账款	××.××	
核销坏账	坏账准备-其他应收款		××.××
核销坏账	应收账款-应收产品销售收入-设备制造收入-××公司		××.××
核销坏账	其他应收款-××-××公司		××.××
合计		××.××	××.××

凭证附件：坏账核销报告，法院判决书、破产报告等坏账核销证明资料。

第七节　分支机构往来核算

一、术语解释及核算内容

分支机构是指集团所属作为独立利润中心考核的非法人产业单位，含独立注册的非法人分支机构和未经注册的分支机构。

二、主要账务处理

1. 分支机构按月将利润划转至集团本部

（1）分支机构处理。

借：本年利润

　　贷：内部往来-损益结转

（2）集团本部处理。

借：内部往来-损益结转

　　贷：本年利润

2. 归集的经营收益按季进行资金划转

（1）分支机构处理。

借：内部往来–损益结转

　　贷：银行存款

（2）集团本部处理。

借：银行存款

　　贷：内部往来–损益结转

3. 集团下拨分支机构资本性支出款项

（1）分支机构处理。

借：银行存款

　　贷：内部往来–资本金拨付

（2）集团本部处理。

借：内部往来–资本金拨付

　　贷：银行存款

4. 集团下拨分支机构周转资金

（1）分支机构处理。

借：银行存款

　　贷：内部往来–周转金拨付

（2）集团本部处理。

借：内部往来–周转金拨付

　　贷：银行存款

5. 年末对折旧进行归集

（1）分支机构处理。

借：内部往来–资本金拨付

　　贷：银行存款

（2）集团本部处理。

借：银行存款

　　贷：内部往来–资本金拨付

6. 年末，当年归集的经营收益未有资金划转部分计入对集团的负债，免息一年

（1）分支机构处理。

借：内部往来–损益结转

　　贷：内部往来–内部贷款–免息

（2）集团本部处理。

借：内部往来–内部贷款–免息

　　贷：内部往来–损益结转

7. 免息期后，仍有相应资金划转的经营收益，转为负债开始计息

（1）分支机构处理。

借：内部往来–内部贷款–免息

　　贷：内部往来–内部贷款–计息

（2）集团本部处理。

借：内部往来–内部贷款–计息

　　贷：内部往来–内部贷款–免息

第六章　工程项目

工程项目包括由公司及集团批准立项的新建、改建、扩建、迁建和恢复性建设的基建工程、按基建程序管理的技术改造及其他工程。本章主要核算出包方式建造固定资产的财务管理及会计核算。技改工程和其他工程参照执行。

第一节　核算原则

1. 工程成本的确定

在建工程应当按照实际发生的支出确定其工程成本，并单独核算。

（1）企业的自营工程，按照直接材料、直接工资、直接机械施工费等，作为入账价值。

1）设备购置费。在设备到货验收之后，根据合同及到货验收单，按设备的合同金额全额确认，合同金额与已付款项的差额，根据合同约定负债的期限，无论是否付款和收到发票，均确认为短期负债或长期负债，个别设备如进口设备的最终发票价格，在工程决算时，再进行必要的调整。

2）建筑安装工程费。建设单位应该定期和施工单位办理工程债权债务结算，至少应该在会计期末清理一次，会计核算要根据施工合同和经建设企业、施工企业认可的债权债务结算凭证，确认在建工程，在建工程与已付款之间的差异，根据合同约定的付款期限，无论是否付款和收到发票，均确认为短期负债或长期负债，在工程结算之后，再根据最后的结算价格，对已确认的在建工程和相应的负债进行相应的调整。

3）工程建设其他费用。会计核算必须根据有关的凭证，无论是否付款和收到发票，及时全额确认在建工程及债权债务。

（2）企业的出包工程，其成本由建造该项固定资产达到预定可使用状态前所发生的必要支出构成，包括发生的建筑工程支出、安装工程支出，以及需分摊计入各固定资产价值的待摊基建支出，作为入账价值。

（3）工程达到预定可使用状态前因进行试运转所发生的净支出，计入工程成本。

企业的在建工程项目是在达到预定可使用状态前所取得的试运转过程中形成的、能够对外销售的产品，其发生的成本计入在建工程成本，销售或转为库存商品时，按实际销售收入或按预计售价扣除应交税费后冲减工程成本。

（4）在建工程发生单项或单位工程报废或毁损，减去残料价值和过失人或保险集团等赔款后的净损失，计入继续施工的工程成本；如为非常原因造成的报废或毁损，或在建工程项目全部报废或毁损，应将其净损失直接计入当期营业外支出。

（5）工程发生的可资本化的借款费用应按资本化相关的规定处理。

2. 在建工程结转固定资产的时点

在建工程达到预定可使用状态，但尚未办理竣工决算的，应当自达到预定可使用状态之日起，根据工程预算、造价或者工程实际成本等，按估计的价值转入固定资产，并计提折旧。待办理竣工决算手续后再作调整，但不需要调整原已计提的折旧额。

3. 在建工程减值准备

在建工程发生减值损失的，应当按照相关规定计提在建工程减值准备。

4. 设置的科目

工程支出设置"工程成本""工程物资""在建工程"等一级科目。

工程建造所发生成本支出通过"工程成本"归集，按月结转计入"在建工程"项目。

项目建设期间，购入不需要安装的固定资产，为生产准备的工器具、购置专利权和专有技术等的支出、购置土地使用权的支出以及发生的生产职工培训及提前进厂费等，应通过"固定资产""无形资产"和"长期待摊费用"等科目核算。

（1）工程成本。

"工程成本"设置二级科目"建筑工程支出""安装工程支出""在安装设备""待摊基建支出""差异分摊"等。

1）"工程成本-建筑工程支出"核算项目建设期间为建造房屋、建筑物、设备基础支架、道路工程，列入房屋工程概算内的暖气、卫生、通风、照明、煤气、消防、除尘等设备及装修油饰工程；列入建筑工程概算内的各种管道、电力通信等建筑工程所发生的支出。

2）"工程成本-安装工程支出"核算项目建设期间为进行设备安装、电缆导线的敷设等所发生的人工、材料、机械作业，以及为测定安装工程质量、对单体设备、系统设备进行单机试运行和系统联动无负荷试运行所发生的支出。

3）"工程成本-在安装设备"核算基本建设工程领出的正在安装的设备的实际成本，应按设备品种和规格设立"在安装设备"台账进行明细核算。

4）"工程成本-待摊基建支出"核算项目建设期间发生的按照规定应分摊计入有关固定资产成本的各项费用支出。

5）"工程成本——差异分摊"。

（2）工程物资。

"工程物资"核算企业为在建工程准备的各种物资的成本，包括工程用材料、尚未安装的设备以及为生产准备的工器具等，设置"专用材料""专用设备""为生产准备的工器具""采购保管费""其他"等明细科目。

（3）在建工程。

"在建工程"核算从"工程成本"转入的工程项目实际支出，设置"基建工程支出""技改工程支出""其他工程支出"二级明细科目。

第二节　主要账务处理

一、工程项目预付款及进度款支付

1. 预付工程款

合同签订后按照合同支付工程预付款，预付工程款或工程备料款按照合同约定执行，预付款原则上最多不超过合同总价款的30%。

记账凭证

摘要	会计科目	借方	贷方
预付××公司××工程款	预付账款-预付工程款【WBS】【××公司】	××.××	
预付××公司××工程款	银行存款-人民币-××银行-××账户		××.××
合计		××.××	××.××

凭证附件：支付申请单据、工程款支付审批单、合同或协议、银行回单、施工单位收款收据。

现金流量表项目：B01购建固定资产等支付的现金-产业基建项目支付现金（或B02小型基建支付现金，或B03技改项目支付现金）。

2. 确认和支付工程进度款

（1）项目部业务员进行服务确认，生成会计凭证。

记账凭证

摘要	会计科目	借方	贷方
对××公司××工程确认服务费	工程成本-建筑工程支出【××工程】	××.××	
对××公司××工程确认服务费	工程成本-安装工程支出【××工程】	××.××	
对××公司××工程确认服务费	应付账款-应付暂估款-工程暂估-服务暂估【××工程】		××.××
合计		××.××	××.××

（2）校验发票并确认各项抵扣款。会计核算岗收到发票后在系统中进行发票校验。

记账凭证

摘要	会计科目	借方	贷方
应付××公司××款	应付账款-应付暂估款-工程暂估-服务暂估款【××工程】	××.××	
应付××公司××款	应交税费-应交增值税-进项税额	××.××	
应付××公司××款	应付账款-应付工程款【××公司】【××工程】		××.××
合 计		××.××	××.××

凭证附件：发票、合同、项目管理部门编制的工程进度月报等。

（3）支付本期应付款。

记账凭证

摘要	会计科目	借方	贷方
付××公司××工程进度款	应付账款-应付工程款【××公司】【××工程】	××.××	
付××公司××工程进度款	银行存款-人民币-××银行-××账户		××.××
合 计		××.××	××.××

凭证附件：支付申请单据、工程款支付审批单复印件、银行回单等。

现金流量表项目：B01 购建固定资产等支付的现金-产业基建项目支付现金（或 B02 小型基建支付现金，或 B03 技改项目支付现金）。

3. 代垫款项

集团代垫施工单位水电费、电话费等费用，如果采用先付后扣时计入"其他应付款"借方。代垫款项的扣回在上述结算进度款的核算中已作说明。

4. 索赔、罚款、违约金收入

工程建设期间各项索赔、罚款以及违约金等收入，应用于弥补工程损失，直接冲减对应建设内容的工程成本。

记账凭证

摘要	会计科目	借方	贷方
索赔、罚款及违约金等冲减成本	其他应付款-单位往来【××公司】【××工程】	××.××	
索赔、罚款及违约金等冲减成本	银行存款-人民币-××银行-××账户	××.××	
索赔、罚款及违约金等冲减成本	工程成本-建筑工程支出【××工程】	-××.××	
索赔、罚款及违约金等冲减成本	工程成本-安装工程支出【××工程】	-××.××	
合 计		0.00	0.00

凭证附件：工程款支付审批单复印件、罚款通知书、银行回单等。

现金流量表项目：B01 购建固定资产等支付的现金-产业基建项目支付现金（或 B02 小型基建支付现金，或 B03 技改项目支付现金）（以负数列示）。

二、工程物资的核算

工程物资是指列入批准的项目预算和计划的各种专用设备、专用材料和为生产准备的工具、器具、备品备件等。购入不需要安装的管理用设备不在本科目核算，应通过"固定资产"科目核算。

工程管理部门对工程物资材料应定期组织进行盘点，每年至少盘点一次。如果盘盈，冲减工程成本；如果盘亏、毁损和报废，经批准后，扣除过失人或保险集团赔偿和残料价值，计入工程造价。

在取得工程物资时，应当按照其实际价值入账。工程物资的实际价值包括买价、运杂费、采购保管费。

（1）买价是指供货单位发票记录的金额，视具体情况决定是否抵扣进项税金。

（2）运杂费是指材料由采购地点或发货点到施工现场仓库或工地有效地点，含外埠中转运输过程中所发生的一切费用和过境过桥费。包括运输、搬运装卸、包装、仓储费等。

（3）采购保管费是指为采购、验收、保管和收发材料所发生的费用。包括采购、保管人员的工资、工资附加费、办公费、差旅交通费以及检验试验费。工程物资中的运杂费和采购保管费，能够分清其所归属的设备的，应直接计入相应设备；不能分清归属的，应按照确定的受益对象范围在采购保管费中进行明细核算，待竣工决算时按受益对象分摊。

1. 购入

购入大宗材料、设备，按合同约定确认应付款。计入"工程物资-专用材料""工程物资-专用设备""工程物资-为生产准备的工器具"等科目。

（1）项目部经办人员在系统创建采购订单，经审批后由项目部或物资部办理采购事宜。

记账凭证

摘要	会计科目	借方	贷方
工程物资采购入库	工程物资-专用材料-××材料【××工程】	××.××	
工程物资采购入库	工程物资-专用设备-××设备【××工程】	××.××	
工程物资采购入库	工程物资-为生产准备的工器具【××工程】	××.××	
工程物资采购入库	应付账款-应付暂估款-物资暂估-原材料暂估【××工程】		××.××
合计		××.××	××.××

（2）会计核算岗进行发票校验。

记账凭证

摘要	会计科目	借方	贷方
应付××公司物资款	应付账款-应付暂估款-物资暂估-原材料暂估【××工程】	××.××	

摘要	会计科目	借方	贷方
应付××公司物资款	应交税费-应交增值税-进项税额-其他	××.××	
应付××公司物资款	应付账款-应付物资款【××公司】		××.××
合计		××.××	××.××

凭证附件：采购发票、采购合同、采购合同审批表及入库单据。

记账凭证

摘要	会计科目	借方	贷方
付××公司工程物资款	应付账款-应付物资款【××公司】	××.××	
付××公司工程物资款	银行存款-人民币-××银行-××账户		××.××
合计		××.××	××.××

凭证附件：支付申请单据、银行回单等。

现金流量表项目：B01 购建固定资产等支付的现金-产业基建项目支付现金（或 B02 小型基建支付现金，或 B03 技改项目支付现金）。

2. 领用

工程物资领用包括工程领用的专用材料、需要安装的设备交付安装、不需要安装设备的出库。

记账凭证

摘要	会计科目	借方	贷方
××部门领用工程物资	工程成本-建筑工程支出【××工程】	××.××	
××部门领用工程物资	工程成本-安装工程支出【××工程】	××.××	
××部门领用工程物资	工程成本-在安装设备-××设备【××工程】	××.××	
××部门领用工程物资	工程物资-专用材料-××材料【××工程】		××.××
××部门领用工程物资	工程物资-专用设备-××设备【××工程】		××.××
××部门领用工程物资	工程物资-为生产准备的工器具【××工程】		××.××
合计		××.××	××.××

凭证附件：经仓储部门保管员、监理、经办人员、领用部门负责人签字的工程物资领料单。

3. 盘盈、盘亏、毁损

建设期间发生的工程物资盘亏、报废及毁损，减去残料价值以及保险公司、过失人等赔款后的净损失，计入所建工程项目的成本；盘盈的工程物资或处置净收益，冲减所建工程项目的成本。工程完工后发生的工程物资盘盈、盘亏、报废、毁损，计入当期营业外收支。

（1）工程物资盘盈。

记账凭证

摘要	会计科目	借方	贷方
××工程物资盘盈待处理	工程物资-专用材料-××材料【××工程】	××.××	
××工程物资盘盈待处理	工程物资-专用设备-××设备【××工程】	××.××	
××工程物资盘盈待处理	工程物资-为生产准备的工器具【××工程】	××.××	
××工程物资盘盈待处理	待处理财产损溢-待处理非流动资产损溢		××.××
合计		××.××	××.××

记账凭证

摘要	会计科目	借方	贷方
××工程物资盘盈经批准后处理	待处理财产损溢-待处理非流动资产损溢	××.××	
××工程物资盘盈经批准后处理	工程成本-待摊基建支出-建设单位管理费-其他	-××.××	
合计		0.00	0.00

（2）工程物资盘亏、报废及毁损。

记账凭证

摘要	会计科目	借方	贷方
××工程物资盘亏、毁损待处理	待处理财产损溢-待处理非流动资产损溢	××.××	
××工程物资盘亏、毁损待处理	工程物资-专用材料-××材料【××工程】		××.××
××工程物资盘亏、毁损待处理	工程物资-专用设备-××设备【××工程】		××.××
××工程物资盘亏、毁损待处理	工程物资-为生产准备的工器具【××工程】		××.××
合计		××.××	××.××

记账凭证

摘要	会计科目	借方	贷方
××工程物资盘亏、毁损经批准后处理	其他应收款-个人往来【××】	××.××	
××工程物资盘亏、毁损经批准后处理	其他应收款-单位往来【××保险集团】	××.××	
××工程物资盘亏、毁损经批准后处理	工程成本-待摊基建支出-建设单位管理费-其他	××.××	
××工程物资盘亏、毁损经批准后处理	待处理财产损溢-待处理非流动资产损溢		××.××
合计		××.××	××.××

凭证附件：工程物资损失证明资料、工程物资盘点表、工程物资盘盈、盘亏、毁损审批表、保险集团赔偿证明、集团内部责任认定、责任人赔偿及核批文件。

4. 工程完工后剩余工程物资的处理

（1）工程完工后，剩余的工程物资转为本企业存货的，按成本增加"备品备件"或"周转材料"等科目，按转入存货的剩余工程物资的账面余额，减少"工程物资"科目。

（2）工程完工后剩余的工程物资对外出售的，出售时，应确认收入并结转相应的成本。

记账凭证

摘要	会计科目	借方	贷方
出售工程物资	银行存款-人民币-××银行-××账户	××.××	
出售工程物资	其他业务收入-利库物资处置收入		××.××
出售工程物资	应交税费-应交增值税-销项税额-硬件-已开票		××.××
合 计		××.××	××.××

记账凭证

摘要	会计科目	借方	贷方
出售工程物资	其他业务成本-利库物资处置成本	××.××	
出售工程物资	工程物资-专用材料-××材料【××工程】		××.××
出售工程物资	工程物资-专用设备-××设备【××工程】		××.××
出售工程物资	工程物资-为生产准备的工器具【××工程】		××.××
合 计		××.××	××.××

凭证附件：剩余工程物资审核表、工程物资出库单、销售合同、专用发票记账联、银行回单。

现金流量表项目：B01 购建固定资产等支付的现金-产业基建项目支付现金（或 B02 小型基建支付现金，或 B03 技改项目支付现金）（以负数列示）。

三、设备核算

1. 在安装设备

在安装设备（需安装设备）是指必须将其整体或几个部位装配起来，安装在基础上或建筑物支架上才能使用的设备。有的设备虽然不需要设备基础，但是需要进行大量组装工作才能使用，也应作为在安装设备进行管理和核算。

（1）交付安装设备的一般规定。

交付安装设备是指已具备正式开始安装条件的需要安装设备。所谓"正式开始安装"是指必须同时具备以下三个条件：

1）设备的基础和支架已经完成；

2）安装设备所必须的图纸资料已经具备；

3）设备已运到安装现场，开箱检验完毕，吊装就位，并继续进行安装。

（2）在安装设备核算规定。

1）必须按照实际安装进度办理在安装设备的出库手续，不得采用大型设备全部到货后一次出库的会计处理方式，保证财务账面投资完成额能够反映设备领用安装的实际进展情况。

2）在安装设备出库时依据出库单计入单位工程成本，项目建设单位每年年末对现场在安装设备进行盘点，对不符合安装条件的应办理退库手续，用红字冲回，领用时再重新办理领用手续。

（3）在安装设备核算。

1）在安装设备交付施工单位的核算。

本明细科目应按固定资产目录并考虑概算的单位工程设置明细账。领用在安装设备时，计入"工程成本–在安装设备–××设备（××工程）"的借方，同时计入"工程物资–专用设备"的贷方。具体账务处理参照本章节"（二）工程物资的核算 领用"。

2）设备成套服务费。

①如设备成套服务费概算列入设备的，计入"工程成本–在安装设备–××设备【××工程】"的借方。

记账凭证

摘要	会计科目	借方	贷方
应付××公司设备成套服务费	应付账款–应付暂估款–物资暂估–原材料暂估	XX.XX	
应付××公司设备成套服务费	应交税费–应交增值税–进项税额–硬件	XX.XX	
应付××公司设备成套服务费	应付账款–应付工程款【××公司】		XX.XX
合 计		XX.XX	XX.XX

记账凭证

摘要	会计科目	借方	贷方
付 ××项目设备成套服务费	应付账款–应付工程款【××公司】	XX.XX	
付 ××项目设备成套服务费	银行存款–人民币–××银行–××账户		XX.XX
合 计		XX.XX	XX.XX

凭证附件：合同、发票、支付申请单据、银行回单。

现金流量表项目：B01 购建固定资产等支付的现金–产业基建项目支付现金（或B02 小型基建支付现金，或B03 技改项目支付现金）。

②如设备成套服务费概算未列入设备的，计入"工程成本–待摊基建支出–其他待摊费用"的借方，同时计入"应付账款–应付工程款【××公司】"的贷方。

③在安装设备退库时，依据红字出库单，经仓储部门管理人员签字、项目部负责人审核通过的退库审批单，生成会计凭证。

记账凭证

摘要	会计科目	借方	贷方
××部门在安装设备退库	工程成本-在安装设备-××设备【××工程】	-××.××	
××部门在安装设备退库	工程物资-专用设备-××设备【××工程】		-××.××
合计		-××.××	-××.××

凭证附件：原出库单复印件、红字出库单、退库审批单。

2. 不需安装设备

不需安装设备是指不必安装固定在一定位置和支架也不需要组装就可以使用的各种设备，如推土机、起重机、汽车吊车和专用运输车辆、单体空调、消防物资、检测检验测量设备等。不包括建设期间购入的管理用车辆、电脑等不需要安装设备。

项目建设单位购入不需安装设备后，应同时办理出入库手续，及时确认为工程成本和投资完成额。收到不需安装设备后，具体账务处理参照本章"工程物资的核算 购入"。出库时由具体账务处理参照本章"工程物资的核算 领用"。

四、待摊基建支出的核算

待摊基建支出是指工程项目按项目概算内容发生的、构成项目建设投资完成额、按照规定应当分摊计入交付使用资产价值的各项费用支出。

1. 项目前期工作费

（1）项目前期费用包括：①可行性研究费、地质调查评估费、勘察设计费；②研究实验费；③标底编制及招标管理费；④技术图书资料费；⑤交通差旅费、业务招待费；⑥概算审查费等。

（2）工程管理岗审核项目立项情况表。判断标准有三个方面：①项目批准立项后，前期费用计入相应项目的成本；②未获批准的项目或不能与项目对应的前期费用支出，则提出费用化申请，经审批后计入当期损益；③根据立项批文确定是否资本化或费用化。

（3）账务处理：

1）项目前期工作费发生时：

记账凭证

摘要	会计科目	借方	贷方
××工程前期费用	工程成本-前期费用	××.××	
××工程前期费用	应付账款-其他【××公司】		××.××
××工程前期费用	其他应付款-应付报销款-××员工		××.××
合计		××.××	××.××

记账凭证

摘要	会计科目	借方	贷方
结转××工程前期费用	其他应收款-前期费用	××.××	
结转××工程前期费用	工程成本-前期费用-结转		××.××
合计		××.××	××.××

凭证附件：支付申请单据、发票、合同或协议等。

现金流量表项目：B01 购建固定资产等支付的现金-产业基建项目支付现金（或B02 小型基建支付现金，或 B03 技改项目支付现金）。

2）项目前期工作费结转。如果项目正式立项，项目前期工作费可以直接认定到工程项目服务对象的，计入该工程项目，如果同时服务于多个工程项目无法直接认定到工程项目服务对象的应通过"工程成本-待摊基建支出-其他待摊费用"进行归集，但在工程项目完工时分摊。

记账凭证

摘要	会计科目	借方	贷方
××项目部管理费用调整至工程成本	工程成本-前期费用-结转	××.××	
××项目部管理费用调整至工程成本	其他应收款-前期费用	-××.××	
合计		0.00	0.00

记账凭证

摘要	会计科目	借方	贷方
××项目部管理费用调整至工程成本	工程成本-待摊基建支出-其他待摊费用	××.××	
××项目部管理费用调整至工程成本	工程成本-前期费用-结转		××.××
合计		0.00	0.00

凭证附件：工程项目立项文件、项目申请单位（部门）原入账凭证复印件。

3）如果项目未能正式立项，前期工作费由发展部门提供的书面情况说明，该说明至少应包括前期项目编号、项目名称、到当期末累计发生金额、转销原因等信息。由项目申请单位（部门）作为本单位运营成本，从工程成本转入管理费用。

记账凭证

摘要	会计科目	借方	贷方
××项目部管理费用调整至管理费用	管理费用-××费用	××.××	
××项目部管理费用调整至管理费用	工程成本-前期费用-结转		××.××
合计		××.××	××.××

2. 建设场地征用及清理费

发生建设场地征用及清理费时：

记账凭证

摘要	会计科目	借方	贷方
××项目建设场地征用及清理费	工程成本-待摊基建支出-建设场地征用	××.××	
××项目建设场地征用及清理费	应付账款-应付暂估款-物资暂估-原材料暂估【××公司】		××.××
合 计		××.××	××.××

发票校验及付款账务处理与前述发票校验及付款审核相同，不再赘述。

3. 建设单位管理费

（1）人员经常费。工程项目人工成本包括工程项目相关人员的工资、奖金、福利费、社会保险费、住房公积金、工会经费、职工教育经费等内容。

记账凭证

摘要	会计科目	借方	贷方
工资薪酬分配	工程成本-待摊基建支出-建设单位管理费-工资或社会保险费等费用明细	××.××	
工资薪酬分配	应付职工薪酬-工资		××.××
工资薪酬分配	应付职工薪酬-职工福利费		××.××
工资薪酬分配	应付职工薪酬-社会保险费-基本养老保险费		××.××
工资薪酬分配	应付职工薪酬-社会保险费-基本医疗保险费		××.××
工资薪酬分配	应付职工薪酬-社会保险费-失业保险费		××.××
工资薪酬分配	应付职工薪酬-社会保险费-生育保险费		××.××
工资薪酬分配	应付职工薪酬-社会保险费-工伤保险费		××.××
工资薪酬分配	应付职工薪酬-社会保险费-企业年金		××.××
工资薪酬分配	应付职工薪酬-社会保险费-补充医疗保险费		××.××
计提住房公积金	应付职工薪酬-住房公积金		××.××
计提工会经费	应付职工薪酬-工会经费		××.××
计提职工教育经费	应付职工薪酬-职工教育经费		××.××
合 计		××.××	××.××

凭证附件：经人资部盖章的×月工资分配表。

（2）其他建设单位管理费。

1）差旅费、会议费、车辆使用费、物业管理费等其他建设单位管理费发生时，由项目部业务员发起，处理与"建设场地征用及清理费"类似。

2）资产损失。由于自然灾害等原因造成的单项工程或单位工程报废或毁损，扣除残料价值和过失人或保险公司等赔款后的净损失，报经批准后计入继续施工的工程成本。如为非正常原因造成的报废或毁损，或工程项目全部报废或毁损，应将其净损失直接计入当期营业外支出。

3）支付施工单位工程奖励款。施工单位提前完工或超计划完成工作量，或在其他某些领域完成集团规定的考核指标或达到集团规定的奖励标准，集团给予其一定金额的奖励，能直接对应工程项目的直接进项目，不能直接对应工程项目的计入"工程成本-待摊基建支出-其他待摊费用"。

4. 项目建设技术服务费

知识产权转让与研究试验费、设备成套服务费、勘察设计费、设计文件评审费、建设项目后评价费、工程建设监督检测费等其他项目建设技术服务费发生时，后续处理与"建设场地征用及清理费"类似。

5. 建设期贷款利息

会计核算岗结合借款合同、工程项目进度以及工程项目累计支出额，计算工程项目应承担的资本化利息，经主管审核确认后生成会计凭证。

记账凭证

摘要	会计科目	借方	贷方
贷款利息资本化	工程成本-待摊基建支出-建设期贷款利息	××.××	
工程专户利息收入冲减工程成本	工程成本-待摊基建支出-建设期贷款利息	-××.××	
贷款利息资本化	应付利息-长期借款利息-币种		××.××
工程专户利息收入	银行存款-人民币-××银行-××账户	××.××	
合　计		××.××	××.××

凭证附件：贷款合同、资本化利息计算表、利息回单。利息计算表至少应包括项目名称、合同号、所属期间、本金、利率、利息金额等信息。

现金流量表项目：CP3 分配股利、利润或偿付利息支付现金-支付股利等投资收益-系统外单位。

五、其他工程支出的核算

其他工程支出是指工程项目发生的构成项目概算内容但不通过"工程成本"科目核算的支出，包括按照建设项目概算内容购置的管理用不需安装设备、现成房屋、无形资产以及发生的递延费用等。在发生上述支出时，应通过"固定资产""无形资产"和"长期待摊费用"科目核算，同时应设置"其他工程支出备查簿"专门登记，以备与概算的对照和资产的安全。

具体账务处理参照"第九章　非流动资产"。

六、工程往来款

1. 工程往来款核算原则

单位应加强往来款的管理，对于购销业务必须通过往来科目进行核算，清晰反映合同执行情况，确保资金安全，同时便于关联往来和关联交易的核对。

2. 工程往来款核算内容

往来款核算的内容包括：预付款、进度及结算款、代垫款项和各种保证金等。

3. 工程往来款清账

每月月末，对同一供应商由会计核算岗再进行供应商清账。

七、工程项目月结

每月月末，会计核算岗将在"工程成本"科目归集的不同项目的实际成本结转到"在建工程"科目下的具体项目。

记账凭证

摘要	会计科目	借方	贷方
结转××工程××月成本	在建工程-基建工程支出【××工程】	××.××	
结转××工程××月成本	在建工程-技改工程支出【××工程】	××.××	
结转××工程××月成本	在建工程-其他工程支出【××工程】	××.××	
结转××工程××月成本	工程成本-结转		××.××
合 计		××.××	××.××

八、工程项目竣工验收

工程项目完工后由项目部组织验收。准备各项验收资料，由相关部门共同参与，对该项目是否符合规划设计要求以及建筑施工和设备安装质量进行全面检验，取得竣工合格资料、数据和凭证。

九、工程项目竣工结算

工程项目竣工后依据工程竣工结算报告（书）、相关的审计报告、竣工验收证书、施工单位开具的结算发票等，按照已计入工程进度款后的差额列入工程成本，同时扣除保证金。

账务处理：

记账凭证

摘要	会计科目	借方	贷方
结算××公司××工程款	工程成本-建筑工程支出【××工程】	××.××	

摘要	会计科目	借方	贷方
结算××公司××安装工程款	工程成本-安装工程支出【××工程】	××.××	
扣除工程质保金	其他应付款-单位往来-质量质保金【××公司】		××.××
代扣水电费等款项	其他应付款-单位往来-代收代付款项【××公司】		××.××
结算××公司××工程款	应付账款-应付工程款【××公司】【××工程】		××.××
结算××公司××安装工程款	应付账款-应付工程款【××公司】【××工程】		××.××
合 计		××.××	××.××

凭证附件：工程竣工结算报告（书）、审计报告、竣工验收报告（记载工程验收情况的章节）、发票、支付申请单据、工程款支付审批单、对方提供并盖章的对账依据。

付款凭证及审核（略）。

如对方单位未达到保证条件，保证金不予返还时：

记账凭证

摘要	会计科目	借方	贷方
××公司保证金不再支付	其他应付款-单位往来-质量保证金【××公司】	××.××	
××公司保证金不再支付	其他应付款-单位往来-安全保证金【××公司】	××.××	
××公司保证金不再支付	营业外收入-其他		××.××
合 计		××.××	××.××

凭证附件：合同审核表、质量不合格说明材料、其他应付款-单位往来-质量保证金、安全保证金原入账凭证及明细账。

十、工程项目暂估转资

工程管理部门将经相关部门签字确认的工程竣工验收报告、实物资产移交清册和合同清册、工程投产通知书、暂估工程费用明细表等一并交给会计核算岗。会计核算岗对整个项目执行转资操作，完成对该项目的预转资步骤，在竣工验收当月估价转增固定资产。

1. 待摊基建支出分摊

竣工决算批准后，在正式移交固定资产、无形资产、长期待摊费用、流动资产时，按"交付使用财产明细表"办理固定资产移交，将应由建筑工程、安装工程或在安装设备分摊的安装费用（待摊基建支出）分摊记入相关系统。

（1）分摊待摊基建支出。工程项目完工达到预定可使用状态时，会计核算岗应按照系统合理的方法将待摊基建支出分摊计入各工程明细项目。

（2）计算确定已完工的固定资产成本。房屋、建筑物等固定资产成本=建筑工程支出+应分摊的待摊基建支出。

需要安装设备的成本=设备成本+为设备安装发生的基础、支座等建筑工程支出+安装工程支出+应分摊的待摊基建支出。

记账凭证

摘要	会计科目	借方	贷方
分摊待摊基建支出	工程成本-建筑工程支出【××工程】	××.××	
分摊待摊基建支出	工程成本-安装工程支出【××工程】	××.××	
分摊待摊基建支出	工程成本-在安装设备-××设备【××工程】	××.××	
分摊待摊基建支出	工程成本-待摊基建支出【待摊基建支出各明细项】		××.××
合　计		××.××	××.××

2. 暂估转资

（1）会计核算岗进行在建工程资本化账务处理。

记账凭证

摘要	会计科目	借方	贷方
××项目暂估转资	固定资产-（固定资产明细项）	××.××	
××项目暂估转资	在建工程-基建工程支出-其他转出【××工程】		××.××
××项目暂估转资	在建工程-技改工程支出-其他转出【××工程】		××.××
××项目暂估转资	在建工程-其他工程支出-其他转出【××工程】		××.××
合　计		××.××	××.××

凭证附件：工程竣工验收报告、工程项目暂估转资明细表、工程项目暂估转资汇总表等。

（2）按暂估价提取折旧。

十一、在建工程正式转资

在完成工程竣工决算审计后，会计核算岗依据上级单位下发的批复意见，再次完善竣工决算报告，当竣工决算报告完成后，正式转固定资产。

（1）冲销原暂估转资。会计核算岗在财务系统中编制红字冲销凭证。

记账凭证

摘要	会计科目	借方	贷方
冲销××项目暂估转资	固定资产-（固定资产明细项）	-××.××	
冲销××项目暂估转资	在建工程-基建工程支出-其他转出【××工程】		-××.××
冲销××项目暂估转资	在建工程-技改工程支出-其他转出【××工程】		-××.××
冲销××项目暂估转资	在建工程-其他工程支出-其他转出【××工程】		-××.××
合　计		-××.××	-××.××

凭证附件：工程项目预转资凭证复印件及资产管理岗提供的凭证事由说明单，该说明单至少应包括暂估凭证号、暂估资产编码、资产名称、原值、已提折旧等信息。

会计核算岗查询固定资产卡片，并在财务系统手工编制正式转资凭证。

记账凭证

摘要	会计科目	借方	贷方
××项目完工转资	固定资产–（固定资产明细项）	××.××	
××项目完工转资	在建工程–基建工程支出【××工程】		××.××
××项目完工转资	在建工程–技改工程支出【××工程】		××.××
××项目完工转资	在建工程–其他工程支出【××工程】		××.××
合　计		××.××	××.××

凭证附件：工程竣工决算报告、竣工决算审计报告。

（2）按调整后原值提取折旧。办理竣工决算后按实际成本调整原来的暂估价值，但不需要调整原已计提的折旧额。

建设期间购入的管理用固定资产、无形资产以及发生的长期待摊费用应按照账面价值交付，并将固定资产和累计折旧转入生产。具体账务处理参照第六章"五、其他工程支出的核算"。

十二、在建工程减值准备及核销

1. 在建工程减值准备计提

在建工程存在减值迹象的，应当估计其可收回金额。

可收回金额应当根据资产的公允价值减去处置费用后的净额与资产预计未来现金流量的现值两者之间较高者确定。可收回金额应以取得相关技术、管理等部门专业人员提供的内部或外部独立鉴定报告，作为判断依据。

处置费用包括与资产处置有关的法律费用、相关税费、搬运费以及为使资产达到可销售状态所发生的直接费用等。

资产的公允价值减去处置费用后的净额与资产预计未来现金流量的现值，只要有一项超过了资产的账面价值，就表明资产没有发生减值，不需要再估计另一项金额。根据重要性原则要求，处于正常建造过程中的工程项目以及预计在三年内会重新开工的停、缓建工程，可以不进行减值测试和计提资产减值准备。

计提的在建工程减值准备一经确认，在以后会计期间不得转回。

记账凭证

摘要	会计科目	借方	贷方
××公司/××项目减值损失	资产减值损失–在建工程减值损失	××.××	
××公司/××项目减值损失	在建工程减值准备–基建【××工程】		××.××

续表

摘要	会计科目	借方	贷方
××公司/××项目减值损失	在建工程减值准备-技改【××工程】		××.××
××公司/××项目减值损失	在建工程减值准备-其他【××工程】		××.××
合 计		××.××	××.××

凭证附件：在建工程减值损失证明资料、在建工程减值损失审批表。

2. 在建工程的核销

在建工程已经停建三年以上，不准备再继续建设，且无使用价值和转让价值的，应予以核销。

集团核销在建工程损失，应按规定取得相关证据，并按规定程序审核批准：

（1）因停建、废弃和报废、拆除的在建工程，应取得有关部门的工程停建、拆除通知文件；企业内部鉴定意见、原因说明及核批文件；金额较大的还应取得外部的技术鉴定意见。

（2）因自然灾害和意外事故毁损的在建工程，应取得有关自然灾害或者意外事故证明；涉及保险索赔的应有保险公司理赔情况说明；集团内部有关责任认定、责任人赔偿及核批文件。

（3）由于性能、技术等方面的原因计提在建工程减值准备的，应取得有关技术管理部门的鉴定资料及工程部门提供工程项目的预算、工程进度、预计完工程度等资料；不准备继续建设的，如果工程准备协商转让，尚需取得相关合同或协议等资料。

记账凭证

摘要	会计科目	借方	贷方
××项目核销	其他应收款-单位往来【××公司】	××.××	
××项目核销	营业外支出-其他	××.××	
××项目核销	在建工程减值准备-基建【××工程】	××.××	
××项目核销	在建工程减值准备-技改【××工程】	××.××	
××项目核销	在建工程减值准备-其他【××工程】	××.××	
××项目核销	在建工程-基建工程支出-其他转出【××工程】		××.××
××项目核销	在建工程-技改工程支出-其他转出【××工程】		××.××
××项目核销	在建工程-其他工程支出-其他转出【××工程】		××.××
合 计		××.××	××.××

凭证附件：在建工程核销证明资料、在建工程核销审批表。

第七章　研究开发支出

第一节　研究开发项目的分类

1. 按项目管理单位分类

研究开发项目按项目管理单位分为：政府项目、集团项目、自筹项目。

（1）政府项目。主要是指以集团或集团下属分子公司为主体申报的国家部（委）、地方政府、重要基金等委托或资助的研究开发项目。

（2）集团项目。主要是指集团本部委托或资助集团下属各分子公司进行的研究开发项目。经费来源均为集团自有货币资金。

（3）自筹项目。主要是指集团下属各分子公司经集团审定批准后自主投入的研究开发项目。经费来源均为集团下属各分子公司自有货币资金。

2. 按经费来源渠道的不同分类

分为获得的国家科技计划资助或其他财政拨款的专项经费和单位自有货币资金及其他渠道货币资金的自筹经费。

3. 按自主开发或受托开发分类

分为受托开发项目、自主开发项目。

（1）受托开发项目。包含政府项目及集团项目。

（2）自主开发项目。包含集团项目及自筹项目。

4. 按项目内容分类

分为科技项目、信息化项目。

（1）科技项目。

（2）信息化项目。

第二节　研究开发支出的基本内容

研究开发支出是指在产品、技术、材料、工艺、标准的研究、开发过程中发生的各项费用，分为研究阶段支出和开发阶段支出，主要内容包括以下八个方面：

（1）从事研发活动直接消耗的材料、燃料和动力费用。

（2）集团在职研发人员的工资、奖金、津贴、补贴、社会保险费等人工费用以及外聘研发人员的劳务费用。

（3）用于研发活动的仪器、设备、房屋等固定资产的折旧费或租赁费以及相关固定资产的运行维护、维修等费用。

（4）用于研发活动的软件、专利权、非专利技术等无形资产的摊销及运行维护费用。

（5）用于中间试验和产品试制的模具、工艺装备开发及制造费，设备调整及检验费，样品、样机及一般测试手段购置费，试制产品的检验费等。

（6）研发成果的论证、评审、验收、评估以及知识产权的申请费、注册费、代理费等费用。

（7）通过外包、合作研发等方式，委托其他单位、个人或者与之合作进行研发而支付的费用。

（8）与研发活动直接相关的其他费用，包括技术图书资料费、资料翻译费、会议费、差旅费、办公费、外事费、研发人员培训费、培养费、专家咨询费、高新科技研发保险费用。

企业依法取得知识产权后，在境内外发生的知识产权维护费、诉讼费、代理费、打假及其他相关费用支出不应作为研究开发支出。

第三节　研究阶段与开发阶段的划分

1. 研究阶段

研究阶段是指为获取新的科学或技术知识并理解它们而进行的独创性的有计划的调查；研究阶段是探索性的，是为进一步的开发活动进行资料及相关方面的准备，已进行的研究活动将来是否会转入开发、开发后是否会形成无形资产等均具有较大的不确定性。

集团无法证明其研究活动一定能够形成并带来未来经济利益的无形资产，因此，研究阶段的有关支出在发生时应将费用化计入当期损益。

2. 开发阶段

开发阶段是指在进行商业性生产或使用前，将研究成果或其他知识应用于某项计划或设计，以生产出新的或具有实质性改进的材料、装置、产品等。相对于研究阶段而言，开发阶段应当是已完成研究阶段的工作具有针对性，形成成果的可能性较大，在很大程度上具备了形成一项新产品或新技术的基本条件。如果企业能够证明满足无形资产的定义及相关确认条件，则所发生的开发支出可资本化，确认为无形资产成本。

设置"研发支出"一级科目，核算集团在进行研究与开发无形资产过程中发生的各项支出。按研究开发项目设置二级科目"自主研发""受托研发"；设置三级科目"费用化支出"和"资本化支出"；设置四级科目"科技项目""信息化项目"；并下设具体费用明细科目进行明细核算。其中"费用化支出"是核算研究阶段的支出以及开发阶段达到资本化条件之前的各项支出；"资本化支出"是核算开发阶段达到资本化条件之后的各项支出。"研发支出"科目期末借方余额，反映企业正在进行无形资产研究开发项目满足资本化条件的支出。

设置项目辅助核算集团研发支出。

第四节　主要的账务处理

一、取得项目资金

研发项目根据资金来源不同分为：地方政府、公司项目、集团项目及自筹项目。

1. 国家部（委）、地方政府、重要基金和学会等资助的科技项目

账务处理：

记账凭证

摘要	会计科目	借方	贷方
"收"＋"部门名称"＋"开发号"＋"政府补助"	银行存款-人民币-××银行-××账户【WBS号\项目名称】	××.××	
"收"＋"部门名称"＋"开发号"＋"政府补助"	递延收益-政府补助【WBS号\项目名称】		××.××
合　计		××.××	××.××

凭证附件：项目合同或政府拨款文件、银行回单。

现金流量表项目：AC3 收到的其他与经营活动有关的现金–其他经营性收入收到现金–集团外单位。

2. 公司委托的科技项目

账务处理：

记账凭证

摘要	会计科目	借方	贷方
"收" + "集团名称" + "科技或信息化项目款"	银行存款–人民币–××银行–××账户【WBS号\项目名称】	××.××	
"收" + "集团名称" + "科技或信息化项目款"	预收账款–预计技术收入款–服务收入–预收来款【WBS号\项目名称】		××.××
合 计		××.××	××.××

凭证附件：技术合同、银行回单。

现金流量表项目：AA4 销售商品、提供劳务收到的现金–技术收入收到现金–集团外单位（或 AA3 集团内关联单位）。

二、研究开发支出的归集

1. 研发材料及燃料动力费

研发材料及燃料动力费主要核算从事研发活动直接消耗的各种原材料、辅助材料、低值易耗品、元器件、试剂、部件、外购件、燃料、包装物的原价及运输、装卸、整理、存储和动力费用。设置"材料费""低值易耗品摊销""水电费"等五级明细科目。

（1）项目专用材料。

1）材料到货后，收货员根据采购订单号将到货信息录入系统确认收货，系统自动生成入库单并根据入库单生成记账凭证。

①自主研发项目：

记账凭证

摘要	会计科目	借方	贷方
采购订单××××收货	研发支出–自主研发–费用化支出–科技/信息化项目–材料费【WBS号\项目名称】	××.××	
采购订单××××收货	应付账款–应付暂估款–物资暂估–原材料暂估【WBS号\项目名称】		××.××
合 计		××.××	××.××

②受托研发的项目：

记账凭证

摘要	会计科目	借方	贷方
采购订单××××收货	研发支出–受托研发–费用化支出–科技/信息化项目–材料费【WBS号\项目名称】	××.××	
采购订单××××收货	应付账款–应付暂估款–物资暂估–原材料暂估【WBS号\项目名称】		××.××
合　计		××.××	××.××

凭证附件：验收合格单、入库、出库单。

2）取得发票后，会计核算岗审核采购合同、入库单、发票信息的一致性，在系统审核发票信息进行发票校验，自动生成会计凭证。

记账凭证

摘要	会计科目	借方	贷方
"应付" + "集团名称" + "物资款"	应付账款–应付暂估款–物资暂估–原材料暂估	××.××	
"应付" + "集团名称" + "物资款"	应交税费–应交增值税–进项税额–硬件	××.××	
"应付" + "集团名称" + "物资款"	应付账款–应付物资款【××公司】		××.××
合　计		××.××	××.××

凭证附件：采购申请表、采购合同、发票。

3）付款时，会计核算岗根据出纳提交的付款申请单和银行回单，审核付款信息后在系统中过账，自动生成付款凭证。

记账凭证

摘要	会计科目	借方	贷方
"支付" + "××业务款"	应付账款–应付物资款【××公司】	××.××	
"支付" + "××业务款"	银行存款–人民币–××银行–××账户		××.××
合　计		××.××	××.××

凭证附件：付款申请单、银行回单。

现金流量表项目：A04 购买商品、接受劳务支付的现金–科研项目购买商品支付现金–集团外单位（或 A03 集团内关联单位）。

（2）非项目专用材料。对非项目专门采购的原材料，由项目承担单位经办人填写领料单，报请批准后仓库管理员在系统做发货动作，按照审核批准的领料单发料，自动生成领用出库凭证。

①自主研发的项目：

记账凭证

摘要	会计科目	借方	贷方
"对"＋"WBS号"＋"发货"	研发支出-自主研发-费用化支出-科技/信息化项目-材料费【WBS号\开发号\项目名称】	××.××	
"对"＋"WBS号"＋"发货"	原材料-原料及主要材料		××.××
合 计		××.××	××.××

注：发生退料时，仓库部门需根据研发部门红字领料单，录入信息生成红字出库单，系统生成红字出库凭证，凭证内容与上述凭证一致。

②受托研发的项目：

记账凭证

摘要	会计科目	借方	贷方
"对"＋"WBS号"＋"发货"	研发支出-受托研发-费用化支出-科技/信息化项目-材料费【WBS号\开发号\项目名称】	××.××	
"对"＋"WBS号"＋"发货"	原材料-原料及主要材料		××.××
合 计		××.××	××.××

凭证附件：领料单、物料出库单。

2. 研发人员费用

研发人员费用是指直接参与项目研究的人员所开支的各项人工费用，包括专职研究人员人工费和临时性研究人员人工费。主要有：工资、工资性补贴、奖金、职工福利费、劳动保护费、社会保险费、住房公积金、工会经费及支付给项目组成员中没有工资性收入的相关人员（如在校研究生）和项目组临时聘用人员的劳务性费用。设置"工资""职工福利费""社会保险费""住房公积金""工资附加""技术服务费"等五级科目。

（1）自有研发人员。具体账务处理参照"第十章　职工薪酬"。

（2）外聘研发人员。

1）外聘研发人员劳务费的归集。

记账凭证

摘要	会计科目	借方	贷方
"计提"＋"集团名称"＋"外聘研发人员劳务费"	研发支出-自主研发/受托研发-费用化支出-科技/信息化项目-技术服务费【部门】	××.××	
"计提"＋"集团名称"＋"外聘研发人员劳务费"	应交税费-应交增值税-进项税额	××.××	
"计提"＋"集团名称"＋"外聘研发人员劳务费"	应付账款-应付服务款-××公司		××.××
合 计		××.××	××.××

凭证附件：经人资部门盖章确认的"劳务费通知""劳务人员费用汇总表"。

2）将归集在研发支出中的技术服务费分配到各项目。

记账凭证

摘要	会计科目	借方	贷方
分配××月外聘研发人员劳务费	研发支出–自主研发–费用化支出–科技项目–技术服务费【WBS号\开发号\项目名称】	××.××	
分配××月外聘研发人员劳务费	研发支出–自主研发–费用化支出–信息化项目–技术服务费【WBS号\开发号\项目名称】	××.××	
分配××月外聘研发人员劳务费	研发支出–受托研发–费用化支出–科技项目–技术服务费【WBS号\开发号\项目名称】	××.××	
分配××月外聘研发人员劳务费	研发支出–受托研发–费用化支出–信息化项目–技术服务费【WBS号\开发号\项目名称】	××.××	
分配××月外聘研发人员劳务费	研发支出–自主研发–费用化支出–科技项目–技术服务费【部门】	-××.××	
分配××月外聘研发人员劳务费	研发支出–自主研发–费用化支出–信息化项目–技术服务费【部门】	-××.××	
分配××月外聘研发人员劳务费	研发支出–受托研发–费用化支出–科技项目–技术服务费【部门】	-××.××	
分配××月外聘研发人员劳务费	研发支出–受托研发–费用化支出–信息化项目–技术服务费【部门】	-××.××	
合计		0	0

凭证附件：研发技术服务费明细表、工作量结算单。

3. 研发用固定资产费用

研发用固定资产费用主要核算用于研发活动的仪器、设备、房屋等固定资产的折旧费或租赁费以及相关固定资产的运行维护、维修等费用。设置"折旧费""租赁费""修理费"等五级明细科目。

（1）自有固定资产。会计核算岗每月在系统计提折旧前需核对本月变动固定资产的卡片数据，核对无误后在系统运行自动计提固定资产折旧费。具体账务处理参照"第九章 非流动资产 固定资产"。

（2）外部租赁。

1）租赁固定资产经验收后，由项目承担单位验收人根据租赁合同填写租赁资产验收报告，经办人根据租赁合同、租赁资产验收报告在系统进行服务确认，自动生成归集研究开发支出会计凭证。

记账凭证

摘要	会计科目	借方	贷方
"资产名称"＋"租赁费"	研发支出-自主研发/受托研发-费用化支出-科技/信息化项目-租赁费-设备租赁费等明细科目【WBS号\开发号\项目名称】	××.××	
"资产名称"＋"租赁费"	应付账款-应付暂估款		××.××
合计		××.××	××.××

2）取得发票后，会计核算岗在系统进行发票校验确认应支付的固定资产租赁费用。

记账凭证

摘要	会计科目	借方	贷方
"应付"＋"集团名称"＋"租赁费"	应付账款-应付暂估款	××.××	
"应付"＋"集团名称"＋"租赁费"	应交税费-应交增值税-进项税额	××.××	
"应付"＋"集团名称"＋"租赁费"	应付账款-应付物资款【××公司】		××.××
合计		××.××	××.××

凭证附件：采购申请表、租赁合同、租赁资产验收报告、发票。

3）付款时，会计核算岗根据出纳提交的付款申请单和银行回单，在系统审核付款信息并过账，生成付款凭证。

记账凭证

摘要	会计科目	借方	贷方
"支付"＋"××业务款"	应付账款-应付物资款【××公司】	××.××	
"支付"＋"××业务款"	银行存款-人民币-××银行-××账户		××.××
合计		××.××	××.××

凭证附件：付款申请单、银行回单、发票复印件。

现金流量表项目：AR2支付的其他与经营活动有关的现金-科研项目费用性支出现金-集团外单位（或AR1集团内关联单位）。

4）对于发生的小额租赁费用，按照费用报销流程进行操作。

5）员工费用报销。如需要预支费用的，具体账务处理参照"费用核算 员工预支款"部分。

记账凭证

摘要	会计科目	借方	贷方
"经办人"＋"原因"＋"日期"＋"地点"＋"租赁费"	研发支出-自主研发/受托研发-费用化支出-科技/信息化项目-租赁费-设备租赁费等明细科目【WBS号\开发号\项目名称】	××.××	

摘要	会计科目	借方	贷方
"经办人"＋"原因"＋"日期"＋"地点"＋"租赁费"	备用金【员工姓名（员工代码）】		××.××
"经办人"＋"原因"＋"日期"＋"地点"＋"租赁费"	银行存款		××.××
合 计		××.××	××.××

凭证附件：报销单、发票、银行回单等其他原始单据。

6）对公费用报销。对于集团选定的供应商，需要对供应商预付款的，可以采用网银支付的方式预付账款，预付款的账务处理参照"第四章 采购与付款"。

租赁费支出发生后报销的操作流程参见员工费用报销部分。

记账凭证

摘要	会计科目	借方	贷方
"经办人"＋"供应商名称"＋"租赁费"	研发支出-自主研发/受托研发-费用化支出-科技/信息化项目-租赁费-设备租赁费等明细科目【WBS 号\开发号\项目名称】	××.××	
"经办人"＋"供应商名称"＋"租赁费"	应付账款-应付物资款【××公司】		××.××
"经办人"＋"供应商名称"＋"租赁费"	预付账款-预付物资款【××公司】		××.××
合 计		××.××	××.××

凭证附件：报销单、发票等其他原始单据。

记账凭证

摘要	会计科目	借方	贷方
"支付"＋"供应商名称"＋"租赁费"	应付账款-应付物资款【××公司】	××.××	
"支付"＋"供应商名称"＋"租赁费"	银行存款-人民币-××银行-××账户		××.××
合 计		××.××	××.××

凭证附件：报销单、银行回单等其他原始单据。

现金流量表项目：AR2 支付的其他与经营活动有关的现金-科研项目费用性支出现金-集团外单位（或 AR1 集团内关联单位）。

7）研发用固定资产需进行维修时，具体账务处理参照"研发用固定资产费用-租赁费"。

4. 研发用无形资产费用

研发用无形资产费用主要核算用于研发活动的软件、专利权、非专利技术等无形资产的摊销及运行维护费用。设置"无形资产摊销""信息系统维护费"等五级明细科目。

（1）会计核算岗每月在系统计提无形资产摊销前都需核对本月变动无形资产的卡片数据。具体账务处理参照"第九章 非流动资产 第二节 无形资产"。

（2）科技项目产生的信息系统维护费账务处理参照"研发用固定资产费用-租赁费"。

5. 研发试验检验费用

研发试验检验费用主要核算用于中间试验和产品试制的模具、工艺装备开发及制造费，设备调整及检验费，样品、样机及一般测试手段购置费，试制产品的检验费等。设置"试验检验费""安装调试费"等五级明细科目。

科技项目所需试验检验费用账务处理参照"研发用固定资产费用-租赁费"。

6. 研发中介费用

研发中介费用主要核算研发成果的论证、评审、验收、评估以及知识产权的申请费、注册费、代理费等费用。设置"中介费"等五级明细科目。

科技项目所需中介费用账务处理参照"研发用固定资产费用-租赁费"。

7. 外委研发支出

外委研发支出主要核算通过外包、合作研发等方式，委托其他单位、个人或者与之合作进行研发而支付的费用。设置"委托加工及制作费""委托服务费""技术服务费"等五级明细科目。

科技项目所需外委研发支出费用账务处理参照"研发用固定资产费用-租赁费"。附件需提供外委支出的相关合同。

8. 其他研发费用

与研发活动直接相关的其他费用，包括资料出版及验收费、培训费、办公费、差旅费、包装费、运输费、劳动保护费、物业管理费、水电费、广告宣传费、展览费、会费、生产车辆使用费、国际业务支出及费用分摊等间接费。设置"办公费""设计联络费""差旅费""培训费""物业管理费"五级明细科目，"办公费"科目下设置"办公用品及杂费""报纸杂志及图书资料费""印刷费""邮电费""电脑耗材""通信费""气象服务费"等六级明细科目。

（1）办公费是指在项目研究开发过程中耗用办公用品、报纸杂志及图书资料费、印刷费、邮电费、电脑耗材（主要包括打印机硒鼓、墨盒，刻录光盘等耗材）、通信费、气象服务费等。

（2）设计联络费是指在项目研究开发过程中为明确项目实施的技术、时间及质量等方面的具体要求，达到项目交付条件，与相关各方在沟通协调过程中发生的设计、联络、差旅、评审、认定及服务等各项费用。

（3）差旅费是指为项目研究开发而进行国内外差旅、现场试验、与协作单位组织协调、培训等所发生的交通（外埠与市内）、住宿的费用。

（4）培训费是指为提高项目研究质量而开展国内外学术交流与培训的费用。培训费标准按照相关规定限额执行，仅限于与项目研究开发相关的培训。

上述其他研发费用根据费用性质分别进行账务处理。对于签订合同有订单号的其他研发费用，具体账务处理参照"研发用固定资产费用–租赁费"。对于无订单号的其他费用通过费用报销形式进行归集。具体账务处理参照"研发用固定资产费用–租赁费"。

三、研究开发支出的结转

1. 费用化支出的结转

每月末会计核算岗结转研发支出，将符合费用化条件的研发支出结转到成本、费用。

记账凭证

摘要	会计科目	借方	贷方
××月研发支出结转	管理费用–研究开发费–信息化项目【部门】	××.××	
××月研发支出结转	管理费用–研究开发费–科技项目【部门】	××.××	
××月研发支出结转	生产成本	××.××	
××月研发支出结转	研发支出–研发支出转出–费用化支出转出【WBS号\开发号\项目名称】		××.××
合　计		××.××	××.××

凭证附件：研发支出结转明细表。

2. 资本化支出的归集

依据《企业会计准则——无形资产》对于开发阶段有关支出资本化条件的规定，企业内部研究开发项目开发阶段发生的支出，在同时满足下列五个条件的，才能确认为无形资产：

（1）完成该无形资产以使其能够使用或出售在技术上具有可行性。集团在判断无形资产的开发在技术上具有可行性，应当以目前阶段的成果为基础，并提供相关证据和材料，证明企业进行开发所需的技术条件等已经具备，不存在技术上的障碍或其他不确定性，例如，企业已经完成了全部计划、设计和测试活动，这些活动是使资产能够达到设计规划书中的功能、特征和技术所必需的活动，或经过专家鉴定等。

（2）具有完成该无形资产并使用或出售的意图。集团能够说明其持有开发无形资产的目的，例如，具有完成该无形资产并使用或出售的意图。开发某项产品或专利技术产品等，是使用或出售通常是根据管理当局决定该项研发活动的目的或者意图所决定，即研发项目形成成果以后，是为出售还是为自己使用并从使用中获得经济利益，应当以董事会批准文件标明的意图而定，应符合能够说明其持有拟开发无形资产的目的，并具有完成该项无形资产开发并使其能够使用或出售的可能性。

（3）无形资产产生经济利益的方式，包括能够证明运用该无形资产生产的产品存在市场或无形资产自身存在市场，无形资产将在内部使用的，应当证明其有用性。

无形资产能够为集团带来未来经济利益，应当对运用该无形资产生产的产品市场情况进行可靠预计，以证明所生产的产品存在市场并能够带来经济利益的流入，或能够证明市场上存在对该类无形资产的需求。如果无形资产开发以后，既不是用于生产产品，也不是用于对外出售，而是在集团内部使用的，则集团应能够证明在集团内部使用时对集团的有用性。

（4）有足够的技术、财务资源和其他资源支持，以完成该无形资产的开发，并有能力使用或出售该无形资产。

集团能够证明无形资产开发所需的技术、财务和其他资源，以及获得这些资源的相关计划。具体包括：

1）为完成该项无形资产开发具有技术上的可靠性。开发的无形资产并使其形成成果在技术上的可靠性，是继续开发活动的关键。因此，必须有确凿证据证明集团继续开发该项无形资产具有足够的技术支持和技术能力。

2）财务资源和其他资源支持。财务和其他资源支持是能够完成该项无形资产开发的经济基础，因此，集团必须能够证明为完成该项无形资产的开发所需的财务和其他资源，是否能够足以支持完成该项无形资产的开发。

3）能够证明集团在开发过程中获得所需的技术、财务和其他资源的相关计划。如在集团自有资金不足以提供支持的情况下，是否存在外部其他方面的资金支持，如银行等金融机构愿意为该无形资产的开发提供所需资金的声明等来证实，并有能力使用或出售该无形资产。

（5）归属于该无形资产开发阶段的支出能够可靠地计量。

集团对于开发活动发生的支出应单独核算，例如，直接发生的研发人员工资、材料费，以及相关设备折旧费等能够对象化；同时从事多项研究开发活动的，所发生的支出能够按照合理的标准在各项研究开发活动之间进行分配。研发支出无法明确分配的，应将费用化计入当期损益，不计入开发活动的成本。

如果集团建立了规范研究开发项目的内部管理和内部控制制度，对研究开发项目的流程（关键路径）、每一阶段的任务和目标、每一阶段的开始和完成标志、完成每一阶段后进入下一阶段前应经过的评审和审批、每一阶段应完成的内部管理文档等问题做出具体规定，可依据相关制度来确定研究和开发阶段的划分，以及开发支出资本化时点。

实务中应根据企业和研发项目的具体情况，对照上述标准进行逐条详细分析，对技术可行性、未来经济利益流入的可能性以及经济利益的大小、后续开发所需的技术、财务资源及其他资源的可获得性等多方面的估计和判断，以确定是否满足资本化条件。如果研发项目在立项时即已明确形成确定的工作成果且该工作成果满足无形资产的确认条件，则当该研发项目在项目立项日作为资本化研发支出归集时点，以工作成果验收通过日期作为结转无形资产时点。

对于符合资本化条件的科技项目，由科技部门提交会计核算岗相关证明资料，确定研发支出开始资本化时点。

内部开发无形资产的成本仅包括在满足资本化条件的时点至无形资产达到预定用途前发生的支出总和，对于同一项无形资产在开发过程中达到资本化条件之前已经费用化计入损益的支出不再进行调整。

1）自主研发的科研项目：

记账凭证

摘要	会计科目	借方	贷方
××月研发支出转资本化	研发支出-自主研发-资本化支出-科技项目-××费【WBS号\开发号\项目名称】	××.××	
××月研发支出转资本化	研发支出-自主研发-资本化支出-信息化项目-××费【WBS号\开发号\项目名称】	××.××	
××月研发支出转资本化	研发支出－研发支出转出－费用化支出转出【WBS号\开发号\项目名称】		××.××
合　计		××.××	××.××

注：实务操作时对于一项无形资产在开发过程中达到资本化条件的当年，相关支出应资本化。

2）受托研发的科技项目：

记账凭证

摘要	会计科目	借方	贷方
××月研发支出转资本化	研发支出-受托研发-资本化支出-科技项目-××费【WBS号\开发号\项目名称】	××.××	
××月研发支出转资本化	研发支出-受托研发-资本化支出-信息化项目-××费【WBS号\开发号\项目名称】	××.××	
××月研发支出转资本化	研发支出－研发支出转出－费用化支出转出【WBS号\开发号\项目名称】		××.××
合　计		××.××	××.××

注：实务操作时对于一项无形资产在开发过程中达到资本化条件的当年，相关支出应资本化。

凭证附件：研发支出转资本化明细表。

3. 资本化支出的结转

（1）科技项目结题并取得专利证书后，会计核算岗根据结题报告、专利证书复印件将研发支出结转至无形资产。

记账凭证

摘要	会计科目	借方	贷方
××项目转增无形资产	无形资产–××资产	××.××	
××项目转增无形资产	研发支出–研发支出转出–资本化支出转出【WBS号\开发号\项目名称】		××.××
合 计		××.××	××.××

凭证附件：结题通知、结题报告、专利证书复印件、资产管理卡片等。

（2）科技项目已确认无法达到预定可使用状态，决定不再继续开发的，应将已经资本化的支出直接计入当期管理费用。

记账凭证

摘要	会计科目	借方	贷方
××项目资本化支出转入管理费用	管理费用—研究开发费用–科技项目	××.××	
××项目资本化支出转入管理费用	管理费用—研究开发费用–信息化项目	××.××	
××项目资本化支出转入管理费用	研发支出–资本化支出–资本化支出转出【WBS号\开发号\项目名称】		××.××
合 计		××.××	××.××

凭证附件：科技项目停止开发通知。

四、收入确认与成本结转

（1）对国家部（委）、地方政府、重要基金和学会等资助科技项目，会计核算岗根据科技项目是否满足资本化条件，分别进行账务处理。

1）对于不满足资本化条件的科技项目，会计核算岗按项目比较年初递延收益余额与本年转入"管理费用–研究开发费"科目的研发支出，按两者较低者结转营业外收入。

记账凭证

摘要	会计科目	借方	贷方
递延收益转营业外收入	递延收益–政府补助【WBS号\开发号\项目名称】	××.××	
递延收益转营业外收入	营业外收入–政府补助–递延收入转入		××.××
合 计		××.××	××.××

凭证附件：递延收益明细表。

2）对于满足资本化条件的科技项目，在开始资本化时点前，会计核算岗比较年初递延收益余额与本年转入"管理费用–研究开发费"科目的研发支出，按两者较低者结转营业外收入；在开始资本化时点后，递延收益余额在无形资产摊销期限内根据无形资产摊销分期结转为营业外收入。

（2）对公司委托或与网省公司签订合同等的科技项目，会计核算岗在项目期间内根据项目是否满足收入确认条件，按照与普通销售项目一致的收入确认原则在系统确认项目收入，并根据成本结转原则同时结转项目成本。收入确认和成本结转原则、具体账务处理分别参照"第五章　销售与收款""第八章　存货与成本核算"。

第八章 存货与成本核算

本章主要核算存货的发出、期末计价及成本的归集、分摊及转出等。

第一节 存货的发出及期末计价

一、术语解释及核算内容

1. 存货的内容

（1）存货是指企业在日常活动中持有以备出售的产成品或商品、处在生产过程中的在产品、在生产过程或提供劳务过程中耗用的材料或物料等，包括各类材料、在产品、半成品、产成品或库存商品以及包装物、低值易耗品、委托代销商品等。

（2）原材料是指各单位为满足生产及项目需要从外部购入的各项物资，包括各种生产辅料、成品设备、成品物资等，购入材料有半成品也有成品，但由于不能直接作为成品对外销售，需要进行加工、拷机或调试等操作，故统称为原材料。

（3）自制半成品是指根据生产计划预投物料进行生产调试的产品类型，自制半成品是指已经过一定生产过程并已检验合格交付半成品仓库，但尚未制造完成商品，仍须继续加工的中间产品。外购的半成品（外购件）应作为原材料处理，不在本科目核算。系统对每一种自制半成品均设立标准价格，作为出入库单价，实际成本与标准单价的差异分摊计入材料成本差异，待领用时计入相应项目成本或销售订单成本。

（4）库存商品是指集团已完成全部生产过程并已验收入库，合乎标准规格和技术条件，可以按照合同规定的条件送交订货单位，或可以作为商品对外销售的产品以及外购或委托加工完成验收入库用于销售的各种商品，主要适用于按订单核算的单位使用。

2. 存货管理核算的类别

（1）生产领用出库。生产领用出库主要是指集团生产部门根据生产计划领用出库以及事业部根据项目需要领用出库等，主要适用于原材料与自制半成品，系统根据领用原材料数量及移动加权平均价计算得出材料生产领用成本金额，根据领用自制半成品数量及系统标准价格计算得出自制半成品生产领用成本金额，分别计入生产成本项目。

（2）外协加工领用出入库。外协加工领用出入库是指集团提供材料以及设计方案由外部单位进行加工制作后重新入库的一种模式，系统根据领用材料数量及移动加权平均价计算得出外协领用材料价值，计入委托加工物资项目，外协加工完工入库按加工费暂估金额以及材料出库金额一并入账计入原材料成本，若为自制半成品类别，需按标准价格入库，差异计入材料成本差异。

（3）科技研发领用出库。科技研发领用出库是指集团研发部门为满足科研项目需要领用的材料或自制半成品，系统根据领用材料数量及移动加权平均价计算得出研发领用材料价值，根据领用自制半成品数量及标准价格计算得出研发领用半成品价值，计入研发支出项目。

（4）成品半成品完工入库。成品半成品完工入库是指集团自制半成品以及库存商品的完工入库，系统根据入库数量以及标准价格计算入库成本。

（5）存货报废出库。企业在生产过程中，难免会发生残次品、不合格品等。由于正常损耗和非正常损耗税务、会计处理方面存在差异，因此要区分正常范围的残次品和非正常范围的残次品。

正常范围的残次品，是企业在正常生产过程中符合生产工艺要求在正常范围内产生的残次品，每月的废品率相对均衡。而非正常范围的残次品，主要是指在生产过程中不符合生产技术要求、因管理不善等导致的残次品，废品率远远高于正常的废品率，产生的原因一般属于意外事故或管理不善，属于偶然事件。

生产过程中产生的残次品，如属于正常范围内的，其成本全部由同生产批次的产成品承担，视同批次产品的状态，结转到库存商品或主营业务成本。

如属于非正常损失的残次品，废品应结转成本，按照一般的存货报废处理。根据成品、半成品数量及标准价格计算得出报废出库存货价值计入待处理财产损溢项目，最终结转管理费用。

（6）存货盘点。存货盘点主要是指期末由物资部门、财务部门以及其他相关部门一同进行的存货及物资盘点工作，根据经审批的盘盈、盘亏结果对账务进行处理。

（7）存货期末计量。存货期末计量是指资产负债表日，存货应当按照成本与可变现净值孰低计量。存货成本高于其可变现净值的，应当计提存货跌价准备，计入当期损益。

本节主要核算存货的生产领用、外协领用、研发领用、完工入库、报废、盘点及期末计量等业务。设置"原材料""生产成本""委托加工物资""研发支出""自制半成品""库存商品""发出商品"等一级科目及明细科目进行核算。

二、核算原则及主要风险提示

1. 存货的领用

企业应当合理地选择发出存货成本的计算方法，对于性质和用途相似的存货，应当采用相同的方法确定发出存货的成本。

（1）原材料发出时采用移动加权平均法确定发出材料成本，自制半成品完工入库与发出均采用标准价格计算，与实际成本的差异单独核算，按月分摊材料成本差异将标准价格成本调整为实际成本，不得在季末或年末一次计算。

（2）周转使用的包装物等周转材料按照使用次数分次计入成本费用，周转材料可按其种类，分别"在库""在用"和"摊销"里进行明细核算。为简化核算，金额较小的，可在领用时一次计入成本费用。

（3）对于不能替代使用的存货、为特定项目专门购入或制造的存货以及提供的劳务，通常采用个别计价法确定发出存货的成本。

2. 存货的期末计价

集团应当定期或者至少于每年年度终了，对存货进行全面检查，存货按成本与可变现净值孰低计量，对可变现净值低于存货成本的差额，计提存货跌价准备，计入当期损益。

存货是否需要计提跌价损失、关键取决于存货所有权是否属于本企业、存货是否处于加工或使用状态。凡是所有权不属于集团所有的存货，不需要计提存货跌价损失，如受托代销商品；凡是处于加工或使用过程中的存货，不需要计提存货跌价损失，如委托加工物资、在产品（存货实物形态及数量不容易确定）、在用低值易耗品等。

集团在日常生产经营过程中用于生产而持有、可正常使用的存货，不计提存货跌价准备。

（1）可变现净值的确定。可变现净值一般应以资产负债表日存货的估计售价减去至完工时估计将要发生的成本、估计的销售费用以及相关税费后的金额确定。主要有三个方面：

1）产成品、商品和用于出售的原材料等直接用于出售的存货，在正常生产经营过程中，应当以该存货的估计售价减去估计的销售费用和相关税费后的金额确定其可变现净值。

2）用于生产的材料、在产品或自制半成品等需要加工的存货，在正常生产经营过程中，应当以所生产的产成品的估计售价减去至完工时估计将要发生的成本、估计的销售费用和相关税费后的金额确定其可变现净值。

3）为执行销售合同或者劳务合同而持有的存货，通常应当以产成品或商品的合同价格作为其可变现净值的计算基础。如果企业持有存货的数量多于销售合同订购数量，超出部分的存货可变现净值应当以产成品或商品的一般销售价格作为计算基础。如果该待执行合同为亏损合同，应按照或有事项准则的相关规定确认预计负债。（注意：预计负债的金额应是执行合同发生的损失和撤销合同发生损失的较低者。）

没有销售合同约定的存货（不包括用于出售的材料），其可变现净值应当以产成品或商品的一般销售价格（即市场销售价格）作为计算基础。

用于出售的材料等通常以市场价格作为其可变现净值的计算基础。如果存在销售合同约定，应按合同价格作为其可变现净值的计算基础。

在资产负债表日，对于为生产所持有的材料，如果用其生产的产成品的可变现净值预计高于成本，则该材料仍然应当按照成本计量。

如果材料价格的下降表明产成品的可变现净值低于成本，则该材料应当按可变现净值计量。

（2）存货可变现净值低于成本的情形主要有五个方面：

1）该存货的市场价格持续下跌，并且在可预见的未来无回升的希望。

2）企业使用该项原材料生产产品的成本大于产品的销售价格。

3）企业因产品更新换代，原有库存原材料已不适应新产品的需要，而该原材料的市场价格又低于其账面成本。

4）因企业所提供的商品或劳务过时或消费者偏好改变而使市场的需求发生变化，导致市场价格逐渐下跌。

5）其他足以证明该项存货实质上已经发生减值的情形。

（3）存货可变现净值为零的情形主要有两个方面：

1）生产中已不再需要，并且已无使用价值和转让价值的存货。

2）其他足以证明已无使用价值和转让价值的存货。

（4）存货跌价准备的计提。企业通常应当按照单个存货项目计提存货跌价准备。对于数量繁多、单价较低的存货，可以按照存货类别计提存货跌价准备。

与在同一地区生产和销售的产品系列相关、具有相同或类似最终用途或目的，且难以与其他项目分开计量的存货，可以合并计提存货跌价准备。

（5）存货跌价准备的转回。如果以前减记存货价值的影响因素已经消失，减记的金额应当恢复，并在原已计提的存货跌价准备的金额内转回，计入当期损益。

3. 存货的核销

（1）存货存在下列情况之一的，应当予以核销：

1）毁损的存货，如霉烂变质、生锈腐蚀、拆零残损等情况，已取得技术和物资管理部门的勘察鉴定报告的。

2）过期且无转让价值的存货，如超过保质期等情况，已提供存货保管期限或保质期限证明的。

3）生产中已不再需要，并且已无使用价值和转让价值的存货，如专有设备停止使用或更新换代，原为其备用的零部件无其他用途且无转让收回价值等情况，提供生产技术部门论证该存货永久无使用价值的技术报告的。

4）其他足以证明已无使用价值和转让价值的存货，并能取得相关证明的。

（2）存货损失核销的依据。集团核销存货损失，应按规定取得存货清查盘点明细资料，存货盘亏、报废、毁损情况说明，被盗的存货向公安机关的报案记录，公安机关立案、破案和结案的证明材料，盘亏存货的价值确定依据，集团内部有关责任认定、责任人赔偿说明和内部核批文件，集团内部或专业的质量检测或技术鉴定证明，涉及保险索赔的应有保险集团理赔情况说明，生产商或经销商提供的报价单等，并按规定程序审核批准。

4. 主要风险提示

（1）已发生的各项采购支出，未收到发票的没有按合同价或其他合理的价格暂估计入成本，导致存货成本不完整。

（2）存货的领用发出审核不严格、手续不完备，可能导致物资管理失控。

（3）存货领用项目号或订单号挂接不准确，导致成本归集不准确。

（4）存货退库未及时进行红字出库处理，导致账实不符和项目或销售订单成本不准确。

（5）外协加工出库未及时进行出库系统操作或提前进行暂估入库系统操作，导致账实不符。

（6）不合格品未经退换货以及维修处置，直接报废，存在资产流失风险。

（7）存货不按规定清产盘点，待报废存货物资长期积压不处理造成报表数据不实或存货报废申请未按规定进行审批，造成资产损失；存货报废未进行进项税转出，或转出金额不准确，存在税务风险。

（8）期末未按规定进行减值测试，导致存货账面价值不实。

三、主要账务处理

1. 原材料

（1）项目生产领用出库。

1）项目专用材料生产领用（于采购入库后直接生成）。

记账凭证

摘要	会计科目	借方	贷方
采购订单××××收货	生产成本-产品生产成本-材料费【WBS 号\销售订单号】	××.××	
采购订单××××收货	应付账款-应付暂估款-物资暂估-原材料暂估【××公司】		××.××
合 计		××.××	××.××

2）通用材料生产领用。

记账凭证

摘要	会计科目	借方	贷方
对××订单发货	生产成本-产品生产成本-材料费【WBS 号\销售订单号】	××.××	
对××订单发货	原材料-原料及主要材料		××.××
合 计		××.××	××.××

3）其他成本中心领用。

记账凭证

摘要	会计科目	借方	贷方
对成本中心发货	制造（施工间接）费用–材料费	××.××	
对成本中心发货	原材料–原料及主要材料		××.××
合 计		××.××	××.××

（2）外协加工领用出库。

会计核算岗对凭证内容的全面性与规范性进行审核，检查对方科目是否准确等。

记账凭证

摘要	会计科目	借方	贷方
××订单外协加工发货	委托加工物资	××.××	
××订单外协加工发货	原材料–原料及主要材料		××.××
合 计		××.××	××.××

（3）科技研发领用出库。

账务处理：

记账凭证

摘要	会计科目	借方	贷方
对生产订单××发货	研发支出–受托研发–费用化支出–科技项目–材料费【××订单号】	××.××	
对生产订单××发货	原材料–原料及主要材料		××.××
合 计		××.××	××.××

注：发生退料时，仓储部门需根据研发部门红字领料单，录入信息生成红字出库单，系统生成红字出库凭证，凭证内容应与上述凭证一致。

凭证附件：领料单、物料出库单、材料出库汇总表等。

（4）原材料报废出库。

1）报废正常生产所产生的残次品、废品的账务处理（无须做进项税额转出）。

报废出库：

记账凭证

摘要	会计科目	借方	贷方
××物资报废出库	待处理财产损溢–待处理流动资产损溢	××.××	
××物资报废出库	原材料–原料及主要材料		××.××
××物资报废出库	自制半成品		××.××
合 计		××.××	××.××

报废结转：

记账凭证

摘要	会计科目	借方	贷方
××物资报废结转成本	库存商品（主营业务成本）-存货盘亏或毁损	××.××	
××物资报废结转成本	待处理财产损溢-待处理流动资产损溢		××.××
合 计		××.××	××.××

2）报废非正常生产范围的残次品、废品的账务处理。

报废出库：

记账凭证

摘要	会计科目	借方	贷方
××物资报废出库	待处理财产损溢-待处理流动资产损溢	××.××	
××物资报废出库	应交税费-应交增值税-进项税额转出-硬件（软件）		××.××
××物资报废出库	原材料-原料及主要材料		××.××
××物资报废出库	自制半成品		××.××
合 计		××.××	××.××

报废结转：

记账凭证

摘要	会计科目	借方	贷方
××物资报废结转费用	管理费用-存货盘亏或毁损	××.××	
××物资报废结转费用	待处理财产损溢-待处理流动资产损溢		××.××
合 计		××.××	××.××

凭证附件：物料出库单、报废审批单、不合格品处置单。

（5）原材料盘点。

账务处理：

1）盘盈。

记账凭证

摘要	会计科目	借方	贷方
××物料盘盈	原材料-原料及主要材料	××.××	
××物料盘盈	待处理财产损溢-待处理流动资产损溢		××.××
合 计		××.××	××.××

2）盘亏。

记账凭证

摘要	会计科目	借方	贷方
××物料盘亏、毁损	待处理财产损溢-待处理流动资产损溢	××.××	
××物料盘亏、毁损	应交税费-应交增值税-进项税转出-硬件（软件）		××.××
××物料盘亏、毁损	原材料-原料及主要材料		××.××
合　计		××.××	××.××

凭证附件：盘点报告。

3）发生盘亏或毁损后如果存在可收回的保险人或过失人的赔偿，由会计核算岗根据审批文件或赔偿说明编制相应记账凭证。

账务处理：

记账凭证

摘要	会计科目	借方	贷方
应收××保险赔款或××赔偿款	其他应收款-其他【××公司】	××.××	
应收××保险赔款或××赔偿款	其他应收款-其他【××个人】	××.××	
应收××保险赔款或××赔偿款	待处理财产损溢-待处理流动资产损溢		××.××
合　计		××.××	××.××

凭证附件：赔偿说明。

4）仍有差额的，按管理权限报经批准后处理后，会计核算岗编制结转记账凭证。

账务处理：

记账凭证

摘要	会计科目	借方	贷方
结转盘亏、毁损××物料	管理费用-存货盘亏或毁损	××.××	
结转盘亏、毁损××物料	营业外支出-盘亏损失	××.××	
结转盘亏、毁损××物料	待处理财产损溢-待处理流动资产损溢		××.××
合　计		××.××	××.××

注：自然灾害等非正常原因造成的存货盘亏、毁损计入"营业外支出-盘亏损失"；属计量或管理不善发生的存货盘亏、毁损计入"管理费用-存货盘亏或毁损"。

凭证附件：盘亏审批表。

（6）原材料期末计量。

1）会计核算岗根据存货跌价准备测试报告编制计提存货跌价准备记账凭证。

账务处理：

记账凭证

摘要	会计科目	借方	贷方
××物料发生减值	资产减值损失-存货减值损失	××.××	

摘要	会计科目	借方	贷方
××物料发生减值	存货跌价准备-原材料		××.××
合 计		××.××	××.××

凭证附件：存货跌价准备测试报告及审批表。

2）已计提跌价准备的物料价值以后又得以恢复，根据集团规定权限提请各部门及领导审批后，会计核算岗复核后在原已计提的存货跌价准备金额内，按恢复增加的金额编制减值转回记账凭证。

账务处理：

记账凭证

摘要	会计科目	借方	贷方
××物料减值转回	存货跌价准备-原材料	××.××	
××物料减值转回	资产减值损失-存货减值损失	-××.××	
合 计		0.00	0.00

凭证附件：存货跌价准备转回申请及转回说明。

3）发出物料结转存货跌价准备的，由会计核算岗编制结转记账凭证。

账务处理：

记账凭证

摘要	会计科目	借方	贷方
结转××物料跌价准备	存货跌价准备-原材料	××.××	
结转××物料跌价准备	主营业务成本-产品销售成本	-××.××	
合 计		0.00	0.00

凭证附件：结转存货跌价准备的说明。

2. 自制半成品

（1）自制半成品完工入库。

1）标准成本入库。

账务处理：

记账凭证

摘要	会计科目	借方	贷方
成品、半成品收货（销售订单号）	库存商品-在库商品	××.××	
成品、半成品收货（销售订单号）	生产成本-生产成本结转-产品成本转出		××.××
成品、半成品收货（销售订单号）	自制半成品	××.××	
成品、半成品收货（销售订单号）	生产成本-生产成本结转-产品成本转出		××.××
合 计		××.××	××.××

凭证附件：无。

2）月末进行月结时，会计核算岗通过生产订单差异计算以及生产订单结算操作完成成品半成品实际成本和标准成本的差异计算，并通过执行差异分摊程序操作将上述差异分摊计入项目领用成本或在库产品成本中，并过账生成差异调整记账凭证。

账务处理：

记账凭证

摘要	会计科目	借方	贷方
差异分摊过账	库存商品-其他库存商品-差异分摊	××.××	
差异分摊过账	自制半成品-差异分摊	××.××	
差异分摊过账	存货成本差异-差异分摊-其他领用差异	××.××	
差异分摊过账	生产成本-产品生产成本-差异分摊【WBS号】	××.××	
差异分摊过账	存货成本差异-差异分摊-转出		××.××
合　计		××.××	××.××

凭证附件：无。

（2）自制半成品领用出库。

账务处理：

1）项目生产领用。

记账凭证

摘要	会计科目	借方	贷方
对××订单发货	生产成本-产品生产成本-材料费【WBS号\销售订单号】	××.××	
对××订单发货	自制半成品		××.××
合　计		××.××	××.××

2）其他成本中心领用。

记账凭证

摘要	会计科目	借方	贷方
对成本中心发货	制造（施工间接）费用-材料费	××.××	
对成本中心发货	自制半成品		××.××
合　计		××.××	××.××

注：发生退料时，仓储部门需根据领料部门红字领料单，录入信息生成红字出库单，系统生成红字出库凭证，凭证内容与上述凭证一致。

凭证附件：无。

月末进行月结时，财务部门会计核算岗通过生产订单差异计算以及生产订单结算操作完成成品、半成品实际成本和标准成本的差异计算，并通过执行差异分摊程序操作将上述差异分摊计入项目领用成本或制造费用，并过账生成差异调整记账凭证。

（3）自制半成品报废。参见本节"原材料报废出库"部分内容。

（4）自制半成品盘点。参见本节"原材料盘点"部分内容。

（5）自制半成品期末计量。参见本节"原材料期末计量"部分内容。

3. 库存商品

（1）库存商品完工入库。参见本节"自制半成品完工入库"部分内容。

（2）库存商品销售出库。

账务处理：

记账凭证

摘要	会计科目	借方	贷方
对××订单发货	主营业务成本-产品销售成本【WBS号\销售订单号】	××.××	
对××订单发货	库存商品-在库商品		××.××
合计		××.××	××.××

注：项目核算单位自制半成品销售出库以及成本结转流程参见本章节"项目成本转出"部分内容。

凭证附件：销售出库单、成品销售出库汇总表、合同等。

月末进行月结时，财务部门会计核算岗通过生产订单差异计算以及生产订单结算操作完成成品实际成本和标准成本的差异计算，并通过执行差异分摊程序操作将归属于销售出库存货的差异分摊计入产品销售成本，并过账生成差异调整记账凭证。

（3）库存商品报废。参见本节"原材料报废出库"部分内容。

（4）库存商品盘点。参见本节"原材料盘点"部分内容。

（5）库存商品期末计量。参见本节"原材料期末计量"部分内容。

第二节　成本核算

集团的主要成本是指产品生产安装服务合同成本，即企业根据所签订合同，生产、安装和调试产品所发生的各种耗费。本章主要涉及成本归集、成本分摊以及成本转出三个阶段的核算。

一、术语解释及核算内容

1. 术语解释

（1）原材料是指为满足生产及项目需要从外部购入的各项物资，包括各种生产辅料、成品设备、成品物资等，购入材料有半成品也有成品，但由于不能直接作为成品对外销售，需要进行加工、拷机或调试等操作，故统称为原材料。

（2）委托加工及制作费、安装调试费是指项目专用物资外协加工服务费，以及自有人力资源无法完成某项目时，通过外包方式由其他单位提供安装调试劳务或其他人员服务等情况发生的费用。

（3）职工薪酬是指为获取职工提供服务而支付或放弃的所有对价，集团在确定应当作为职工薪酬进行确认和计量的项目时，需要综合考虑，确保企业人工成本核算的完整性和准确性。

（4）折旧是指一定时期内为弥补固定资产损耗按照规定的固定资产折旧率提取的固定资产折旧，它反映了固定资产在当期生产中的转移价值。

（5）其他直接费用是指产品生产安装服务过程中直接归属于产品或项目的除上述成本外的其他成本费用，主要包括包装费、运输费、办公费、差旅费、会议费等费用。

（6）制造费用是指产品生产安装服务过程中发生的各项间接成本，主要包括职工薪酬、折旧、材料、服务以及其他制造费用等。

2. 核算内容

成本核算设置的主要科目有三个："生产成本""制造（施工间接）费用""主营业务成本"。

（1）生产成本。核算为生产产品和提供劳务而发生的材料费、职工薪酬、委托加工及制作费、安装调试费以及办公费、差旅费等其他直接费用，下设"产品生产成本""技术成本""生产成本结转"三个二级科目。"产品生产成本"科目核算生产成本项目；"技术成本"科目核算技术服务类成本以及科研开发类成本等；"生产成本结转"科目核算本期应结转主营业务成本的转出金额。

（2）制造费用。核算为生产产品和提供劳务而发生的各项间接费用。包括职工薪酬、折旧费、修理费、办公费、水电费、租赁费、差旅费、试验检验费、低值易耗品摊销等。

（3）主营业务成本。核算本期应结转的主营业务成本金额，包括产品销售成本、技术成本。

二、核算原则及主要风险提示

1. 核算原则

（1）成本项目设置。集团生产成本按其经济用途进一步划分为若干项目，称为成本项目。主要包括：材料费、职工薪酬、委托加工及制作费、安装调试费、折旧、办公费、差旅交通费、租赁费、制造费用分摊等项目。

（2）成本归集与分配。

1）材料费的归集与分配。包括材料购入、材料发出、材料费用的分配。

①材料购入。购入材料按实际成本计价。外购材料实际成本的构成包括买价和采购费用；自制材料实际成本的构成包括被加工材料原来的实际成本和自制过程中发生的工资及制造费用；委托加工材料实际成本的构成包括被加工材料原来的实际成本、被加工材料送往加工单位的往返运保费及所支付的加工费。

②材料发出。发出材料的计价方法采用移动加权平均法。

③材料费用的分配。材料费用按照耗费材料的用途进行分配。将直接用于生产过程的材料费用计入相应的合同成本，为组织和管理生产所发生的材料费用先计入制造费用，期末再按制造费用的分摊方法和程序计入各合同成本。

2）职工薪酬的归集与分配。职工薪酬作为一种费用按其用途分配计入各项合同成本或在指定的项目中开支。安装工程部门人员的职工薪酬原则上按统计的人员工时计入产品生产安装服务合同的成本；生产部门、质检部门及为合同服务的研发部门人员的薪酬先计入制造费用，再按制造费用的分配方法和程序计入各合同成本；行政管理人员、离退休人员发生的职工薪酬计入管理费用；营销部门发生的职工薪酬计入销售费用。研发部门为科研项目研究开发（不包括为某个合同执行而进行的研发）而发生的职工薪酬计入研发支出。

3）委托加工及制作费、安装调试费的归集与分配。委托加工及制作费、安装调试费的归集与分配方法参照"材料费的归集与分配"执行。

4）折旧费用的归集与分配。固定资产折旧的计算方法采用"平均年限法"，固定资产净残值率及折旧率采用公司固定资产分类的统一规定执行。折旧费按固定资产使用的部门先归集到"制造费用""管理费用"等科目中去，然后再分配计入成本、费用。

5）办公费、差旅交通费、租赁费等其他费用的归集与分配。上述费用根据用途能直接计入合同成本的，计入合同成本；无法直接计入合同成本的，先在"制造（施工间接）费用"中归集，再按制造费用的分配方法和程序计入合同成本。

6）制造费用的归集与分配。

①制造费用的归集。制造费用是指为生产产品和提供劳务而发生的不能直接计入合同成本的各项间接费用，包括企业生产部门、质检部门及为合同服务的研发部门人员的薪酬、固定资产折旧费、修理费、办公费、水电费、低值易耗品、试验检验费等间接费用。

制造费用通过"制造（施工间接）费用"总账科目归集和分配，按部门设置辅助核算，并按照费用项目设置下级明细科目，分别反映各部门制造费用的支出情况。

②制造费用的分配。结合集团业务性质，归集在"制造（施工间接）费用"科目的各种间接费用，分配基础按单位实际情况予以确定，通常劳动密集型产业优先选取按"生产工人工时比例法"进行系统分摊，而生产机械化程度较高的产业优先选取"机器工时比例法"进行系统分摊。若在实际业务中存在其他更为合理分摊方法的，也可采用其他分摊方法。

（3）成本转出。

1）成品半成品入库。生产订单完工按标准价格计算标准成本作为入库成本，在生产订单结算时，计算出实际成本与标准成本的差异，根据物料状态进行差异分摊。

2）产品（生产订单核算）销售成本结转。产品销售成本根据实际发货数量与标准价格结转主营业务成本，生产订单结算时，计算出实际成本与标准成本的差异，根据销售出库数量进行差异分摊，调整主营业务成本。

3）交付劳务成果（项目核算）销售成本结转具体分为三种情形：

①单次投运或能够在一个年度内完成的项目，在项目完成时点一次性确认收入，销售成本在收入确认后按实际归集与分摊金额一次性结转并进行项目关闭。

②多次投运并跨几个年度的销售与安装、工程施工或服务项目，于项目关键节点或年末根据进度进行收入确认与成本结转。结转时点根据计划成本、实际成本以及投运进度进行成本结转。

③当一个合同涉及的各项资产在商务谈判、设计实施、交付验收等方面可以相互分离，实质上属于多个项目时，应对此合同进行分立，按分立后的项目分别确认收入和成本；当多个合同涉及的各项资产在设计、技术、功能、最终用途上密不可分时，实质上是一项合同，应将此多个合同进行合并，按合并后的项目确认收入和成本。

4）项目或销售订单关闭时点的确定。项目或销售订单完工验收且全额确认收入后，为保证项目或销售订单累计结转成本及时调整为实际成本，避免继续出现后续服务成本导致收入成本不配比，需要及时对项目或销售订单进行关闭，后续服务成本根据具体情况计入主营业务成本或销售费用。

2. 主要风险提示

（1）未建立严格的成本费用预算制度，并结合自身特点采用如标准成本等适当的成本控制方法对成本进行有效控制，造成成本管理效率低下。

（2）标准成本设定不合理或并未按照生产计划或耗用定额，确定材料物资耗用的品种和数量，导致材料耗用成本控制不到位。如业务前端计划成本设计不准确，前端BOM及工艺设计不合理，导致计划成本与实际成本差异较大，无控制作用。

（3）未建立合理的人工成本控制制度，对工时耗费没有合理的标准和考核、激励措施造成人工成本提高。

（4）没有明确制造费用支出范围和标准、摊销方法不合理或财务审核不到位，导致无法对制造费用进行控制。如：

1）项目领用材料未及时登记或未及时对本期未使用材料进行假退库处理，导致本期项目成本不实；

2）制造费用分配、分摊规则不合理，导致成本数据不准确；

3）成本分摊基础信息不准确，如工时信息填报不准确，导致费用分摊不准确。

（5）业务前端挂错项目号或订单号，导致成本归集不准确；差异分摊规则不合理，或当期未及时进行差异分摊操作，导致当期成本数据不准确等；成品半成品完工后未及时进行入库操作，领用、销售出库未及时进行出库操作，导致成本转出数据不准确、账实不符。

（6）项目或销售订单结算原则不清、关闭没有明确时点，导致成本结转数据不准确。

（7）未建立成本费用内部报告及分析制度，无法实时监控成本费用的支出情况对实际发生的成本费用与成本费用预算的差异，未及时查明原因并做出相应处理，导致成本费用失控。

三、主要账务处理

主要包括成本归集、成本分摊以及成本转出流程。

1. 成本归集

（1）材料费用的归集。企业在生产过程中耗用的各种原材料，计入"生产成本"科目。

（2）人工费用的归集。人工费用包括工资、福利费、社会保险等，发生时计入"制造（施工间接）费用"科目。具体核算见"第十章 职工薪酬"。

（3）委托加工及制作费、安装调试费的归集。委托加工及制作费、安装调试费是指项目专用物资外协加工服务费，以及集团自有人力资源无法完成某项目时，通过外包方式由其他单位提供安装调试劳务或其他人员服务等情况。具体核算见"第四章 采购与付款"中"服务"部分内容。

（4）折旧费用的归集。每月末，资产会计在系统中查询核实本月新增、减少固定资产卡片数据，核对资产明细和总账，进行折旧计提系统操作，生成折旧计提记账凭证。具体核算见"第九章 非流动资产"中"固定资产"部分内容。

（5）其他直接费用成本的归集。其他直接费用主要包括办公费、差旅费、运输费、租赁费、会议费、车辆使用费、包装费以及其他费用等直接为某项合同发生的费用，由财务部门会计核算岗在审核原始单据后完成记账凭证的生成。

（6）其他间接费用的归集。其他间接费用主要是指在制造费用中归集的办公费、差旅费、运输费、租赁费、会议费、车辆使用费、包装费以及其他费用等为生产产品和提供劳务而发生的不能直接计入合同成本的各项间接费用，由财务部门会计核算岗在审核原始单据后计入对应的成本中心完成记账凭证的生成。具体核算参见"第十一章 费用核算"中关于各类费用的处理流程。

2. 成本分摊

主要描述制造费用分摊计入生产成本核算流程、生产成本转出以及成本项目差异调整等流程。

（1）项目核算成本分摊。成本中心费用分摊主要是将制造费用通过一定的规则、比例分摊到生产成本中，系统分摊循环中已经建立了相应的分摊规则，在该循环执行时，可以将成本费用从一个或多个成本中心转到另一个或多个成本中心，或从成本中心到订单，实现成本对象之间的成本转移。

制造费用的分摊参照本章"制造费用的归集与分配"，选择适用的分摊方法。

完成成本中心费用分摊操作后，成本中心制造费用分摊到不同的项目成本中，系统根据内置规则生成制造费用分摊记账凭证。

账务处理：

记账凭证

摘要	会计科目	借方	贷方
×月制造费用分摊	生产成本–产品生产成本–制造费用分摊【WBS号\××合同】	××.××	
×月制造费用分摊	生产成本–技术成本–制造费用分摊【WBS号\××合同】	××.××	
×月制造费用分摊	制造费用–制造费用结转【××成本中心】		××.××
合　计		××.××	××.××

凭证附件：制造费用分摊明细表。

（2）生产订单核算成本分摊。参照项目核算内容进行操作处理。

3. 成本转出

（1）项目核算成本转出。

1）执行实际作业分割。作业分割是将生产成本中心与作业类型相关的一些成本费用，按照预先定义好的分割结构先分到相应的作业类型，系统内置主要分割结构包括直接人工（AT0001）、直接费用（AT0002）、间接人工（AT0004）、间接费用（AT0005）四种类型。

通过执行实际作业分割程序可以核算出成本中心下某作业类型当期的总量（实际总成本）。即将各成本要素发生额分配给相应的作业类型，没有与作业类型关联的成本要素发生额将被平均分配给各作业类型。

2）计算实际作业价格。计算实际作业价格是在月末根据作业类型的实际消耗量（即报工数）以及上一步分割的作业类型成本费用计算出当期作业类型的实际价格，为以后进行作业价格重估做准备。

3）执行项目预投物料生产订单价格重估。日常归集到订单中的制造费用是按计划价格乘以实际作业量计算的，月末，本月全部制造费用全部归集完毕，按实际作业量计算出实际作业价格，再把归集到订单中的制造费用用实际价格乘以实际作业量重新计算，完成生产订单价格重估。

结合前述步骤可表述为用作业分割后的实际作业成本计算得到的实际作业价格重新核算每个订单的作业成本，将重估价格重新反映到生产订单上，核算出生产订单实际作业成本。

期末，会计核算岗确认已在系统中计算出作业类型实际价格，在系统中测试运行按作业类型实际价格重新估算生产订单流程。

4）执行项目实际价格重估。项目实际价格重估是专用于项目生产单位的系统操作，通过此步操作计算出各项目的实际成本，原理同生产订单价格重估。

5）成本中心余额查询与调整。执行实际作业类型分割和计算以后，需查看生产类成本中心余额是否为零，因实际作业价格重估，成本中心余额有时会产生尾差，有尾差时，在本期调整至管理费用，下期冲回至制造费用。

账务处理：

记账凭证

摘要	会计科目	借方	贷方
×月制造费用重估尾差调整	管理费用-其他	××.××	
×月制造费用重估尾差调整	制造（施工间接）费用-其他费用-其他	-××.××	
合 计		0.00	0.00

凭证附件：调整明细表。

6）计算未完工在制品。此处的"未完工在制品"是指某生产订单中本月末不能作为单独的物料进入库存，还留在生产线上需要继续加工的部分存货，对每个生产订单，在制品是通过期间计算的，一般是在月末对未完工的订单计算在制品，在制品的金额等于订单中本期实际归集的成本减去已结转入库完工产品的成本。在制品的计算只能在订单状态为 DLV（交货已完成）和 TECO（技术完成）之前，订单状态为 DLV 和 TECO，即订单完成时，无须计算在制品。

7）计算生产订单差异。此步操作对于已完工的生产订单进行差异的计算，主要是指重估后的生产订单实际成本与标准成本之间的差异，会计核算岗需要查看差异产生的原因，分析是由于实际作业价格的差异造成的还是由于实际工时的差异造成的。

8）结算生产订单。期末需要根据生产订单的状态对在制品、生产订单差异进行结算，并生成相应记账凭证。在此之前，会计核算岗需确认其他部门相关业务处理已全部结束，生产订单完整地归集所有相关产品生产成本。

账务处理：

记账凭证

摘要	会计科目	借方	贷方
工单××号清账	生产成本-生产成本结转-在制品 WBS	××.××	
工单××号清账	生产成本-生产成本结转-在制品转出		××.××
工单××号清账	存货成本差异-原材料	××.××	（××.××）
工单××号清账	生产成本-生产成本结转-差异转出	（××.××）	××.××
合 计		××.××	××.××

凭证附件：调整明细表。

9）生产订单关闭。对于已经完工的订单，为避免业务部门对订单再次进行业务处理，需要对其进行关闭。

10）执行差异分摊程序。生产订单关闭后，执行差异分摊程序，将收发货以及实际成本与标准成本差异产生的各种类型差异进行分摊。差异转出总账科目与差异类型的对应关系如下：

A. 原材料其他领用差异：存货成本差异–差异分摊–其他领用差异；

B. 项目领用原材料差异：生产成本–产品生产成本–差异分摊；

C. 半成品其他领用差异：存货成本差异–差异分摊–其他领用差异；

D. 项目领用半成品差异：生产成本–产品生产成本–差异分摊；

E. 科研项目领用材料差异：研发支出–受托研发–费用化支出–科技项目–差异分摊（或受托研发的信息化项目、自主研发的科技、信息化项目）；

F. 半成品库存差异金额：自制半成品–差异分摊。

账务处理：

记账凭证

摘要	会计科目	借方	贷方
差异分摊过账	自制半成品–差异分摊	××.××	
差异分摊过账	存货成本差异–差异分摊–其他领用差异	××.××	
差异分摊过账	生产成本–产品生产成本–差异分摊【WBS 号】	××.××	
差异分摊过账	研发支出–受托研发–费用化支出–科技项目–差异分摊	××.××	
差异分摊过账	存货成本差异–原材料–差异转出		××.××
合　计		××.××	××.××

凭证附件：无。

11）维护项目结算规则。系统内置的销售成本结转的方法为完工百分比法（Percentage of Completion，POC），具体方法为：当计划成本>实际成本时，结转销售成本 = 投运进度×计划成本；当计划成本<实际成本时，结转销售成本 = 投运进度×实际成本。其中有两种情形：

①单次投运或能够在一个年度内完成的项目，在项目完成时点一次性确认收入，销售成本在收入确认后按实际归集与分摊金额一次性结转并进行项目关闭。

②多次投运并跨几个年度的销售与安装、工程施工或服务项目，于项目关键节点或年末根据进度进行收入确认与成本结转。结转时点根据计划成本、实际成本以及投运进度进行成本结转。

12）项目结果分析。项目结果分析在于分析本期根据系统结算规则应结转的销售成本金额、在制品及应付生产成本暂估金额与本期销售收入的配比情况，在进行项目结果分析时，可以用成批的方式来执行。

13）项目结算。根据上一步项目结果分析，系统自动生成相应的记账凭证。

14）项目成本转出。该成本转出方法主要适用于除提供建造合同以外的其他劳务项目。

①成品半成品入库（仅适用于存在预投物料生产的项目核算单位）成品半成品完工按标准价格计算标准成本作为入库成本，生产订单结算时，计算出实际成本与标准成本的差异，根据物料状态进行差异分摊。

②项目销售成本结转

A. 在项目销售收入确认后要及时进行销售成本结转，项目核算单位销售成本结转操作在会计核算岗月结时进行，主要结转原则有以下两个方面：

a. 单次投运或能够在一个年度内完成的项目，在项目完成时点一次性确认收入，销售成本在收入确认后按实际归集与分摊金额一次性结转并进行项目关闭。

b. 多次投运并跨几个年度的销售与安装、工程施工或服务项目，于项目关键节点或年末根据进度进行收入确认与成本结转。结转时点根据计划成本、实际成本以及投运进度进行成本结转，当计划成本>实际成本时，结转销售成本=计划成本×投运进度；当计划成本<实际成本时，结转销售成本=实际成本×投运进度。

B. 在"项目结算操作"之后，系统根据结算结果自动生成"PS 结算凭证"，即销售成本结转记账凭证。

账务处理：

a. 一次确认收入并一次成本结转项目凭证：

记账凭证

摘要	会计科目	借方	贷方
结转×月产品销售成本	主营业务成本-产品销售成本	××.××	
结转×月项目销售成本	主营业务成本-技术成本	××.××	
结转×月产品销售成本	生产成本-生产成本结转-项目成本转出		××.××
合 计		××.××	××.××

b. 按投运进度确认收入并结转成本项目凭证：

记账凭证

摘要	会计科目	借方	贷方
结转×月产品销售成本	生产成本-生产成本结转-在制品 WBS	××.××	
结转×月产品销售成本	应付账款-应付暂估款-物资暂估-生产成本暂估		××.××
结转×月产品销售成本	主营业务成本-产品销售成本	××.××	
结转×月产品销售成本	生产成本-生产成本结转-项目成本转出		××.××
合 计		××.××	××.××

注：①"生产成本-生产成本结转-在制品 WBS（按进度尚未结转实际成本）"科目借方正数核算本期结转成本小于实际投入成本的部分，即投运进度提前投入的成本金额；

②"应付账款-应付暂估款-物资暂估-生产成本暂估"科目核算本期结转成本大于实际投入成本的部分，即按照投运进度需要暂估计入本期成本的金额。

凭证附件：无。

（2）生产订单核算成本转出。

1）执行实际作业分割。参照项目核算内容进行操作处理。

2）计算实际作业价格。参照项目核算内容进行操作处理。

3）执行生产订单价格重估。参照项目核算中"执行项目预投物料生产订单价格重估"内容进行操作处理。

4）成本中心余额查询与调整。参照项目核算内容进行操作处理。

5）计算未完工在制品。参照项目核算内容进行操作处理。

6）计算生产订单差异。参照项目核算内容进行操作处理。

7）结算生产订单。参照项目核算内容进行操作处理。

8）生产订单关闭。参照项目核算内容进行操作处理。

9）执行差异分摊程序。生产订单关闭后，执行差异分摊程序，将收发货以及实际成本与标准成本差异产生的各种类型差异进行分摊。

①差异转出总账科目与差异类型的对应关系如下：

A. 原材料其他领用差异：存货成本差异-原材料-其他领用差异；

B. 半成品销售差异：主营业务成本-产品销售成本；

C. 半成品其他领用差异：存货成本差异-原材料-其他领用差异；

D. 半成品库存差异金额：自制半成品-差异分摊；

E. 成品销售差异：主营业务成本-产品销售成本；

F. 成品其他领用差异：存货成本差异-原材料-其他领用差异；

G. 成品库存差异金额：库存商品-其他库存商品-差异分摊。

②差异分摊过账后系统自动生成差异分摊记账凭证：

记账凭证

摘要	会计科目	借方	贷方
差异分摊过账	库存商品-其他库存商品-差异分摊	××.××	
差异分摊过账	自制半成品-差异分摊	××.××	
差异分摊过账	存货成本差异-原材料-其他领用差异	××.××	
差异分摊过账	主营业务成本-产品销售成本	××.××	
差异分摊过账	存货成本差异-原材料-差异转出		××.××
合计		××.××	××.××

凭证附件：无。

10）生产订单成本转出。该成本转出方法主要适用于生产制造业。

①成品半成品入库。成品半成品完工按标准价格计算标准成本作为入库成本，生产订单在结算时，计算出实际成本与标准成本的差异，根据物料状态进行差异分摊。

②按单核算单位销售成本结转：

A. 按单核算单位在产品发货后及时进行销售成本结转，根据产品销售出库数量及标准价格进行结转，月结时进行差异分摊调整成本，主要规则：按单核算销售成本根据实际发货数量与标准价格结转主营业务成本，销售订单在结算时，计算出实际成本与标准成本的差异，根据销售出库数量进行差异分摊，调整主营业务成本。

B. 产品销售出库流程及操作内容参见前述内容，生成凭证如下。

账务处理：

记账凭证

摘要	会计科目	借方	贷方
对××销售订单发货	主营业务成本-产品销售成本【销售订单号\××合同】	××.××	
对××销售订单发货	库存商品-在库商品		××.××
合计		××.××	××.××

凭证附件：领料单、销售出库单、成品销售出库汇总表（以月为单位）。

③月末进行月结时，会计核算岗通过生产订单差异计算以及生产订单结算操作完成产成品实际成本和标准成本的差异计算，并通过执行差异分摊程序操作将归属于销售出库存货的差异分摊计入产品销售成本，并过账生成差异调整记账凭证。具体系统操作流程参见本章"执行差异分摊程序"部分内容。

第九章　非流动资产

第一节　固定资产

本节固定资产的核算内容包括：固定资产的初始计量、后续计量、处置、清查。又具体包括外购、自行建造、折旧计提、更新改造和维修、处置、减值测试、盘亏盘盈等环节的业务流程与账务处理。

一、核算原则

1. 初始计量原则

（1）固定资产购建实行年度预算管理，严格实行预算控制。

（2）企业外购固定资产的成本，包括购买价款、相关税费、使固定资产达到预定可使用状态前所发生的可归属于该项资产的运输费、装卸费、安装费和专业人员服务费等，作为入账价值。

（3）企业自行建造的固定资产，按建造该项资产达到预定可使用状态前所发生的必要支出，作为入账价值。

（4）经批准无偿调入的固定资产，按调出单位的账面价值加上发生的运输费、安装费等相关费用，作为入账价值。

（5）企业接受投资者投入的固定资产，在办理了固定资产移交手续之后，按投资合同或协议约定的价值加上应支付的相关税费作为固定资产的入账价值，取得增值税专用发票的经认证可以抵扣进项税；合同或协议约定价值不公允的，按公允价值加上应支付的相关税费作为固定资产的入账价值。

（6）接受捐赠的固定资产附带有关文件、协议、发票、报关单等凭证注明的价值与公允价值差异不大的，以有关凭证中注明的价值作为公允价值入账，取得增值税专用发票的经认证可以抵扣进项税；没有注明价值或注明价值与公允价值差异较大但有活跃市场的，应当根据有确凿证据表明的同类或类似资产市场价格作为公允价值入账。

2. 后续计量原则

（1）除已提足折旧仍继续使用的固定资产、持有待售固定资产和单独计价入账的土地外，集团应对所有的固定资产计提折旧。

（2）与固定资产有关的更新改造等后续支出，符合固定资产确认条件的，应当计入固定资产成本，同时将被替换部分的账面价值扣除。与固定资产有关的修理费用等后续支出，不符合固定资产确认条件的，应当计入当期损益。

3. 处置核算原则

根据固定资产处置价值（评估价值、出售价值、协议价值等公允价值）减去固定资产账面净值、增值税销项税额（销售及视同销售类）、应转出的增值税进项税额（报废处置类）、应支付的清理费用和其他相关税费等确认固定资产处置净损益。

4. 清查核算原则

（1）盘盈的固定资产按重置成本计量，作为前期差错处理。盘盈的重大固定资产经批准后应采用追溯重述法更正，对于调整前期差错累计影响数不切实可行的，或盘盈的非重大固定资产报经批准后直接计入当期营业外收入。

（2）盘亏固定资产按照账面价值扣除累计折旧、固定资产减值准备后的净额加上应转出的增值税进项税额扣除责任人赔偿部分计入当期营业外支出。

（3）当固定资产的可收回金额低于其账面价值的，根据两者的差额确认资产减值损失，计提固定资产减值准备。

二、术语解释

1. 固定资产

固定资产是指为生产商品、提供劳务、出租或经营管理而持有的、使用寿命超过一个会计年度的有形资产，不属于生产经营主要设备的物品，单位价值在 5000 元以上，并且使用年限超过 2 年的，也应当作为固定资产。固定资产在同时满足与该固定资产有关的经济利益很可能流入企业、该固定资产的成本能够可靠地计量时，才能予以确认。固定资产的各组成部分具有不同使用寿命或者以不同方式为企业提供经济利益，适用不同折旧率或折旧方法的，应当分别将各组成部分确认为单项固定资产；企业由于安全或环境的要求购入设备，虽然不能直接给企业带来未来经济利益，但有助于企业从其他相关资产的使用获得未来经济利益，也应确认为固定资产。

2. 固定资产后续支出

固定资产后续支出是指固定资产在使用过程中发生的更新改造支出、修理费用等。

三、固定资产分类

按照集团固定资产目录修订方案（试行），固定资产可分为以下 15 类：

（1）输电线路。用以核算输送电力且电压等级在 35kV 及以上的架空或电缆输电线路等资产的原价。

（2）变电设备。用以核算主变压器、所（厂）用变压器、35kV 及以上厂用电力电缆、电气控制设备等资产的原价。

（3）配电线路及设备。用以核算电压等级在 220kV 及以下的配电线路资产的原价。

（4）用电计量设备。用以核算安装在用户的各种售电计量电度表、表用互感器、定量器等设备的原价（也可根据管理需要将一定价值标准以下的用电计量设备列作低值易耗品管理）。发电厂用电度表及附件应列作配电盘、开关柜的附属设备，不作为固定资产登记对象。

（5）通信线路及设备。用以核算水泥杆、通信电缆和光纤通信线路以及电力载波机、传真机、微波机等通信设备的原价。

（6）自动化控制设备、信息设备及仪器仪表。用以核算锅炉控制盘、汽机发电机控制盘等自动化控制设备和遥控、遥测等远动装置、电子计算机以及周波表、高频放大器等仪器仪表，铁塔加工、镀锌设备生产线及其他自动、半自动化设备的原价。

（7）发电及供热设备。用以核算生产电力的各种机器设备的原价，如发电机、水轮机、化学处理设备等资产的原价。

（8）水工机械设备。用以核算水力发电厂专用的水工机械设备的原价，如可核算启闭机、闸门、升船机等设备的原价。

（9）制造及检修维护设备。用以核算具有改变材料属性、形态功能的各种机器和辅助机械设备的原价，如可核算车床、电焊机、起重机、铁塔、金具加工设备、酸洗及综合处理装置等设备的原价。

（10）生产管理用工器具。用以核算具有独立用途的各种工作用具、仪器的原价。

（11）运输设备。用以核算载人和运货用的各种运输工具的原价，如可核算铁路机车、船舶、汽车、电瓶车等运输设备的原价。

（12）辅助生产用设备及器具。指不直接用于生产经营活动的设备或工器具的原值，如用于职工宿舍、食堂、幼儿园、浴室、俱乐部、医院、子弟学校等单位的设备或工器具原价。

（13）房屋。用以核算生产车间和为生产服务的行政管理部门所使用的房屋，以及与房屋不可分割的各种附属设备的原价。

（14）建筑物。用以核算除房屋以外的各种生产用建筑物的原价，如可核算拦河坝、冷却塔、隧洞、灰场、厂区道路、输煤栈桥、电缆沟、围墙等建筑物的原价。

（15）土地。核算政府原无偿划拨企业建设用地经清产核资后单独估价入账土地的价值。因征用土地而取得的土地使用权应作为无形资产入账，不得单独作为土地价值入账。

四、主要账务处理

1. 初始计量

（1）外购固定资产。企业取得的固定资产，应按成本进行初始计量，凡符合国家增值税进项税额抵扣范围的固定资产进项税额，不形成固定资产入账价值。外购固定资产的成本，包括购买价款、不允许抵扣的增值税进项税及其他相关税费、使固定资产达到预定可使用状态前所发生的可归属于该项资产的运输费、装卸费、安装费和专业人员服务费等。外购固定资产分为购入不需要安装的固定资产和需要安装的固定资产两类；以一笔款项购入多项没有单独标价的固定资产，应当按照各项固定资产的公允价值比例对总成本进行分配，分别确定各项固定资产的成本。如多项资产中包括固定资产以外的其他资产，也应按类似的方法予以处理；购入固定资产超过正常信用条件延期支付价款（如分期付款购入）时，实质上具有融资性质的，固定资产成本应以各期付款额的现值之和确定。

账务处理：

1）购置不动产以外的固定资产记账凭证。

记账凭证

摘要	会计科目	借方	贷方
"经办部门" + "购买" + "供货商"	固定资产-（固定资产明细项）	XX.XX	
"经办部门" + "购买" + "供货商"	应交税费-应交增值税-进项税额-固定资产	XX.XX	
"经办部门" + "购买" + "供货商"	应付账款-应付物资款【XX公司】		XX.XX
合 计		XX.XX	XX.XX

2）购置不动产记账凭证。

记账凭证

摘要	会计科目	借方	贷方
"经办部门" + "购买" + "供货商"	固定资产-（固定资产明细项）	XX.XX	
"经办部门" + "购买" + "供货商"	应交税费-应交增值税-进项税额（固定资产60%）	XX.XX	
"经办部门" + "购买" + "供货商"	应交税费-应交增值税-待抵扣进项税额（固定资产40%）	XX.XX	
"经办部门" + "购买" + "供货商"	应付账款-应付物资款【XX公司】		XX.XX
合 计		XX.XX	XX.XX

注：如果该项固定资产用于非增值税应税项目、免税项目、集体福利以及个人消费等情况，则该项固定资产的进项税额不可以抵扣，应直接计入固定资产价值；如果未取得增值税专用发票，进项税额不得抵扣。

《国家税务总局关于发布〈不动产进项税额分期抵扣暂行办法〉的公告》（国家税务总局公告2016年第15号）第二条第一款规定，增值税一般纳税人2016年5月1日后取得并在会计制度上按固定资产核算的不动产，以及2016年5月1日后发生的不动产在建工程，其进项税额应按照本办法有关规定分2年从销项税额中抵扣，第一年抵扣比例为60%，第二年抵扣比例为40%。第四条第二款规定，上述进项税额中，60%的部分于取得扣税凭证的当期从销项税额中抵扣；40%的部分为待抵扣进项税额，于取得扣税凭证的当月起第13个月从销项税额中抵扣。

《增值税会计处理规定》（财会〔2016〕22号）规定，会计处理时，新增"应交税费——待抵扣进项税额"科目核算待抵扣的进项税额。待抵扣进项税额计入"应交税费——待抵扣进项税额"科目核算，并于可抵扣当期转入"应交税费——应交增值税（进项税额）"科目。

凭证附件：采购申请表、采购合同、固定资产验收报告、固定资产管理卡片（入库单）、发票。

（2）科技项目购置所需固定资产。科技项目购置所需固定资产，先通过"研发支出"归集成本，然后结转至"固定资产"。

1）结转科技项目成本记账凭证。

记账凭证

摘要	会计科目	借方	贷方
"经办部门"＋"购买"＋"供货商"	研发支出-自主研发-费用化支出-科技项目-设备费【××科技项目】	××.××	
"经办部门"＋"购买"＋"供货商"	应付账款-应付暂估款-原材料暂估		××.××
合 计		××.××	××.××

2）购置固定资产记账凭证。

记账凭证

摘要	会计科目	借方	贷方
"应付"＋"集团名称"＋"资产名称"＋"款"	应付账款-应付暂估款-物资暂估-原材料暂估	××.××	
"应付"＋"集团名称"＋"资产名称"＋"款"	应交税费-应交增值税-进项税额-固定资产	××.××	
"应付"＋"集团名称"＋"资产名称"＋"款"	应付账款-应付物资款【××公司】		××.××
合 计		××.××	××.××

3）结转固定资产价值记账凭证。

记账凭证

摘要	会计科目	借方	贷方
"结转"＋"资产名称"＋"入账"	固定资产-（固定资产明细项）	××.××	
"结转"＋"资产名称"＋"入账"	研发支出-自主研发-费用化支出-科技项目-设备费-设备备抵【××科技项目】		××.××
合 计		××.××	××.××

如果购入固定资产需要安装，具体账务处理参照"第六章 工程项目"。

如果约定质量保证金，应扣留质量保证金。为加强对资产的管理，一般情况下会将质量保证金转入其他应付款。

4）预留质量保证金。

记账凭证

摘要	会计科目	借方	贷方
"扣留"+"集团名称"+"质量保证金"	应付账款-应付物资款【××公司】	××.××	
"扣留"+"集团名称"+"质量保证金"	其他应付款-单位往来【××公司】		××.××
合 计		××.××	××.××

5）付款。

记账凭证

摘要	会计科目	借方	贷方
"支付"+"××业务款"	应付账款-应付物资款【××公司】	××.××	
"支付"+"××业务款"	银行存款-人民币-××银行-××账户		××.××
合 计		××.××	××.××

凭证附件：采购合同复印件、付款申请单、银行回单。

现金流量表项目：B06 购建固定资产等支付的现金-其他零购固定资产支付现金（或 B04 科研项目资本性支出支付现金/B05 专项资本性支出支付现金）。

6）支付质量保证金。

固定资产质保期结束，运行正常，可以向供应商支付质量保证金时，会计核算岗应查询原确认质量保证金凭证及其他应付款明细账，审核付款申请单信息后按照固定资产购置款支付流程进行款项支付生成会计凭证。

记账凭证

摘要	会计科目	借方	贷方
"支付"+"××业务款"+"质量保证金"	其他应付款-单位往来【××公司】	××.××	
"支付"+"××业务款"	银行存款-人民币-××银行-××账户		××.××
合 计		××.××	××.××

凭证附件：付款申请单、银行回单。

现金流量表项目：B06 购建固定资产等支付的现金-其他零购固定资产支付现金（或 B04 科研项目资本性支出支付现金/ B05 专项资本性支出支付现金）。

如果存在预付账款，会计核算岗应于月末进行供应商清账时首先进行预付账款清账。

（3）自行建造。具体账务处理参照"第六章　工程项目"。

（4）系统内无偿调入。固定资产在集团内部各分支机构（非独立法人）间调拨、转移由各单位双方负责人批准实施，移交（报废）和接收（调剂）部门共同填制固定资产变动登记表后，交财务部门变更固定资产卡片。

账务处理：

1）分公司不独立设账。

记账凭证

摘要	会计科目	借方	贷方
"集团名称"＋"资产名称"＋"调拨"	固定资产–（固定资产明细项）	XX.XX	
"集团名称"＋"资产名称"＋"调拨"	固定资产–（固定资产明细项）		XX.XX
"集团名称"＋"资产名称"＋"调拨"	累计折旧–（固定资产明细项）	XX.XX	
"集团名称"＋"资产名称"＋"调拨"	累计折旧–（固定资产明细项）		XX.XX
"集团名称"＋"资产名称"＋"调拨"	固定资产减值准备–（固定资产明细项）	XX.XX	
"集团名称"＋"资产名称"＋"调拨"	固定资产减值准备–（固定资产明细项）		XX.XX
合　计		XX.XX	XX.XX

2）分公司独立设账。

记账凭证

摘要	会计科目	借方	贷方
"集团名称"＋"资产名称"＋"调入"	固定资产–（固定资产明细项）	XX.XX	
"集团名称"＋"资产名称"＋"调入"	累计折旧–（固定资产明细项）		XX.XX
"集团名称"＋"资产名称"＋"调入"	固定资产减值准备–（固定资产明细项）		XX.XX
"集团名称"＋"资产名称"＋"调入"	上级拨入资金		XX.XX
合　计		XX.XX	XX.XX

凭证附件：固定资产变动登记表。

（5）其他特殊形式增加。其他形式新增固定资产包括：接受捐赠、债务重组、投资转入、无偿接收等方式。

1）投资者投入。集团接受投资者投入的固定资产，在办理了固定资产移交手续之后，应按投资合同或协议约定的价值加上应支付的相关税费作为固定资产的入账价值；合同或协议约定价值不公允的，应按公允价值加上应支付的相关税费作为固定资产的入账价值。

账务处理：

记账凭证

摘要	会计科目	借方	贷方
"投资者投入"＋"资产名称"＋"资产数量"	固定资产–（固定资产明细）	XX.XX	

摘要	会计科目	借方	贷方
"投资者投入"+"资产名称"+"资产数量"	应交税费-应交增值税-进项税额-硬件	××.××	
"投资者投入"+"资产名称"+"资产数量"	实收资本（股本）-××资本		××.××
"投资者投入"+"资产名称"+"资产数量"	资本公积-资本（股本）溢价		××.××
"投资者投入"+"资产名称"+"资产数量"	银行存款-人民币-××银行-××账户		××.××
合计		××.××	××.××

凭证附件：批准文件、投资协议、评估报告、固定资产移交清单、固定资产验收报告、产权证明、付款申请单、银行回单、发票等。

现金流量表项目：B06 购建固定资产等支付的现金-其他零购固定资产支付现金（或 B04 科研项目资本性支出支付现金/B05 专项资本性支出支付现金）。

2）接受捐赠。接受捐赠的固定资产附带有关文件、协议、发票、报关单等凭证注明的价值与公允价值差异不大的，应当以有关凭证中注明的价值作为公允价值入账；没有注明价值或注明价值与公允价值差异较大但有活跃市场的，应当根据有确凿证据表明的同类或类似资产市场价格作为公允价值入账。需重新确定公允价值的，参照投资者投入的固定资产公允价值确认方法。

账务处理：

记账凭证

摘要	会计科目	借方	贷方
"接受捐赠"+"资产名称"+"资产数量"	固定资产-（固定资产明细）	××.××	
"接受捐赠"+"资产名称"+"资产数量"	应交税费-应交增值税-进项税额-硬件	××.××	
"接受捐赠"+"资产名称"+"资产数量"	银行存款-人民币-××银行-××账户		××.××
"接受捐赠"+"资产名称"+"资产数量"	营业外收入-接受捐赠利得		××.××
合计		××.××	××.××

凭证附件：批准文件、捐赠协议、评估报告、固定资产验收报告、固定资产管理卡片、产权证明、付款申请单、银行回单、发票等。

现金流量表项目：B06 购建固定资产等支付的现金-其他零购固定资产支付现金

（或 B04 科研项目资本性支出支付现金／B05 专项资本性支出支付现金）。

3）融资租入。具体账务处理参照"第十四章　特殊业务　租赁"中的"融资租赁–承租人"的账务处理。

4）非货币性资产交换换入。具体账务处理参照"第十四章　特殊业务　非货币性资产交换"。

5）债务重组取得。具体账务处理参照"第十四章　特殊业务　债务重组"。

6）政府补助取得。具体账务处理参照"第十四章　特殊业务　政府补助"。

2. 固定资产的后续计量

（1）固定资产折旧。

1）企业应对所有的固定资产计提折旧，但是已提足折旧仍继续使用的固定资产、持有待售固定资产和单独入账的土地除外。

2）固定资产应当按月计提折旧，当月增加的固定资产，当月不计提折旧，从下月起计提折旧；当月减少的固定资产，当月仍计提折旧，从下月起不计提折旧。

3）固定资产提足折旧后，无论能否继续使用，均不再计提折旧；提前报废的固定资产，也不再补提折旧。提足折旧是指已经提足该项固定资产的应计折旧额。应计折旧额是指应当计提折旧的固定资产的原价扣除其预计净残值后的金额。已计提减值准备的固定资产，还应当扣除已计提的固定资产减值准备累计金额。

4）已达到预定可使用状态但尚未办理竣工决算的固定资产，应当按照估计价值确定其成本，并计提折旧；待办理竣工决算后，再按实际成本调整原来的暂估价值，但不需要调整原已计提的折旧额。

5）固定资产折旧方法一般包括：年限平均法、工作量法、双倍余额递减法和年数总和法。各单位原则上应采用年限平均法计提折旧，采用加速折旧方法及转换折旧方法的需由集团审核后报公司总部批准。未经批准不得变更固定资产折旧方法。

6）为真实反映固定资产为集团提供经济利益的期间及每期实际的资产消耗，集团至少应当于每年年度终了，对固定资产使用寿命和预计净残值进行复核。如有确凿证据表明：固定资产使用寿命预计数与原先估计数有差异，应当调整固定资产使用寿命；固定资产预计净残值预计数与原先估计数有差异，应当调整预计净残值。

固定资产使用寿命、预计净残值和折旧方法的改变应作为会计估计变更，按照《企业会计准则第 28 号——会计政策、会计估计变更和差错更正》处理。

7）集团各类固定资产所采用的折旧年限、折旧率和经残值率等需在公司固定资产目录规定范围内选择，并上报公司备案。发生变更或特殊原因确需执行与公司统一规定不一致折旧政策的，须报公司总部批准。

8）折旧费用分摊一般原则：

A. 集团生产车间发生的固定资产折旧费用计入"制造费用"；

B. 集团专设销售机构发生的固定资产折旧费用计入"销售费用"；

C. 集团管理用固定资产发生的折旧费用计入"管理费用";

D. 集团研发用固定资产发生的折旧费用计入"研发支出";

E. 集团工程项目用固定资产发生的折旧费用计入"工程成本";

F. 集团对外出租固定资产发生的折旧费用计入"其他业务成本"。

账务处理:

记账凭证

摘要	会计科目	借方	贷方
计提20××年××月折旧	制造费用-折旧费	××.××	
计提20××年××月折旧	销售费用-折旧费	××.××	
计提20××年××月折旧	管理费用-折旧费	××.××	
计提20××年××月折旧	研发支出-自主研发-费用化支出-科技项目-折旧费	××.××	
计提20××年××月折旧	工程成本-待摊基建支出-建设单位管理费-折旧费	××.××	
计提20××年××月折旧	工程成本-待摊基建支出-建设单位管理费-车辆使用费	××.××	
计提20××年××月折旧	其他业务成本-出租固定资产	××.××	
计提20××年××月折旧	累计折旧-(固定资产明细项)		××.××
合 计		××.××	××.××

凭证附件:折旧计算明细表(按固定资产明细)或折旧计算明细表(按部门)。

(2)更新改造和维修。

1)资本化的后续支出。固定资产发生资本化的后续支出时如改扩建等技术改造,一般应将该固定资产的原价、已计提的累计折旧和减值准备转销,将固定资产的账面价值转入在建工程,并停止计提折旧。发生的后续支出,通过"工程成本"科目核算,每月月结转入"在建工程"。在固定资产发生的后续支出完工并达到预定可使用状态时,再从在建工程转为固定资产,并按重新确定的使用寿命、预计净残值和折旧方法计提折旧。

固定资产更新改造支出符合固定资产确认条件时,应将其计入固定资产成本。同时将被替换部分的账面价值扣除。

实务中可参照以下条件满足时资本化:①发生的支出达到取得固定资产的计税基础50%以上;②发生修理后固定资产的使用寿命延长2年以上;③发生修理后的固定资产生产的产品性能得到实质性改进或市场售价明显提高、生产成本显著降低;④其他情况表明发生修理后的固定资产性能得到实质性改进,能够为企业带来经济利益的增加。但是,已足额提取折旧的固定资产的改建支出与租入固定资产的改建支出除外。

账务处理：

①转入在建工程的账务处理。

记账凭证

摘要	会计科目	借方	贷方
"集团名称"＋"资产名称"＋"技改转入在建工程"	工程成本-安装工程支出（××工程）	××.××	
"集团名称"＋"资产名称"＋"技改转入在建工程"	累计折旧-（固定资产明细项）	××.××	
"集团名称"＋"资产名称"＋"技改转入在建工程"	固定资产减值准备-（固定资产明细项）	××.××	
"集团名称"＋"资产名称"＋"技改转入在建工程"	固定资产-（固定资产明细项）		××.××
合 计		××.××	××.××

凭证附件：技术改造审批单。

②更新改造过程中新购置设备的账务处理。

记账凭证

摘要	会计科目	借方	贷方
"购买"＋"资产名称"＋"资产数量"	工程成本-在安装设备【××工程】	××.××	
"购买"＋"资产名称"＋"资产数量"	应交税费-应交增值税-进项税额-硬件	××.××	
"购买"＋"资产名称"＋"资产数量"	应付账款-应付物资款【××公司】		××.××
合 计		××.××	××.××

凭证附件：采购申请表、采购合同、发票。

③更新改造相关费用的账务处理。

更新改造过程中发生相关费用，包括领用备件等存货、支付各类费用等，具体账务处理参照"第六章　工程项目"。

记账凭证

摘要	会计科目	借方	贷方
"资产名称"＋"更新改造替换部分转出"	固定资产清理	××.××	
"资产名称"＋"更新改造替换部分转出"	工程成本-安装工程支出【××工程】		××.××
合 计		××.××	××.××

凭证附件：固定资产报废申请表。

④更新改造和维修项目完工转入固定资产，具体账务处理参照"第六章　工程项目"。

2）费用化后续支出。与固定资产有关的修理费用等后续支出，不符合固定资产确认条件的，应当根据不同情况分别在发生时计入当期成本费用。生产车间、行政管理部门发生的固定资产修理费用等后续支出计入管理费用；专设销售机构的，发生的与专设销售机构相关的固定资产修理费用等后续支出计入销售费用。固定资产更新改造支出不满足固定资产确认条件的，在发生时应直接计入当期损益。设置"修理费""车辆使用费–公务用–车辆修理费""车辆使用费–生产用–车辆修理费"等明细科目。

账务处理：

①确认与固定资产有关的修理费用等后续支出。

记账凭证

摘要	会计科目	借方	贷方
"资产名称"＋"修理费"	管理费用–修理费–非生产房屋大修或日常维修【部门】	××.××	
"资产名称"＋"修理费"	应付账款–应付暂估款–物资暂估–原材料暂估		××.××
合计		××.××	××.××

②确认应支付的固定资产维修款记账凭证。

记账凭证

摘要	会计科目	借方	贷方
"应付"＋"集团名称"＋"修理费"	应付账款–应付暂估款–物资暂估–原材料暂估款	××.××	
"应付"＋"集团名称"＋"修理费"	应交税费–应交增值税–进项税额–硬件\软件	××.××	
"应付"＋"集团名称"＋"修理费"	应付账款–应付劳务款–××		××.××
合计		××.××	××.××

凭证附件：采购申请单、维修合同、维修清单、发票。

（3）固定资产投保。财产保险是指以集团财产及其相关利益为保险标的的保险，包括（但不限于）企业财产险、机器设备损坏险、建筑/安装工程一切险、机动车辆险、科研试验现场调试险等各类责任险等。

各单位可根据生产、经营、建设的实际需要，确定投保财产的具体范围。设置"车辆保险费""财产保险"明细科目分别核算车辆和其他固定资产的投保费用。具体账务处理参照本章固定资产修理费。

（4）固定资产出租。使用保管部门负责固定资产出租的日常管理工作，按合同定期收取租金交财务部门入账。

记账凭证

摘要	会计科目	借方	贷方
"收" + "集团名称" + "租金"（保证金）	银行存款-人民币-✕✕银行-✕✕账户	✕✕.✕✕	
"收" + "集团名称" + "租金"（保证金）	其他业务收入-出租固定资产		✕✕.✕✕
"收" + "集团名称" + "租金"（保证金）	应交税费-应交增值税-销项税额-硬件-已开票		✕✕.✕✕
"收" + "集团名称" + "租金"（保证金）	其他应付款-其他应付保证金		✕✕.✕✕
合 计		✕✕.✕✕	✕✕.✕✕

凭证附件：固定资产出租审批单、租赁合同或协议、出租资产清单、发票、银行回单、收据记账联等。

现金流量表项目：AC3 收到的其他与经营活动有关的现金-其他经营性收入收到现金-集团外单位（或 AC4 集团内关联单位）。

3. 固定资产的处置

固定资产满足下列条件之一的，应当予以终止确认：该固定资产处于处置状态。固定资产处置包括固定资产的出售、转让、报废和毁损、对外投资、非货币性资产交换、债务重组等；该固定资产预期通过使用或处置不能产生经济利益。

企业出售、转让、报废固定资产或发生固定资产毁损，应当将处置收入扣除账面价值和相关税费后的金额计入当期损益。固定资产处置一般通过"固定资产清理"科目进行核算。

（1）除车辆外的固定资产账务处理。

记账凭证

摘要	会计科目	借方	贷方
"集团名称" + "报废" + "资产编号"	固定资产清理	✕✕.✕✕	
"集团名称" + "报废" + "资产编号"	累计折旧-（固定资产明细项）	✕✕.✕✕	
"集团名称" + "报废" + "资产编号"	固定资产减值准备-（固定资产明细项）	✕✕.✕✕	
"集团名称" + "报废" + "资产编号"	固定资产-（固定资产明细项）		✕✕.✕✕
合 计		✕✕.✕✕	✕✕.✕✕

凭证附件：固定资产报废登记表、固定资产报废申请表、固定资产报废鉴定书、提前报废固定资产请示、固定资产清单等。

结转已抵扣的固定资产进项税额：

需转出的进项税额＝（固定资产原值–累计折旧）×适用税率。

记账凭证

摘要	会计科目	借方	贷方
固定资产转入清理进项税额转出	固定资产清理	××.××	
固定资产转入清理进项税额转出	应交税费–应交增值税–进项税额转出–硬件		××.××
合　计		××.××	××.××

注：如果固定资产初始入账时没有抵扣增值税进项税额，则处置时不需做进项税额转出处理。

凭证附件：进项税额转出计算明细表。

使用部门经办人等将清理过程中发生的有关费用以及相关税费单据交会计核算岗，能够取得保险公司赔偿的由使用部门经办人办理索赔事宜；应由保管人赔偿的，按照集团规定的审批权限进行审批确认。

记账凭证

摘要	会计科目	借方	贷方
支付清理费	固定资产清理	××.××	
"应收"＋"集团名称"＋"保险赔偿"	其他应收款–其他【××保险集团】	××.××	
"应收"＋"姓名"＋"赔偿"	其他应收款–其他【××个人】	××.××	
支付清理费	银行存款–人民币–××银行–××账户		××.××
应付清理税费	应交税费–应交增值税（销项税额）		××.××
应付清理税费	应交税费–应交城建税		××.××
应付清理税费	应交税费–应交教育费附加		××.××
应付清理税费	应交税费–应交地方教育费附加		××.××
应付清理税费	应交税费–应交印花税		××.××
应付清理税费	应交税费–应交土地增值税		××.××
合　计		××.××	××.××

注：①如处置固定资产为房屋建筑物等不动产、土地使用权时需缴纳增值税及附加、土地增值税等税费，处置机器设备等动产时需缴纳增值税及附加等税费（见下面凭证）；②清理费用如果能归集到对应固定资产的，应尽可能按单项固定资产归集。

凭证附件：付款申请单、税费计算单、银行回单、完税证明等。

现金流量表项目：BC0 处置固定资产、无形资产和其他长期资产所收回的现金净额。

物资部经办人员等将固定资产变卖相关合同、发票、银行回单等信息交会计核算岗编制会计凭证。

记账凭证

摘要	会计科目	借方	贷方
"处置"+"资产名称"+"资产编号"	银行存款-人民币-××银行-××账户	××.××	
"处置"+"资产名称"+"资产编码"	固定资产清理		××.××
"处置"+"资产名称"+"资产编码"	应交税费-应交增值税-销项税额-硬件-已开票		××.××
合计		××.××	××.××

凭证附件：合同、发票、银行回单等。

现金流量表项目：BC0 处置固定资产、无形资产和其他长期资产所收回的现金净额。

固定资产清理完成后的净损益，属于生产经营期间正常的处理损失，记入"营业外支出-非流动性资产处置损失"科目，属于生产经营期间由于自然灾害等非正常原因造成的，记入"营业外支出-非常损失"科目，处置净收益记入"营业外收入-非流动性资产处置利得"。

记账凭证

摘要	会计科目	借方	贷方
"结转"+"资产名称"+"资产编码"	营业外支出-非流动性资产处置损失	××.××	
"结转"+"资产名称"+"资产编码"	营业外支出-非常损失	××.××	
"结转"+"资产名称"+"资产编码"	固定资产清理		××.××
合计		××.××	××.××

记账凭证

摘要	会计科目	借方	贷方
"结转"+"资产名称"+"资产编码"	固定资产清理	××.××	
"结转"+"资产名称"+"资产编码"	营业外收入-非流动性资产处置利得		××.××
合计		××.××	××.××

凭证附件：清理资产明细表。

（2）废、旧车辆报废或转让账务处理。

1）报废处置。

记账凭证

摘要	会计科目	借方	贷方
"报废"+"资产名称"+"资产编码"	固定资产清理	××.××	
"报废"+"资产名称"+"资产编码"	累计折旧-（固定资产明细项）	××.××	

摘要	会计科目	借方	贷方
"报废" + "资产名称" + "资产编码"	固定资产减值准备-（固定资产明细项）	××.××	
"报废" + "资产名称" + "资产编码"	固定资产-（固定资产明细项）		××.××
合　计		××.××	××.××

凭证附件：车辆处置请示报告、仪器、设备报废（闲置）申请报告及处理记录、固定资产报废申请表等。

2）转让处置。

记账凭证

摘要	会计科目	借方	贷方
"出售" + "资产名称" + "资产编码"	固定资产清理	××.××	
"出售" + "资产名称" + "资产编码"	累计折旧-（固定资产明细项）	××.××	
"出售" + "资产名称" + "资产编码"	固定资产减值准备-（固定资产明细项）	××.××	
"出售" + "资产名称" + "资产编码"	固定资产-（固定资产明细项）		××.××
合　计		××.××	××.××

凭证附件：车辆处置请示报告、评估报告、固定资产报废申请表、竞价结果报告等。

（3）系统内无偿调出。参照本章节"系统内无偿调入固定资产"。

（4）其他特殊形式处置。其他处置形式包括出售、抵债、对外捐赠、投资等。

1）对外投资。

根据固定资产清单、投资协议在系统进行账务处理。

记账凭证

摘要	会计科目	借方	贷方
"向" + "集团名称" + "投资" + "资产名称" + "编码"	固定资产清理	××.××	
"向" + "集团名称" + "投资" + "资产名称" + "编码"	累计折旧-（固定资产明细项）	××.××	
"向" + "集团名称" + "投资" + "资产名称" + "编码"	固定资产减值准备-（固定资产明细项）	××.××	
"向" + "集团名称" + "投资" + "资产名称" + "编码"	固定资产-（固定资产明细项）		××.××
合　计		××.××	××.××

凭证附件：对外投资审批表、固定资产清单、投资协议。

记账凭证

摘要	会计科目	借方	贷方
结转固定资产清理损失（收益）	长期股权投资-成本法-全资子公司\控股子公司\参股集团	××.××	
结转固定资产清理损失（收益）	长期股权投资-权益法-联营企业\合营企业-成本	××.××	
结转固定资产清理损失（收益）	营业外支出-非流动性资产处置损失	××.××	
结转固定资产清理损失（收益）	固定资产清理		××.××
结转固定资产清理损失（收益）	营业外收入-非流动性资产处置利得		××.××
合　计		××.××	××.××

注：权益法下对长期股权投资初始投资成本的调整处理，可参考长期股权投资章节，本处略。

凭证附件：投资协议、评估报告。

2）捐赠转出账务处理。

记账凭证

摘要	会计科目	借方	贷方
"向"+"机构名称"+"捐赠"+"资产名称"+"编码"	固定资产清理	××.××	
"向"+"机构名称"+"捐赠"+"资产名称"+"编码"	累计折旧-（固定资产明细项）	××.××	
"向"+"机构名称"+"捐赠"+"资产名称"+"编码"	固定资产减值准备-（固定资产明细项）	××.××	
"向"+"机构名称"+"捐赠"+"资产名称"+"编码"	固定资产-（固定资产明细项）		××.××
合　计		××.××	××.××

记账凭证

摘要	会计科目	借方	贷方
结转固定资产清理损失	营业外支出-公益性捐赠	××.××	
结转固定资产清理损失	固定资产清理		××.××
合　计		××.××	××.××

凭证附件：对外捐赠审批表、原固定资产卡片及对外捐赠资产明细表、财政部门统一印制的公益事业捐赠票据、经对方确认的接受捐赠资产清单。

3）融资租出。具体账务处理参照"第十四章　特殊业务　租赁"中的"融资租赁-出租人”的账务处理。

4）非货币性资产交换换出。具体账务处理参照“第十四章 特殊业务 非货币性资产交换”。

5）债务重组转出。具体账务处理参照“第十四章 特殊业务 债务重组”。

4. 固定资产清查

（1）盘点。盘盈、盘亏固定资产需通过“待处理财产损溢-待处理固定资产损溢”科目核算。经审批后，盘盈资产作为前期差错处理，通过“以前年度损益调整”核算，并按重置成本计量，盘亏的固定资产损失，计入当期损益“营业外支出-盘亏损失”科目。

1）盘盈。

记账凭证

摘要	会计科目	借方	贷方
“盘盈”＋“资产名称”＋“资产编码”	固定资产-（固定资产明细项）	××.××	
“盘盈”＋“资产名称”＋“资产编码”	以前年度损益调整		××.××
合 计		××.××	××.××

注：同类或类似固定资产存在活跃市场的，按同类或类似固定资产的市场价格作为原价入账，若该项资产应计提折旧，则按其新旧程度估计的价值损耗作为累计折旧反映；同类或类似固定资产不存在活跃市场的，按该项固定资产的预计未来现金流量现值，作为入账价值。

记账凭证

摘要	会计科目	借方	贷方
“结转”＋“盘盈”“资产名称”＋“资产编码”	以前年度损益调整	××.××	
“结转”＋“盘盈”“资产名称”＋“资产编码”	利润分配-未分配利润		××.××
合 计		××.××	××.××

注：盘盈固定资产在年底所得税申报时统一计缴所得税。

凭证附件：固定资产盘点表、固定资产盘盈报告表、价值确定依据等。

2）盘亏。

记账凭证

摘要	会计科目	借方	贷方
“盘亏”＋“资产名称”＋“资产编码”	待处理财产损溢-待处理固定资产损溢	××.××	
“盘亏”＋“资产名称”＋“资产编码”	累计折旧-（固定资产明细项）	××.××	
“盘亏”＋“资产名称”＋“资产编码”	固定资产减值准备-（固定资产明细项）	××.××	

续表

摘要	会计科目	借方	贷方
"盘亏"+"资产名称"+"资产编码"	固定资产-（固定资产明细项）		××.××
"盘亏"+"资产名称"+"资产编码"	应交税费-应交增值税-进项税额转出-硬件		××.××
合 计		××.××	××.××

注：如果该项固定资产初始入账时未抵扣进项税额，则在盘亏时不应做进项税额转出处理。

凭证附件：固定资产盘点表、固定资产盘亏审批表。

3）结转待处理财产损溢。

记账凭证

摘要	会计科目	借方	贷方
"应收"+"姓名"+"赔偿"	其他应收款-其他【××个人】	××.××	
"结转"+"盘亏"+"资产名称"+"资产编码"	营业外支出-盘亏损失	××.××	
"结转"+"盘亏"+"资产名称"+"资产编码"	待处理财产损溢-待处理固定资产损溢		××.××
合 计		××.××	××.××

凭证附件：盘亏原因专项说明、责任认定报告等。

（2）减值测试和计提减值准备。资产负债表日，企业应当判断资产是否存在可能发生减值的迹象，如果有确凿证据表明资产存在减值迹象的，应当对其进行减值测试，估计资产的可收回金额。

一般存在下列迹象的表明资产可能发生了减值：

资产的市价当期大幅度下跌，其跌幅明显高于因时间的推移或者正常使用而预计的下跌；企业经营所处的经济、技术或者法律等环境以及资产所处的市场在当期或者将在近期发生重大变化，从而对企业产生不利影响；市场利率或者其他市场投资报酬率在当期已经提高，从而影响企业计算资产预计未来现金流量现值的折现率，导致资产可收回金额大幅度降低；有证据表明资产已经陈旧过时或者其实体已经损坏；资产已经或者将被闲置、终止使用或者计划提前处置；企业内部报告的证据表明资产的经济绩效已经低于或者将低于预期，如资产所创造的净现金流量或者实现的营业利润（或者亏损）远远低于（或者高于）预计金额等；企业所有者权益的账面价值远高于其市价；其他表明资产可能已经发生减值的迹象。

资产可收回金额的估计，应当根据其公允价值减去处置费用后的净额与资产预计未来现金流量的现值两者之间较高者确定。处置费用包括与资产处置有关的法律费用、相关税费、搬运费以及为使资产达到可销售状态所发生的直接费用等。可收回金额应取得相关技术、管理等部门专业人员提供的内部或外部独立鉴定报告，作为判断依据。

记账凭证

摘要	会计科目	借方	贷方
"计提"+"资产名称"+"减值损失"	资产减值损失–固定资产减值损失	××.××	
"计提"+"资产名称"+"减值损失"	固定资产减值准备–（固定资产明细项）		××.××
合 计		××.××	××.××

凭证附件：固定资产盘点表、独立鉴定报告、固定资产减值损失审批表、固定资产减值准备计算表。

第二节　无形资产

一、术语解释及核算内容

1. 术语解释

无形资产是指企业拥有或者控制的没有实物形态的可辨认非货币性资产，主要包括专利权、非专利技术、商标权、著作权、土地使用权、特许权、探矿权、采矿权等。无形资产具有以下特征：

（1）由企业拥有或者控制并能为其带来未来经济利益的资源。

（2）无形资产不具有实物形态。

（3）无形资产具有可辨认性。无形资产必须是能够区别于其他资产可单独辨认的资产，符合以下条件之一的，则认为其具有可辨认性：

1）能够从企业中分离或者划分出来，并能单独用于出售或转让等，而不需要同时处置在同一获利活动中的其他资产，则说明无形资产可以辨认。

2）产生于合同性权利或其他法定权利，无论这些权利是否可以从企业或其他权利和义务中转移或者分离。

（4）无形资产属于非货币性资产。非货币性资产是指企业持有的货币资金和将以固定或可确定的金额收取资产以外的其他资产。

商誉的存在无法与集团自身分离，不具有可辨认性，不属于本章所指无形资产。作为投资性房地产的土地使用权，不属于本章所指的无形资产。

2. 核算内容

无形资产的核算内容包括四部分：无形资产的初始计量、后续计量、处置。具体包括外购、自行研发、摊销账务处理。

设置"无形资产""累计摊销""无形资产减值准备"一级科目,并按照无形资产类别分别设置二级科目进行明细核算。"无形资产"科目核算集团持有的无形资产原价。

二、核算原则

1. 核算原则应遵循实际成本原则、配比原则、收益确认原则

(1)取得无形资产时,应遵循实际成本原则。以取得无形资产的实际成本作为入账价值。

(2)使用无形资产期间,应遵循配比原则。无形资产每期摊销额,应力求与其所带来的收益相配比。

(3)处理无形资产时,应遵循收益确认原则。将处理某项无形资产所收到的补偿价格与它的账面价值的差额,计入本期的收益或损失。

2. 主要风险提示

(1)未能编制并审核资本性投资预算,不能对资本性支出进行事前控制,导致不符合集团的发展战略和生产经营的实际需要。

(2)对取得无形资产未严格审核是否经相关归口管理部门审核以确保是否具有先进性,未严格审核是否取得或办理权证或签订使用协议等,导致资源浪费或引发法律诉讼。

(3)对研发支出资本化条件判断不准确,导致无形资产计量不准确,造成财务报表错报。

(4)未建立健全无形资产管理制度,对无形资产权利和收益保护不当,造成潜在损失。

(5)对使用寿命不确定的无形资产未按规定进行减值测试,对存在减值的无形资产未计提减值损失,对缺乏核心技术、使用效率低下、技术落后的无形资产未履行财务监督及时进行处置,造成财务报表数据不准确。

(6)处置无形资产未按规定履行审批程序未考虑税费问题,造成资产损失和纳税风险。

三、主要账务处理

1. 无形资产的初始计量

无形资产应当在符合定义的前提下,同时满足以下两个确认条件时,才能予以确认。①与该资产有关的经济利益很可能流入企业;②该无形资产的成本能够可靠地计量。无形资产通常按照实际成本进行初始计量,即以取得无形资产并使之达到预定用途而发生的全部支出,作为无形资产的成本。其中:用于生产经营活动的无形资产如软件等取得时增值额可以作为进项税抵扣,用于集体福利等活动的无形资产取得时增值税额不可以作为进项税额抵扣，应计入无形资产的账面价值。

（1）外购。外购无形资产的成本，包括购买价款、相关税费以及直接归属于使该项资产达到预定用途所发生的其他支出。不包括为引入新产品进行宣传发生的广告费、管理费用及其他间接费用，也不包括在无形资产已经达到预定用途以后发生的费用。

购买无形资产的价款超过正常信用条件延期支付，实质上具有融资性质的（通常在三年以上），即采用分期付款方式购买无形资产，无形资产的成本为购买价款的现值。

记账凭证

摘要	会计科目	借方	贷方
"购买" + "资产名称" + "资产编码"	无形资产-（无形资产明细）	××.××	
"购买" + "资产名称" + "资产编码"	应交税费-应交增值税-进项税额-软件	××.××	
"购买" + "资产名称" + "资产编码"	应付账款-应付物资款【××公司】		××.××
合 计		××.××	××.××

注：如果该项无形资产用于非增值税应税项目、免税项目、集体福利以及个人消费等情况，则该项无形资产的进项税额不可以抵扣，应直接计入无形资产价值；如果未取得增值税专用发票，进项税额不得抵扣，应将增值税金额直接计入无形资产账面价值。

若购置无形资产为土地使用权，应同时计算应缴纳的契税、印花税等税费，并将契税计入资产原值。

凭证附件：采购申请表、采购合同（土地使用权转让/出让协议）、发票、验收报告。

对科技项目所需无形资产，先通过"研发支出"归集成本，然后结转至"无形资产"。

1）无形资产到货。

记账凭证

摘要	会计科目	借方	贷方
"购买" + "资产名称" + "资产编码"	研发支出-自主研发-费用化支出-科技项目-设备费-设备费【××科技项目】	××.××	
"购买" + "资产名称" + "资产编码"	应付账款-应付暂估款-物资暂估-原材料暂估		××.××
合 计		××.××	××.××

2）收到发票。

记账凭证

摘要	会计科目	借方	贷方
"应付" + "集团名称" + "资产名称" + "款"	应付账款-应付暂估款-物资暂估-原材料暂估	××.××	
"应付" + "集团名称" + "资产名称" + "款"	应交税费-应交增值税-进项税额-软件	××.××	

续表

摘要	会计科目	借方	贷方
"应付" + "集团名称" + "资产名称" + "款"	应付账款-应付物资款【××公司】		××.××
合 计		××.××	××.××

3）结转无形资产价值。

记账凭证

摘要	会计科目	借方	贷方
"结转" + "资产名称" + "入账"	无形资产-（无形资产明细项）	××.××	
"结转" + "资产名称" + "入账"	应交税费-应交增值税-进项税额-软件	××.××	
"结转" + "资产名称" + "入账"	研发支出-自主研发-费用化支出科技项目-设备费-设备备抵【××科技项目】		××.××
合 计		××.××	××.××

会计核算岗根据出纳提交的付款申请单和银行回单，编制付款凭证。

记账凭证

摘要	会计科目	借方	贷方
付××单位××无形资产购置款	应付账款-应付物资款【××公司】	××.××	
付××单位××无形资产购置款	银行存款-人民币-××银行-××账户		××.××
合 计		××.××	××.××

凭证附件：付款申请单、银行回单。

现金流量表项目：BO7 购建固定资产等支付的现金-购置无形资产支付现金。

（2）自行研发取得无形资产。对于企业自行研究开发的项目，应当区分研究阶段与开发阶段两个部分分别进行核算。

1）研究阶段。研究阶段是指为获取新的技术和知识等进行的有计划的调查。研究阶段的特点在于以下两个方面：

①计划性。研究阶段是建立在有计划的调查基础上，即研发项目已经董事会或者相关管理层的批准，并着手收集相关资料、进行市场调查等。

②探索性。研究阶段基本上是探索性的，为进一步的开发活动进行资料及相关方面的准备，在这一阶段不会形成阶段性成果。

由于研究阶段是否能在未来形成成果，即通过开发后是否会形成无形资产具有很大的不确定性，企业无法证明其未来经济利益的流入情况，因此，研究阶段的有关支出在发生时，应当予以费用化，计入当期损溢。

2）开发阶段。开发阶段是指在进行商业性生产或使用前，将研究成果或其他知识应用于某项计划或设计，以生产出新的或具有实质性改进的材料、装置、产品等。开发阶段的特点在于以下两个方面：

①具有针对性。开发阶段是建立在研究阶段基础上，对项目的开发具有针对性。

②形成成果的可能性较大。进入开发阶段的研发项目往往形成成果的可能性较大。

由于开发阶段相对于研究阶段更进一步，相对于研究阶段来讲，进入开发阶段，则很大程度上形成一项新产品或新技术的基本条件已经具备，此时如果企业能够证明满足无形资产的定义及相关确认条件，所发生的开发支出可资本化，确认为无形资产的成本。

企业内部研究和开发无形资产，其在研究阶段的支出全部费用化，计入当期损益（管理费用）；开发阶段的支出符合资本化条件的资本化，不符合资本化条件的计入当期损益（管理费用）。如果确实无法区分研究阶段的支出和开发阶段的支出，应将其所发生的研发支出全部费用化，计入当期损益。具体判断标准及账务处理方法参照"研究与开发"部分。

（3）其他方式增加无形资产。其他方式增加无形资产包括投资者投入、债务重组、接收捐赠、非货币性资产交易所得、政府补助获得、企业合并中获得以及企业取得土地使用权等方式。

1）投资者投入的无形资产。

记账凭证

摘要	会计科目	借方	贷方
"投资者投入" + "资产名称" + "资产编码"	无形资产-（无形资产明细）	XX.XX	
"购买" + "资产名称" + "资产编码"	应交税费-应交增值税-进项税额-软件	XX.XX	
"投资者投入" + "资产名称" + "资产编码"	实收资本（股本）-XX资本		XX.XX
"投资者投入" + "资产名称" + "资产编码"	资本公积-资本（股本）溢价		XX.XX
"投资者投入" + "资产名称" + "资产编码"	银行存款-人民币-XX银行-XX账户		XX.XX
合计		XX.XX	XX.XX

凭证附件：批准文件、投资协议、评估报告、无形资产移交清单、无形资产验收报告、无形资产管理卡片、产权证明、付款申请单、银行回单、发票等。

现金流量表项目：AQ5 支付的各项税费-缴纳其他税费支付现金。

2）债务重组取得的无形资产。具体账务处理参照"第十四章　特殊业务　债务重组"。

3）接受捐赠取得无形资产。接受捐赠的无形资产附带有关文件、协议、发票、报关单等凭证注明的价值与公允价值差异不大的，应当以有关凭证中注明的价值作为资产的入账价值；没有注明价值或注明价值与公允价值差异较大时应以公允价值作为无形资产的入账价值。

需重新确定公允价值的，参照投资者投入的无形资产公允价值确认方法。

记账凭证

摘要	会计科目	借方	贷方
"接受捐赠"＋"资产名称"＋"资产编码"	无形资产－（无形资产明细）	XX.XX	
"接受捐赠"＋"资产名称"＋"资产编码"	应交税费－应交增值税－进项税额－软件	XX.XX	
"接受捐赠"＋"资产名称"＋"资产编码"	营业外收入－接受捐赠利得		XX.XX
"接受捐赠"＋"资产名称"＋"资产编码"	银行存款－人民币－XX银行－XX账户		XX.XX
合计		XX.XX	XX.XX

凭证附件：批准文件、捐赠协议、评估报告、无形资产移交清单、无形资产验收报告、无形资产管理卡片、产权证明、付款申请单、银行回单、发票等。

现金流量表项目：AQ5 支付的各项税费－缴纳其他税费支付现金。

4）非货币性资产交换换入的无形资产。具体账务处理参照"第十四章　特殊业务　非货币性资产交换"。

5）政府补助取得的无形资产。具体账务处理参照"第十四章　特殊业务　政府补助"。

2. 无形资产后续计量

企业应当在取得无形资产时分析判断其使用寿命，并在其后使用该项无形资产期间对其进行摊销或减值处理，以成本减去累计摊销额和累计减值损失后的余额计量。

（1）使用寿命有限的无形资产。使用寿命有限的无形资产，应在其预计的使用寿命内采用系统合理的方法对应摊销金额进行摊销。应摊销金额是指无形资产的成本扣除预计净残值后的金额。已计提减值准备的无形资产，还应扣除已计提的无形资产减值准备累计金额。使用寿命有限的无形资产其预计净残值一般视为零，下列情况除外：

1）有第三方承诺在无形资产使用寿命结束时购买该项无形资产；

2）可以根据活跃市场得到无形资产预计残值信息，并且该市场在该项无形资产使用寿命结束时可能存在。

无形资产的摊销期自其达到预定可使用状态时起至终止确认时止，当月增加的无形资产，当月开始摊销；当月减少的无形资产，当月不再进行摊销。

无形资产的摊销年限不得低于 10 年。作为投资或者受让的无形资产，有关法律规定或者合同约定了使用年限的，可以按照规定或者约定的使用年限分期摊销。软件摊销年限最短为 2 年，土地使用权按取得时产权证规定的使用年限摊销或合同规定的使用期限内摊销。

集团的无形资产采用直线法摊销，预计净残值为零。

无形资产月摊销额=（无形资产原值-净残值）/（使用年限×12）

记账凭证

摘要	会计科目	借方	贷方
计提20××年××月折旧	生产成本-技术成本-无形资产摊销	××.××	
计提20××年××月折旧	制造（施工间接）费用-其他费用-无形资产摊销	××.××	
计提20××年××月折旧	研发支出-自主研发-费用化支出-科技项目-无形资产摊销	××.××	
计提20××年××月折旧	销售费用-无形资产摊销	××.××	
计提20××年××月折旧	管理费用-无形资产摊销	××.××	
计提20××年××月折旧	其他业务成本-出租无形资产	××.××	
计提20××年××月折旧	累计摊销-（无形资产明细）		××.××
合 计		××.××	××.××

凭证附件：无形资产摊销计算表。

（2）使用寿命不确定的无形资产。根据可获得的相关信息判断，如果无法合理估计某项无形资产使用寿命的，应作为使用寿命不确定的无形资产进行核算。对于使用寿命不确定的无形资产，在持有期间内不需要摊销，但应当在每个会计期间进行减值测试。

减值测试按照资产减值准则的原则进行处理，首先需估计该项资产的可收回金额。资产可收回金额的估计，应当根据其公允价值减去处置费用后的净额与资产预计未来现金流量的现值两者之间较高者确定。因此，要估计资产的可收回金额，通常需要同时估计该资产的公允价值减去处置费用后的净额和资产预计未来现金流量的现值。企业在对资产进行减值测试后，如果可收回金额的计量结果表明，资产的可收回金额低于其账面价值的，应当将资产的账面价值减记至可收回金额，减记的金额确认为资产减值损失，计入当期损益，同时，计提相应的资产减值准备，减值准备经相关领导审批后由资产会计进行账务处理。具体工作程序参见固定资产减值的处理。

记账凭证

摘要	会计科目	借方	贷方
"计提"+"资产名称"+"减值损失"	资产减值损失-无形资产减值损失【××资产】	××.××	
"计提"+"资产名称"+"减值损失"	无形资产减值准备-（无形资产明细）		××.××
合 计		××.××	××.××

凭证附件：无形资产减值准备计算表、无形资产减值损失审批表、重估报告等。

（3）无形资产的维护。无形资产归口管理部门负责无形资产的维护。主要指软件采购合同或开发合同约定后续服务的，据合同约定执行，无形资产管理部门跟踪监督专业服务过程，在取得发票后，按合同约定申请付款，填制费用报销凭证；软件采购合同或开发合同没有约定的，由无形资产管理部门提出资产维护申请，报集团有关领导审批，无形资产管理部门与软件开发商协商签订维护合同。

与开发商结算服务费时，无形资产管理部门审核维护合同、发票，填写报销单，采用员工费用报销的方式。具体操作流程参照"第十一章　费用核算"。

1）费用报销凭证。

记账凭证

摘要	会计科目	借方	贷方
经办人+日期+地点+供应商名称+××维护费	管理费用-管理信息系统维护费	××.××	
经办人+日期+地点+供应商名称+××维护费	应付账款-应付劳务款-××		××.××
合　计		××.××	××.××

凭证附件：报销单、维护合同、发票、维护工作记录确认依据等辅助资料。

2）付款凭证。

记账凭证

摘要	会计科目	借方	贷方
支付+经办人员+原因+报销+维护费	应付账款-应付劳务款-××	××.××	
支付+经办人员+原因+报销+维护费	银行存款-人民币-银行-××账户		××.××
合　计		××.××	××.××

凭证附件：报销单、银行回单等其他原始单据。

现金流量表项目：AR5（AR6）支付的其他与经营活动有关的现金-其他费用性（含专项费用性支出）-集团内关联单位（集团外单位）。

（4）无形资产的出租。企业将所拥有的无形资产的使用权让渡给他人，并收取租金，属于与企业日常活动相关的其他经营活动取得的收入，在满足收入确认条件的情况下，应确认相关的收入及成本，并通过其他业务收支科目进行核算。

确认资产租赁收入时，经办人员开具或提请税务机关代开租赁收入发票，出纳根据发票收款，并将银行回单、发票记账联交送至收入与应收会计，收入与应收会计据此进行账务处理。

记账凭证

摘要	会计科目	借方	贷方
"收" + "集团名称" + "租金"	银行存款-人民币-××银行-××账户	××.××	
"收" + "集团名称" + "租金"	其他业务收入-出租无形资产		××.××
合 计		××.××	××.××

注：若出租无形资产为土地使用权，参照"第十四章 特殊业务——投资性房地产"章节。

凭证附件：无形资产出租审批单、无形资产出租协议、银行回单、发票、收款收据等。

现金流量表项目：AC3 收到的其他与经营活动有关的现金-其他经营性收入收到现金-集团内关联单位（或 AC4 集团外关联单位）。

会计核算岗每月在系统中计提无形资产摊销时，将本月出租无形资产应计提的摊销金额作为无形资产的租赁成本（详见本章无形资产摊销部分）。

记账凭证

摘要	会计科目	借方	贷方
结转资产租赁成本	其他业务成本-出租无形资产	××.××	
结转资产租赁成本	累计摊销-（无形资产明细）		××.××
合 计		××.××	××.××

凭证附件：无形资产摊销计算明细表。

3. 无形资产的处置

（1）无形资产转让。无形资产转让的方式主要包括出售、对外捐赠、以资抵债、非货币资产交换换出无形资产等。

1）无形资产出售。企业出售无形资产时，应将所取得的出售价款与该项无形资产账面价值的差额作为资产处置利得或损失，计入当期损益。

记账凭证

摘要	会计科目	借方	贷方
出售××无形资产	银行存款-人民币-××银行-××账户	××.××	
出售××无形资产	累计摊销-（无形资产明细）	××.××	
出售××无形资产	无形资产减值准备	××.××	
出售××无形资产	无形资产-（无形资产明细）		××.××
出售××无形资产应交税费	应交税费-应交增值税等		××.××
结转处置无形资产净收益（净损失）	营业外收入-处置非流动资产利得（或借记营业外支出）		××.××
合 计		××.××	××.××

凭证附件：无形资产转让申请单、无形资产转让协议、银行回单、发票、转让资产

清单。

现金流量表项目：BC0 处置固定资产、无形资产和其他长期资产所收回的现金净额。

2）无形资产对外捐赠。企业对外捐赠无形资产时，应该将无形资产账面价值计入当期损溢。

记账凭证

摘要	会计科目	借方	贷方
向××单位捐赠××资产	营业外支出－公益性捐赠/非公益性捐赠	××.××	
向××单位捐赠××资产	累计摊销－（无形资产明细）	××.××	
向××单位捐赠××资产	无形资产减值准备	××.××	
向××单位捐赠××资产	无形资产－（无形资产明细）		××.××
向××单位捐赠××资产应交税费	应交税费－应交增值税等		××.××
合 计		××.××	××.××

凭证附件：无形资产捐赠审批表、无形资产捐赠协议、原无形资产卡片、增值税发票。

3）非货币性资产交换换出的无形资产。具体账务处理参照"第十四章 特殊业务 非货币性资产交换"。

4）债务重组抵债减少的无形资产。具体账务处理参照"第十四章 特殊业务 债务重组"。

（2）无形资产转销。无形资产预期不能为企业带来未来经济利益，不再符合无形资产的确认条件，应将其报废并予以转销，其账面价值转作当期损溢。如果该项无形资产在初始入账时已抵扣增值税进项税额，则报废时还应将已抵扣的增值税进项税额转出，需转出的无形资产进项税额＝无形资产净值×使用税率。

具体操作流程与无形资产转让操作流程一致，无形资产管理部门在系统中更新无形资产卡片，会计核算岗查看卡片信息，进行账务处理。

记账凭证

摘要	会计科目	借方	贷方
无形资产报废	累计摊销－（无形资产明细）	××.××	
无形资产报废	无形资产减值准备	××.××	
无形资产报废	营业外支出－非流动资产处置损失	××.××	
无形资产报废	无形资产－（无形资产明细）		××.××
转出进项税额	应交税费－应交增值税－进项税额转出－软件		××.××
合 计		××.××	××.××

凭证附件：无形资产转销审批表、业务部门出具的无形资产无法达到预定可使用状态决定不再开发的证明材料。

第三节　长期待摊费用

一、术语解释

长期待摊费用是指企业已经发生但应由本期和以后各期负担的分摊期限在 1 年以上的各项费用，包括开办费、固定资产修理支出、租入固定资产的改良支出以及其他应当作为长期待摊费用的支出，其中固定资产的改良支出主要是指固定资产改建支出和固定资产大修理支出。

固定资产改建支出是指改变房屋或者建筑物结构、延长使用年限等发生的支出。

固定资产大修理支出是指为恢复固定资产的性能，对其进行大部分或全部修理所发生的支出。企业所得税法所称固定资产的大修理支出，是指同时符合下列条件的支出：①修理支出达到取得固定资产时的计税基础 50% 以上；②修理后固定资产的使用年限延长 2 年以上。

二、核算原则

长期待摊费用应遵循以下五项原则：

（1）企业以经营租赁方式租入的固定资产发生的改良支出在合同约定的剩余租赁期内进行合理分摊；企业对经营租入房屋的装修成本以及对自有房产（含融资租入房产）且未达到固定资产改良标准的装修成本在本科目核算，后续根据经营租入资产租赁期和预计前后两次装修间隔期较短期间进行摊销。

（2）固定资产大修理支出采取待摊方法的，实际发生的大修理支出应当在大修理间隔期内平均摊销。

（3）企业有时以低于取得资产或服务成本的价格向职工提供资产或服务的，如以低于成本的价格向职工出售住房等。如果出售住房的合同或协议中规定了职工在购得住房后至少应当提供服务的年限，企业应当将该项差额作为长期待摊费用处理，并在合同或协议规定的服务年限内平均摊销，根据收益对象分别计入相关资产成本或当期损益。

（4）随基建工程完工移交的生产职工培训及提前进厂费用等，先计入"长期待摊费用"，在开始生产经营的当月一次计入损益。

（5）其他长期待摊费用自支出发生月份的次月起分期摊销，摊销年限不得少于 3 年。

三、主要账务处理

企业应设置"长期待摊费用"科目，并按"租入固定资产改良支出""大修理支出""其他待摊费用"进行明细核算。

1. 企业发生长期待摊费用时

账务处理：

记账凭证

摘要	会计科目	借方	贷方
××部门发生××费用计入长期待摊	长期待摊费用–租入资产改良支出等	××.××	
××部门发生××费用计入长期待摊	应付账款–应付××款【××单位】		××.××
合 计		××.××	××.××

凭证附件：改造或维修审批单、相关合同、发票、租入固定资产使用部门的说明等原始单据。

2. 支付相关款项时

账务处理：

记账凭证

摘要	会计科目	借方	贷方
支付××公司××款	应付账款–应付××款【××单位】	××.××	
支付××公司××款	银行存款–人民币–××银行–××账户		××.××
合 计		××.××	××.××

凭证附件：付款申请单、银行回单。

现金流量表项目：AR5（或AR6）支付的其他与经营活动有关的现金–其他费用性（含专项费用性支出）–集团内关联单位（或集团外单位）。

3. 长期待摊费用摊销时

账务处理：

记账凭证

摘要	会计科目	借方	贷方
摊销××费用	生产成本–技术成本–长期待摊费用摊销	××.××	
摊销××费用	制造（施工间接）费用–其他费用–长期待摊费用摊销	××.××	
摊销××费用	管理费用–长期待摊费用摊销	××.××	
摊销××费用	销售费用–长期待摊费用摊销	××.××	
摊销××费用	研发支出–自主研发–费用化支出–科技项目–长期待摊费用摊销	××.××	

摘要	会计科目	借方	贷方
摊销××费用	研发支出-自主研发-资本化支出-科技项目-长期待摊费用摊销	××.××	
摊销××费用	长期待摊费用-租入资产改良支出		××.××
摊销××费用	长期待摊费用-其他待摊费用		××.××
摊销××费用	长期待摊费用-其他待摊费用-劳务费		××.××
合 计		××.××	××.××

凭证附件：长期待摊费用计算表。

第十章　职工薪酬

本章主要核算集团职工薪酬业务，包括短期薪酬、离职后福利、辞退福利和其他长期职工福利。

1. 职工的范围

职工薪酬准则所称的"职工"包括以下三类人员：

（1）与企业订立劳动合同的所有人员，含全职、兼职和临时职工。按照《劳动法》和《劳动合同法》的规定，企业作为用人单位与劳动者应当订立劳动合同，职工薪酬准则中的职工首先包括这部分人员，即与企业订立了固定期限、无固定期限和以完成一定的工作为期限的劳动合同的所有人员。

（2）未与企业订立劳动合同但由企业正式任命的人员，如董事会成员、监事会成员等。按照《公司法》的规定，集团应当设立董事会和监事会，董事会、监事会成员为企业的战略发展提出建议、进行相关监督等，目的是提高企业整体经营管理水平，对其支付的津贴、补贴等报酬从性质上属于职工薪酬。因而，尽管有些董事会、监事会成员不是本企业职工，未与企业订立劳动合同，但是属于职工薪酬准则所称的职工。

（3）在企业的计划和控制下，虽未与企业订立劳动合同或未由其正式任命，但为其提供与职工类似服务的人员，也属于职工薪酬准则所称的职工。例如，企业与有关中介机构签订劳务用工合同，虽然企业并不直接与合同下雇用的人员订立单项劳动合同，也不任命这些人员，但通过劳务用工合同，这些人员在企业相关人员的领导下，按照企业的工作计划和安排，为企业提供与本企业职工类似的服务；换句话，如果企业不使用这些劳务用工人员，也需要与雇佣职工订立劳动合同提供类似服务，因而，这些劳务用工人员属于职工薪酬准则所称的职工。

2. 职工薪酬的范围

职工薪酬是指企业为获得职工提供的服务而给予各种形式的报酬及其他相关支出。企业提供给职工配偶、子女、受赡养人、已故员工遗属及其他受益人等的福利，也属于职工薪酬。

（1）短期薪酬是指企业在职工提供相关服务的年度报告期间结束后 12 个月内需要全部予以支付的职工薪酬，因解除与职工的劳动关系给予的补偿除外。短期薪酬具体包括：职工工资、奖金、津贴和补贴、职工福利费、医疗保险费、工伤保险费和生育保险费等社会保险费，住房公积金，工会经费和职工教育经费，短期带薪缺勤，短期利润分享计划，非货币性福利以及其他短期薪酬。

（2）辞退福利是指企业在职工劳动合同到期之前解除与职工的劳动关系，或者为鼓励职工自愿接受裁减而给予职工的补偿。

（3）离职后福利是指企业为获得职工提供的服务而在职工退休或与企业解除劳动关系后，提供的各种形式的报酬和福利，短期薪酬和辞退福利除外。

（4）其他长期职工福利是指除短期薪酬、离职后福利、辞退福利之外所有的职工薪酬，包括长期带薪缺勤、长期残疾福利、长期利润分享计划等。

第一节　核算原则及主要风险提示

一、核算原则

1. 完整的归集

职工薪酬是指企业为获得职工提供服务而给予各种形式的报酬以及其他相关支出，包括职工在职期间和离职后提供给职工的全部货币性薪酬和非货币性福利。企业在确定应当作为职工薪酬进行确认和计量的项目时，需要综合考虑，确保企业人工成本核算的完整性和准确性。同时，应按规定的核算内容进行正确的归集。

2. 正确的分配

在会计处理上，企业应当在职工为其提供服务的会计期间，将应付的职工薪酬确认为负债，除因解除与职工的劳动关系给予的补偿外，应当根据职工提供服务的受益对象，分下列情况处理：①应由生产产品、提供劳务负担的职工薪酬，计入产品成本或劳务成本；②应由在建工程、无形资产负担的职工薪酬，计入建造固定资产或无形资产成本；③除此之外的其他职工薪酬，计入当期损益。在职工为企业提供服务的会计期间，企业应根据职工提供服务的受益对象，将应确认的职工薪酬（包括货币性薪酬和非货币性福利）计入相关资产成本或当期损益，同时确认为应付职工薪酬，但解除劳动关系补偿（以下简称"辞退福利"）除外。

3. 预算总额控制

按照公司批复的工资总额进行预算总额控制。

二、风险提示

职工薪酬主要风险有以下三个方面：

（1）未按照相关规定完整归集职工薪酬并通过"应付职工薪酬"核算，可能造成人工成本数据统计不完整、不准确或者突破核定的人工成本总额。

（2）未按照正确的分配原则计入相关资产成本或当期费用，导致各产品成本、各类费用项目成本组成数据不准确。

（3）未按照规定结合业务的相关性和合理性对费用支出进行审核，导致以其他内容和性质的费用报销变相进行工资性补贴，突破核定的人工成本总额，同时影响报表经营成果。

第二节　短期薪酬

一、职工工资、奖金、津贴和补贴

1. 术语解释及核算内容

职工工资、奖金、津贴和补贴是指按照构成工资总额的计时工资、计件工资、支付给职工的超额劳动报酬和增收节支的劳动报酬、为了补偿职工特殊或额外的劳动消耗和因其他特殊原因支付给职工的津贴，以及为了保证职工工资水平不受物价影响支付给职工的物价补贴等。

按照《关于企业加强职工福利费财务管理的通知》（财企〔2009〕242号）的规定，"企业为职工提供的交通、住房、通信待遇，已经实行货币化改革的，按月按标准发放或支付的住房补贴、交通补贴或者车改补贴、通信补贴，应当纳入职工工资总额，不再纳入职工福利费管理；尚未实行货币化改革的，企业发生的相关支出作为职工福利费管理，但根据国家有关企业住房制度改革政策的统一规定，不得再为职工购建住房。企业给职工发放的节日补助、未统一供餐而按月发放的午餐费补贴，应当纳入工资总额管理"。

在"应付职工薪酬"一级科目下设"工资"二级科目。

2. 主要账务处理

（1）计提工资、奖金、津贴和补贴。

记账凭证

摘要	会计科目	借方	贷方
计提×月职工工资	管理费用-工资【部门:】	××.××	
计提×月职工工资	销售费用-工资【部门:】	××.××	
计提×月职工工资	制造费用-工资【部门:】	××.××	
计提×月职工工资	研发费用-工资【部门:】	××.××	
计提×月职工工资	应付职工薪酬-工资-普通工资\特殊工资\借调人员\其他-基本工资		××.××

摘要	会计科目	借方	贷方
计提×月职工工资	应付职工薪酬-工资-普通工资\特殊工资\借调人员\其他-效益工资		XX.XX
计提×月职工工资	应付职工薪酬-工资-普通工资\特殊工资\借调人员\其他-津贴		XX.XX
计提×月职工工资	应付职工薪酬-工资-普通工资\特殊工资\借调人员\其他-奖金		XX.XX
计提×月职工工资	应付职工薪酬-工资-普通工资\特殊工资\借调人员\其他-其他		XX.XX
合 计		XX.XX	XX.XX

注：研发支出相关的工资，先按部门归集计入"研发费用-部门"，再按报工转入相关项目的"研发支出"，生产部门工资先计入"制造费用"，再按照报工转入相关项目的"生产成本"。（以下涉及职工福利、社会保险等的处理相同。）

记账凭证

摘要	会计科目	借方	贷方
×月在职职工工资	研发费用-工资【部门：】	-XX.XX	
×月在职职工工资	研发支出-自主研发-费用化支出-科技项目-工资【WBS 号\开发号\项目名称】	XX.XX	
×月在职职工工资	研发支出-自主研发-资本化支出-科技项目-工资【WBS 号\开发号\项目名称】	XX.XX	
×月在职职工工资	制造费用-工资【部门：】	-XX.XX	
×月在职职工工资	生产成本-工资【WBS 号\开发号\项目名称】	XX.XX	
合 计		XX.XX	XX.XX

凭证附件：工资汇总表。

（2）发放工资、奖金、津贴和补贴。

记账凭证

摘要	会计科目	借方	贷方
发放×月职工工资	应付职工薪酬-工资-普通工资\特殊工资\借调人员\其他-基本工资	XX.XX	
发放×月职工工资	应付职工薪酬-工资-普通工资\特殊工资\借调人员\其他-效益工资	XX.XX	
发放×月职工工资	应付职工薪酬-工资-普通工资\特殊工资\借调人员\其他-津贴	XX.XX	
发放×月职工工资	应付职工薪酬-工资-普通工资\特殊工资\借调人员\其他-奖金	XX.XX	

续表

摘要	会计科目	借方	贷方
发放×月职工工资	应付职工薪酬-工资-普通工资\特殊工资\借调人员\其他-其他	××.××	
发放×月职工工资	其他应付款-社会保险费-基本养老保险		××.××
发放×月职工工资	其他应付款-社会保险费-企业年金		××.××
发放×月职工工资	其他应付款-社会保险费-基本医疗保险		××.××
发放×月职工工资	其他应付款-社会保险费-失业保险		××.××
发放×月职工工资	其他应付款-住房公积金		××.××
发放×月职工工资	应交税费-应交个人所得税		××.××
发放×月职工工资	银行存款-人民币-××银行-基本存款账户		××.××
合　计		××.××	××.××

凭证附件：付款通知书、银行回单、工资汇总表。

现金流量表项目：AP1 支付给职工及为职工支付的现金-支付工资支付现金。

二、职工福利

1. 术语解释及核算内容

按照《关于企业加强职工福利费财务管理的通知》（财企〔2009〕242 号）的规定，职工福利费是指集团为职工提供的除职工工资、奖金、津贴、纳入工资总额管理的补贴、职工教育经费、社会保险费和补充养老保险费（年金）、补充医疗保险费及住房公积金以外的福利待遇支出，包括发放给职工或为职工支付的以下各项现金补贴和非货币性集体福利：

（1）为职工卫生保健、生活等发放或支付的各项现金补贴和非货币性福利，包括职工因公外地就医费用、暂未实行医疗统筹集团职工医疗费用、职工供养直系亲属医疗补贴、职工疗养费用、自办职工食堂经费补贴或未办职工食堂统一供应午餐支出、符合国家有关财务规定的供暖费补贴、防暑降温费等。

（2）尚未分离的内设集体福利部门所发生的设备、设施和人员费用，包括职工食堂、职工浴室、理发室、医务所、托儿所、疗养院、集体宿舍等集体福利部门设备、设施的折旧、维修保养费用以及集体福利部门工作人员的工资薪金、社会保险费、住房公积金、劳务费等人工费用。

（3）职工困难补助，或者集团统筹建立和管理的专门用于帮助、救济困难职工的基金支出。

（4）离退休人员统筹外费用，包括离休人员的医疗费及离退休人员其他统筹外费用。

（5）按规定发生的其他职工福利费，包括丧葬补助费、抚恤费、职工异地安家费、独生子女费、探亲假路费，以及符合集团职工福利费定义其他支出。

非货币性福利，指集团以自己的产品或外购的商品发放给职工作为福利、将集团拥有或租赁的资产无偿提供给职工使用、为职工无偿提供诸如医疗保健的服务或向职工提供集团支付了一定补贴的商品或服务等。

企业职工福利一般应以货币形式为主。对以本企业产品和服务作为职工福利的，企业要严格控制。应当按商业化原则实行公平交易，不得直接供职工及其亲属免费或者低价使用。

在"应付职工薪酬-职工福利"二级科目下设"福利机构经费""医疗费用""职工疗养费用""食堂经费""供暖费补贴""防暑降温费""职工困难补助""救济金支出""离退休人员统筹外费用""独生子女费""丧葬补助费""抚恤费""职工异地安家费""探亲假路费""住房费用""交通支出""通信支出""其他"三级科目。

2. 主要账务处理

（1）离退休统筹外费用。

计提离退休统筹外费用：

记账凭证

摘要	会计科目	借方	贷方
计提×月离退休职工工资	管理费用-职工福利性支出-离退休人员统筹外费用【部门:】	××.××	
计提×月离退休职工工资	制造（施工间接）费用-职工福利费-离退休人员统筹外费用	××.××	
计提×月离退休职工工资	销售费用-职工福利性支出-离退休人员统筹外费用	××.××	
计提×月离退休职工工资	应付职工薪酬-职工福利-离退休人员统筹外费用		××.××
合 计		××.××	××.××

缴纳离退休统筹外费用：

记账凭证

摘要	会计科目	借方	贷方
发放×月退休人员费用	应付职工薪酬-职工福利-离退休人员统筹外费用	××.××	
发放×月退休人员费用	银行存款-人民币-××银行-基本存款账户或一般存款账户		××.××
合 计		××.××	××.××

凭证附件：付款通知书、离退休人员统筹外费用通知表、离退休统筹外费用明细表。

现金流量表项目：AP6 支付给职工及为职工支付的现金–离退休支出支付现金。

（2）其他福利费。

1）食堂经费。食堂经费指企业根据集团管理规定和标准，负担的自办职工食堂经费补贴或未办职工食堂统一供应午餐支出。不包括未统一供餐而按月发放给职工的应纳入工资的午餐补贴和内设食堂设备、设施的折旧、维修保养等费用。

计提食堂经费：

记账凭证

摘要	会计科目	借方	贷方
经办人+供应商名称+食堂经费	生产成本–技术成本–职工福利性支出–食堂经费	××.××	
经办人+供应商名称+食堂经费	制造（施工间接）费用–职工福利费–食堂经费【部门:】	××.××	
经办人+供应商名称+食堂经费	销售费用–职工福利性支出–食堂经费【部门:】	××.××	
经办人+供应商名称+食堂经费	管理费用–职工福利性支出–食堂经费【部门:】	××.××	
经办人+供应商名称+食堂经费	应付职工薪酬–职工福利–食堂经费		××.××
合 计		××.××	××.××

支付食堂经费：

记账凭证

摘要	会计科目	借方	贷方
经办人+供应商名称+食堂经费	应付职工薪酬–职工福利–食堂经费	××.××	
经办人+供应商名称+食堂经费	银行存款–人民币–××银行–基本存款账户或一般存款账户		××.××
合 计		××.××	××.××

凭证附件：付款通知书、自办职工食堂经费支出核算应附食堂开具的收据、结算清单；外委食堂经费支出核算应附委托服务合同或协议、发票、结算清单。

现金流量表项目：支付给职工及为职工支付的现金–职工福利性支付现金。

2）其他福利费。

记账凭证

摘要	会计科目	借方	贷方
经办人+供应商名称+福利费内容	应付职工薪酬–职工福利–××明细项	××.××	
经办人+供应商名称+福利费内容	银行存款–人民币–××银行–基本存款账户或一般存款账户		××.××

摘要	会计科目	借方	贷方
经办人+供应商名称+福利费内容	生产成本–技术成本–职工福利性支出–××明细项	××.××	
经办人+供应商名称+福利费内容	制造（施工间接）费用–职工福利性支出–××明细项【部门：】	××.××	
经办人+供应商名称+福利费内容	销售费用–职工福利性支出–××明细项【部门：】	××.××	
经办人+供应商名称+福利费内容	管理费用–职工福利性支出–××明细项【部门：】	××.××	
经办人+供应商名称+福利费内容	应付职工薪酬–职工福利–××明细项		××.××
合 计		××.××	××.××

凭证附件：付款通知书、发票、《采购合同审批表》（已签订合同的）、合同（必要时）、银行回单等其他原始单据。

注：①职工疗养费支出应附工会审核签章的费用结算确认单、发票，统一组织疗养的还应附合同或协议。

②医疗费用支出应附费用审批单，医务室或相关部门出具的职工医疗费用报销凭证。

③防暑降温费、供暖费补贴支出应附人力资源管理部门出具并盖章的发放汇总表。

④职工困难补助支出应附人力资源管理部门或工会出具并盖章的发放汇总表。

⑤独生子女费支出应附相关管理部门出具并盖章的独生子女费发放汇总表，幼儿托班保育费还应附经工会审核确认的费用审批单、教育机构出具的政府非税收入统一收据。

⑥丧葬补助费、抚恤费、救济金支出应附人力资源管理部门或工会出具并盖章的丧葬补助费、抚恤费、救济金发放汇总表。

⑦职工体检费支出应附业务管理部门出具并盖章的职工体检费用汇总表、医疗机构专用收费收据。

⑧福利机构经费支出，资产折旧（摊销）应附财务部门资产管理岗提供的按资产类别汇总的折旧（摊销）表，用品购置和设备设施维修保养等核算应附合同或协议、发票、经后勤保障部门审核确认的费用审批单。

⑨职工异地安家费支出应附人力资源管理部门出具盖章的发放汇总表。

⑩探亲假路费支出应附人力资源管理部门审核确认的费用审批单、发票。

现金流量表项目：AP5 支付给职工及为职工支付的现金–职工福利性支付现金。

三、社会保险费

1. 术语解释及核算内容

医疗保险费、养老保险费等社会保险费是指企业按照国务院、各地方政府或企业年金计划规定的基准和比例计算，向社会保险经办机构缴纳的医疗保险费、养老保险费、失业保险费、工伤保险费和生育保险费，以及以购买商业保险形式提供给职工的各种保险待遇属于职工薪酬，应当按照职工薪酬准则进行确认、计量和披露。

在"应付职工薪酬–社会保险"二级科目下设"基本养老保险""企业年金""基本医疗保险""补充医疗保险""失业保险""工伤保险""生育保险"三级科目。

2. 主要账务处理

（1）社会保险费。

1）计提分配社会保险费。

记账凭证

摘要	会计科目	借方	贷方
计提×月养老保险费	生产成本–技术成本–社会保险费–基本养老保险费【部门：××】	××.××	
计提×月养老保险费	制造（施工间接）费用–社会保险费–基本养老保险费【部门：××】	××.××	
计提×月养老保险费	销售费用–社会保险费–基本养老保险费【部门：××】	××.××	
计提×月养老保险费	管理费用–社会保险费–基本养老保险费【部门：××】	××.××	
计提×月医疗保险费	生产成本–技术成本–社会保险费–基本医疗保险费【部门：××】	××.××	
计提×月医疗保险费	制造（施工间接）费用–社会保险费–基本医疗保险费【部门：××】	××.××	
计提×月医疗保险费	销售费用–社会保险费–基本医疗保险费【部门：××】	××.××	
计提×月医疗保险费	管理费用–社会保险费–基本医疗保险费【部门：××】	××.××	
计提×月失业保险费	生产成本–技术成本–社会保险费–基本失业保险费【部门：××】	××.××	
计提×月失业保险费	制造（施工间接）费用–社会保险费–基本失业保险费【部门：××】	××.××	
计提×月失业保险费	销售费用–社会保险费–基本失业保险费【部门：××】	××.××	
计提×月失业保险费	管理费用–社会保险费–基本失业保险费【部门：××】	××.××	

摘要	会计科目	借方	贷方
计提×月工伤保险费	生产成本–技术成本–社会保险费–基本工伤保险费【部门：××】	××.××	
计提×月工伤保险费	制造（施工间接）费用–社会保险费–基本工伤保险费【部门：××】	××.××	
计提×月工伤保险费	销售费用–社会保险费–基本工伤保险费【部门：××】	××.××	
计提×月工伤保险费	管理费用–社会保险费–基本工伤保险费【部门：××】	××.××	
计提×月生育保险费	生产成本–技术成本–社会保险费–基本生育保险费【部门：××】	××.××	
计提×月生育保险费	制造（施工间接）费用–社会保险费–基本生育保险费【部门：××】	××.××	
计提×月生育保险费	销售费用–社会保险费–基本生育保险费【部门：××】	××.××	
计提×月生育保险费	管理费用–社会保险费–基本生育保险费【部门：××】	××.××	
计提×月社会保险费	应付职工薪酬–社会保险–基本养老保险		××.××
计提×月社会保险费	应付职工薪酬–社会保险–基本医疗保险		××.××
计提×月社会保险费	应付职工薪酬–社会保险–失业保险		××.××
计提×月社会保险费	应付职工薪酬–社会保险–工伤保险		××.××
计提×月社会保险费	应付职工薪酬–社会保险–生育保险		××.××
合　计		××.××	××.××

凭证附件：工资汇总表。

2) 缴纳社会保险费。

记账凭证

摘要	会计科目	借方	贷方
缴纳×月社会保险费–集团承担部分	应付职工薪酬–社会保险–基本养老保险–员工类别	××.××	
缴纳×月社会保险费–集团承担部分	应付职工薪酬–社会保险–基本医疗保险–员工类别	××.××	
缴纳×月社会保险费–集团承担部分	应付职工薪酬–社会保险–失业保险–员工类别	××.××	
缴纳×月社会保险费–集团承担部分	应付职工薪酬–社会保险–工伤保险–员工类别	××.××	

续表

摘要	会计科目	借方	贷方
缴纳×月社会保险费-集团承担部分	应付职工薪酬-社会保险-生育保险-员工类别	××.××	
缴纳×月社会保险费-个人承担部分	其他应付款-社会保险费-基本养老保险	××.××	
缴纳×月社会保险费-个人承担部分	其他应付款-社会保险费-基本医疗保险	××.××	
缴纳×月社会保险费-个人承担部分	其他应付款-社会保险费-失业保险	××.××	
缴纳×月社会保险费-个人承担部分	其他应付款-社会保险费-工伤保险	××.××	
缴纳×月社会保险费-个人承担部分	其他应付款-社会保险费-生育保险	××.××	
缴纳×月社会保险费	银行存款-人民币-××银行-基本存款账户		××.××
合 计		××.××	××.××

凭证附件：银行扣款专用凭证、职工社会保险费收缴表。

现金流量表项目：AP2 支付给职工及为职工支付的现金-社会保险费用（含公积金、年金）支付现金。

（2）企业年金。

1）计提及分配企业年金。

记账凭证

摘要	会计科目	借方	贷方
计提×月在职职工年金	生产成本-技术成本-社会保险费-企业年金	××.××	
计提×月在职职工年金	制造（施工间接）费用-社会保险费-企业年金	××.××	
计提×月在职职工年金	销售费用-社会保险费-企业年金【部门】	××.××	
计提×月在职职工年金	管理费用-社会保险费-企业年金【部门】	××.××	
计提×月在职职工年金	应付职工薪酬-社会保险费-企业年金		××.××
合 计		××.××	××.××

凭证附件：工资汇总表。

2）支付企业年金。

记账凭证

摘要	会计科目	借方	贷方
缴纳企业年金	应付职工薪酬-社会保险费-企业年金	××.××	
缴纳企业年金	其他应付款-社会保险费-企业年金	××.××	

摘要	会计科目	借方	贷方
缴纳企业年金	应交税费-应交个人所得税		××.××
缴纳企业年金	银行存款-人民币-××银行-基本存款账户或一般存款账户		××.××
合 计		××.××	××.××

凭证附件：付款通知书、银行回单、企业年金分摊表。

现金流量表项目：AP2 支付给职工及为职工支付的现金-社会保险费用（含公积金、年金）支付现金。

（3）补充医疗保险。

1）计提补充医疗保险。

记账凭证

摘要	会计科目	借方	贷方
×月计提补充医疗保险	生产成本-技术成本-社会保险费-补充医疗保险	××.××	
×月计提补充医疗保险	制造（施工间接）费用-社会保险费-补充医疗保险费	××.××	
×月计提补充医疗保险	销售费用-社会保险费-补充医疗保险	××.××	
×月计提补充医疗保险	管理费用-社会保险费-补充医疗保险	××.××	
×月计提补充医疗保险	应付职工薪酬-社会保险费-补充医疗保险		××.××
合 计		××.××	××.××

凭证附件：《补充医疗保险明细表》。

2）支付补充医疗保险。

记账凭证

摘要	会计科目	借方	贷方
支付企业补充医疗保险	应付职工薪酬-社会保险费-补充医疗保险	××.××	
支付企业补充医疗保险	银行存款-人民币-××银行-基本存款账户		××.××
合 计		××.××	××.××

凭证附件：付款通知书、银行回单、职工补充医疗保险收缴表。

现金流量表项目：AP2 支付给职工及为职工支付的现金-社会保险费用（含公积金、年金）支付现金。

四、住房公积金

住房公积金是指集团及其集团在职职工根据《住房公积金管理条例》相关规定向住房公积金管理机构缴存的长期住房储金。

1. 计提住房公积金

<h2 style="text-align:center">记账凭证</h2>

摘要	会计科目	借方	贷方
计提×月职工住房公积金	生产成本-技术成本-住房公积金	××.××	
计提×月职工住房公积金	制造（施工间接）费用-住房公积金	××.××	
计提×月职工住房公积金	销售费用-住房公积金	××.××	
计提×月职工住房公积金	管理费用-住房公积金	××.××	
计提×月职工住房公积金	应付职工薪酬-住房公积金-员工类别		××.××
合　计		××.××	××.××

凭证附件：工资汇总表。

单位和个人超过上述规定比例和标准缴付的住房公积金，应将超过部分并入个人当期的工资、薪金收入，计征个人所得税。

2. 支付住房公积金

<h2 style="text-align:center">记账凭证</h2>

摘要	会计科目	借方	贷方
缴纳企业住房公积金	应付职工薪酬-住房公积金-员工类别	××.××	
缴纳企业住房公积金	其他应付款-住房公积金	××.××	
缴纳企业住房公积金	银行存款-人民币-××银行-基本存款账户或一般存款账户		××.××
合　计		××.××	××.××

凭证附件：付款通知书、银行回单、工资汇总表。

现金流量表项目：AP2 支付给职工及为职工支付的现金-社会保险费用（含公积金、年金）支付现金。

五、工会经费

1. 术语解释及核算内容

工会经费是指集团为了改善职工文化生活、为职工学习技术提高文化水平和业务素质，用于开展工会活动等相关支出。

在"应付职工薪酬"一级科目下设"工会经费"二级科目。

2. 主要账务处理

（1）计提及分配工会经费。

记账凭证

摘要	会计科目	借方	贷方
计提×月职工工会经费	制造（施工间接）费用-工资附加-工会经费	XX.XX	
计提×月职工工会经费	生产成本-技术成本-工资附加-工会经费	XX.XX	
计提×月职工工会经费	销售费用-工资附加-工会经费	XX.XX	
计提×月职工工会经费	管理费用-工资附加-工会经费	XX.XX	
计提×月职工工会经费	应付职工薪酬-工会经费		XX.XX
合　计		XX.XX	XX.XX

凭证附件：工会经费计提明细表。

（2）上交工会经费。

记账凭证

摘要	会计科目	借方	贷方
缴纳工会经费	应付职工薪酬-工会经费	XX.XX	
缴纳工会经费	银行存款-人民币-××银行-基本存款账户或一般存款账户		XX.XX
合　计		XX.XX	XX.XX

凭证附件：付款通知书、银行扣款凭证。

现金流量表项目：AP3 支付给职工及为职工支付的现金-工会经费支付现金。

六、职工教育经费

1. 术语解释及核算内容

职工教育经费是指集团为了改善职工文化生活、为职工学习技术提高文化水平和业务素质，用于开展职工教育及职业技能培训等相关支出。

在"应付职工薪酬"一级科目下设"职工教育经费"二级科目。

2. 主要账务处理

记账凭证

摘要	会计科目	借方	贷方
经办人/部门+供应商名称+培训费	应付职工薪酬-职工教育经费	XX.XX	
经办人/部门+供应商名称+培训费	银行存款-人民币-××银行-基本存款账户或一般存款账户		XX.XX
经办人/部门+供应商名称+培训费	生产成本-技术成本-工资附加-职工教育经费	XX.XX	
经办人/部门+供应商名称+培训费	管理费用-工资附加-职工教育经费	XX.XX	
经办人/部门+供应商名称+培训费	销售费用-工资附加-职工教育经费	XX.XX	

续表

摘要	会计科目	借方	贷方
经办人/部门+供应商名称+培训费	制造（施工间接）费用-工资附加-职工教育经费	XX. XX	
经办人/部门+供应商名称+培训费	应付职工薪酬-职工教育经费		XX. XX
合计		XX. XX	XX. XX

　　凭证附件：职工教育经费计提明细表。支付时应附人力资源管理部门审核确认的费用审批单、培训通知、合同或协议、发票、培训结算单、付款通知书、银行付款回单。

　　现金流量表项目：AP4 支付给职工及为职工支付的现金-职工教育经费支付现金。

第三节　辞退福利

一、术语解释及核算内容

　　按照《企业会计准则第 9 号——职工薪酬准则》的规定，企业可能出现提前终止劳务合同、辞退员工的情况。根据劳动协议，企业需要提供一笔资金作为补偿，称为辞退福利。辞退福利包括两方面的内容：

　　（1）在职工劳动合同尚未到期前，无论职工本人是否愿意，企业决定解除与职工的劳动关系而给予的补偿；

　　（2）在职工劳动合同尚未到期前，为鼓励职工自愿接受裁减而给予的补偿，职工有权利选择继续在职或者接受补偿离职。

　　职工虽然没有与企业解除劳务合同，但未来不再为企业带来任何经济利益，企业承诺实质上具有辞退福利性质的经济补偿，如内部退休人员的薪酬可比照辞退福利处理。

　　在"应付职工薪酬"一级科目下设"辞退福利"二级科目。

二、主要账务处理

1. 辞退福利的确认

　　职工薪酬准则规定，企业在职工劳动合同到期之前解除与职工的劳动关系，或者为鼓励职工自愿接受裁减而提出给予补偿的建议，同时满足下列条件的，应当确认因解除与职工的劳动关系给予补偿而产生的预计负债，同时计入当期管理费用。

　　（1）企业已经制定正式的解除劳动关系计划或提出自愿裁减建议，并即将实施。该计划或建议应当包括拟解除劳动关系或裁减的职工所在部门、职位及数量；根据有关规定按工作类别或职位确定的解除劳动关系或裁减补偿金额；拟解除劳动关系或裁减的时间。

这里所称"正式的辞退计划或建议"应当经过董事会或类似权力机构的批准;"即将实施"是指辞退工作一般应当在一年内实施完毕,但因付款程序等原因使部分付款推迟到一年后支付的,视为符合辞退福利预计负债确认条件。

(2)企业不能单方面撤回解除劳动关系计划或裁减建议。如果企业能够单方面撤回解除劳动关系计划或裁减建议,则表明未来经济利益流出不是很可能,因而不符合负债的确认条件。

由于被辞退的职工不再为企业带来未来经济利益,因此,对于所有辞退福利,均应当于辞退计划满足职工薪酬准则预计负债确认条件的当期一次计入费用,不计入资产成本。在确认辞退福利时,需要注意以下两个方面:

1)对于分期或分阶段实施的解除劳动关系计划或自愿裁减建议,企业应当将整个计划看作是由各单项解除劳动关系计划或自愿裁减建议组成,在每期或每阶段计划符合预计负债确认条件时,将该期或该阶段计划中由提供辞退福利产生的预计负债予以确认,计入该部分计划满足预计负债确认条件的当期管理费用,不能等全部计划都符合确认条件时再予以确认。

2)对于企业实施的职工内部退休计划,由于这部分职工不再为企业带来经济利益,企业应当比照辞退福利处理。具体来说,在内退计划符合职工薪酬准则规定的确认条件时,按照内退计划规定,将自职工停止提供服务日至正常退休日期间、企业拟支付的内退人员工资和缴纳的社会保险费等,确认为预计负债,一次计入当期管理费用,不能在职工内退后各期分期确认因支付内退职工工资和为其缴纳社会保险费而产生的义务。

2. 辞退福利的计量

企业应当根据职工薪酬准则和《企业会计准则第 13 号——或有事项》,严格按照辞退计划条款的规定,合理预计并确认辞退福利产生的负债。辞退福利的计量因辞退计划中职工有无选择权而有所不同:

(1)对于职工没有选择权的辞退计划,应当根据计划条款规定拟解除劳动关系的职工数量、每一职位的辞退补偿等计提应付职工薪酬(预计负债)。

(2)对于自愿接受裁减的建议,因接受裁减的职工数量不确定,企业应当根据《企业会计准则第 13 号——或有事项》规定,预计将会接受裁减建议的职工数量,根据预计的职工数量和每一职位的辞退补偿等计提应付职工薪酬(预计负债)。

(3)实质性辞退工作在一年内实施完毕但补偿款项超过一年支付的辞退计划,企业应当选择恰当的折现率,以折现后的金额计量应计入当期管理费用的辞退福利金额,该项金额与实际应支付的辞退福利款项之间的差额,作为未确认融资费用,在以后各期实际支付辞退福利款项时,计入财务费用。账务处理上,确认因辞退福利产生的预计负债时,借记"管理费用""未确认融资费用"科目,贷记"应付职工薪酬——辞退福利"科目；各期支付辞退福利款项时，借记"应付职工薪酬——辞退福利"科目，贷记"银行存款"科目；同时，借记"财务费用"科目，贷记"未确认融资费用"科目。应付辞退福利款项与其折现后金额相差不大的，也可以不予折现。

辞退工作当年完成，补偿款一年内支付。

记账凭证

摘要	会计科目	借方	贷方
辞退福利计提	管理费用-辞退福利	××.××	
辞退福利计提	应付职工薪酬-辞退福利		××.××
合　计		××.××	××.××

凭证附件："解除劳动关系计划"或"自愿裁减建议"以及人力资源管理部门盖章的辞退福利计提表。

出纳员付款后，取回银行回单转交会计核算岗进行账务处理。

记账凭证

摘要	会计科目	借方	贷方
发放辞退福利	应付职工薪酬-辞退福利	××.××	
发放辞退福利	银行存款-人民币-××银行-基本存款账户或一般存款账户		××.××
发放辞退福利	应交税金—应交个人所得税		××.××
合　计		××.××	××.××

凭证附件：付款通知书、人资部盖章的辞退福利发放汇总表、银行回单。

现金流量表项目：AP6 支付给辞退职工及支付的现金-辞退福利支出支付现金。

辞退工作当年完成，补偿款超过一年支付。

第四节　离职后福利

一、术语解释及核算内容

离职后福利是指企业为获得职工提供的服务而在职工退休或与企业解除劳动关系后，提供的各种形式的报酬和福利，短期薪酬和辞退福利除外。

离职后福利计划分类为设定提存计划和设定受益计划两种类型。

在"应付职工薪酬"一级科目下设"设定提存计划""设定受益计划"二级科目。

二、主要账务处理

1. 设定提存计划

1) 设定提存计划是指企业向独立的基金缴存固定费用后，企业不再承担进一步支付义务的离职后福利计划。（如养老保险和失业保险等）

2) 确认原则

①设定提存计划的会计处理比较简单，因为企业在每一期间的义务取决于该期间将要提存的金额。因此，在计量义务或费用时不需要精算假设，通常也不存在精算利得或损失。

②企业应在资产负债表日确认为换取职工在会计期间内为企业提供的服务而应付给设定提存计划的提存金，并作为一项费用计入当期损益或相关资产成本。

2. 设定受益计划

(1) 设定受益计划是指除设定提存计划以外的离职后福利计划。当企业通过以下方式负有法定义务时，该计划就是一项设定受益计划：

1) 计划福利公式不仅仅与提存金金额相关，且要求企业在资产不足以满足该公式的福利时提供进一步的提存金；

2) 通过计划间接地或直接地对提存金的特定回报作出担保。

(2) 设定受益计划的核算步骤（四个步骤）

步骤一：确定设定受益义务现值和当期服务成本。

企业应当通过下列两步确定设定受益义务现值和当期服务成本。

①根据预期累计福利单位法，采用无偏且相互一致的精算假设对有关人口统计变量（如职工离职率和死亡率）和财务变量（如未来薪金和医疗费用的增加）等作出估计，计量设定受益计划所产生的义务，并确定相关义务的归属期间。

②根据资产负债表日与设定受益计划义务期限和币种相匹配的国债或活跃市场上的高质量集团债券的市场收益率确定折现率，将设定受益计划所产生的义务予以折现，以确定设定受益计划义务的现值和当期服务成本。

其中：设定受益义务的现值是指企业在不扣除任何计划资产的情况下，为履行当期和以前期间职工服务产生的义务所需的预期未来支付额的现值。

当期服务成本是指因职工当期提供服务所导致的设定受益义务现值的增加额。

步骤二：确定设定受益计划净负债或净资产。

①设定受益计划存在资产的，企业应当将设定受益计划义务现值减去设定受益计划资产公允价值所形成的赤字或盈余确认为一项设定受益计划净负债或净资产。

设定受益计划净负债或净资产（>0，净负债；<0，净资产）

= 设定受益计划义务现值-设定受益计划资产公允价值

②设定受益计划存在盈余的，企业应当以设定受益计划的盈余和资产上限两项的孰

低者计量设定受益计划净资产。

其中：资产上限是指企业可从设定受益计划退款或减少未来对设定受益计划缴存资金而获得的经济利益的现值。

③计划资产的内容：A. 长期职工福利基金持有的资产；B. 符合条件的保险单；不包括 a. 企业应付但未付给基金的提存金；b. 由企业发行并由基金持有的任何不可转换的金融工具。

步骤三：确定应当计入当期损益的金额。

报告期末，企业应当在损益中确认的设定受益计划产生的职工薪酬成本包括：服务成本和设定受益净负债或净资产的利息净额。服务成本包括当期服务成本、过去服务成本、结算利得或损失

1）当期服务成本。当期服务成本是指因职工当期服务导致的设定受益义务现值的增加额。

2）过去服务成本。

①过去服务成本是指设定受益计划修改所导致的与以前期间职工服务相关的设定受益计划义务现值的增加或减少。（现在对过去的修改：所有的过去服务成本均在其发生的当期计入损益）

②过去服务成本不包括下列各项：

A. 以前假定的薪酬增长金额与实际发生金额之间的差额，对支付以前年度服务产生的福利义务的影响；

B. 当企业具有支付养老金增长的推定义务时，对可自行决定的养老金增加金额的高估和低估；

C. 财务报表中已确认的精算利得或计划资产回报导致的福利改进的估计；

D. 在没有新的福利或福利改进的情况下，职工达到既定要求之后导致既定福利（即并不取决于未来雇佣的福利）的增加。

3）结算利得和损失

①设定受益计划结算是指企业为了消除设定受益计划所产生的部分或所有未来义务进行的交易。

②设定受益计划结算利得或损失是下列两项的差额：

A. 在结算日确定的设定受益计划义务现值。

B. 结算价格，包括转移的计划资产的公允价值和企业直接发生的与结算相关的支付。

结算利得或损失（>0，结算利得；<0，结算损失）

= 在结算日确定的设定受益计划义务现值-结算价格

4）设定受益计划净负债或净资产的利息净额

①设定受益计划净负债或净资产的利息净额是设定受益净负债或净资产在所处期间

由于时间流逝产生的变动。

②包括的内容：

A. 计划资产的利息收益；

B. 设定受益计划义务的利息费用；

C. 资产上限影响的利息。

步骤四：确定应当计入其他综合收益的金额。

1）设定受益计划净负债或净资产的重新计量应当计入其他综合收益，且在后续期间不应重分类计入损益，但是企业可以在权益范围内转移这些在其他综合收益中确认的金额。

2）重新计量设定受益计划净负债或净资产所产生的变动包括下列部分：

①精算利得和损失，即由于精算假设和经验调整导致之前所计量的设定受益计划义务现值的增加或减少。

②计划资产回报，扣除包括在设定受益净负债或净资产的利息净额中的金额。

其中：计划资产的回报：指计划资产产生的利息、股利和其他收入，以及计划资产已实现和未实现的利得或损失。

注意：企业在确定计划资产的回报时，应当扣除管理该计划资产的成本以及计划本身的应付税款（计量设定受益义务时所采用的精算假设所包括的税款除外）。其他管理费用不需从计划资产回报中扣减。

③资产上限影响的变动，扣除包括在设定受益净负债或净资产的利息净额中的金额。

第五节　其他长期职工福利

一、术语解释及核算内容

（1）其他长期职工福利是指除短期薪酬、离职后福利和辞退福利以外的其他所有职工福利。

（2）其他长期职工福利包括以下各项（假设预计在职工提供相关服务的年度报告期末以后12个月内不会全部结算）：

1）长期带薪缺勤，如其他长期服务福利、长期残疾福利、长期利润分享计划和长期奖金计划；

2）递延酬劳等。

在"应付职工薪酬"一级科目下设"其他长期职工福利"二级科目。

二、主要账务处理

（1）企业向职工提供的其他长期职工福利：

1）符合设定提存计划条件的，应当按照设定提存计划的有关规定进行会计处理。

2）符合设定受益计划条件的，应当按照设定受益计划的有关规定，确认和计量其他长期职工福利净负债或净资产。

（2）在报告期末，企业应当将其他长期职工福利产生的职工薪酬成本确认为下列组成部分：

1）服务成本。

2）其他长期职工福利净负债或净资产的利息净额。

3）重新计量其他长期职工福利净负债或净资产所产生的变动。

为了简化相关会计处理，上述项目的总净额应计入当期损益或相关资产成本。

第十一章　费用核算

本章核算销售费用、管理费用、财务费用。营业外支出的核算业务也纳入本章。

第一节　总　述

一、会计核算原则

（1）按规定的费用核算内容进行正确归集；

（2）按实际业务发生的金额报销，依据真实合法的票据；

（3）实行预算总额控制、重点费用分项控制，并按规定的报销标准进行审核；

（4）按规定的权限履行必要审批。

二、核算管理要求

1. 费用核算一般要求

（1）防止虚列费用支出，防范国有资产流失。

（2）准确归集各项费用支出，不允许费用项目间相互挤占预算。

（3）摘要文本信息清晰准确，凭证附件粘贴牢固、完整，并加盖"附件"印章。

（4）现金流量码使用准确。

（5）审核记账及时，业务部门提交单据后，应在规定时间范围内完成业务办理。

2. 报销发票的一般规定

我国全面推开营改增以后，纳税人常用的增值税发票包括：增值税专用发票、增值税普通发票、增值税电子普通发票、机动车销售统一发票。

（1）增值税普通发票。

1）付款人名称应填写本单位全称。购买方纳税人识别号栏填写购买方的纳税人识别号或统一社会信用代码。

2）开票日期、货物名称或收费项目、计量单位、单价、数量信息填写完整、准确。开票内容应与实际交易内容相符，不得再开具"食品""办公用品""礼品""日用品"这种大类项目发票，应按照实际销售情况如实开具，并详细记录购买物品名称、件数和金额等。

3）大小写金额填写一致、完整、规范。

4）开票人或收款人应填写全名，并加盖发票专用章。

各类发票一律不得涂改，如果付款人名称、货物名称或收费项目、金额有错，必须退回发票开具单位重开；如果其他信息有错，应按正确方法予以更正，并在更正处加盖上述发票专用章方可有效，发票更正处盖个人印章无效。

（2）增值税专用发票。

1）机打增值税专用发票，防伪密码必须清晰。

2）发票日期、购货单位名称、地址、电话、纳税人识别号、开户银行及账号填写齐全。

3）货物名称根据交易内容及商品唯一代码填写具体购买明细，品种较多的可附清单。

4）计量单位、数量、单价、金额、税率、税额计算正确，填写清楚。

5）发票必须加盖发票专用章。

增值税专用发票任何一项内容有错，均须退回发票开具单位重开。

（3）增值税电子普通发票。

1）根据国家税务总局的通知，电子发票的法律效力、基本用途、基本使用规定等与税务机关监制的增值税普通发票相同，可以作为费用报销的依据，但是增值税电子普通发票不应重复报销和修改发票基本信息报销。

2）员工取得电子发票时，需同时保留消费时对应的付款凭证、消费小票或其他唯一性辅助凭证。报销时粘贴至电子发票的背面，作为发票唯一性的辅证。

3）报销电子发票时需将电子发票原文件（电子发票票样）上传至报销系统，同时录入电子发票号码字段作为标识，财务人员审核其真实准确性及发票号码是否重复。

报销电子发票时需附发票开具地国税局网站验证页面打印件，以确保发票信息真实性。

（4）报销时间。

1）日常报销时间由各单位自行确定，原则上财务月结和年结期间不办理报销业务。

2）业务发生后，经办人员应尽快取得发票等原始单证，及时办理报销手续。对取得的2017年6月30日前开具的增值税专用发票扣税凭证认证期限仍为180天。2017年7月1日及以后开具的增值税专用发票和机动车销售统一发票，应自开具之日起360天（是自然日而非工作日）内认证或登录增值税发票选择确认平台进行确认，并在规定的纳税申报期内，向主管国税机关申报抵扣进项税额。各种发票均应在当年报销，原则上不允许跨年。

第二节　销售费用及管理费用

一、术语解释及核算内容

（1）销售费用是指企业销售商品和材料、提供劳务过程中发生的**各种费用，包括**保险费、包装费、展览费和广告费、客服及商务费用、运输费、装卸费等，以及**为销售**本企业商品而专设的销售机构（含销售网点、售后服务网点等）的职工薪酬、业务费、折旧费、固定资产修理费用等经营费用。

（2）管理费用是指企业为组织和管理企业生产经营所发生的管理费用，**包括企业**在筹建期间内发生的开办费、董事会和行政管理部门在企业的经营管理中发生的**或者应**由企业统一负担的集团经费（包括行政管理部门职工工资及福利费、物料消耗、**低值**易耗品摊销、办公费和差旅费等）、工会经费、董事会费（包括董事会成员津贴、**会议**费和差旅费等）、聘请中介机构费、咨询费（含顾问费）、诉讼费、业务招待费、房产税、车船使用税、土地使用税、印花税、技术转让费、研究费用、排污费，以及集团各部门发生的固定资产修理费用等后续支出。

二、主要账务处理

1. 员工预支款

备用金是单位借支给本单位业务经办部门或正式员工用于支付与本单位经济业务相关的、必须预支且尚不具备报销条件的费用支出款项。

各类费用支付建议均通过其他应付款核算，各单位结合工作实际情况，也可以在确认费用的同时完成支付。

账务处理：

记账凭证

摘要	会计科目	借方	贷方
经办人+原因+借款	备用金	××.××	
经办人+原因+借款	库存现金或银行存款-人民币-××银行-基本存款		××.××
合计		××.××	××.××

凭证附件：银行回单或现金登记簿、经会签审批的借款单，会议费、培训费、购买办公设备预付款需提交的会议通知、会议申请单、培训通知、询价记录及相关协议或合

同等辅助单据。

现金流量表项目：AR8 支付的其他与经营活动有关的现金–其他经营性支付现金–集团外。

2. 差旅费

差旅费是指员工因公出差（如参加培训、会议，借调、人员交流、工作调动等）至单位所在城市行政区划以外的地区（中国境内）所发生的交通费、住宿费、伙食补助费和公杂费、高原补助等。

会计科目体系中，分别在"销售费用"和"管理费用"科目下设"差旅费"二级科目，分别核算为销售部门和管理部门发生的差旅费。

账务处理：

记账凭证

摘要	会计科目	借方	贷方
经办人+原因+日期+地点+差旅费	销售费用–差旅费	××.××	
经办人+原因+日期+地点+差旅费	管理费用–差旅费	××.××	
经办人+原因+日期+地点+差旅费	备用金		××.××
经办人+原因+日期+地点+差旅费	库存现金或银行存款–人民币–××银行–基本存款		××.××
合计		××.××	××.××

凭证附件：差旅费报销单、银行回单；火车票、汽车票、航空运输电子客票行程单、登机牌、船票、住宿费发票（含住宿明细清单）；会议通知、培训通知及其他原始单据。

现金流量表项目：AR8 支付的其他与经营活动有关的现金–其他经营性支付现金–集团外。

如需要现金付款，出纳员核对无误后，现金支付，由领款人签字确认。

3. 会议费

会议费，仅在管理费用科目核算公务性会议及参加政府部门会议所发生的支出，包括主办或承办会议、外出参会费用。其中主办或承办会议费用包括会场租金、文件资料费、餐费、宣传费、医疗卫生费和公杂费等，外出参会费用包括会议费用、文件资料费等。外出参会费用中，单独收取的文件资料费据实报销，往返异地交通费通过差旅费核算。会议费中不得列支与会议无关的旅游观光、宴请、礼品馈赠等支出。

会计科目体系中，在"管理费用"下设"会议费"二级科目，核算管理部门发生的会议费用。

账务处理：

业务 1：费用报销

记账凭证

摘要	会计科目	借方	贷方
经办人+原因+日期+地点+供应商名称+××会议费	管理费用–会议费	××.××	
经办人+原因+日期+地点+供应商名称+××会议费	备用金		××.××
经办人+原因+日期+地点+供应商名称+××会议费	库存现金或银行存款–人民币–××银行–基本存款		××.××
经办人+原因+日期+地点+供应商名称+××会议费	应付账款–其他\××单位		××.××
经办人+原因+日期+地点+供应商名称+××会议费	预付账款–其他\××单位		××.××
合计		××.××	××.××

业务 2：支付报销款项

记账凭证

摘要	会计科目	借方	贷方
支付+经办人员+原因+报销+会议费	应付账款–其他\××单位	××.××	
支付+经办人员+原因+报销+会议费	银行存款–人民币–银行–基本存款或一般存款		××.××
合计		××.××	××.××

凭证附件：报销单、银行回单、会议费发票、会议通知（应包括会议时间、地点、出席人员、内容、目的、费用标准等信息，自办会议应有到会签到表）、会议费清单、会议审批表等其他原始单据。

现金流量表项目：AR7 支付的其他与经营活动有关的现金–其他经营性支付现金–集团内或 AR8 支付的其他与经营活动有关的现金–其他经营性支付现金–集团外。

4. 业务招待费

业务招待费，仅在管理费用中核算公务接待活动发生的支出，是指为企业生产经营所发生的接待客户、合资合作方以及其他外部关系人员的业务接待费用（含外宾招待费），主要包括餐饮、接待等费用。

会计科目体系中，在"管理费用"科目下设置"业务招待费"二级科目，核算管理部门发生的公务接待费用。

账务处理：

记账凭证

摘要	会计科目	借方	贷方
经办人+原因+日期+地点+供应商名称+业务招待费	管理费用–业务招待费	××.××	
经办人+原因+日期+地点+供应商名称+业务招待费	其他应付款		××.××

续表

摘要	会计科目	借方	贷方
经办人+原因+日期+地点+供应商名称+业务招待费	其他应付款		××.××
经办人+原因+日期+地点+供应商名称+业务招待费	现金		××.××
合计		××.××	××.××

凭证附件：付款申请单、银行回单、招待费发票、费用清单、招待费申请单（事由、时间、人员，由归口部门审核）等。

5. 客服及商务费用

客服及商务费用，仅在销售费用科目中核算有关商务谈判，包含境外投资并购等相关商务活动、可研评审、招标投标、技术论证和鉴定、安全生产、营业推广、客户服务等在协议中列出的商务活动支出。不得通过客服及商务费用科目核算公务接待支出。

会计科目体系中，在"销售费用"科目下设置"客服及商务费用"二级科目，核算销售部门发生的客服及商务费用。

账务处理：

记账凭证

摘要	会计科目	借方	贷方
经办人+原因+日期+地点+供应商名称+客服及商务费用	销售费用-客服及商务费用	××.××	
经办人+原因+日期+地点+供应商名称+客服及商务费用	备用金-员工		××.××
经办人+原因+日期+地点+供应商名称+客服及商务费用	库存现金或银行存款-人民币-××银行-基本存款		××.××
经办人+原因+日期+地点+供应商名称+客服及商务费用	其他应付款-其他\××单位		××.××
合计		××.××	××.××

凭证附件：业务审批单、报销申请单（包含时间、事由、相关人员等）、付款申请单、银行回单、发票、费用明细表等。

6. 办公费及广告宣传费

办公费是指因公耗用的办公用品、电脑耗材（主要包括打印机硒鼓、墨盒，刻录光盘等耗材）以及发生的报纸杂志及图书资料费、印刷费、邮电费、通信费、文具支出、职场清洁用品支出、印章制作、名片制作、日常职场布置、冲印、办公饮水等费用。

会计科目体系中，在"销售费用"和"管理费用"下分别设置"办公费"二级科目，"办公费"下设"办公用品"等三级科目核算销售部门和管理部门发生的办公用品费用。

　　广告宣传费是指为产品营销、企业形象、企业文化等进行的宣传业务而发生的费用。主要包括营销服务宣传费、企业形象宣传费、企业文化宣传费、广告费等。

　　会计科目体系中，分别在"销售费用""管理费用"下设"广告宣传费"二级科目，核算发生的广告宣传费用。（"研发支出"下也设"广告宣传费"明细科目。）

　　（1）办公费账务处理。以办公用品的核算为例。

记账凭证

摘要	会计科目	借方	贷方
经办人+原因+日期+地点+供应商名称+办公费	销售费用–办公费–办公用品	××.××	
经办人+原因+日期+地点+供应商名称+办公费	管理费用–办公费–办公用品	××.××	
经办人+原因+日期+地点+供应商名称+办公费	应交税金——应交增值税–进项税额–硬件	××.××	
经办人+原因+日期+地点+供应商名称+办公费	备用金–员工		××.××
经办人+原因+日期+地点+供应商名称+办公费	库存现金或银行存款–人民币–××银行–基本存款		××.××
经办人+原因+日期+地点+供应商名称+办公费	应付账款–其他\××单位		××.××
经办人+原因+日期+地点+供应商名称+办公费	预付账款–其他\××单位		××.××
合计		××.××	××.××

　　（2）广告宣传费账务处理。

记账凭证

摘要	会计科目	借方	贷方
经办人+原因+日期+地点+供应商名称+广告宣传费	销售费用–广告宣传费	××.××	
经办人+原因+日期+地点+供应商名称+广告宣传费	管理费用–广告宣传费	××.××	
经办人+原因+日期+地点+供应商名称+广告宣传费	应交税金–应交增值税–进项税额–硬件（备用金）		××.××
经办人+原因+日期+地点+供应商名称+广告宣传费	库存现金或银行存款–人民币–××银行–基本存款		××.××
经办人+原因+日期+地点+供应商名称+广告宣传费	应付账款–其他\××公司		××.××

续表

摘要	会计科目	借方	贷方
经办人+原因+日期+地点+供应商名称+广告宣传费	预付账款-××单位		××.××
合计		××.××	××.××

凭证附件：报销单、专用发票及采购清单、银行回单、集中采购的需附协议、合同，满足招标条件的附中标通知书、验收入库等其他原始单据。

7. 投标费用

投标费是指企业为投标发生的费用，包括购买标书的费用、支付的中标服务费等。

会计科目体系中，在"销售费用"科目下设"投标费用"二级科目，核算发生的购买标书的费用、支付的中标服务费用。

账务处理：

记账凭证

摘要	会计科目	借方	贷方
经办人+供应商名称+投标费	销售费用-投标费用	××.××	
经办人+供应商名称+投标费	其他应收款-标书\××单位		××.××
经办人+供应商名称+投标费	其他应收款-中标服务费\××单位		××.××
合计		××.××	××.××

凭证附件：付款申请单、发票、中标通知书、投标邀请函复印件等其他原始单据。

现金流量表项目：AR8 支付的其他与经营活动有关的现金-其他经营性支付现金-集团外单位。

8. 技术服务费

销售部门和管理部门所发生的通过中介派遣的外部劳务人员，以及发生的临时用工、专家咨询等费用。

会计科目体系中，在"销售费用"和"管理费用"科目下分别设置"技术服务费"二级科目，核算销售部门和管理部门发生的技术服务费用。

账务处理：

业务1：发生技术服务费

记账凭证

摘要	会计科目	借方	贷方
计提外部人员劳务费+××劳务公司	销售费用-技术服务费	××.××	
计提外部人员劳务费+××劳务公司	管理费用-技术服务费	××.××	
计提外部人员劳务费+××劳务公司	生产成本-技术成本-服务费	××.××	

续表

摘要	会计科目	借方	贷方
计提外部人员劳务费+××劳务公司	制造（施工间接）费用–其他费用–技术服务费	××.××	
计提外部人员劳务费+××劳务公司	应付账款–应付劳务款–××公司		××.××
合计		××.××	××.××

业务2：支付劳务费

记账凭证

摘要	会计科目	借方	贷方
经办人付××公司劳务费	应付账款–应付劳务款–××劳务公司	××.××	
经办人付××公司劳务费	银行存款–人民币–银行–基本存款或一般存款		××.××
合计		××.××	××.××

凭证附件：报销单、付款申请单、劳务费支付明细表、人资部门确认的劳务人员费用汇总表、劳务合同、发票、领款人签字（现金支付的外聘专家咨询费）、专家咨询费审批表（外聘专家咨询费）、专家咨询费附会议通知、会议结论性材料、专家签到表、专家身份证复印件等其他原始单据。

现金流量表项目：AO2购买商品、接受劳务支付的现金–生产经营类采购支付现金–集团外单位。

9. 车辆使用费

车辆使用费是指因公使用车辆，维持车辆正常运行发生的相关费用，包括发生的燃油费、车辆修理费、过路过桥费、车辆保险费、年检费等。

会计科目体系中，分别在"销售费用"和"管理费用"下设"车辆使用费"二级科目，并区分生产用车和公务用车。生产用车辆的车辆使用费计入"销售费用"中的生产用车使用费、公务用车使用的车辆使用费计入"管理费用"中的公务用车使用费。

账务处理：

记账凭证

摘要	会计科目	借方	贷方
经办人+原因+日期+地点+车辆使用费	销售费用–车辆使用费–生产用车辆使用费–车辆年检费等	××.××	
经办人+原因+日期+地点+车辆使用费	管理费用–车辆使用费–公务用车辆使用费–车辆年检费等	××.××	
经办人+原因+日期+地点+车辆使用费	应交税金–应交增值税–进项税额	××.××	
经办人+原因+日期+地点+车辆使用费	备用金		××.××
经办人+原因+日期+地点+车辆使用费	库存现金或银行存款–人民币–××银行–基本存款		××.××

摘要	会计科目	借方	贷方
经办人+原因+日期+地点+车辆使用费	预付账款-其他\××单位		××.××
经办人+原因+日期+地点+车辆使用费	应付账款-其他\××单位		××.××
合计		××.××	××.××

注：公务用车在管理费用中列支，生产成本、制造费用、销售费用中列支生产用车费使用费。

凭证附件：报销单、付款申请单、车辆维修费专用发票、经归口管理部门审核后的单车费用汇总表、车辆燃油费专用发票、车辆保险费发票及保单、费用明细表等其他原始单据。

确认支付方式，进行付款处理，凭证参见会议费对公费用报销付款部分。

10. 研究开发费

研究开发费是指企业在产品、技术、材料、工艺、标准的研究、开发过程中发生的应费用化的支出。包括各企业自行安排的科技投入及信息化开发（不含信息系统运行维护）等费用。

研究开发费的核算参见"第七章　研究开发支出"。

11. 售后服务费

售后服务费科目核算已销售或已完工项目在质保期及以后期间发生的免费为用户承担各项费用，具体可包括材料、差旅、服务等各项费用。

会计科目体系中，设置"生产成本-产品生产成本-售后服务费""生产成本-技术成本-售后服务费""制造费用-售后服务费""销售费用-其他费用-售后服务费"核算发生的售后服务费。

账务处理：

记账凭证

摘要	会计科目	借方	贷方
经办人+原因+日期+地点+售后服务费	销售费用-其他费用-售后服务费	××.××	
经办人+原因+日期+地点+售后服务费	生产成本-产品生产成本-售后服务费	××.××	
经办人+原因+日期+地点+售后服务费	生产成本-技术成本-售后服务费	××.××	
经办人+原因+日期+地点+售后服务费	制造（施工间接）费用-其他费用-其他-售后服务费	××.××	
经办人+原因+日期+地点+售后服务费	研发支出-自主研发-费用化支出-科技项目-售后服务费	××.××	
经办人+原因+日期+地点+售后服务费	预付账款-其他\××单位		××.××
经办人+原因+日期+地点+售后服务费	应付账款-其他\××单位		××.××
合计		××.××	××.××

说明：如果取得增值税专用发票，经认证可以抵扣的需确认进项税。

凭证附件：报销单、发票或专用发票、协议或合同等其他原始单据。

12. 运输费

运输费指销售过程中发生的产品运输费用。

账务处理：

记账凭证

摘要	会计科目	借方	贷方
经办人+供应商名称+运输费	销售费用-运输费	××.××	
经办人+供应商名称+运输费	研发支出-自主研发-费用化支出-科技项目-运输费	××.××	
经办人+供应商名称+运输费	生产成本-产品生产成本-运输费	××.××	
经办人+供应商名称+运输费	应交税金-应交增值税-进项税额	××.××	
经办人+供应商名称+运输费	应付账款-其他\××单位		××.××
经办人+供应商名称+运输费	预付账款-其他\××单位		××.××
合计		××.××	××.××

凭证附件：报销单、运费发票、运费结算单、运输合同等其他原始单据。

13. 设计联络费

"设计联络费"科目核算在执行销售项目（含产品销售和工程实施）、研发项目及工程建设等项目过程中，为明确项目实施的技术、时间及质量等方面的具体要求，达到产品（或项目）交付条件，与相关各方在沟通协调过程中发生的设计、联络、差旅、评审、认定及服务等各项费用。

账务处理：

记账凭证

摘要	会计科目	借方	贷方
经办人+原因+日期+地点+设计联络费	生产成本-产品生产成本-设计联络费	××.××	
经办人+原因+日期+地点+设计联络费	生产成本-技术成本-设计联络费	××.××	
经办人+原因+日期+地点+设计联络费	制造（施工间接）费用-其他费用-其他-设计联络费	××.××	
经办人+原因+日期+地点+设计联络费	研发支出-自主研发-费用化支出-科技项目-设计联络费	××.××	
经办人+原因+日期+地点+设计联络费	销售费用-其他费用-设计联络费	××.××	
经办人+原因+日期+地点+设计联络费	工程成本-待摊基建支出-建设单位管理费-设计联络费	××.××	
经办人+原因+日期+地点+设计联络费	备用金		××.××
经办人+原因+日期+地点+设计联络费	库存现金或银行存款-人民币-××银行-基本存款		××.××
合计		××.××	××.××

凭证附件：经归口部门审核的是否在年度预算之内的联络、评审会议计划、通知、签到表、报销单、发票或专用发票、协议或合同等其他原始单据。

14. 其他费用

其他费用包括包装费、保险费和财产报销费、仓储保管费、折旧及摊销、车辆使用费、低值易耗品摊销、职工薪酬、劳动保护费、取暖费、水电费、委托代销手续费、物业管理费、展览费、装卸费、租赁费、材料费、安全费、存货盘亏和毁损、党团活动经费、地方政府收费、董事会费、技术转让费、绿化费、管理信息系统维护费、税金、团体会费、物业管理费、中介费、出国人员经费、国际业务支出等。

（1）职工薪酬是指企业因职工提供服务而支付或放弃的所有对价，包括工资、社会保险费、职工福利费、工资附加、住房公积金、辞退福利等。具体核算见"职工薪酬"有关章节。

（2）劳动保护费包括按规定发放给销售部门和管理部门职工的安全防护用品（包括工作服、工作帽、工作鞋、手套、防寒服、雨衣、安全帽、安全带等）、清洁用品、服装费等。

（3）折旧费是指按规定应计入销售费用、管理费用的固定资产折旧费用。具体见"第九章　非流动资产"中"固定资产"章节。

（4）材料费是指销售部门和管理部门所耗费的各种原材料、辅助材料、半成品、周转材料等。

（5）修理费是指企业发生的各项修理费用，包括为确保固定资产的正常工作状况而发生的外包项目检修费用（含修理耗用材料）和委托外单位进行的房屋、建筑物、设备、工具、仪表、生产和管理用家具、器具的修理费等（不包车辆修理费用）。企业生产车间（部门）和行政管理部门等发生的修理费计入管理费用，在销售商品和材料、提供劳务过程中发生的修理费计入销售费用。

（6）低值易耗品摊销是指按规定计入销售费用和管理费用的低值易耗品摊销额。

（7）物业管理费是指销售部门和管理部门所发生的支付给物业管理单位的管理费，用于环境卫生管理、停车场管理等服务项目。

（8）水电费是指销售部门和管理部门发生的水、电、煤、气费，不包括计入办公费的办公场所饮用水。

（9）绿化费是指销售部门和管理部门所发生的环境绿化、植树、绿地维护等支付的费用。取暖费指企业经营办公冬季取暖和夏季降温所支付的费用。（职工取暖补贴以及按规定既不发取暖津贴也不收取取暖费的职工宿舍的取暖费用在福利费中列支。按照有关规定，秦岭—淮河以南集团及分支机构不核定取暖费。）

（10）环卫费是指支付给环卫部门的垃圾倾倒、水池清洁等与环卫清洁相关的费用。

（11）审计费是指聘请会计师事务所进行审计、资产评估发生的费用。

（12）咨询费是指委托社会中介机构进行咨询等发生的各项费用，包括专项咨询、咨信费用、信息费用、股评费、税务代理费、法律顾问费、公证费等。

（13）租赁费是指由于管理或销售需要，采用经营性租赁方式租入固定资产等支付的费用，主要包括房屋租金、车辆租赁费、网络通信租金、无线电频率占用费等。

（14）财产保险费是指销售部门和管理部门所发生的管理用设备和房屋的财产保险费；本项目不包括车辆保险费（车辆保险费在"车辆使用费"下列支）。

（15）信息系统维护费是指使用的信息系统运行维护发生的费用。

（16）展览费是指企业为开展促销活动或者宣传商品等举办的商品展览展销会而发生的费用。

（17）邮寄费是指进行邮寄发生的费用，包括邮票、邮费、电报等费用。

（18）安全费是指高危行业按国家规定计提的安全费，以及企业完善、改造和维护安全防护设备、设施支出，配备必要的应急救援器材、设备和现场作业人员安全防护物品支出，安全生产检查与评价支出，重大危险源、重大事故隐患的评估、整改、监控支出，安全技能培训及进行应急救援演练支出，其他与安全生产直接相关的支出等。

（19）团体会费是指企业缴纳给各类社会团体协会的会费。

（20）税金是指按照规定支付的房产税、车船使用税、土地使用税、印花税等。具体核算见"第十二章　税费核算"。

（21）印刷费是指印刷各种制度、单证、报表、票据、账簿、信纸、笔记本、客户开户资料、合同、股东卡、宣传折页等发生的费用。

（22）地方政府收费是指各地政府按规定收取的各项费用。包括排污费、防洪费、人防费、河道维护费、残疾就业保障金、公安消防费、民兵预备费等。

（23）长期待摊费用摊销是指长期待摊费用应列入本期摊销的金额，包括租入固定资产改良支出等在本期摊销部分。

（24）无形资产摊销是指专利权、非专利技术、商标权、著作权、土地使用权等无形资产的摊销。

（25）存货盘亏和毁损是指因计量收发差错和管理不善等原因造成的存货短缺或毁损，盘盈的存货冲减存货盘亏和毁损。具体核算见"第八章　存货与成本核算"中"存货与工程物资"章节。

（26）技术转让费是指使用非专利技术而支付的费用。

（27）董事会费是指董事会及其成员为执行职能而发生的各项费用，包括成员津贴、差旅费、会议费用等。

（28）清洁卫生费是指支付给环卫部门的垃圾倾倒、水池清洁等与环卫清洁相关的费用。

（29）党团活动经费是指用于党团活动的费用支出。

（30）包装费、运输费、装卸费、仓储保管费是指销售过程中发生的货物包装费用、运输费用、装卸费用和仓储保管费用。

（31）通信费是指企业因与客户服务发生的短信费、客服电话、电话回访通信费、办公职场的电话费等。

（32）出国（境）人员经费是指 21 天以内因公临时出国（境）考察、短期培训、参加会议等团组产生的国际旅费、住宿费、伙食费、公杂费、零用费、城市间交通费等相关费用，不包括出国出境在国内的差旅费用。

（33）国际业务支出是指为开拓国际市场，从事国际业务所发生的费用支出，包括境外办事处等驻外机构相关费用、国际业务部门发生的费用，不包括临时出国人员费用，临时出国人员费用在"出国人员经费支出"中核算。

各类业务主要账务处理参见差旅费部分。

15. 备用金还款

备用金借款原则上应在一个月之内办理报销或还款手续。备用金借款不得跨年度，当年借款、当年报销。

记账凭证

摘要	会计科目	借方	贷方
经办人+归还+借款	库存现金或银行存款–人民币–银行–基本存款	××.××	
经办人+归还+借款	备用金		××.××
合计		××.××	××.××

凭证附件：备用金还款单、银行回单等辅助单据。

现金流量表项目：AC4 其他经营活动收到现金–集团外。

第三节　财务费用

一、术语解释及核算内容

财务费用是指单位为筹集生产经营所需资金等而发生的筹资费用，包括利息支出（减利息收入）、汇兑损益以及相关的手续费、发生的现金折扣或收到的现金折扣等。

设置"财务费用"科目进行核算。下设"利息收入""利息支出""汇兑净损益""手续费""贴现利息""现金折扣""未确认融资费用""其他""财务费用转出"二级明细科目。

二、主要账务处理

1. 利息收入

账务处理：

记账凭证

摘要	会计科目	借方	贷方
××银行+活期\定期利息	银行存款-人民币-××银行-基本存款或一般存款	××.××	
××银行+活期\定期利息	财务费用-利息收入		××.××
合计		××.××	××.××

凭证附件：××银行活期存款利息单、××银行定期存款利息结算单。

现金流量表项目：AC2 收到的其他与经营活动有关的现金-存款利息收入收到现金-集团外单位。

2. 利息支出

参照"第二章 资金筹集与营运"中"银行借款"章节部分。

3. 手续费

账务处理：

记账凭证

摘要	会计科目	借方	贷方
××银行手续费	财务费用-手续费	××.××	
××银行手续费	银行存款-人民币-××银行-基本存款或一般存款		××.××
合计		××.××	××.××

凭证附件：银行手续费回单。

现金流量表项目：AR6 支付的其他与经营活动有关的现金-其他费用性（含专项费用性支出）-集团外单位。

第四节　营业外支出

一、术语解释及核算内容

营业外支出是指企业发生的与其日常活动无直接关系，计入当期损益的各项损失，主要包括非流动资产处置损失、非货币性资产交换损失、债务重组损失、盘亏损失、公益性捐赠支出、非公益性捐赠支出、出售债权损失、非常损失、罚款支出、违约金、滞纳金、赔偿金支出等。

二、账务处理

1. 罚款支出及滞纳金等

罚款支出是企业由于违反经济合同、税收法规等规定而支付的各种罚款。

滞纳金是指未按纳税期限缴纳税款所产生的按滞纳天数加收滞纳税款一定比例的款项。

违约金是指按照当事人的约定或者法律直接规定，一方当事人违约的，应向另一方支付的金钱及约定的其他财产。

在"营业外支出"科目下，设置"罚款支出""滞纳金""违约金"和"其他"等二级科目进行明细核算。

账务处理：

记账凭证

摘要	会计科目	借方	贷方
支付××款项	营业外支出-罚款支出	××.××	
支付××款项	营业外支出-违约金	××.××	
支付××款项	营业外支出-滞纳金	××.××	
支付××款项	营业外支出-其他	××.××	
支付××款项	银行存款-人民币-××银行-基本存款		××.××
合计		××.××	××.××

凭证附件：付款申请单、银行回单、合同或协议、政府、司法机关文件通知、相关部门提交的说明（包括是否存在责任人赔偿及保险赔偿等）、发票等辅助原始单据等。

现金流量表项目：AR8 支付的其他与经营活动有关的现金-其他经营性支付现金-集团外单位。

2. 捐赠支出

对外捐赠是指向受灾地区、定点扶贫地区、定点援助地区或者困难的社会弱势群体的救济性捐赠，向教科文卫体事业和环境保护及节能减排等社会公益事业的公益性捐赠，以及社会公共福利事业的其他捐赠等。

（1）救济性捐赠。救济性捐赠是指向遭受自然灾害或者国家确认的"老、少、边、穷"等地区，以及慈善协会、红十字会、残疾人联合会、青少年基金会等社会团体或者困难的社会弱势群体和个人提供的，作为其生产、生活救济、救助的捐赠。

（2）公益性捐赠。公益性捐赠是指企业通过公益性社会团体或者县级以上人民政府及其部门，用于《中华人民共和国公益事业捐赠法》规定的公益事业的捐赠。

（3）其他捐赠。其他捐赠是指企业为了弘扬人道主义或者促进社会发展与进步等履行社会责任的需要，向除上述捐赠对象之外的社会公共福利事业的捐赠。

（4）不属于对外捐赠的范围。集团以营利为目的自办或者与他人共同举办教育、文化、卫生、体育、科学、环境保护等经营实体的，作为对外投资进行管理。集团为宣传集团形象、推介集团产品发生的赞助性支出，按照广告费用进行管理。

在"营业外支出"科目下，分别设置"公益性捐赠支出""非公益性捐赠支出"两个二级明细科目进行明细核算。

"非公益性捐赠支出"主要核算"救济性捐赠"和"其他捐赠"。

本节主要涉及集团对外捐赠和支付款项等。

主要账务处理：

记账凭证

摘要	会计科目	借方	贷方
对××单位捐赠	营业外支出–公益性捐赠	××.××	
对××单位捐赠	营业外支出–非公益性捐赠	××.××	
对××单位捐赠	银行存款–人民币–××银行–基本存款		××.××
合计		××.××	××.××

凭证附件：付款申请单、《银行回单》、公益性捐赠合同或协议、公益事业捐赠统一票据，公益捐赠说明和审批材料，其他受赠单位出具的收据等其他捐赠资料。

现金流量表项目：AR8 支付的其他与经营活动有关的现金–其他经营性支付现金–集团外单位。

第十二章　税费核算

本章节主要涉及增值税、城市维护建设税、教育费附加、企业所得税、印花税、房产税、城镇土地使用税、车船税、个人所得税、关税、契税的计提和缴纳业务。

第一节　增值税

一、核算原则及主要风险提示

1. 核算原则

（1）按照《中华人民共和国增值税暂行条例》（中华人民共和国国务院令第538号）规定的增值税纳税义务发生时间确认销项税额，承担纳税义务。

（2）销售货物或者提供应税劳务按照开具增值税专用发票上注明的增值税额计入销项税额，若销售方还另外向购买方收取手续费、补贴、违约金、包装费、包装物租金等其他各种性质的价外收费，应将价外收费换算成不含税价格乘以规定的税率计入销项税额，保证税额的完整、准确。

（3）进项税认证抵扣原则，企业购进货物或接受应税劳务支付的增值税必须在取得法律规定的扣税凭证且认证相符后才可按照扣税凭证上注明的增值税额或支付的价款乘以规定的扣税率计算的税额计入进项税科目，作为销项税的抵扣额。

（4）已抵扣进项税额的购进货物或应税劳务改变用途，如用于非增值税应税项目、免税项目、集体福利或个人消费等，或发生非正常损失，上述情况中支付的进项税不能从销项税中抵扣，应按照购进时取得的扣税凭证上注明的增值税额或支付的价款乘以规定的扣税率计算的税额从进项税中转出。

（5）每月月末，按照本月认证可抵扣进项税额、销项税额、预缴税额等的发生额进行增值税的结转。

（6）按照规定的纳税期限及时、准确地进行增值税的纳税申报，缴纳税款。

2. 主要风险提示

（1）未取得合法增值税专用发票，扣税凭证无法认证或认证不及时，导致进项税额不能抵扣，使集团利益受到损失。

（2）未按照《中华人民共和国增值税暂行条例》（中华人民共和国国务院令第538号）规定的增值税纳税义务发生时间确认销项税额，承担纳税义务，造成税收风险。

（3）增值税专用发票的开具未按照规定的开票流程进行，导致开票金额与合同、结算单据金额不一致，造成会计处理不准确，使集团面临潜在的税务违规风险。

（4）发票、印鉴管理不到位，造成随意开具发票或发票丢失，使集团利益受到损失并带来纳税风险。

（5）未按照规定申报和缴纳税款，不及时或申报金额不准确，使集团面临税务违规风险。

（6）不掌握税收优惠政策或未及时对适用于集团的税收优惠政策向税务机关申请，无法充分享受税收优惠，使集团利益受到损失。

二、术语解释及核算内容

1. 术语解释

（1）增值税定义。增值税是指以商品及应税劳务在流转过程中产生的增值额作为计税依据而征收的一种流转税。

（2）纳税义务人。在中华人民共和国境内销售或进口货物、提供应税劳务和销售服务、无形资产和不动产的单位和个人，为增值税的纳税人。所称单位，是指企业、行政单位、事业单位、军事单位、社会团体及其他单位。所称个人，是指个体工商户和其他个人。

（3）征税范围。增值税的征税范围包括在境内销售货物、提供应税劳务、发生应税行为以及进口货物等。

1）销售或进口的货物。货物是指有形动产，包括电力、热力、气体在内。销售货物，是指有偿转让货物的所有权。

2）提供的加工、修理修配劳务。

①加工是指受托加工货物，即委托方提供原料及主要材料，受托方按照委托方的要求制造货物并收取加工费的业务。

②修理修配是指受托方对损伤和丧失功能的货物进行修复，使其恢复原状和功能的业务。

③提供加工、修理修配劳务是指有偿提供加工、修理修配劳务，单位或者个体工商户聘用的员工为本单位或者雇主提供的加工、修理修配劳务不包括在内。

3）销售服务分为交通运输服务、邮政服务、电信服务、建筑服务、金融服务、现代服务、生活服务。

①交通运输服务是指利用运输工具将货物或者旅客送达目的地，使其空间位置得到转移的业务活动。包括陆路运输服务、水路运输服务、航空运输服务和管道运输服务。

②邮政服务是指中国邮政集团及其所属邮政企业提供邮件寄递、邮政汇兑和机要通信等邮政基本服务的业务活动。包括邮政普遍服务、邮政特殊服务和其他邮政服务。

③电信服务是指利用有线、无线的电磁系统或者光电系统等各种通信网络资源，提供语音通话服务，传送、发射、接收或者应用图像、短信等电子数据和信息的业务活动。包括基础电信服务和增值电信服务。

④建筑服务是指各类建筑物、构筑物及其附属设施的建造、修缮、装饰，线路、管道、设备、设施等的安装以及其他工程作业的业务活动。包括工程服务、安装服务、修缮服务、装饰服务和其他建筑服务。

⑤金融服务是指经营金融保险的业务活动。包括贷款服务、直接收费金融服务、保险服务和金融商品转让。

⑥现代服务是指围绕制造业、文化产业、现代物流产业等提供技术性、知识性服务的业务活动。包括研发和技术服务、信息技术服务、文化创意服务、物流辅助服务、租赁服务、鉴证咨询服务、广播影视服务、商务辅助服务和其他现代服务。

⑦生活服务是指为满足城乡居民日常生活需求提供的各类服务活动。包括文化体育服务、教育医疗服务、旅游娱乐服务、餐饮住宿服务、居民日常服务和其他生活服务。

4）销售无形资产是指转让无形资产所有权或者使用权的业务活动。无形资产是指不具有实物形态，但能带来经济利益的资产，包括技术、商标、著作权、商誉、自然资源使用权和其他权益性无形资产。

5）销售不动产是指转让不动产所有权的业务活动。不动产是指不能移动或者移动后会引起性质、形状改变的财产，包括建筑物、构筑物等。

6）进口货物是指申报进入我国海关境内的货物。

（4）税率。

1）纳税人销售或者进口货物、纳税人提供加工、修理修配劳务、有形动产租赁服务，除特殊规定外，税率为17%。

2）纳税人出口货物，税率为零；但是，国务院另有规定的除外。

3）纳税人提供下列应税劳务和销售服务等，税率为11%：①交通运输服务；②邮政服务；③基础电信服务；④建筑服务；⑤不动产租赁服务；⑥销售不动产；⑦转让土地使用权；⑧其他。农产品（含粮食）、自来水、暖气、石油液化气、天然气、食用植物油、冷气、热水、煤气、居民用煤炭制品、食用盐、农机、饲料、农药、农膜、化肥、沼气、二甲醚、图书、报纸、杂志、音像制品、电子出版物。

4）纳税人提供下列应税劳务和销售服务等，税率为6%：①现代服务（租赁服务除外）；②增值电信服务；③金融服务；④生活服务；⑤销售无形资产（转让土地使用权除外）。

（5）增值税进项税。增值税进项税是指纳税人购进货物或者接受加工、修理修配劳务、服务、无形资产或者不动产，支付或者负担的增值税税额。

1）准予从销项税额中抵扣的进项税额，限于下列增值税扣税凭证上注明的增值税税额和按规定的扣除率计算的进项税额：

①一般情况下——凭票抵扣。

A. 从销售方或提供方取得的增值税专用发票（含税控机动车销售统一发票，下同）上注明的增值税税额；

B. 从海关取得的海关进口增值税专用缴款书上注明的增值税税额；

C. 从境外单位或者个人购进服务、无形资产或者不动产，为税务机关或者扣缴义务人取得的解缴税款的完税凭证上注明的增值税税额。

②特殊情况之一——计算抵扣。

A. 计算抵扣购进农产品的进项税。购进农产品，除取得增值税专用发票或者海关进口增值税专用缴款书外，按照农产品收购发票或者销售发票上注明的农产品买价和13%的扣除率计算的进项税额。

B. 计算抵扣收费公路通行费的进项税。通行费是指有关单位依法或者依规设立并收取的过路、过桥和过闸费用。

2）集团购进应税货物或者接受应税劳务，取得的增值税扣除凭证不符合法律、行政法规或者国务院税务主管部门有关规定的，其进项税额不得从销项税额中抵扣。下列项目的进项税额不得从销项税额中抵扣：

①用于简易计税方法计税项目、免征增值税项目、集体福利或者个人消费的购进货物、加工修理修配劳务、服务、无形资产和不动产。

其中涉及的固定资产、无形资产、不动产，仅指专用于上述项目的固定资产、无形资产（不包括其他权益性无形资产）、不动产。但是发生兼用于上述不允许抵扣项目情况的，该进项税额准予全部抵扣。

另外纳税人购进其他权益性无形资产无论是专用于简易计税方法计税项目、免征增值税项目、集体福利或者个人消费，还是兼用于上述不允许抵扣项目，均可以抵扣进项税额。

【注意 1】其他权益性无形资产，包括基础设施资产经营权、公共事业特许权、配额、经营权（包括特许经营权、连锁经营权、其他经营权）、经销权、分销权、代理权、会员权、席位权、网络游戏虚拟道具、域名、名称权、肖像权、冠名权、转会费等。

【注意 2】纳税人的交际应酬消费属于个人消费，即交际应酬消费不属于生产经营中的生产投入和支出。

②非正常损失所对应的进项税，具体包括：

A. 非正常损失的购进货物，以及相关的加工修理修配劳务和交通运输服务。

B. 非正常损失的在产品、产成品所耗用的购进货物（不包括固定资产）、加工修理修配劳务和交通运输服务。

C. 非正常损失的不动产，以及该不动产所耗用的购进货物、设计服务和建筑服务。

D. 非正常损失的不动产在建工程所耗用的购进货物、设计服务和建筑服务。纳税人新建、改建、扩建、修缮、装饰不动产，均属于不动产在建工程。

上述4项所说的非正常损失，是指因管理不善造成货物被盗、丢失、霉烂变质，以及因违反法律法规造成货物或者不动产被依法没收、销毁、拆除的情形。

③特殊政策规定不得抵扣的进项税：

A. 购进的旅客运输服务、贷款服务、餐饮服务、居民日常服务和娱乐服务。

B. 财政部和国家税务总局规定的其他情形。

3）已抵扣进项税额的购进货物、接受加工修理修配劳务或者应税服务，发生前述第2）项规定情形的，应当将该进项税额从当期进项税额中扣减；无法确定该进项税额的，按照当期实际成本计算应扣减的进项税额。

（6）增值税销项税。增值税销项税额是指纳税人销售货物、提供应税劳务以及发生应税行为时，按照销售额或提供应税劳务和应税行为收入与规定的税率计算并向购买方收取的增值税税额。

销售额包括向购买方收取的全部价款和价外费用。与销售有因果连带关系的价外收费都应看作是含税销售额，即向购买方收取的价外费用应视为含税收入，在征税时换算成不含税收入，再并入销售额计税。

所谓价外费用，包括价外向购买方收取的手续费、补贴、基金、集资费、返还利润、奖励费、违约金、滞纳金、延期付款利息、赔偿金、代收款项、代垫款项、包装费、优质费以及其他各种性质的价外收费。

2. 核算内容

（1）主要核算内容。主要核算增值税进项税额、销项税额的确认、预缴增值税、月末结转增值税和增值税的缴纳等内容。

（2）科目设置。增值税一般纳税人应当在"应交税费"科目下设置"应交增值税""未交增值税""预交增值税""待抵扣进项税额""待认证进项税额""待转销项税额""增值税留抵税额""简易计税""转让金融商品应交增值税""代扣代交增值税"等明细科目。

1）"未交增值税"明细科目，核算一般纳税人月度终了从"应交增值税"或"预交增值税"明细科目转入当月应交未交、多交或预缴的增值税额，以及当月交纳以前期间未交的增值税额。

2）"预交增值税"明细科目，核算一般纳税人转让不动产、提供不动产经营租赁服务、提供建筑服务、采用预收款方式销售自行开发的房地产项目等，以及其他按现行增值税制度规定应预缴的增值税额。

3）"待抵扣进项税额"明细科目，核算一般纳税人已取得增值税额扣税凭证并经税务机关认证，按照现行增值税制度规定准予以后期间从销项税额中抵扣的进项税额。包括一般纳税人自 2016 年 5 月 1 日后取得并按固定资产核算的不动产或 2016 年 5 月 1 日后取得的不动产在建工程，按现行增值税制度规定准予以后期间从销项税额中抵扣的进项税额；实行纳税辅导期管理的一般纳税人取得的尚未交叉稽核比对的增值税扣税凭证上注明或计算的进项税额。

4）"待认证进项税额"明细科目，核算一般纳税人由于未经税务机关认证而不得从当期销项税额中抵扣的进项税额。包括一般纳税人已取得增值税扣税凭证、按现行增值税制度规定准予从销项税额中抵扣，但尚未经税务机关认证的进项税额；一般纳税人已申请稽核但尚未取得稽核相符结果的海关缴款书进项税额。

5）"待转销项税额"明细科目，核算一般纳税人销售货物、加工修理修配劳务、服务、无形资产或不动产，已确认相关收入（或利得）但尚未发生增值税纳税义务而需在以后期间确认为销项税额的增值税额。

6）"增值税留抵税额"明细科目，核算兼有销售服务、无形资产或不动产的原增值税一般纳税人，截止到纳入营改增试点之日前的增值税期末留抵税额按现行增值税制度规定不得从销售服务、无形资产或不动产的销项税额中抵扣的增值税留底税额。

7）"简易计税"明细科目，核算一般纳税人采用简易计税方法发生的增值税计提、扣减、预缴、缴纳等业务。

8）"转让金融商品应交增值税"明细科目，核算增值税纳税人转让金融商品发生的增值税额。

9）"代扣代交增值税"明细科目，核算纳税人购进在境内未设经营机构的境外单位或个人在境内的应税行为代扣代缴的增值税。

（3）在"应交增值税"明细账内设置"进项税额""销项税额抵减""已交税金""转出未交增值税""减免税款""出口抵减内销产品应纳税额""销项税额""出口退税""进项税额转出""转出多交增值税"等专栏。

1）"应交税费-应交增值税-进项税额"，在借方记录企业购进货物或接受应税劳务支付的、准予从销项税额中抵扣的进项税额。

2）"应交税费-应交增值税-销项税额"，在贷方记录企业销售货物或提供应税劳务应收取的增值税额。

3）"应交税费-应交增值税-进项税额转出"，在贷方记录企业不得从销项税额中抵扣需要转出的进项税额。

4）"应交税费-应交增值税-已交税金"，在借方记录企业本月预缴的增值税额。

5）"应交税费-应交增值税-转出未交增值税"在借方记录企业在月份终了将本月应交未交增值税转入"未交增值税"明细科目的金额。

6）"应交税费-应交增值税-转出多交增值税"在贷方记录企业在月份终了将本月多交的增值税转入"未交增值税"明细科目的金额。

7）"应交税费–应交增值税–出口退税"在贷方记录企业出口适用零税率的货物，向税务机关办理退税而收到的退回款项。

8）"应交税费–应交增值税–出口抵减内销产品应纳税额"在借方记录企业按规定的退税率计算的出口货物的进项税额抵减内销产品的应纳税额。

9）"应交税费–应交增值税–减免税款"在借方记录经主管税务机关批准，实际减免的增值税额。

10）"应交税费–应交增值税–销项税额抵减"记录一般纳税人按照现行增值税制度规定因扣减销售额而减少的销项税额。

为了分别反映增值税一般纳税人欠交增值税款和待抵扣增值税的情况，确保企业及时足额上交增值税，避免出现企业用以前月份欠交增值税抵扣以后月份未抵扣的增值税的情况，企业应在"应交税费"科目下设置"未交增值税"明细科目，核算企业月份终了从"应交税费–应交增值税"科目转入的当月未交或多交的增值税；同时，在"应交税费–应交增值税"科目下设置"转出未交增值税"和"转出多交增值税"明细科目。月份终了，企业计算出当月应交未交的增值税，借记"应交税费–应交增值税–转出未交增值税"科目，贷记"应交税费–未交增值税"科目；当月多交的增值税，借记"应交税费–未交增值税"科目，贷记"应交税费–应交增值税–转出多交增值税"科目，经过结转后，月份终了，"应交税费–应交增值税"科目的余额，反映企业尚未抵扣的增值税。

注意事项：

1）企业当月交纳当月的增值税，通过"应交税费–应交增值税–已交税金"科目核算；当月交纳以前各期未交的增值税，通过"应交税费–未交增值税"科目核算，不通过"应交税费–应交增值税–已交税金"科目核算。

2）"应交税费"科目下的"应交增值税""未交增值税""待抵扣进项税额""待认证进项税""增值税留底税额"等明细科目期末借方余额应根据情况，在资产负债表中"其他流动资产"或"其他非流动资产"项目列示；"应交税额–待转销项税额"等科目期末贷方余额应根据情况，在资产负债表中的"其他流动负债"或"其他非流动负债"项目列示；"应交税费"科目下的"未交增值税""简易计税""转让金融商品应交增值税""代扣代交增值税"等科目期末贷方余额应在资产负债表中的"应交税费"项目列示。

三、主要账务处理

1. 进项税额的核算

增值税进项税，集团购入原材料、固定资产（允许抵扣的机器设备等）、接受加工修理修配劳务和应税服务所负担的增值税额通过"应交税费–应交增值税–进项税额"科目核算。

（1）购入应税货物（以购入原材料为例）。具体操作流程详见"采购与付款—材料成本发票"章节。

记账凭证

摘要	会计科目	借方	贷方
"应付" +××公司"物资" + "合同编号（如有）" +发票号+××收	应付账款-应付暂估款-物资暂估-原材料暂估【WBS号\订单号】	××.××	
"应付" +××公司"物资" + "合同编号（如有）" +发票号+××收	应交税费-应交增值税-进项税额-硬件\软件	××.××	
"应付" +××公司"物资" + "合同编号（如有）" +发票号+××收	应付账款-应付物资款【××公司】		××.××
合 计		××.××	××.××

（2）接受应税劳务（以技术服务为例）。具体操作流程详见"采购与付款—技术服务发票"章节。

记账凭证

摘要	会计科目	借方	贷方
"应付" +××公司"物资" + "合同编号（如有）" +发票号+××收	应付账款-应付暂估款-技术服务【WBS号\订单号】	××.××	
"应付" +××公司"物资" + "合同编号（如有）" +发票号+××收	应交税费-应交增值税-进项税额-硬件\软件	××.××	
"应付" +××公司"物资" + "合同编号（如有）" +发票号+××收	应付账款-应付物资款【××公司】		××.××
合 计		××.××	××.××

（3）购入固定资产。具体操作流程详见"第九章 非流动资产-固定资产-外购"章节。

记账凭证

摘要	会计科目	借方	贷方
"购买" + "资产名称" + "资产数量"	固定资产-（固定资产明细项）	××.××	
"购买" + "资产名称" + "资产数量"	应交税费-应交增值税-进项税额-固定资产	××.××	
"购买" + "资产名称" + "资产数量"	应付账款-应付物资款【××公司】		××.××
合 计		××.××	××.××

以上（1）（2）（3）凭证附件：报销单、采购申请表、采购发票、采购合同、固定资产验收报告等其他原始单据。

（4）增值税进项税额转出。企业购进的货物或接受的应税服务改变用途，用于免征增值税项目、集体福利或者个人消费等购进货物；购进的货物发生非正常损失，是指因管理不善造成货物被盗、丢失、霉烂变质，以及因违反法律法规造成货物或者不动产被依法没收、销毁、拆除的情形，上述情况中支付的进项税不能从销项税中抵扣，开支与应付会计通过"应交税费－应交增值税－进项税额转出"科目进行进项税额转出的账务处理。

1）用于集体福利或者个人消费的购进货物或者应税劳务转出进项税。会计核算岗审核水电分配表、进项税额转出明细表、发票后，编制记账凭证。

记账凭证

摘要	会计科目	借方	贷方
福利部门使用水电，进项税转出	应付职工薪酬－职工福利－福利机构经费	××.××	
福利部门使用水电，进项税转出	应交税费－应交增值税－进项税额转出－硬件		××.××
福利部门使用水电，进项税转出	管理费用－水电费－水费或电费	-××.××	
合 计		××.××	××.××

凭证附件：水电分配表、进项税额转出明细表、发票。

2）外购货物或接受的应税服务发生非正常损失。具体核算详见"存货与成本核算—原材料报废出库"章节。

报废出库：

记账凭证

摘要	会计科目	借方	贷方
××物资报废出库	待处理财产损溢－待处理流动资产损溢	××.××	
××物资报废出库	原材料－原料及主要材料		××.××
××物资报废出库	自制半成品		××.××
合 计		××.××	××.××

记账凭证

摘要	会计科目	借方	贷方
××物资报废出库	待处理财产损溢－待处理流动资产损溢	××.××	
××物资报废出库	应交税费－应交增值税－进项税额转出－硬件		××.××
合 计		××.××	××.××

报废结转：

记账凭证

摘要	会计科目	借方	贷方
××物资报废结转费用	管理费用-存货盘亏或毁损	××.××	
××物资报废结转费用	待处理财产损溢-待处理流动资产损溢		××.××
合 计		××.××	××.××

凭证附件：物料出库单、报废审批单。

3）出口货物征退税率差额通过进项税转出计入主营业务成本。

记账凭证

摘要	会计科目	借方	贷方
×月出口退税进项转出	主营业务成本-产品销售成本	××.××	
×月出口退税进项转出	应交税费-应交增值税-进项税转出-硬件		××.××
合 计		××.××	××.××

凭证附件：免抵退税申报汇总表复印件、免抵退税货物申报明细表。

2. 销项税额的核算

销售，具体核算详见"第五章 销售与收款—主营业务收入与收款"章节。

企业销售商品满足收入确认条件时，应向购买方开具发票，进行相应的账务处理，确认收入的实现。

（1）销售商品与提供劳务混合类开票会计凭证：

记账凭证

摘要	会计科目	借方	贷方
开发票+销售订单号	预收账款-预收产品销售收入款-设备制造收入-预收开票【××公司】	××.××	
开发票+销售订单号	应交税费-应交增值税-销项税额-硬件/软件-已开票		××.××
开发票+销售订单号	主营业务收入-产品销售收入-设备制造收入-硬件/软件【WBS号/××合同】【××产品线】【××子产品线】		××.××
开发票+销售订单号	主营业务收入-产品销售收入-设备制造收入-硬件/软件【WBS号/××合同】【××产品线】【××子产品线】	××.××	
开发票+销售订单号	预收账款-预收产品销售收入款-设备制造收入-预计收入-硬件/软件【WBS号/××合同】		××.××
合 计		××.××	××.××

（2）销售商品开票收入确认。

记账凭证

摘要	会计科目	借方	贷方
确认收入+销售订单号	应收账款-应收产品销售收入-设备制造收入【××合同】【××公司】	××.××	
确认收入+销售订单号	应交税费-应交增值税-销项税额-硬件/软件-未开票		××.××
确认收入+销售订单号	主营业务收入-产品销售收入-设备制造收入-硬件/软件【××合同】【××产品线】【××子产品线】		××.××
合计		××.××	××.××

凭证附件见销售与收款章节。

（3）收入、税金调整凭证。

记账凭证

摘要	会计科目	借方	贷方
收入税金调整+WBS 号	预收账款-预收产品销售收入款-设备制造收入-预计收入-硬件/软件【WBS 号/××合同】	××.××	
收入税金调整+WBS 号	应交税费-应交增值税-销项税额-硬件/软件-未开票	××.××	
收入税金调整+WBS 号	主营业务收入-产品销售收入-设备制造收入-硬件/软件【WBS 号/××合同】【××产品线】【××子产品线】		××.××
收入税金调整+WBS 号	主营业务收入-产品销售收入-设备制造收入-硬件/软件【WBS 号/××合同】【××产品线】【××子产品线】	××.××	
收入税金调整+WBS 号	预收账款-预收产品销售收入款-设备制造收入-预收开票【××公司】		××.××
合计		××.××	××.××

凭证附件：上述凭证为调整凭证，无附件。

（4）视同销售。《中华人民共和国增值税暂行条例实施细则》规定，以下行为视同销售：

1）将货物交付其他单位或者个人代销。

2）销售代销货物。

3）设有两个以上机构并实行统一核算的纳税人，将货物从一个机构移送至其他机构用于销售，但相关机构设在同一县（市）的除外。

4）将自产或者委托加工的货物用于非应税项目。

5）将自产、委托加工或者购进的货物作为投资，提供给其他单位或者个体工商户。

6）将自产、委托加工或者购进的货物分配给股东或者投资者。

7）将自产、委托加工的货物用于集体福利或者个人消费。

8）将自产、委托加工或者购进的货物无偿赠送其他单位或者个人。

9）单位和个体工商户向其他单位或者个人无偿销售应税服务、无偿转让无形资产或者不动产，但以公益活动为目的或者以社会公众为对象的除外。

10）财政部、国家税务总局规定的其他情形。

上述 10 种情况中，第 3）、4）、8）种情况在会计核算中不确认收入，其他情况按照移送货物的公允价值确认收入。

3. 预缴增值税

企业预缴增值税时，通过"应交增值税-预缴增值税"科目核算，月末将预缴增值税明细科目余额转入"未缴增值税"明细科目。

记账凭证

摘要	会计科目	借方	贷方
预缴×月份增值税	应交税费—预交增值税-硬件\软件\服务	××.××	
预缴×月份增值税	银行存款-币种-××银行-××账户		××.××
合 计		××.××	××.××

凭证附件：付款申请单、银行付款回单、银行扣款专用凭证。

现金流量表项目：AQ1 支付的各项税费-缴纳增值税支付现金。

4. 月末结转增值税

月末结转，主要涉及"应交税费-应交增值税-转出未交增值税""应交税费-应交增值税-转出多交增值税"和"应交税费-未交增值税"科目的核算，应区分是否发生当月交纳当月增值税的情形分别处理：

（1）企业未发生当月交纳当月增值税，即当月"应交税费-应交增值税-已交税金"没有发生额的情况下的处理：

1）如果当月"应交税费-应交增值税"出现借方余额的，视情况重分类至其他流动资产或其他非流动资产，下月初转回，"应交税费-应交增值税"借方余额为企业的留抵数。

2）如果当月"应交税费-应交增值税"出现贷方余额的，应将贷方余额结转，借记"应交税费-应交增值税-转出未交增值税"，贷记"应交税费-未交增值税"。

记账凭证

摘要	会计科目	借方	贷方
结转未交增值税	应交税费-应交增值税-转出未交增值税-硬件\软件\服务	××.××	
结转未交增值税	应交税费-未交增值税-硬件\软件\服务		××.××
合 计		××.××	××.××

（2）企业发生当月交纳当月增值税，即当月"应交税费-应交增值税-已交税金"存在发生额的情况下的处理：

1）如果剔除当月"应交税费-应交增值税-已交税金"发生额后，当月"应交税费-

应交增值税"出现借方余额的，应将当月"应交税费-应交增值税-已交税金"发生额，借记"应交税费-未交增值税"，贷记"应交税费-应交增值税-转出多交增值税"，反映企业多交数；此时剔除"应交税费-应交增值税-已交税金"发生额后的"应交税费-应交增值税"借方余额，视情况重分类至其他流动资产或其他非流动资产，下月初转回。

记账凭证

摘要	会计科目	借方	贷方
转出多交增值税	应交税费-未交增值税-硬件\软件\服务	××.××	
转出多交增值税	应交税费-应交增值税-转出多交增值税-硬件\软件\服务		××.××
合 计		××.××	××.××

2）如果剔除当月"应交税费-应交增值税-已交税金"发生额后，当月"应交税费-应交增值税"出现贷方余额，但贷方余额小于当月"应交税费-应交增值税-已交税金"发生额的，应将其差额，借记"应交税费-未交增值税"，贷记"应交税费-应交增值税-转出多交增值税"，此时，"应交税费-应交增值税"余额为零，反映企业没有留抵数。同时，"应交税费-未交增值税"的借方余额，反映企业多交数，视情况重分类至其他流动资产或其他非流动资产，下月初转回。

记账凭证

摘要	会计科目	借方	贷方
转出多交增值税	应交税费-未交增值税-硬件\软件\服务	××.××	
转出多交增值税	应交税费-应交增值税-转出多交增值税-硬件\软件\服务		××.××
合 计		××.××	××.××

3）如果剔除当月"应交税费-应交增值税-已交税金"发生额后，当月"应交税费-应交增值税"出现贷方余额，但贷方余额大于当月"应交税费-应交增值税-已交税金"发生额的，应将其差额，借记"应交税费-应交增值税-转出未交增值税"，贷记"应交税费-未交增值税"，此时，"应交税费-应交增值税"余额为零，反映企业没有留抵数。同时，"应交税费-未交增值税"的贷方余额，反映企业欠交数。

记账凭证

摘要	会计科目	借方	贷方
转出多交增值税	应交税费-未交增值税-硬件\软件\服务	××.××	
转出多交增值税	应交税费-应交增值税-转出多交增值税-硬件\软件\服务		××.××
合 计		××.××	××.××

5. 缴纳增值税

次月 15 日前，税务管理岗根据上月业务发生情况填写增值税纳税申报表。

申报完成后，银行根据网上申报资料进行自动扣款，税务管理岗审核银行扣款回单、银行扣款专用凭证及增值税纳税申报表后，编制记账凭证。

记账凭证

摘要	会计科目	借方	贷方
上缴×月份增值税	应交税费-未交增值税-硬件\软件\服务	××.××	
上缴×月份增值税	银行存款-币种-××银行-××账户		××.××
合计		××.××	××.××

凭证附件：银行扣款回单或银行扣款专用凭证、增值税纳税申报表。

现金流量表项目：AQ1 支付的各项税费-缴纳增值税支付现金。

6. 增值税即征即退

（1）增值税一般纳税人销售其自行开发生产的软件产品，按 17%的税率征收增值税后，对其增值税实际税负超过 3%的部分实行即征即退政策。

即征即退税额＝当期软件产品销售额×17%－当期软件产品可抵扣进项税额－当期软件产品销售额×3%

（2）税务管理岗根据本月软件产品的销售额，按月向主管税务机关提出退税申请，申请退税应提供的资料包括：

1）《软件（集成电路）产品增值税"即征即退"申请审批表》及附表；

2）《收入退还申请签报单》；

3）相关税款入库凭证复印件。

（3）税务机关审核通过后通过银行退款，税务管理岗审核银行进账单、增值税即征即退申请表后，进入系统，录入相关信息，生成记账凭证。

记账凭证

摘要	会计科目	借方	贷方
收×月软件退税	银行存款-币种-××银行-××账户	××.××	
收×月软件退税	营业外收入-政府补助-税收返还		××.××
合计		××.××	××.××

凭证附件：银行进账单、增值税即征即退申请审批表等资料。

现金流量表项目：AB0 收到的税费返还。

7. 出口退（免）税

（1）《出口货物劳务增值税和消费税管理办法》（国家税务总局公告 2012 年第 24 号）规定，企业当月出口的货物须在次月的增值税纳税申报期内，向主管税务机关办理增值税纳税申报、免抵退税相关申报。企业应在货物报关出口之日（以出口货物报关单《出口退税专用》上的出口日期为准）次月起至次年 4 月 30 日前的各增值税纳税申报期内收齐有关凭证，向主管税务机关申报办理出口货物增值税免抵退税。逾期的，企业不得申报免抵退税。

（2）企业向主管税务机关办理增值税免抵退税申报，应提供下列凭证资料：

1）《免抵退税申报汇总表》及其附表；

2）《免抵退税申报资料情况表》；

3）《生产企业出口货物免抵退税申报明细表》；

4）出口货物退（免）税正式申报电子数据；

5）下列原始凭证：①出口货物报关单（出口退税专用）；②出口收汇核销单（出口退税联）；③出口发票；④主管税务机关要求提供的其他资料。

（3）"免、抵、退"税的计算方法。出口资产货物"免、抵、退"税办法，其中"免"税，是指对生产企业出口的自产货物，在出口时免征企业生产销售环节的增值税；"抵"税，是指生产企业出口自产货物所耗用的原材料、零部件、动力等所含应予退还的进项税额，抵顶内销货物的应纳税额；"退"税，是指生产企业出口的自产货物在当月内应抵顶的进项税额大于应纳税额时，对未抵顶完的部分予以退税。集团出口货物适用的出口货物退税率基本均为 17%，假定无免税购进的材料，此处按 17% 退税率介绍：

当期应纳税额＝当期内销货物销项税额－当期进项税额－上期留抵税额

免抵退税额＝出口货物离岸价×外汇人民币牌价×17%

1）计算出的当期应纳税额≥0，即出口应退还的进项税额已在本期全部抵扣，则：

当期应退税额＝0，当期免抵税额＝免抵退税额；

2）计算出的当期应纳税额<0，即当期出现留抵税额，且该留抵税额<免抵退税额，即出口应退还的进项税额未全部抵扣，未抵扣的应进行退税处理，则：

当期应退税额＝当期期末留抵税额，当期免抵税额＝当期免抵退税额－当期应退税额；

3）计算出的当期应纳税额<0，即当期出现留抵税额，且该留抵税额≥免抵退税额，即出口应退还的进项税额全部未抵扣，应全额进行退税处理，则：

当期应退税额＝免抵退税额，当期免抵税额＝0；

收入与应收会计根据上述原则计算出本期应退税额和本期免抵税额，在系统输入相关信息生成记账凭证。

当期免抵税额>0 时：

记账凭证

摘要	会计科目	借方	贷方
出口，免抵税	应交税费-应交增值税-出口抵减内销产品应纳税额-硬件\软件	××.××	
出口，免抵税	应交税费-应交增值税-出口退税-硬件\软件		××.××
合 计		××.××	××.××

当期应退税额>0 时，生成记账凭证：

记账凭证

摘要	会计科目	借方	贷方
出口退税	其他应收款－其他	××.××	
出口退税	应交税费－应交增值税－出口退税－硬件\软件		××.××
合计		××.××	××.××

凭证附件：发票复印件、海关出口货物报关单复印件、免抵退税计算表等资料。

8. 查补税款的核算

接受增值税稽查的企业如需补缴税款的，应设立"应交税金—应交增值税—增值税检查调整"专门账户。该账户属于调整类账户，主要用途是对在税务稽查当中涉及的应交税金等有关账户的金额进行调整。

（1）计提需补缴税款，如发现有购进材料或商品未进行进项转出的情况，需补缴增值税的处理如下：

进项未转出：

记账凭证

摘要	会计科目	借方	贷方
查补增值税	应付职工薪酬－职工福利－食堂经费	××.××	
查补增值税	应交税费－应交增值税费－进项税转出－硬件\软件		××.××
合计		××.××	××.××

视同销售：

记账凭证

摘要	会计科目	借方	贷方
查补增值税	主营业务成本－产品销售成本或营业外支出、长期股权投资等	××.××	
查补增值税	应交税费－应交增值税费－销项税额－硬件\软件－未开票		××.××
合计		××.××	××.××

说明：借方将查补税款按照原视同销售入账的科目对应计入。

凭证附件：查补税费通知单。

（2）月末结转。

记账凭证

摘要	会计科目	借方	贷方
结转查补增值税	应交税费－应交增值税－××	××.××	
结转查补增值税	应交税费－未交增值税		××.××
合计		××.××	××.××

凭证附件：无。

9. 增值税税控系统专用设备和技术维护费用抵减增值税的会计处理

增值税一般纳税人的会计处理按税法有关规定，增值税一般纳税人初次购买增值税税控系统专用设备支付的费用以及缴纳的技术维护费允许在增值税应纳税额中全额抵减的，应在"应交税费—应交增值税"科目下增设"减免税款"专栏，用于记录该企业按规定抵减的增值税应纳税额。

企业购入增值税税控系统专用设备，会计核算如下：

（1）采购固定资产。

记账凭证

摘要	会计科目	借方	贷方
购买增值税税控系统专用设备	固定资产-生产管理用工器具	××.××	
购买增值税税控系统专用设备	应付账款-应付物资款		××.××
合 计		××.××	××.××

（2）支付维护费。

记账凭证

摘要	会计科目	借方	贷方
支付维护费	管理费用-管理信息系统维护费	××.××	
支付维护费	银行存款—币种-××银行—××账户		××.××
合 计		××.××	××.××

（3）抵减增值税。

记账凭证

摘要	会计科目	借方	贷方
购买税控系统抵减增值税	应交税费-应交增值税-进项税额转出-减免税款	××.××	
购买税控系统抵减增值税	递延收益-政府补助		××.××
购买税控系统抵减增值税	递延收益-政府补助	××.××	
购买税控系统抵减增值税	管理费用-管理信息系统维护费	-××.××	
合 计		××.××	××.××

注：递延收益按资产折旧年限分摊冲减管理费用。

凭证附件：采购申请表、采购合同、固定资产验收报告、发票。

第二节　城市维护建设税及教育费附加

一、核算原则及主要风险提示

1. 核算原则

（1）企业应按照规定的城建税及教育费附加的纳税义务发生时间确认税额，承担纳税义务。

（2）按照城建税及教育费附加的计税依据及适用的税率计算应负担的税额，保证税款的完整、准确。

（3）按照规定的纳税期限及时、准确地进行城建税及教育费附加的纳税申报，缴纳税款。

2. 主要风险提示

（1）未按照规定的纳税义务发生时间确认增值税额，承担纳税义务，给企业带来税务风险。

（2）未按照规定的计税金额和税率计算应交的城建税及教育费附加，造成税款的错记和漏记，给企业带来损失和纳税风险。

（3）未按照规定进行申报和缴纳税款，不及时或申报金额不准确，使集团面临税务违规风险。

（4）不掌握税收优惠政策或未及时对适用于集团的税收优惠政策向税务机关申请，无法充分享受税收优惠，使集团利益受到损失。

二、术语解释及核算内容

1. 术语解释

（1）城市维护建设税及教育费附加的定义。城市维护建设税是指国家为了加强城市的维护建设，扩大和稳定城市维护建设资金的来源，对有经营收入的单位和个人征收的一种税。按照《中华人民共和国城市维护建设税暂行条例》执行。

教育费附加是对缴纳增值税、消费税、营业税的单位和个人征收的一种附加费。是为了发展地方性教育事业，扩大地方教育经费的资金来源。按照《征收教育费附加的暂行规定》执行。

（2）纳税义务人。城市维护建设税及教育费附加的纳税义务人是指负有缴纳增值税、消费税、营业税义务的单位和个人。

（3）计税依据。城市维护建设税及教育费附加的计税依据是纳税义务人实际缴纳的增值税、消费税、营业税的税额。

（4）税率

1）城市维护建设税按照纳税人所在地区的不同，设置了三档地区差别比例税率，除特殊规定外，即①纳税人所在地为市区的，税率为7%；②纳税人所在地为县城、镇的，税率为5%；③纳税人所在地不在市区、县城 、镇的，税率为1%。

2）教育费附加税率：3%。

3）地方教育费附加税率：2%。

2. 核算内容

设置"应交税费-应交城市维护建设税""应交税费-应交教育费附加"及"应交税费-应交地方教育费附加"科目，主要核算城市维护建设税、教育费附加的计提和缴纳。

三、主要账务处理

1. 计提城市维护建设税及教育费附加

税务管理岗根据本月实际缴纳的增值税、消费税金额计算城市维护建设税、教育费附加、地方教育费附加，编制记账凭证。

记账凭证

摘要	会计科目	借方	贷方
计提×月税金及附加	税金及附加-增值税税金及附加	××.××	
计提×月税金及附加	税金及附加-消费税税金及附加	××.××	
计提×月税金及附加	应交税费-应交城市维护建设税		××.××
计提×月税金及附加	应交税费-应交教育费附加		××.××
计提×月税金及附加	应交税费-应交地方教育费附加		××.××
合 计		××.××	××.××

凭证附件：税费计算表。

2. 缴纳城市维护建设税及教育费附加

网上申报成功后，银行根据网上申报的资料进行扣款，税务管理岗审核银行付款回单和银行扣款专用凭证后，编制记账凭证。

记账凭证

摘要	会计科目	借方	贷方
缴纳×月城建税、教育费附加	应交税费-应交城市维护建设税	××.××	
缴纳×月城建税、教育费附加	应交税费-应交教育费附加	××.××	
缴纳×月城建税、教育费附加	应交税费-应交地方教育费附加	××.××	
缴纳×月城建税、教育费附加	银行存款-币种-××银行-××账户		××.××
合 计		××.××	××.××

凭证附件：税费计算表、银行付款回单、银行扣款凭证或税收完税凭证、纳税申报表等。

现金流量表项目：AQ4 支付的各项税费–缴纳城建税及教育费附加支付现金。

第三节　企业所得税

一、核算原则及主要风险提示

1. 核算原则

（1）在企业实际发生的收入、成本、费用的基础上计算企业所得税，对于税法与会计准则存在差异的部分，应按照税法规定进行纳税调整。

（2）按照规定的纳税期限及时、准确地进行企业所得税的纳税申报，缴纳税款。

2. 主要风险提示

（1）未按照所得税法的规定确认应税收入和税前扣除项目，对纳税调整事项未进行调整，造成应纳税所得额、应纳所得税额多计或少计，给企业带来纳税风险或损失。

（2）未按照规定进行申报和缴纳税款，不及时或申报金额不准确，使集团面临税务违规风险。

（3）不掌握税收优惠政策或未及时对适用于集团的税收优惠政策向税务机关申请，无法充分享受税收优惠，使集团利益受到损失。

二、术语解释及核算内容

1. 术语解释

（1）企业所得税的定义。企业所得税是对我国境内的企业（居民企业和非居民企业）和其他取得收入的组织的生产经营所得和其他所得作为征税对象征收的一种所得税。按照《中华人民共和国企业所得税法》及《中华人民共和国企业所得税法实施条例》执行。

（2）纳税义务人。企业所得税的纳税义务人，是指在中华人民共和国境内的企业和其他取得收入的组织。

企业所得税的纳税人分为居民纳税人和非居民纳税人。居民纳税人是指依法在中国境内成立，或者依据外国（地区）法律成立但实际管理机构在中国境内的企业。非居民企业是指依照外国（地区）法律成立且实际管理机构不在中国境内，但在中国境内设立机构、场所的，或者在中国境内未设立机构、场所，但有来源于中国境内所得的企业。

（3）征税对象。

1）居民企业的征税对象，是指来源于中国境内、境外的全部所得。

2）非居民企业在中国境内设立机构、场所的，应当就其所设机构、场所取得的来源于中国境内的所得，以及发生在中国境外但与其所设机构、场所有实际联系的所得，缴纳企业所得税。

3）非居民企业在中国境内未设立机构、场所的，或者虽设立机构、场所但取得的所得与其所设机构、场所没有实际联系的，应当就其来源于中国境内的所得缴纳企业所得税。

（4）税率。

1）基本税率为25%。适用于居民企业和在中国境内设有机构、场所且所得与机构、场所有关联的非居民企业。

2）低税率为20%。适用于在中国境内未设立机构、场所的，或者虽设立机构、场所但取得的所得与其所设机构、场所没有实际联系的非居民企业。但实际征税时适用10%的税率。

（5）应纳税所得额。

1）应纳税所得额是指企业每一个纳税年度的收入总额，减除不征税收入、免税收入、各项扣除以及允许弥补的以前年度亏损后的余额。

2）收入总额包括以货币形式和非货币形式从各种来源取得的收入，具体包括销售货物收入，提供劳务收入，转让财产收入，股息、红利等权益性投资收益，利息收入，租金收入，特许权使用费收入，接受捐赠收入，其他收入。

3）收入总额中的下列收入为不征税收入：

①财政拨款；

②依法收取并纳入财政管理的行政事业性收费、政府性基金；

③国务院规定的其他不征税收入。

4）收入总额中的下列收入为免税收入：

①国债利息收入；

②符合条件的居民企业之间的股息、红利等权益性投资收益；

③在中国境内设立机构、场所的非居民企业从居民企业取得与该机构、场所有实际联系的股息、红利等权益性投资收益；

④符合条件的非营利组织的收入（非营利组织的营利性收入，应该纳税）。

5）扣除项目范围及其标准。企业实际发生的与取得收入有关的、合理的支出，包括成本、费用、税金、损失和其他支出，准予在计算应纳税所得额时扣除。

①企业发生的合理的工资、薪金支出准予据实扣除。

②职工福利费支出，不超过工资薪金总额14%的部分准予扣除。

③企业拨缴的工会经费，不超过工资薪金总额2%的部分准予扣除，且必须取得工

会组织开具的《工会经费收入专用收据》。

④除国务院财政部、税务主管部门另有规定外，企业发生的职工教育经费支出，不超过工资薪金总额 2.5% 的部分准予扣除，超过部分准予结转以后纳税年度扣除。

⑤企业依照国务院有关主管部门或者省级人民政府规定的范围和标准为职工缴纳的五险一金，准予扣除。

⑥借款利息：

企业向金融企业借款的利息支出可据实扣除；

非金融企业向非金融企业借款的利息支出，不超过按照金融企业同期同类贷款利率计算的数额的部分可据实扣除，超过部分不允许扣除；

企业从关联方获得的需要偿还本金和支付利息或者需要以其他具有支付利息性质的方式予以补偿的融资，同时满足以下条件，发生的利息支出可据实扣除：

A. 相关交易活动符合独立交易原则的；或者该企业的实际税负不高于境内关联方；

B. 接受的关联方债权性投资与其权益性投资比例不超过标准比例，金融企业为 5：1，其他企业为 2：1，超过该比例的部分不得在发生当期及以后年度扣除。

⑦企业发生的与生产经营活动有关的业务招待费支出，按照发生额的 60% 扣除，但最高不得超过当年销售（营业）收入的 5‰。

⑧企业发生的符合条件的广告费和业务宣传费支出，除另有规定外，不超过当年销售（营业）收入 15% 的部分，准予扣除；超过部分，准予结转以后纳税年度扣除。

⑨企业依照法律、行政法规有关规定提取的用于环境保护、生态恢复等方面的专项资金，准予扣除。专项资金提取后改变用途的，不得扣除。

⑩企业发生的公益性捐赠支出，不超过年度利润总额 12% 的部分，准予扣除。

⑪企业发生的与生产经营有关的手续费及佣金支出，按与具有合法经营资格中介服务机构或个人（不含交易双方及其雇员、代理人和代表人等）所签订服务协议或合同确认的收入金额的 5% 计算限额扣除。除委托个人代理外，企业以现金等非转账方式支付的手续费及佣金不得在税前扣除。

⑫企业安置残疾人所支付的工资费用在据实扣除的基础上，按照支付给残疾职工工资的 100% 加计扣除。

6）在计算应纳税所得额时，下列支出不得扣除：

①向投资者支付的股息、红利等权益性投资收益款项；

②企业所得税税款；

③税收滞纳金；

④罚金、罚款和被没收财物的损失；

⑤年度利润总额 12% 以外的公益性捐赠支出；

⑥企业发生与生产经营活动无关的各种非广告性质的赞助支出；

⑦未经核定的准备金支出；

⑧不能扣除的管理费、租金、特许权使用费；

⑨与取得收入无关的其他支出。

7）在计算应纳税所得额时，企业按照规定计算的固定资产折旧，准予扣除。下列固定资产不得计算折旧扣除：

①房屋、建筑物以外未投入使用的固定资产；

②以经营租赁方式租入的固定资产；

③以融资租赁方式租出的固定资产；

④已足额提取折旧仍继续使用的固定资产；

⑤与经营活动无关的固定资产；

⑥单独估价作为固定资产入账的土地；

⑦其他不得计算折旧扣除的固定资产。

8）在计算应纳税所得额时，企业按照规定计算的无形资产摊销费用，准予扣除。下列无形资产不得计算摊销费用扣除：

①自行开发的支出已在计算应纳税所得额时扣除的无形资产；

②自创商誉；

③与经营活动无关的无形资产；

④其他不得计算摊销费用扣除的无形资产。

9）在计算应纳税所得额时，企业发生的下列支出作为长期待摊费用，按照规定摊销的，准予扣除：

①已足额提取折旧的固定资产的改建支出；

②租入固定资产的改建支出；

③固定资产的大修理支出；

④其他应当作为长期待摊费用的支出。

10）企业纳税年度发生的亏损，准予向以后年度结转，用以后年度的所得弥补，但结转年限最长不得超过五年。

11）在计算应纳税所得额时，企业财务、会计处理办法与税收法律、行政法规的规定不一致的，应当依照税收法律、行政法规的规定计算。

（6）主要税收优惠

1）企业从事国家重点扶持的公共基础设施项目的投资经营所得，自项目取得第一笔生产经营收入所属纳税年度起，第1~3年免征企业所得税，第4~6年减半征收企业所得税。"三免三减半"。

这里所指的国家重点扶持的公共基础设施项目，是指《公共基础设施项目企业所得税优惠目录》规定的港口码头、机场、铁路、公路、电力、水利等项目。

2）企业从事符合条件的环境保护、节能节水项目的所得，自项目取得第一笔生产经营收入所属纳税年度起，第1~3年免征企业所得税，第4~6年减半征收企业所得税。

"三免三减半"，在减免税期限内转让的，受让方自受让之日起，可在剩余期限内享受规定的减免税优惠；减免税期限届满后转让的，受让方不得就该项目重复享受减免税待遇。

3）居民企业转让技术所有权所得不超过 500 万元的部分，免征企业所得税；超过 500 万元的部分减半征收企业所得税。

技术转让的范围，包括专利技术（含国防专利）、计算机软件著作权、集成电路布图设计专有权、植物新品种权、生物医药新品种、转让 5 年以上（含 5 年）非独占许可使用权以及财政部和国家税务总局确定的其他技术。

技术转让应签订技术转让合同。其中，境内的技术转让须经省级以上（含省级）科技部门认定登记，跨境的技术转让须经省级以上（含省级）商务部门认定登记，涉及财政经费支持产生技术的转让，需省级以上（含省级）科技部门审批。

居民企业取得禁止出口和限制出口技术转让所得，不享受技术转让减免企业所得税优惠政策。

居民企业从直接或间接持有股权之和达到 100% 的关联方取得的技术转让所得，不享受技术转让减免企业所得税税收优惠。

4）国家重点扶持的高新技术企业减按 15% 的税率征收企业所得税。国家重点扶持的高新技术企业，是指拥有核心自主知识产权，并同时符合下列六方面条件的企业：

A. 拥有核心自主知识产权；

B. 产品、服务属于《国家重点支持的高新技术领域》规定的范围；

C. 企业最近三个会计年度的研究开发费用总额占销售收入总额的比例符合以下要求：

①最近一年销售收入小于 5000 万元的企业，比例不低于 6%；

②最近一年销售收入在 5000 万~20000 万元的企业，比例不低于 4%；

③最近一年销售收入在 20000 万元以上的企业，比例不低于 3%。

其中，企业在中国境内发生的研究开发费用总额占全部研究开发费用总额的比例不低于 60%；

D. 高新技术产品（服务）收入占企业当年总收入的 60% 以上；

E. 具有大学专科以上学历的科技人员占企业当年职工总数的 30% 以上，其中研发人员占企业当年职工总数的 10% 以上；

F. 高新技术企业认定管理办法规定的其他条件。

5）企业发生的研究开发费用，未形成无形资产的在按照规定据实扣除的基础上，按照研究开发费用的 50% 加计扣除；形成无形资产的，按照无形资产成本的 150% 摊销。

研究开发活动是指企业为获得科学与技术（不包括人文、社会科学）新知识，创造性运用科学技术新知识，或实质性改进技术、工艺、产品（服务）而持续进行的具有明确目标的研究开发活动。不包括企业产品（服务）的常规性升级或对公开的科研成果直接应用等活动（如直接采用公开的新工艺、材料、装置、产品、服务或知识等）。

A. 企业从事《国家重点支持的高新技术领域》和国家发展改革委员会等部门公布的《当前优先发展的高技术产业化重点领域指南（2007年度）》规定项目的研究开发活动，其在一个纳税年度中实际发生的下列费用支出，允许在计算应纳税所得额时按照规定实行加计扣除。

①新产品设计费、新工艺规程制定费以及与研发活动直接相关的技术图书资料费、资料翻译费。

②从事研发活动直接消耗的材料、燃料和动力费用。

③在职直接从事研发活动人员的工资、薪金、奖金、津贴、补贴。

④专门用于研发活动的仪器、设备的折旧费或租赁费。

⑤专门用于研发活动的软件、专利权、非专利技术等无形资产的摊销费用。

⑥专门用于中间试验和产品试制的模具、工艺装备开发及制造费。

⑦勘探开发技术的现场试验费。

⑧研发成果的论证、评审、验收费用。

对企业共同合作开发的项目，凡符合上述条件的，由合作各方就自身承担的研发费用分别按照规定计算加计扣除。

对企业委托给外单位进行开发的研发费用，凡符合上述条件的，由委托方按照规定计算加计扣除，受托方不得再进行加计扣除。

B. 企业必须对研究开发费用实行专账管理，同时必须按照本办法附表的规定项目，准确归集填写年度可加计扣除的各项研究开发费用实际发生金额。企业在一个纳税年度内进行多个研究开发活动的，应按照不同开发项目分别归集可加计扣除的研究开发费用额。

企业申请研究开发费加计扣除时，应向主管税务机关报送如下资料：

①自主、委托、合作研究开发项目计划书和研究开发费预算。

②自主、委托、合作研究开发专门机构或项目组的编制情况和专业人员名单。

③自主、委托、合作研究开发项目当年研究开发费用发生情况归集表。

④企业总经理办公会或董事会关于自主、委托、合作研究开发项目立项的决议文件。

⑤委托、合作研究开发项目的合同或协议。

⑥研究开发项目的效用情况说明、研究成果报告等资料。

企业实际发生的研究开发费，在年度中间预缴所得税时，允许据实计算扣除，在年度终了进行所得税年度申报和汇算清缴时，再依照本办法的规定计算加计扣除。

6）创业投资企业采取股权投资方式投资于未上市的中小高新技术企业2年以上的，可以按照其投资额的70%在股权持有满2年的当年抵扣该创业投资企业的应纳税所得额；当年不足抵扣的，可以在以后纳税年度结转抵扣。

7）企业综合利用资源，生产符合国家产业政策规定的产品所取得的收入，可以在计算应纳税所得额时减按90%计入收入总额。

8）企业"购置并实际使用"《环境保护专用设备企业所得税优惠目录》《节能节水专用设备企业所得税优惠目录》和《安全生产专用设备企业所得税优惠目录》规定的"环境保护、节能节水、安全生产"等专用设备的，该专用设备的投资额的10%可以从企业当年的应纳税额中抵免；当年不足抵免的，可以在以后5个纳税年度结转抵免。

9）关于鼓励软件产业和集成电路产业发展的优惠政策：

A. 集成电路线宽小于0.8微米（含）的集成电路生产企业，经认定后，自获利年度起2免3减半。

B. 集成电路线宽小于0.25微米或投资额超过80亿元，15%的税率；其中经营期在15年以上的，5免5减半。

C. 境内新办的集成电路设计企业和符合条件的软件企业，2免3减半。

D. 国家规划布局内的重点软件企业和集成电路设计企业，如当年未享受免税优惠的，可减按10%的税率征收企业所得税。

2. 核算内容

设置"应交税费-应交企业所得税"科目，主要核算企业所得税的计提、缴纳、所得税汇算清缴等内容。

三、纳税操作流程

1. 每季季末，税务管理岗查看利润表中本月利润总额，编制所得税计算表，经会计主管审核后进行所得税计提的账务处理

每季度结束后第一个月15日前（遇节假日顺延），根据企业利润情况计算企业所得税，填写季度企业所得税纳税申报表，提交会计主管、财务部主任审核后，在税务局网站进行纳税申报。申报成功后，银行根据申报金额从银行账户进行扣款，税务管理岗根据纳税申报表、银行扣款凭证在系统中进行账务处理。

说明：企业在纳税年度内，无论盈利或亏损，都应当按照企业所得税法规定的期限向税务机关报送预缴企业所得税纳税申报表、年度企业所得税纳税申报表、财务会计报告和税务机关规定应当报送的其他有关资料。因此当没有盈利时，仍需申报所得税，不计提所得税费用。

次年5月31日前，配合税务师事务所做好企业所得税汇算清缴工作，填写企业所得税年度纳税申报表，报相关主管审核后进行所得税纳税申报，存在纳税调增、调减事项时，按照税务局要求准备资料，报税务局审批，根据审批结果，税务管理岗在系统中进行账务处理。

2. 主要纳税调整事项说明

（1）收入类主要调整项目。

1）视同销售收入：填报会计上不作为销售核算而在税收上应确认为应税收入缴纳

企业所得税的收入。

2）按权益法核算长期股权投资对初始投资成本调整确认收益：在权益法下，初始投资成本小于取得投资时应享有被投资单位可辨认净资产公允价值份额的差额，会计上计入取得投资当期的营业外收入，税法对于该部分差额不计入产生当期的应纳税所得额。

3）按权益法核算的长期股权投资持有期间的投资损益，会计上确认损益，税法上持有期间不确认损益，处置时确认。"调增金额"填报纳税人应分担被投资单位发生的净亏损、确认为投资损失的金额；"调减金额"填报纳税人应分享被投资单位发生的净利润、确认为投资收益的金额。

4）确认为递延收益的政府补助：填报纳税人取得的不属于税收规定的不征税收入、免税收入以外的其他政府补助，按照国家统一会计制度确认为递延收益，税收处理应计入应纳税所得额应进行纳税调整的数额。

5）免税收入：国债利息收入，符合条件的居民企业之间的股息、红利等权益性投资收益免征企业所得税，进行纳税调减。

（2）扣除类主要调整项目。

1）视同销售成本：填报按照税收规定视同销售应确认的成本，做纳税调减。

2）工资薪金支出："账载金额"填报纳税人按照国家统一会计制度计入成本费用的职工工资、奖金、津贴和补贴；"税收金额"填报纳税人按照税收规定允许税前扣除的工资薪金。

3）职工福利费支出：企业发生的职工福利费支出，不超过工资薪金总额14%的部分准予扣除，超过的部分进行纳税调增。

4）职工教育经费支出：企业发生的职工教育经费支出，不超过工资薪金总额2.5%的部分准予扣除，超过部分准予结转以后纳税年度扣除；软件生产企业的职工培训费用，可按实际发生额在计算应纳税所得额时扣除。

5）工会经费支出：企业拨缴的工会经费，不超过工资薪金总额2%的部分准予扣除，且必须取得工会组织开具的《工会经费收入专用收据》，超过规定标准或未取得专用收据的应进行纳税调增。

6）业务招待费支出：企业发生的与生产经营活动有关的业务招待费支出，按照发生额的60%扣除，但最高不得超过当年销售（营业）收入的5‰，超过规定标准的应进行纳税调增。

7）广告费与业务宣传费支出：企业发生的符合条件的广告费和业务宣传费支出，除另有规定外，不超过当年销售（营业）收入15%的部分，准予扣除；超过部分，准予结转以后纳税年度扣除。

8）捐赠支出：企业发生的公益性捐赠支出，不超过年度利润总额12%的部分，准予扣除，超过部分应进行纳税调增。

9）利息支出："账载金额"填报纳税人按照国家统一会计制度实际发生的向非金融企业借款计入财务费用的利息支出的金额；"税收金额"填报纳税人按照税收规定允许税前扣除的利息支出的金额。

10）罚金、罚款和被没收财物的损失：企业发生的罚金、罚款和被罚没财物损失的金额，不包括纳税人按照经济合同规定支付的违约金（包括银行罚息）、罚款和诉讼费，税费规定不允许税前扣除。

11）补充医疗保险、补充养老保险：按照财政部、国家税务总局《关于补充养老保险费补充医疗保险费有关企业所得税政策问题的通知》（财税〔2009〕27号），企业根据国家有关政策规定，为在本企业任职或者受雇的全体员工支付的补充养老保险费、补充医疗保险费，分别在不超过职工工资总额5%标准内的部分，在计算应纳税所得额时准予扣除；超过的部分，不予扣除。

3. 资产类主要调整项目

财产损失：企业当期发生的固定资产及流动资产盘亏、毁损损失，应按规定的程序和要求向主管税务机关申报后方能在税前扣除，企业因存货盘亏、毁损、报废等原因不得从销项税金中抵扣的进项税金，应视同企业财产损失，准予与存货损失一起在所得税前按规定扣除。具体资产损失税前扣除按照国家税务总局公告〔2011〕第25号《企业资产损失所得税税前扣除管理办法》的规定执行。

四、主要账务处理

1. 计提企业所得税

每季季末，税务管理岗编制所得税计算表，经会计主管审核后编制记账凭证。

记账凭证

摘要	会计科目	借方	贷方
计提×月企业所得税	所得税费用-当期所得税费用	××.××	
计提×月企业所得税	应交税费-应交企业所得税		××.××
合计		××.××	××.××

凭证附件：所得税计算表。

2. 预缴企业所得税

每季度结束后第一个月15日前（遇节假日顺延），税务管理岗根据企业利润情况计算季度企业所得税，填写季度企业所得税纳税申报表，经会计主管、财务部主任审核后，在税务局网站进行纳税申报。申报成功后，银行根据申报金额从银行账户进行扣款，税务管理岗根据纳税申报表、银行扣款凭证等编制记账凭证。

记账凭证

摘要	会计科目	借方	贷方
缴纳×月企业所得税	应交税费-应交企业所得税	××.××	
缴纳×月企业所得税	银行存款-币种-××银行-××账户		××.××
合 计		××.××	××.××

凭证附件：季度企业所得税纳税申报表、银行扣款专用凭证、税收专用缴款书等。

现金流量表项目：AQ3 支付的各项税费-缴纳企业所得税支付现金。

3. 年末所得税调整

（1）确定当期所得税。纳税年度结束后，税务管理岗根据全年利润总额及纳税调整事项计算当期所得税。当期所得税是指企业按照税法规定计算确定的针对当期发生的交易和事项，应缴纳给税务部门的所得税金额，即当期应交所得税。

企业在确定当期应交所得税时，对于当期发生的交易和事项，会计处理与税法处理不同，应在会计利润的基础上，按照适用税收法规的规定进行调整，计算出当期应纳税所得额，按照应纳税所得额与适用所得税税率计算确定当期应交所得税。一般情况下，应纳税所得额可在会计利润的基础上，考虑会计与税收之间的差异，按照以下公式计算确定：

应纳税所得额=会计利润+按照会计准则规定计入利润表但计税时不允许税前扣除的费用±计入利润表的费用与按照税法规定可予税前抵扣的金额之间的差额±计入利润表的收入与按照税法规定应计入应纳税所得额的收入之间的差额-税法规定的不征税收入±其他需要调整的因素

当期应交所得税=应纳税所得额×所得税税率

（2）确定递延所得税。

1）递延所得税是指按照所得税准则规定，当期应予确认的递延所得税资产和递延所得税负债，在期末应有的金额相对于原已确认金额之间的差额，即递延所得税资产及递延所得税负债当期发生额的综合结果。用公式表示即为：

递延所得税=（期末递延所得税负债-期初递延所得税负债）-（期末递延所得税资产-期初递延所得税资产）

2）递延所得税负债产生于应纳税暂时性差异，除所得税准则中明确规定可不确认递延所得税负债的情况以外，企业对于所有的应纳税暂时性差异均应确认相关的递延所得税负债。

所得税准则中明确规定不确认递延所得税负债的情况包括：

①商誉的初始确认。非同一控制下的企业合并中，企业合并成本大于合并中取得的被购买方可辨认净资产公允价值份额的差额，按照会计准则规定应确认为商誉，但该合并若满足税法规定的免税合并的情况下，商誉的计税基础为零，其账面价值与计税基础形成的应纳税暂时性差异，准则中规定不确认与其相关的递延所得税负债；

②除企业合并以外的其他交易或事项中，如果该项交易或事项发生时既不影响会计利润，也不影响应纳税所得额，则产生的资产、负债的初始确认金额与其计税基础不同，形成应纳税暂时性差异的，交易或事项发生时不确认相应的递延所得税负债；

③与子公司、联营企业、合营企业投资等相关的应纳税暂时性差异，如果投资企业能够控制暂时性差异转回的时间且该差异在可预见的未来很可能不会转回，则该差异对未来期间计税不产生影响，从而无须确认相应的递延所得税负债。

3）递延所得税资产产生于可抵扣暂时性差异，确认因可抵扣暂时性差异产生的递延所得税资产应以未来期间可能取得的应纳税所得额为限。在可抵扣暂时性差异转回的未来期间内，企业无法产生足够的应纳税所得额用以利用可抵扣暂时性差异的影响，使得与可抵扣暂时性差异相关的经济利益无法实现的，不应确认递延所得税资产，企业有明确的证据表明其可以抵扣暂时性差异转回的未来期间能够产生足够的应纳税所得额，进而利用可抵扣暂时性差异的，则应以可能取得的应纳税所得额为限，确认相关递延所得税资产。

4）企业因确认递延所得税资产和递延所得税负债产生的递延所得税，一般应当记入所得税费用，但以下两种情况除外：

①某项交易或事项按照会计准则规定应计入所有者权益的，由该交易或事项产生的递延所得税资产或递延所得税负债及其变化亦应计入所有者权益，不构成利润表中的递延所得税费用（或收益）。

②企业合并中取得的资产、负债，其账面价值与计税基础不同，应确认相关递延所得税的，该递延所得税的确认影响合并中产生的商誉或是计入合并当期损益的金额，不影响所得税费用。

（3）确定所得税费用。

计算确定了当期所得税及递延所得税以后，利润表中应予确认的所得税费用为两者之和，即所得税费用＝当期所得税＋递延所得税。

一般情况下，单位应尽可能在财务报告批准报出日之前委托税务师事务所进行所得税专项鉴证，出具所得税鉴证报告；根据所得税鉴证报告进行所得税年度汇算清缴。

税务管理岗根据所得税鉴证报告和所得税纳税申报表进入系统，录入相关信息，生成记账凭证。

财务报告批准报出日之前，进行如下账务处理：

1）计提递延所得税资产。

记账凭证

摘要	会计科目	借方	贷方
计提递延所得税资产	所得税费用-递延所得税费用	-××.××	
计提递延所得税资产	递延所得税资产-应收账款	××.××	
计提递延所得税资产	递延所得税资产-其他应收款等	××.××	
合 计		0	0

2）计提递延所得税负债。

记账凭证

摘要	会计科目	借方	贷方
计提递延所得税负债	所得税费用–递延所得税费用	××.××	
计提递延所得税负债	递延所得税负债–预计负债		××.××
计提递延所得税负债	递延所得税负债–递延收益等		××.××
合 计		××.××	××.××

凭证附件：年度所得税纳税申报表。

财务报告批准报出日之后，所得税汇算清缴前需要调整所得税，作为资产负债表日后事项处理。

记账凭证

摘要	会计科目	借方	贷方
汇算清缴上年度企业所得税	以前年度损益调整	××.××	
汇算清缴上年度企业所得税	应交税费–应交企业所得税		××.××
汇算清缴上年度企业所得税	利润分配–未分配利润	××.××	
汇算清缴上年度企业所得税	以前年度损益调整		××.××
合 计		××.××	××.××

凭证附件：年度所得税纳税申报表、所得税鉴证报告。

4. 所得税汇算清缴

税务管理岗根据所得税鉴证报告进行所得税汇算清缴，若根据上年缴纳情况需补缴税款的，相关账务处理参见"税费核算–预缴企业所得税"章节；若出现上年多缴的情况，多缴部分可抵减以后年度应纳税款，经税务机关同意也可进行税款退库处理。

第四节　印花税

一、核算原则及主要风险提示

1. 核算原则

（1）按照规定的印花税纳税义务发生时间确认税额，承担纳税义务。

（2）按照印花税的计税依据及适用的税率计算应负担的税额，保证税款的完整、准确。

（3）按照规定的纳税期限及时、准确地进行印花税的纳税申报，缴纳税款。

2. 主要风险提示

（1）未按照印花税法的规定的范围和税目、税率确认应纳税额，给企业带来纳税风险。

（2）未按照规定进行申报和缴纳税款，不及时或申报金额不准确，使集团面临税务违规风险。

（3）不掌握税收优惠政策使集团利益受到损失。

二、术语解释及核算内容

1. 术语解释

（1）印花税的定义。印花税是对经济活动和经济交往中书立、领受的凭证征收的一种税。

（2）纳税义务人。印花税的纳税义务人是指在中国境内书立、使用、领受印花税法所列举的凭证，并应依法履行纳税义务的单位和个人。根据书立、使用、领受应税凭证的不同，可以分别确定为立合同人、立据人、立账簿人、领受人、使用人和各类电子应税凭证的签订人。

（3）税目与税率。

税目	适用范围	税率	纳税人
1. 购销合同	包括供应、预购、采购、购销结合及协作、调剂、补偿、易货等合同	按购销金额 0.3‰贴花	立合同人
2. 加工承揽合同	包括加工、定做、修缮、修理、印刷广告、测绘、测试等合同	按加工或承揽收入 0.5‰贴花	立合同人
3. 建设工程勘察设计合同	包括勘察、设计合同	按收取费用 0.5‰贴花	立合同人
4. 建筑安装工程承包合同	包括建筑、安装工程承包合同	按承包金额 0.3‰贴花	立合同人
5. 财产租赁合同	包括租赁房屋、船舶、飞机、机动车辆、机械、器具、设备等合同	按租赁金额 1‰贴花。税额不足 1 元，按 1 元贴花	立合同人
6. 货物运输合同	包括民用航空、铁路运输、海上运输、内河运输、公路运输和联运合同	按运输费用 0.5‰贴花	立合同人
7. 仓储保管合同	包括仓储、保管合同	按仓储保管费用 1‰贴花	立合同人
8. 借款合同	银行及其他金融组织和借款人（不包括银行同业拆借）所签订的借款合同	按借款金额 0.05‰贴花	立合同人
9. 财产保险合同	包括财产、责任、保证、信用等保险合同	按保险费收入 1‰贴花	立合同人
10. 技术合同	包括技术开发、转让、咨询、服务等合同	按所记载金额 0.3‰贴花	立合同人

续表

税目	适用范围	税率	纳税人
11. 产权转移书据	包括财产所有权和版权、商标专用权、专利权、专有技术使用权等转移书据、土地使用权出让合同、土地使用权转让合同、商品房销售合同	按所记载金额 0.5‰贴花	立据人
12. 营业账簿	生产、经营用账册	记载资金的账簿，按实收资本和资本公积的合计金额 0.5‰贴花。其他账簿按件贴花 5 元	立账簿人
13. 权利、许可证照	包括政府部门发给的房屋产权证、工商营业执照、商标注册证、专利证、土地使用证	按件贴花 5 元	领受人

说明：对于货物运输合同、仓储保管合同、借款合同、财产保险合同，单据作为合同使用的，按单据贴花。

2. 核算内容

设置"应交税费-应交印花税"科目，主要核算企业印花税的计提和缴纳。

三、主要账务处理

1. 计提印花税

每月月末，税务管理岗编制印花税计算表，经会计主管审核后编制记账凭证。

记账凭证

摘要	会计科目	借方	贷方
计提×月印花税	税金及附加	××.××	
计提×月印花税	应交税费-应交印花税		××.××
合计		××.××	××.××

凭证附件：印花税计算表。

2. 缴纳印花税

网上申报成功后，银行根据网上申报的资料进行扣款，税务管理岗审核银行付款回单和银行扣款专用凭证后，编制记账凭证。

记账凭证

摘要	会计科目	借方	贷方
缴纳×月印花税	应交税费-应交印花税	××.××	
缴纳×月印花税	银行存款-币种-××银行-××账户		××.××
合计		××.××	××.××

凭证附件：银行付款回单、银行扣款凭证或税收完税凭证、纳税申报表等。

现金流量表项目：AQ5 支付的各项税费-缴纳其他税费支付现金。

第五节 房产税

一、核算原则及主要风险提示

1. 核算原则

（1）按照规定的房产税纳税义务发生时间确认税额，承担纳税义务。

（2）按照房产税的计税依据及适用的税率计算应负担的税额，保证税款的完整、准确。

（3）按照规定的纳税期限及时、准确地进行房产税的纳税申报，缴纳税款。

2. 主要风险提示

（1）未按照房产税暂行条例规定的范围和计算方法计算房产税，使集团面临税务违规风险。

（2）未按照规定进行申报和缴纳税款，不及时或申报金额不准确，使集团面临税务违规风险。

（3）不掌握税收优惠政策使集团利益受到损失。

二、术语解释及核算内容

1. 术语解释

（1）房产税的定义。房产税是以房屋为征税对象，按房屋的计税余值或租金收入为计税依据，向产权所有人征收的一种财产税。应当按照《中华人民共和国房产税暂行条例》（国发〔1986〕90号）的规定缴纳房产税。

（2）纳税义务人。房产税以在征税范围内的房屋产权所有人为纳税人。产权属于国家所有的，由经营管理单位纳税；产权属于集体和个人所有的，由集体单位和个人纳税。产权出典的，由承典人纳税。产权所有人、承典人不在房产所在地的，或者产权未确定及租典纠纷未解决的，由房产代管人或者使用人纳税。纳税单位和个人无租使用房产管理部门、免税单位及纳税单位的房产，应由使用人代为缴纳房产税。

（3）征税对象。房产税的征收对象为城市、县城、建制镇和工矿区内的房产。

（4）计税依据和税率。房产税的计税依据是房产的计税价值或房产的租金收入。按照房产余值征收的，称为从价计征；按照房产租金收入计征的，称为从租计征。

从价计征的，房产税依照房产原值一次减除10%～30%后的余值计算缴纳。扣除比例由当地省、自治区、直辖市人民政府在税法规定的减除幅度内自行确定。没有房产原值作为依据的，由房产所在地税务机关参考同类房产确定房产原值。房产原值应包括与房屋不可分割的各种附属设备或一般不单独计算价值的配套设施的价值。

房屋出租的，以房产租金收入为房产税的计税依据。对出租房产，租赁双方签订的租赁合同约定有免收租金期限的，免收租金期间由产权所有人按照房产原值缴纳房产税。

房产税的税率，依照房产余值计算缴纳的，税率为 1.2%；依照房产租金收入计算缴纳的，税率为 12%。

从价计征应纳税额=应税房产原值×（1-扣除比例）×1.2%

从租计征应纳税额=租金收入×12%

按照《财政部、国家税务总局关于安置残疾人就业单位城镇土地使用税等政策的通知》（财税〔2010〕121 号）的规定，对按照房产原值计税的房产，无论会计上如何核算，房产原值均应包含地价，包括为取得土地使用权支付的价款、开发土地发生的成本费用等。宗地容积率低于 0.5 的，按房产建筑面积的 2 倍计算土地面积并据此确定计入房产原值的地价。宗地容积率高于 0.5 的，应将土地原值并入房产原值计征房产税。

2. 核算内容

设置"应交税费-应交房产税"科目，主要核算企业房产税的计提和缴纳。

三、主要账务处理

1. 计提房产税

税务管理岗根据房产（含土地）价值增减变动情况及房屋租金收入编制房产税计算表，经会计主管审核后编制记账凭证。

记账凭证

摘要	会计科目	借方	贷方
计提×月房产税	管理费用-房产税	××.××	
计提×月房产税	应交税费-应交房产税		××.××
合 计		××.××	××.××

凭证附件：房产税计算表、资产部卡片信息统计表。

2. 缴纳房产税

网上申报成功后，银行根据网上申报的资料进行扣款，税务管理岗审核银行付款回单和银行扣款专用凭证后编制记账凭证。

记账凭证

摘要	会计科目	借方	贷方
缴纳×月房产税	应交税费-应交房产税	××.××	
缴纳×月房产税	银行存款-币种-××银行-××账户		××.××
合 计		××.××	××.××

凭证附件：税费计算表、银行付款回单、银行扣款凭证或税收完税凭证、纳税申报表等。

现金流量表项目：AQ5 支付的各项税费-缴纳其他税费支付现金。

第六节　城镇土地使用税

一、核算原则及主要风险提示

1. 核算原则

（1）按照规定的城镇土地使用税纳税义务发生时间确认税额，承担纳税义务。

（2）按照城镇土地使用税的计税依据及适用的税率计算应负担的税额，保证税款的完整、准确。

（3）按照规定的纳税期限及时、准确地进行城镇土地使用税的纳税申报，缴纳税款。

2. 主要风险提示

（1）未按照城镇土地使用税暂行条例规定的范围和计算方法计算城镇土地使用税，使集团面临税务违规风险。

（2）未按照规定进行申报和缴纳税款，不及时或申报金额不准确，使集团面临税务违规风险。

（3）不掌握税收优惠政策使集团利益受到损失。

二、术语解释及核算内容

1. 术语解释

（1）城镇土地使用税的定义。城镇土地使用税是以国有土地为征税对象，以实际占用的土地单位面积为计税标准，按规定税额对拥有土地使用权的单位和个人征收的一种税。应当按照《中华人民共和国城镇土地使用税暂行条例》的规定缴纳城镇土地使用税。

（2）纳税义务人。在城市、县城、建制镇、工矿区范围内使用土地的单位和个人，为城镇土地使用税的纳税义务人。

城镇土地使用税的纳税人通常包括以下几类：

1）拥有土地使用权的单位和个人；

2）拥有土地使用权的单位和个人不在土地所在地时的土地实际使用人和代管人；

3）土地使用权未确定或权属纠纷未解决时实际使用人；

4）土地使用权共有时的共有各方。由共有各方分别按其实际使用的土地面积占总面积的比例，分别计算缴纳土地使用税。

（3）征税范围。城镇土地使用税的征税范围，包括在城市、县城、建制镇和工矿区内的国家所有和集体所有的土地。

（4）计税依据和税率。城镇土地使用税以纳税人实际占用的土地面积为计税依据，按照规定的税额计算征收。

城镇土地使用税每平方米年应纳税额如下：①大城市 1.5~30 元；②中等城市 1.2~24 元；③小城市 0.9~18 元；④县城、建制镇、工矿区 0.6~12 元。

各省、自治区、直辖市人民政府，应当在规定的税额幅度内，根据市政建设状况、经济繁荣程度等条件，确定所辖地区的适用税额幅度。市、县人民政府应当根据实际情况，将本地区土地划分为若干等级，在省、自治区、直辖市人民政府确定的税额幅度内，制定相应的适用税额标准，报省、自治区、直辖市人民政府批准执行。

（5）税收优惠。根据《财政部　国家税务总局关于安置残疾人就业单位城镇土地使用税等政策的通知》（财税〔2010〕121 号）规定，对在一个纳税年度内月平均实际安置残疾人就业人数占单位在职职工总数的比例高于 25%（含 25%）且实际安置残疾人人数高于 10 人（含 10 人）的单位，可减征或免征该年度城镇土地使用税。具体减免税比例及管理办法由省、自治区、直辖市财税主管部门确定。

2. 核算内容

设置"应交税费-应交土地使用税"科目，主要核算城镇土地使用税的计提和缴纳。

三、主要账务处理

1. 计提城镇土地使用税

税务管理岗根据土地占用面积及每平方米土地应纳税额编制土地使用税计算表，经会计主管审核后编制记账凭证。

记账凭证

摘要	会计科目	借方	贷方
计提×月土地使用税	管理费用-城镇土地使用税	××.××	
计提×月土地使用税	应交税费-应交城镇土地使用税		××.××
合 计		××.××	××.××

凭证附件：土地使用税计算表、土地信息统计表。

2. 缴纳城镇土地使用税

网上申报成功后，银行根据网上申报的资料进行扣款，税务管理岗审核银行付款回单和银行扣款专用凭证后编制记账凭证。

记账凭证

摘要	会计科目	借方	贷方
缴纳×月土地使用税	应交税费-应交城镇土地使用税	××.××	
缴纳×月土地使用税	银行存款-币种-××银行-××账户		××.××
合计		××.××	××.××

凭证附件：税费计算表、银行付款回单、银行扣款凭证或税收完税凭证、纳税申报表等。

现金流量表项目：AQ5 支付的各项税费-缴纳其他税费支付现金。

第七节 车船税

一、核算原则

按照实际扣缴的税款及时、准确地进行账务处理。

二、术语解释及核算内容

1. 术语解释

（1）车船税的定义。车船税是以车船为征税对象，向拥有车船的单位和个人征收的一种税。应当按照《中华人民共和国车船税法实施条例》的规定缴纳车船税。

（2）纳税义务人。车船税的纳税义务人，是指在中华人民共和国境内，车辆、船舶的所有人或者管理人。

（3）征税范围。车船税的征税范围，是指在中华人民共和国境内属于车船税法所附《车船税税目税额表》规定的车辆、船舶。

（4）税目、税率。

税 目	计税单位	每年税额	备 注
载客汽车	每辆	60~660 元	包括电车
载货汽车	按自重每吨	16~120 元	包括半挂牵引车、挂车
三轮汽车低速货车	按自重每吨	24~120 元	
摩托车	每辆	36~180 元	
船舶	按净吨位每吨	3~6 元	拖船和非机动驳船分别按照船舶税额的50%计算

2. 核算内容

设置"应交税费-应交车船税"科目，主要核算车船税的计提和缴纳。

三、主要账务处理

车船税按年申报缴纳，从事机动车交通事故责任强制保险业务的保险机构为机动车车船税的扣缴义务人，依法代收代缴车船税。

税务管理岗审核机动车交通事故责任强制保险单、保险业专用发票、银行的付款回单等单据后，编制记账凭证。

记账凭证

摘要	会计科目	借方	贷方
计提车船税	管理费用–车船使用税	××.××	
计提车船税	应交税费–应交车船使用税		××.××
缴纳车船税	应交税费–应交车船使用税	××.××	
缴纳车船税	银行存款–币种–××银行–××账户		××.××
合　计		××.××	××.××

凭证附件：付款申请单、机动车交通事故责任强制保险单、保险业专用发票、银行的付款回单等。

现金流量表项目：AQ5 支付的各项税费–缴纳其他税费支付现金。

第八节　个人所得税

一、核算原则及主要风险提示

1. 核算原则

（1）按照《个人所得税法》规定的征收范围，对个人所得税履行代扣代缴。

（2）发生支付职工薪酬等业务按《个人所得税法》的规定代扣并进行相应账务处理。

（3）按照规定的纳税期限及时、准确地进行个人所得税的纳税申报，缴纳税款。

2. 主要风险提示

未按《个人所得税法》的规定对个人所得税履行代扣代缴义务，使企业面临税务违规风险。

二、术语解释及核算内容

1. 术语解释

（1）个人所得税的定义。个人所得税是对个人（自然人）取得的各项所得征收的一种所得税。按照中华人民共和国主席令第四十八号《中华人民共和国个人所得税法》

执行。

（2）纳税义务人。在中国境内有住所，或者无住所而在境内居住满一年的个人，从中国境内和境外取得的所得缴纳个人所得税。在中国境内无住所又不居住或者无住所而在境内居住不满一年的个人，从中国境内取得的所得缴纳个人所得税。

（3）征税范围：

1）工资、薪金所得，包括奖金、年终加薪、劳动分红、津贴、补贴，其中独生子女补贴、托儿补助费、差旅费津贴、误餐补助不予征税。

2）个体工商户的生产、经营所得。

3）对企事业单位的承包经营、承租经营所得。

4）劳务报酬所得。

5）稿酬所得。

6）特许权使用费所得。

7）利息、股息、红利所得。

8）财产租赁所得。

9）财产转让所得。

10）偶然所得。

11）经国务院财政部门确定征税的其他所得。

（4）税率。

1）工资、薪金所得，适用七级超额累进税率，税率为3%～45%：

工资、薪金所得个人所得税税率表

级数	全月应纳税所得额		税率（%）	速算扣除数
	含税级距	不含税级距		
1	不超过1500元的	不超过1455元的	3	0
2	超过1500～4500元的部分	超过1455～4155元的部分	10	105
3	超过4500～9000元的部分	超过4155～7755元的部分	20	555
4	超过9000～35000元的部分	超过7755～27255元的部分	25	1005
5	超过35000～55000元的部分	超过27255～41255元的部分	30	2755
6	超过55000～80000元的部分	超过41255～57505元的部分	35	5505
7	超过80000元的部分	超过57505元的部分	45	13505

注：本表所列含税级距与不含税级距，均为按照税法规定减除有关费用后的所得额。

含税级距适用于由纳税人负担税款的工资、薪金所得；不含税级距适用于由他人（单位）代付税款的工资、薪金所得。

全月应纳税所得额是指每月收入额减除费用3500元后的余额或者再减除附加减除费用后的余额。

应纳税额=(工资、薪金收入-3500元或4800元)×适用税率-速算扣除数

2）稿酬所得，适用比例税率，税率为 20%，并按应纳税额减征 30%。

3）劳务报酬所得，适用比例税率，税率为 20%。对劳务报酬所得一次收入畸高的，可以实行加成征收，具体办法由国务院规定。其中，"劳务报酬所得一次收入畸高"是指个人一次取得劳务报酬，其应纳税所得额超过 20000 元。应纳税所得额超过 20000~50000 元的部分，依照税法规定计算应纳税额后再按照应纳税额加征五成；超过 50000 元的部分，加征十成。

4）特许权使用费所得，利息、股息、红利所得，财产租赁所得，财产转让所得，偶然所得和其他所得，适用比例税率，税率为 20%。

劳务报酬所得、稿酬所得、特许权使用费所得、财产租赁所得，每次收入不超过 4000 元的，减除费用 800 元；4000 元以上的，减除 20%的费用，其余额为应纳税所得额。

2. 核算内容

设置"应交税费-应交个人所得税"科目，主要核算个人所得税的计提和缴纳。

三、主要账务处理

1. 计提个人所得税

出纳付款后，会计核算岗根据银行回单在系统生成记账凭证。

记账凭证

摘要	会计科目	借方	贷方
发放×月职工工资（企业负担部分）	应付职工薪酬-工资-普通工资\特殊工资\借调人员\其他-基本工资	××.××	
发放×月职工工资（企业负担部分）	应付职工薪酬-工资-普通工资\特殊工资\借调人员\其他-效益工资	××.××	
发放×月职工工资（企业负担部分）	应付职工薪酬-工资-普通工资\特殊工资\借调人员\其他-津贴	××.××	
发放×月职工工资（企业负担部分）	应付职工薪酬-工资-普通工资\特殊工资\借调人员\其他-奖金	××.××	
发放×月职工工资（企业负担部分）	应付职工薪酬-工资-普通工资\特殊工资\借调人员\其他-其他	××.××	
发放×月职工工资（个人负担部分）	其他应付款-社会保险费-基本养老保险		××.××
发放×月职工工资（个人负担部分）	其他应付款-社会保险费-企业年金		××.××
发放×月职工工资（个人负担部分）	其他应付款-社会保险费-基本医疗保险		××.××
发放×月职工工资（个人负担部分）	其他应付款-社会保险费-失业保险		××.××
发放×月职工工资（个人负担部分）	其他应付款-住房公积金		××.××
发放×月职工工资（个人负担部分）	应交税费-应交个人所得税		××.××
发放×月职工工资（个人负担部分）	银行存款-人民币-××银行-基本存款账户		××.××
合 计		××.××	××.××

凭证附件：付款申请单、银行回单、工资通知单及工资明细表。

现金流量表项目：AP1 支付给职工及为职工支付的现金-支付工资支付现金。

2. 缴纳个人所得税

网上申报成功后，银行根据网上申报的资料进行扣款，税务管理岗审核银行付款回单和银行扣款专用凭证后编制记账凭证。

记账凭证

摘要	会计科目	借方	贷方
缴纳×月个人所得税	应交税费-应交个人所得税	××.××	
缴纳×月个人所得税	银行存款-币种-××银行-××账户		××.××
合 计		××.××	××.××

凭证附件：银行付款回单、银行扣款凭证或税收完税凭证等。

现金流量表项目：AP1 支付给职工及为职工支付的现金-支付工资支付现金。

第九节 关 税

一、核算原则

（1）按照规定的关税纳税义务发生时间确认税额，承担纳税义务。

（2）按照规定的纳税期限及时进行关税的缴纳。

二、术语解释及核算内容

1. 术语解释

（1）关税的定义。关税是指国家授权海关对出入关境的货物和物品征收的一种税。依据《中华人民共和国海关法》《中华人民共和国进出口关税条例》（中华人民共和国国务院令第 392 号）、《中华人民共和国海关进出口税则》等规定实施。

（2）纳税义务人。关税的纳税义务人是指进口货物的收货人、出口货物的发货人、进出境物品的所有人。

（3）征税对象。关税的征税对象是指准许进出境的货物和物品。

（4）税率。

1）进口关税税率。我国进口关税设有最惠国税率、协定税率、特惠税率、普通税率、关税配额税率等税率。对进口货物在一定期限内可以实行暂定税率。

2）出口关税税率。出口关税设置出口税率，对出口货物在一定期限内可以实行暂定税率。国家仅对少数资源性产品及易于竞相杀价、盲目进口、需要规范出口秩序的半制成品征收出口关税。

（5）关税的完税价格。

1）进口货物的完税价格包括货物的货价、货物运抵我国境内输入地点起卸前的运输及其相关费用、保险费。

2）进口货物的下列费用应当计入完税价格：

①由买方负担的购货佣金以外的佣金和经纪费；

②由买方负担的在审查确定完税价格时与该货物视为一体的容器的费用；

③由买方负担的包装材料费用和包装劳务费用；

④与该货物的生产和向中华人民共和国境内销售有关的，由买方以免费或者以低于成本的方式提供并可以按适当比例分摊的料件、工具、模具、消耗材料及类似货物的价款，以及在境外开发、设计等相关服务的费用；

⑤作为该货物向中华人民共和国境内销售的条件，买方必须支付的、与该货物有关的特许权使用费；

⑥卖方直接或者间接从买方获得的该货物进口后转售、处置或者使用的收益。

3）进口时在货物的价款中列明的下列税收、费用，不计入该货物的完税价格：

①厂房、机械、设备等货物进口后进行建设、安装、装配、维修和技术服务的费用；

②进口货物运抵境内输入地点起卸后的运输及其相关费用、保险费；

③进口关税及国内税收。

2. 核算内容

设置"应交税费-应交关税"科目，主要核算关税的计提和缴纳。

三、主要账务处理

会计核算岗根据付款申请单及《海关进口关税专用缴款书》（收据联）编制记账凭证。

计提关税：

记账凭证

摘要	会计科目	借方	贷方
采购订单××××收货	原材料-原料及主要材料	××.××	
采购订单××××收货	应付账款-应付暂估款-物资暂估-原材料暂估		××.××
采购订单××××收货	应交税费-应交关税		××.××
合 计		××.××	××.××

缴纳关税：

记账凭证

摘要	会计科目	借方	贷方
付进口××关税	应交税费-应交关税	××.××	
付进口××关税	银行存款-币种-××银行-××账户		××.××
合 计		××.××	××.××

凭证附件：付款申请单、《海关进口关税专用缴款书》。

现金流量表项目：支付的各项税费。

第十节 契 税

一、核算原则及主要风险提示

1. 核算原则

（1）按照规定的契税纳税义务发生时间确认税额，承担纳税义务。

（2）按照契税的计税依据及适用的税率计算应负担的税额，保证税款的完整、准确。

（3）按照规定的纳税期限及时、准确地进行契税的纳税申报，缴纳税款。

2. 主要风险提示

（1）未按照其数税暂行条例规定的范围和计算方法计算契税，使集团面临税务违规风险。

（2）未按照规定进行申报和缴纳税款，不及时或申报金额不准确，使集团面临税务违规风险。

（3）不掌握税收优惠政策使集团利益受到损失。

二、术语解释及核算内容

1. 术语解释

（1）契税的定义。契税是指土地、房屋产权属转移时向其承受者征收的一种财产税。

（2）纳税义务人。契税的纳税义务人是境内转移土地、房屋权属，承受的单位和个人。境内是指中华人民共和国实际税收行政管辖范围内。土地、房屋权属是指土地使用权和房屋所有权。单位是指企业单位、事业单位、国家机关、军事单位和社会团体以及其他组织。个人是指个体经营者及其他个人，包括中国公民和外籍人员。

（3）征税对象。契税的征税对象是境内转移的土地、房屋权属。具体包括以下四

项内容:

1) 国有土地使用权的出让, 由承受方交。是指土地使用者向国家交付土地使用权出让费用, 国家将国有土地使用权在一定年限内让与土地使用者的行为。

2) 土地使用权的转让, 除了考虑土地增值税, 另由承受方交契税。是指土地使用者以出售、赠与、交换或者其他方式将土地使用权转移给其他单位和个人的行为。土地使用权的转让不包括农村集体土地承包经营权的转移。

3) 房屋买卖, 即以货币为媒介, 出卖者向购买者过渡房产所有权的交易行为。

以下几种特殊情况, 视同买卖房屋:

①以房产抵债或实物交换房屋, 应由产权承受人, 按房屋现值缴纳契税。

②房产作投资或股权转让, 以自有房产作股投入本人独资经营的企业, 免纳契税。

③房拆料或翻建新房, 应照章纳税。

房屋赠与, 赠与方不纳土地增值税, 但承受方应纳契税。

房屋交换在契税的计算中, 注意过户与否是一个关键点。

4) 承受国有土地使用权支付的土地出让金。对承受国有土地使用权所应支付的土地出让金, 要计征契税。不得因减免土地出让金而减免契税。

(4) 计税依据和税率。契税的计税依据为不动产的价格。由于土地、房屋权属转移方式不同, 定价方法不同, 因而具体计税依据视不同情况而决定。

国有土地使用权出让、土地使用权出售、房屋买卖, 以成交价格为计税依据。成交价格是指土地、房屋权属转移合同确定的价格, 包括承受者应交付的货币、实物、无形资产或者其他经济利益。

土地使用权赠与、房屋赠与, 由征收机关参照土地使用权出售、房屋买卖的市场价格核定。

土地使用权交换、房屋交换, 为所交换的土地使用权、房屋的价格差额。也就是说, 交换价格相等时, 免征契税; 交换价格不等时, 由多交付的货币、实物、无形资产或者其他经济利益的一方缴纳契税。

以划拨方式取得土地使用权, 经批准转让房地产时, 由房地产转让者补交契税。计税依据为补交的土地使用权出让费用或者土地收益。

为了避免偷、逃税款, 税法规定, 成交价格明显低于市场价格并且无正当理由的, 或者所交换土地使用权、房屋的价格的差额明显不合理并且无正当理由的, 征收机关可以参照市场价格核定计税依据。

房屋附属设施征收契税的依据。

1) 采取分期付款方式购买房屋附属设施土地使用权、房屋所有权的, 应按合同规定的总价款计征契税。

2) 承受的房屋附属设施权属如为单独计价的, 按照当地确定的适用税率征收契税; 如与房屋统一计价的, 适用与房屋相同的契税税率。

个人无偿赠与不动产行为（法定继承人除外），应对受赠人全额征收契税。在缴纳契税时，纳税人须提交经税务机关审核并签字盖章的《个人无偿赠与不动产登记表》，税务机关（或其他征收机关）应在纳税人的契税完税凭证上加盖"个人无偿赠与"印章，在《个人无偿赠与不动产登记表》中签字并将该表格留存。

出让国有土地使用权，契税计税价格为承受人为取得该土地使用权而支付的全部经济利益。对通过"招、拍、挂"程序承受国有土地使用权的，应按照土地成交总价款计征契税，其中的土地前期开发成本不得扣除。

契税实行 3%～5% 的幅度税率。实行幅度税率是考虑到中国经济发展的不平衡，各地经济差别较大的实际情况。因此，各省、自治区、直辖市人民政府可以在 3%～5% 的幅度税率规定范围内，按照该地区的实际情况决定。

2. 核算内容

设置"应交税费-应交房产税"科目，主要核算企业房产税的计提和缴纳。

三、主要账务处理

1. 契税的计提

受让房屋、土地按照上述确定的计税依据与房屋、土地所在地税务部门规定的税率乘积计提应缴税费-应交契税。

记账凭证

摘要	会计科目	借方	贷方
购买××资产	固定资产-房屋/土地	××.××	
购买××资产	应交税费-应交契税		××.××
购买××资产	应付账款-应付物资款		××.××
合计		××.××	××.××

凭证附件：契税计算表、资产部卡片信息统计表。

2. 缴纳契税

记账凭证

摘要	会计科目	借方	贷方
缴纳契税	应交税费-应交契税	××.××	
缴纳契税	银行存款-币种-××银行-××账户		××.××
合计		××.××	××.××

凭证附件：税费计算表、银行付款回单、银行扣款凭证或税收完税凭证、纳税申报表等。

现金流量表项目：支付的各项税费。

第十三章 所有者权益

本章主要核算实收资本（股本）、资本公积、留存收益、其他综合收益等所有者权益的增减变动。

第一节 术语解释及核算内容

一、术语解释

所有者权益是指企业资产扣除负债后由所有者享有的剩余权益。公司的所有者权益又称为股东权益。所有者权益的来源包括所有者投入的资产、直接计入所有者权益的利得和损失、留存收益等。通常由实收资本（或股本）、资本公积、盈余公积和未分配利润构成。

实收资本是投资者投入资本形成法定资本的价值。

资本公积是企业收到投资者的超出其在企业注册资本（或股本）中所占份额的投资，以及直接计入所有者权益的利得和损失等。资本公积包括资本溢价（或股本溢价）和直接计入所有者权益的利得和损失等。

资本溢价（或股本溢价）是指企业收到投资者的超出企业注册资本（或股本）中所占份额的投资。形成资本溢价的原因有溢价发行股票、投资者超额缴入资本等。

直接计入所有者权益的利得和损失是指不应计入当期损益、会导致所有者权益发生增减变动的、与所有者投入资本或者向所有者分配利润无关的利得或者损失。

其他综合收益是指企业根据其他会计准则未在当期损益中确认的各项利得和损失。

留存收益是企业历年实现的净利润留存于企业的部分，主要包括累计计提的盈余公积和未分配利润。

二、核算内容

设置"实收资本""资本公积""盈余公积""利润分配""其他综合收益"科目对所有者权益的变动进行核算。

第二节　主要账务处理

主要核算集团所有者权益的增减变动情况。

一、实收资本

设置"实收资本"科目，核算公司投资者投入企业的资本及其增减变动情况，借方反映减资金额，贷方反映增资金额，期末贷方余额，反映集团实有的资本或股本金额。设置的明细科目主要有"实收资本（股本）–国有法人资本""实收资本（股本）–民营资本""实收资本（股本）–集体资本"。

投资者投入企业的资本可以有多种方式。按照《中华人民共和国公司法》的规定，有限责任公司的股东可以用货币出资，也可以用实物、知识产权、土地使用权等可以用货币估价并可以依法转让的非货币财产作价出资；但是，法律、行政法规规定不得作为出资的财产除外。对作为出资的非货币财产应当评估作价，核实财产，不得高估或者低估作价。

1. 集团设立时接受投资者投入资本的处理

（1）接受货币出资。集团接受投资者投入的货币资金时，根据投资协议和审批文件、银行单据确认实收资本，将超出注册资本部分按投资协议的约定确认为"资本公积–资本（股本）溢价"。

记账凭证

摘要	会计科目	借方	贷方
××公司资本金投入	银行存款–人民币–××银行–××账户	××.××	
××公司资本金投入	实收资本（股本）–国有法人资本		××.××
××公司资本金投入	资本公积–资本（股本）溢价		××.××
合　计		××.××	××.××

凭证附件：投资协议、上级审批文件、银行业务回单、工商登记资料、股东会决议。

（2）接受非货币资产投资。收到投资者投入非货币性资产投资时，应聘请经投资双方均认可的资产评估机构对出资资产进行价值评估，由双方对资产移交清单盖章确认，对不动产办理权属证明。根据投资协议、审批文件、公司章程等相关资料进行账务处理。

记账凭证

摘要	会计科目	借方	贷方
××公司资本金投入	固定资产–房屋建筑物等	××.××	
××公司资本金投入	无形资产–土地使用权等	××.××	
××公司资本金投入	原材料–原料及主要材料	××.××	
××公司资本金投入	应交税费–应交增值税–进项税额	××.××	
××公司资本金投入	实收资本（股本）–国有法人资本		××.××
××公司资本金投入	资本公积–资本（股本）溢价		××.××
合计		××.××	××.××

凭证附件：投资协议、股东会决议、资产评估报告、资产权属证明、经双方盖章的资产移交清单或验收报告、入库单、增值税发票、工商登记查询等资料。

2. 实收资本增减变动的处理

《公司注册资本登记管理规定》（国家工商总局令第22号）规定，公司增加注册资本的，有限责任公司股东认缴新增资本的出资，应当依照《公司法》设立有限责任公司缴纳出资的有关规定执行。公司法定公积金转增为注册资本的，剩余的法定公积金不少于转增前公司注册资本的25%。公司减少注册资本的，应当自公告之日起45日后申请变更登记，并应当提交公司在报纸上登载公司减少注册资本公告的有关证明和公司债务清偿或者债务担保情况的说明。公司减资后的注册资本不得低于法定的最低限额。公司应当自足额缴纳出资或者股款之日起30日内申请变更登记。

企业增加资本的途径一般有：将资本公积转为实收资本，将盈余公积转为实收资本，将未分配利润转增资本，所有者（包括原企业所有者和新投资者）投入。

（1）资本公积转增实收资本的账务处理。

记账凭证

摘要	会计科目	借方	贷方
资本公积转增资本	资本公积–资本（股本）溢价	××.××	
资本公积转增资本	实收资本（股本）–国有法人资本		××.××
合计		××.××	××.××

凭证附件：资本公积转增资本申请以及上级批复文件、董事会会议纪要、股东会决议、工商变更登记资料。

关注：检查用于转增注册资本的资本公积项目是否符合国家有关规定。资本公积形成的来源主要包括两类：①可以直接用于转增资本的资本公积，即资本（或股本）溢价；②不可以直接用于转增资本的资本公积，即其他资本公积，具体包括以权益结算的股份支付、采用权益法核算的长期股权投资等。

（2）盈余公积和未分配利润转增实收资本的账务处理。用法定公积金转为资本时，所留存的该项公积金不得少于转增前公司注册资本的 25%。

记账凭证

摘要	会计科目	借方	贷方
盈余公积转增资本	盈余公积-法定盈余公积	××.××	
盈余公积转增资本	盈余公积-任意盈余公积	××.××	
未分配利润转增资本	利润分配-未分配利润	××.××	
盈余公积、未分配利润转增资本	实收资本（股本）-【国有法人资本】		××.××
合 计		××.××	××.××

凭证附件：盈余公积转增资本批复文件、董事会会议纪要、股东会决议、工商变更登记资料。

（3）收到所有者（包括原企业所有者和新投资者）新增投资（包括货币投资和非货币资产投资），参见前述集团设立时接受投资者投入资本的处理。

（4）实收资本减少的会计处理。经股东会决议减少注册资本，应当于 30 日内在报纸上进行公告，自公告之日起 45 日后申请变更登记，并在报纸上登载减少注册资本公告的有关证明和债务清偿或者账务担保情况的证明，减资后的注册资本不得低于法定的最低额度。

记账凭证

摘要	会计科目	借方	贷方
退回投资	实收资本（股本）-国有法人资本	××.××	
退回投资	银行存款-人民币-××银行-××账户		××.××
合 计		××.××	××.××

凭证附件：减资协议、股东决议、上级审批文件、资金支付申请表、集团办公会决议、银行业务回单、工商变更登记资料。

二、资本公积

企业应设置"资本公积"科目，核算企业从各种途径取得的资本公积的增减变动情况，借方反映减少额，贷方反映增加额，期末贷方余额，反映企业期末实有的资本公积。本科目应当设置"资本（股本）溢价""其他资本公积"二级科目。

资本（股本）溢价，核算投资者投入的资金超过其在注册资本或股本中所占份额的部分。

其他资本公积是指除资本溢价（或股本溢价）项目以外所形成的资本公积。

（1）以权益结算的股份支付。以权益结算的股份支付换取职工或其他方提供服务的，应按照确定的金额，记入"管理费用"等科目，同时增加资本公积（其他资本公积）。在行权日，应按实际行权的权益工具数量计算确定的金额，借记"资本公积-其他资本公积"科目,按计入实收资本或股本金额,贷记"实收资本"或"股本"科目,并将差额计入"资本公积-资本溢价"或"资本公积-股本溢价"。

(2)采用权益法核算的长期股权投资。长期股权投资采用权益法核算的,被投资单位除净损益、其他综合收益和利润分配以外的所有者权益的其他变动,投资企业按持股比例计算应享有的份额,应当增加或者减少长期股权投资的账面价值,同时增加或者减少资本公积(其他资本公积)。当处置采用权益法核算的长期股权投资时,应当将原计入资本公积(其他资本公积)的相关金额转入投资收益(除不能转损益的项目外)。

(3)无偿调入资产,核算集团经批准无偿调入资产或成建制无偿划入其他企业等增加的净资产价值。

(4)无偿调出资产,核算集团经批准无偿调出资产或成建制无偿划出下属企业或分支机构等减少的净资产价值。

(5)专项拨款,核算集团收到的直接作为资本性投入的款项,以及集团取得政府作为企业所有者投入的具有专项或特定用途的款项形成资产的部分。

(6)其他,核算集团除上述各项以外的交易或事项,引起的资本公积的变动。

本部分主要包括资本公积增加及减少的核算处理,分别从资本溢价形成资本公积、无偿调入资产形成资本公积、无偿调出资产形成资本公积、采用权益法核算的长期股权投资变动时其他资本公积变动、资本公积转增资本几个方面进行描述。

1. 资本溢价的确认与计量

参照前述集团设立时接受投资者投入资本的处理。

2. 无偿调入资产形成其他资本公积的处理

账务处理:集团接受无偿调入资产或成建制无偿划入其他企业,确认相关资产或负债科目,同时确认资本公积—无偿调入资产增加。

记账凭证

摘要	会计科目	借方	贷方
接受××单位无偿调入资产	长期股权投资等	××.××	
接受××单位无偿调入资产	资本公积—无偿调入资产		××.××
合计		××.××	××.××

凭证附件:无偿调入审批文件、划入资产产权证明、调入资产明细、资产验收单等。

3. 无偿调出资产形成其他资本公积的处理

账务处理:集团经批准无偿调出资产或成建制无偿划出下属企业或分支机构等减少的净资产价值,确认相关资产调出,同时确认资本公积无偿调出资产减少,进行账务处理。

记账凭证

摘要	会计科目	借方	贷方
无偿调出资产	资本公积—无偿调出资产	××.××	
无偿调出资产	长期股权投资等资产		××.××
合计		××.××	××.××

凭证附件：无偿调出审批文件；调出资产明细；调出资产交接单等。

4. 采用权益法核算的长期股权投资变动时其他资本公积变动的处理

集团长期股权投资采用权益法核算时，在持股比例不变的情况下，被投资单位除净损益、其他综合收益和利润分配以外的所有者权益的其他变动，集团按持股比例计算应享有的份额确认为"资本公积—其他资本公积"，同时调整长期股权投资的账面价值。处置该项投资时，将原记入资本公积的相关金额转入投资收益。

具体账务处理方法与核算流程参照第三章"长期股权投资"的相关内容。

5. 资本公积转增资本

参照实收资本增减变动的账务处理。

三、其他综合收益

其他综合收益是指企业根据《企业会计准则》规定，未在当期损益中确认的利得和损失扣除所得税后的净额。包括以后会计期间不能重分类进损益的其他综合收益和以后会计期间满足规定条件时，将重分类进损益的其他综合收益两类。

不能重分类进损益的其他综合收益包括重新计量设定受益计划净负债或净资产导致的变动，以及按照权益法核算因投资单位重新计量设定受益计划净负债或净资产变动导致的权益变动，投资企业按照持股比例计算确认的该部分其他综合收益项目。以后会计期间满足规定条件时将重分类进损益的其他综合收益：

（1）可供出售金融资产的公允价值变动、减值及处置导致的其他综合收益的增加或减少。还包括将持有至到期投资重分类为可供出售金融资产时，重分类日公允价值与账面余额的差额部分。

（2）可供出售外币非货币性项目的汇兑差额的账务处理。

（3）存货或自用房地产转换为投资性房地产形成其他综合收益的账务处理。参照"第十四章 特殊业务-投资性房地产"的相关内容。

（4）采用权益法核算的长期股权投资变动时其他综合收益的账务处理。集团长期股权投资采用权益法核算时，在持股比例不变的情况下，被投资单位除净损益以外所有者权益的其他变动，集团按持股比例计算应享有的份额确认为"其他综合收益"，同时调整长期股权投资的账面价值。处置该项投资时，将原记入其他综合收益的相关金额转入投资收益。具体账务处理方法与核算流程参照第三章"长期股权投资"章节的相关内容。

（5）金融资产的重分类形成的利得和损失。企业因持有意图或能力发生改变，使某项投资不再适合划分为持有至到期投资的，应当将其重分类为可供出售金融资产，并以公允价值进行后续计量。

（6）套期保值（现金流量套期和境外经营净投资套期）形成的利得或损失。

（7）递延所得税形成其他综合收益的账务处理。

资产负债表日，税务管理岗对损益直接计入所有者权益的相关资产或负债，根据计税基础以及账面价值计算可抵扣暂时性差异和应纳税暂时性差异，确认期末递延所得税资产或递延所得税负债应有余额，计算当期应计入其他综合收益的递延所得税差额。

资产负债表日，预计未来期间很可能无法获得足够的应纳税所得额用以抵扣可抵扣暂时性差异的，按原已确认的递延所得税资产中应减记的金额，冲减其他综合收益—递延所得税资产科目。

1. 递延所得税资产形成其他综合收益

账务处理：若损益直接计入所有者权益的相关资产或负债的递延所得税资产期末应有余额大于账面余额：

记账凭证

摘要	会计科目	借方	贷方
确认当期递延所得税资产变动	递延所得税资产	××.××	
确认当期递延所得税资产变动	其他综合收益—递延所得税资产		××.××
合 计		××.××	××.××

若期末应有余额小于账面余额：

记账凭证

摘要	会计科目	借方	贷方
确认当期递延所得税资产变动	其他综合收益—递延所得税资产	××.××	
确认当期递延所得税资产变动	递延所得税资产		××.××
合 计		××.××	××.××

凭证附件：递延所得税测算表。

2. 递延所得税负债形成其他综合收益

账务处理：若损益直接计入所有者权益的相关资产或负债的递延所得税负债期末应有余额大于账面余额：

记账凭证

摘要	会计科目	借方	贷方
确认当期递延所得税负债变动	其他综合收益—递延所得税负债	XX.XX	
确认当期递延所得税负债变动	递延所得税负债		XX.XX
合 计		XX.XX	XX.XX

若期末应有余额小于账面余额：

记账凭证

摘要	会计科目	借方	贷方
确认当期递延所得税负债变动	递延所得税负债	XX.XX	
确认当期递延所得税负债变动	其他综合收益—递延所得税负债		XX.XX
合 计		XX.XX	XX.XX

凭证附件：递延所得税测算表。

四、盈余公积

本部分内容主要介绍盈余公积增减变动的账务处理。涉及的主要会计科目有"盈余公积-法定盈余公积""盈余公积-任意盈余公积"等。

按《中华人民共和国公司法》的规定，集团分配当年税后利润时，应当提取利润的 10% 列入公司法定公积金，在计算提取法定盈余公积的基数时，不应包括企业年初未分配利润。公司法定公积金累计额为集团注册资本的 50% 以上时，可以不再提取法定公积金。集团从税后利润中提取法定公积金后，经股东会或者股东大会决议，还可以从税后利润中提取任意公积金。

集团的公积金用于弥补集团的亏损、扩大集团生产经营或者转增集团资本。

1. 提取盈余公积

账务处理：

记账凭证

摘要	会计科目	借方	贷方
提取法定盈余公积	利润分配-提取法定盈余公积	XX.XX	
提取任意盈余公积	利润分配-提取任意盈余公积	XX.XX	
提取法定盈余公积	盈余公积-法定盈余公积		XX.XX
提取任意盈余公积	盈余公积-任意盈余公积		XX.XX
合 计		XX.XX	XX.XX

凭证附件：经股东会审批的利润分配决议及盈余公积计提表。

2. 用盈余公积弥补亏损

账务处理：集团盈余公积弥补亏损时，根据经股东会审批的补亏方案在系统中编制凭证。

记账凭证

摘要	会计科目	借方	贷方
盈余公积弥补亏损	盈余公积-法定盈余公积	××.××	
盈余公积弥补亏损	盈余公积-任意盈余公积	××.××	
盈余公积弥补亏损	利润分配-盈余公积补亏		××.××
合 计		××.××	××.××

凭证附件：上级批复文件、股东会决议、董事会会议纪要、盈余公积补亏方案等，盈余公积补亏方案至少应包括累计亏损额、本期用于弥补亏损的盈余公积金额、尚未弥补的亏损额等信息。

3. 集团用盈余公积转增资本

参照"实收资本增减变动的会计处理"。

五、未分配利润

未分配利润是期初未分配利润加上本期实现的净利润，减去提取的各种盈余公积和分出利润后的余额。

未分配利润通过"利润分配"科目进行核算，"利润分配"科目应当分别设置"提取法定盈余公积""提取任意盈余公积""应付现金股利或利润""转作股本的股利""盈余公积补亏"和"未分配利润"等明细科目进行核算。

1. 未分配利润的结转

会计期末，集团应将本期各损益类科目的余额转入"本年利润"科目，结平各损益类科目：

记账凭证

摘要	会计科目	借方	贷方
期间损益收入结转	主营业务收入-（各明细科目）	××.××	
期间损益收入结转	其他业务收入-（各明细科目）	××.××	
期间损益收入结转	公允价值变动损益	××.××	
期间损益收入结转	投资收益	××.××	
期间损益收入结转	营业外收入-（各明细科目）	××.××	
期间损益收入结转	本年利润		××.××
合 计		××.××	××.××

记账凭证

摘要	会计科目	借方	贷方
期间损益费用结转	本年利润	××.××	
期间损益费用结转	主营业务成本-（各明细科目）		××.××
期间损益费用结转	其他业务成本-（各明细科目）		××.××
期间损益费用结转	税金及附加-（各明细科目）		××.××
期间损益费用结转	销售费用-（各明细科目）		××.××
期间损益费用结转	管理费用-（各明细科目）		××.××
期间损益费用结转	财务费用-（各明细科目）		××.××
期间损益费用结转	资产减值损失		××.××
期间损益费用结转	汇兑损益		××.××
期间损益费用结转	营业外支出（各明细科目）		××.××
期间损益费用结转	所得税费用		××.××
合　计		××.××	××.××

将"本年利润"科目余额转入"利润分配—未分配利润"。

记账凭证

摘要	会计科目	借方	贷方
结转未分配利润	本年利润	××.××	
结转未分配利润	利润分配-未分配利润		××.××
合　计		××.××	××.××

2. 提取盈余公积

集团提取盈余公积时，参照"盈余公积的账务处理"。

3. 盈余公积弥补亏损

集团用盈余公积弥补亏损时，参照"盈余公积的账务处理"。

4. 利润分配

账务处理：会计核算岗根据股东会审批的利润分配决议进行账务处理。

记账凭证

摘要	会计科目	借方	贷方
分配利润	利润分配-应付现金股利或利润	××.××	
分配利润	应付股利		××.××
合　计		××.××	××.××

凭证附件：股东会决议、董事会决议、年度利润分配方案、股利支付明细表。股利支付明细表至少应包括股利分配总额、股东名称、股比、股利金额等信息。

5. 利润分配-未分配利润的结转

将利润分配各明细项目转入"利润分配-未分配利润"。

记账凭证

摘要	会计科目	借方	贷方
结转未分配利润	利润分配-未分配利润	××.××	
结转未分配利润	利润分配-盈余公积补亏	××.××	
结转未分配利润	利润分配-提取法定盈余公积		××.××
结转未分配利润	利润分配-提取任意盈余公积		××.××
结转未分配利润	利润分配-应付现金股利或利润		××.××
合　计		××.××	××.××

第十四章　特殊业务

本章主要核算政府补助、租赁、非货币性资产交换、债务重组、或有事项、投资性房地产等特殊业务。

第一节　政府补助

一、术语解释及核算内容

1. 术语解释

政府补助是指企业从政府无偿取得货币性资产或非货币性资产，但不包括政府作为企业所有者投入的资本。政府补助的主要形式有财政拨款、财政贴息、税收返还、无偿划拨非货币性资产。对来源于政府的经济资源，若与销售商品或提供服务的数量具有明确对应关系，或政府以投资者身份向企业投入资本并享有相应的所有者权益的，均不属于政府补助范畴，前者为公益性采购，按收入准则进行会计处理；后者属于政府投资，按财务通则等规定计入权益。除上述两种情形外，企业取得的政府无偿给予的货币性或非货币性经济资源，按照政府补助准则规定进行会计处理。

（1）政府补助的特征。

1）无偿性。政府补助是无偿的，政府与企业之间双向、互惠的交易不属于政府补助。政府以投资者身份向企业投入资本，享有企业相应的所有权，政府与企业之间是投资者与被投资者的关系，属于互惠交易。政府拨入的投资补助等专项拨款中，国家相关文件要求作为所有者权益进行会计处理的，不属于本章内容所讲的政府补助。

2）来源于政府的经济资源。对于企业收到的来源于其他机构的补助，有确凿证据表明政府是补助的实际拨付者，其他机构只是起到代收代付的作用，则该项补助也属于来源于政府的经济资源。政府给予企业间的债务豁免，除税收返还外的税收优惠，如直接减征、免征、增加计税抵扣额、抵免部分税额、增值税出口退税等，属于债务重组及所得税减免相关准则所规定的情况，不属于本章内容所讲的政府补助。

（2）政府补助的分类。

1）与资产相关的政府补助。与资产相关的政府补助是指企业取得的、用于购建或以其他方式形成长期资产的政府补助。

2）与收益相关的政府补助。与收益相关的政府补助是指除与资产相关的政府补助之外的政府补助。

同时包含以上两种类型的政府补助，应当分别处理，难以区分的整体作为与收益相关的政府补助处理。

2. 核算内容

本节内容主要讲述与资产相关的政府补助和与收益相关的政府补助的取得、摊销等流程的账务处理，以及综合性项目的政府补助、收到政府给予拆迁补偿款、政府补助退回的核算。

二、政府补助的主要形式

政府补助表现为政府向企业转移资产，主要形式有财政拨款、财政贴息、税收返还、无偿划拨非货币性资产。

1. 财政拨款

财政拨款是政府无偿拨付给企业的资金，通常在拨款时就明确了用途。

主要包括政府拨给企业用于购建固定资产或进行技术改造工程的专项资金，政府鼓励企业安置职工就业而给予的奖励款项，政府拨付企业开展研发活动的研发经费等。

2. 财政贴息

财政贴息是政府为支持特定领域或区域发展，根据国家宏观经济形势和政策目标，对承贷企业的银行贷款利息给予的补贴。

企业取得政策性优惠贷款贴息的，应当区分财政将贴息资金拨付给贷款银行和财政将贴息资金直接拨付给企业两种情况，分别按照以下两种情况进行会计处理。

（1）财政将贴息资金直接拨付给受益企业，受益企业应当按照实际发生的利率计算和确认利息费用。

（2）财政将贴息资金拨付给贷款银行，由贷款银行以政策性优惠利率向企业提供贷款的，企业可以选择下列方法之一进行会计处理：

1）以实际收到的借款金额作为借款的入账价值，按照借款本金和该政策性优惠利率计算相关借款费用。

2）以借款的公允价值作为借款的入账价值并按照实际利率法计算借款费用，实际收到的金额与借款公允价值之间的差额确认为递延收益。递延收益在借款存续期内采用实际利率法摊销，冲减相关借款费用。

企业选择了上述两种方法之一后，应当一致地运用，不得随意变更。

3. 税收返还

税收返还是政府按照先征后返（退）、即征即退等办法向企业返还的税款，属于以税收优惠形式给予的一种政府补助。

4. 无偿划拨非货币性资产

在很少的情况下，与资产相关的政府补助也可能表现为政府向企业无偿划拨长期非货币性资产。政府无偿划拨非货币性资产主要是指行政划拨的土地使用权等。

三、具体账务处理规定

按照集团最有利原则和准则相关条款规定，可选择总额法或者净额法两种会计处理方法，坚持以总额法为主、净额法为辅，原则上仅限于财政贴息及资产处置损失补助采用净额法处理，以衔接基本建设相关文件规定、减少非经常性损失金额。

1. "总额法"下与收益相关的政府补助

用于补偿企业以后期间相关成本费用或损失的，企业应在收到补助资金时确认为递延收益，借记"银行存款"等科目，贷记"递延收益"科目。在确认相关成本费用或损失期间，判断与日常活动的相关性并计入损益，与日常活动相关的，借记"递延收益"科目，贷记"其他收益"科目；与日常活动无关的，借记"递延收益"科目，贷记"营业外收入"科目。

2. "总额法"下与资产相关的政府补助

企业取得与资产相关的政府补助，实际收到款项或资产时，借记"银行存款"等科目，贷记"递延收益"科目。在相关资产购建完成交付使用时起，按照系统、合理的方法（通常应采用年限平均法，有确凿合理依据的可采取其他方法，如工作量法等，并与折旧计提方法匹配），将递延收益在资产预计使用期限，分期结转至损益。

结转损益时需判断与日常活动的相关性，与日常活动相关的，借记"递延收益"科目，贷记"其他收益"科目；与日常活动无关的，借记"递延收益"科目，贷记"营业外收入"科目。

相关资产在使用寿命结束时或结束前被处置，尚未分摊的递延收益余额，根据与日常活动的相关性转入资产处置当期的"其他收益"或"营业外收入"科目。

3. "净额法"下政府补助

财政将贴息资金直接拨付给企业的，企业按收到的金额冲减相应借款费用，借款费用处于资本化期间的，直接冲减在建资产价值；处于费用化期间的，直接冲减"财务费用—利息支出"科目。

财政拨付的资产处置损失补助，按实际收到补助金额，借记"银行存款"科目，贷记"递延收益"科目；在资产处置时，先将处置损失转入"固定资产清理"等科目，再按损失补偿金额，借记"递延收益"科目，贷记"固定资产清理"等科目。对于确认资产处置损失的，按照资产损失补助金额冲减"营业外支出"科目。

4. 已确认政府补助需要返还的

已确认的政府补助需要退回的，应当在需要退回的当期分情况按照以下规则进行会计处理：存在相关递延收益的，冲减相关递延收益账面余额，超出部分计入当期损益；不存在相关递延收益的，直接计入当期损益。

四、政府补助业务情形及判断处理标准

本节将集团政府补助业务归纳为 11 类，并逐类明确相关会计处理。

1. 用于资产建设购置的政府补助

（1）业务情形：政府通过拨付资金等方式，给予企业用于新建、新购资产的政府补助。如接受的生产制造设备、运营设施设备等的建设购置补助；以及生产管理用房屋、车辆建设购置补助等。用于资产更新改造及购置土地的政府补助，不属于"用于资产建设购置的政府补助"。

（2）补助类型：与资产相关。

（3）处理方法：总额法。

（4）与日常活动的相关性：通常与企业日常活动相关，补助资产不用于企业生产经营的除外。

2. 用于资产技改的政府补助

（1）业务情形：政府通过拨付资金等方式，给予企业用于对已有资产更新改造。如资产设备节能改造补助等。

（2）补助类型：与已有资产拆除报废损失相关的补助属于与收益相关，其余属于与资产相关。

（3）处理方法：与已有资产拆除报废损失相关的补助适用净额法，其余部分适用总额法。

（4）与日常活动的相关性：通常与企业日常活动相关，补助资产不用于企业生产经营的除外。

（5）特殊说明：取得的政府补助应优先弥补资产拆除报废损失，剩余部分再作为与资产相关的政府补助，但补助资金已明确用途的除外。

3. 用于土地购置的政府补助

（1）业务情形：政府通过拨付资金等方式，给予企业用于购买土地使用权。国有划拨土地不适用政府补助。

（2）补助类型：与资产相关的政府补助。

（3）处理方法：总额法。

（4）与日常活动的相关性：与企业日常活动无关。

4. 用于经营服务的政府补助

（1）业务情形：政府通过拨付资金等方式，鼓励企业生产某类产品或提供某种服

务，且补助不属于企业商品或服务的对价或者对价组成部分。如"按服务区域给予的充换电服务补贴"属于政府补助，"按充换电量给予的充换电服务补贴"属于营业收入。

（2）补助类型：与收益相关的补助。

（3）处理方法：总额法。

（4）与日常活动的相关性：与企业日常活动相关。

5. 用于产业扶持的政府补助

（1）业务情形：政府为支持企业发展特定产业、投资特定区域、开展特定转型升级给予的补助。若部分补助款项用于资产或土地使用权的建设或购置，则需对该部分补助款进行拆分并按"用于资产建设购置的政府补助"和"用于土地购置的政府补助"处理。

（2）补助类型：与收益相关的补助。

（3）处理方法：总额法。

（4）与日常活动的相关性：与企业日常活动相关。

6. 用于科技研发的政府补助

（1）业务情形：政府为支持企业开展科技研发给予的补助。如对开展科技研发项目给予的补助资金，对形成的专利给予的补贴等。对受政府委托承担的研发且研发成果不属于企业的项目，按照受托外部单位研发有关规定进行处理，不属于政府补助。

（2）补助类型：可能同时涉及与资产相关的政府补助（研发成果形成无形资产、研发过程中购置设备、软件等）和与收益相关的政府补助（费用化研发支出），应当拆分并分别处理；难以区分的，应当整体归类为与收益相关的政府补助。

（3）处理方法：总额法。

（4）与日常活动的相关性：与企业日常活动相关。

7. 用于企业员工的政府补助

（1）业务情形：政府为降低企业用工成本，促进就业给予企业的补助。如稳岗补贴、残疾人就业补贴、人才引进补贴等。通过企业代收代付给予指定对象的离退休干部补助、生育津贴等，不属于政府补助。

（2）补助类型：与收益相关的补助。

（3）处理方法：总额法。

（4）与日常活动的相关性：与企业日常活动相关。

8. 用于资产报废的政府补助

（1）业务情形：政府为鼓励企业淘汰落后设备设施，给予企业资产报废损失的补偿。如黄标车报废补贴、锅炉拆除补贴等。

（2）补助类型：与收益相关的补助。

（3）处理方法：净额法。

（4）与日常活动的相关性：与企业日常活动无关。

9. 专项奖励政府补助

（1）业务情形：政府为奖励企业在某方面社会贡献给予的补助，如安全生产、评先创优、科技进步奖励等。若政府给予职工的奖励款，应纳入工资总额管理，不适用于政府补助。

（2）补助类型：与收益相关的补助。

（3）处理方法：总额法。

（4）与日常活动的相关性：与企业日常活动无关。

10. 税收返还政府补助

（1）业务情形：政府按照先征后返（退）、即征即退等方式向企业返还的税款。对增值税出口退税、直接减征、免征、增加计税抵扣额、抵免部分税额，所得税按照税收优惠政策退还多交部分，以及作为政府资本性投入的税收返还等不属于政府补助。

（2）补助类型：与收益相关的补助。

（3）处理方法：总额法。

（4）与日常活动的相关性：与企业日常活动相关。

11. 财政贴息政府补助

（1）业务情形：政府将财政贴息资金直接拨付给企业，用于企业弥补借款费用的，作为政府补助处理。政府将财政贴息资金直接拨付给银行的，按实际收到的借款金额及政策性优惠利率计算确认借款费用，不确认有关政府补助。

（2）补助类型：借款费用资本化部分属于与资产相关的补助，其余属于与收益相关的补助。

（3）处理方法：净额法。

（4）与日常活动的相关性：与企业日常活动相关。

五、主要账务处理

政府补助的两种会计处理方法：①总额法。将政府补助全额确认为收益。②差额法。将政府补助作为相关成本费用的扣减。某项经济业务选择总额法或净额法后，应当对该项业务一贯地运用该方法，不得随意变更。

与企业日常活动相关的政府补助，应当按照经济业务实质，计入其他收益或冲减相关成本费用。与企业日常活动无关的政府补助，计入营业外收入或冲减相关损失。通常情况下，若政府补助补偿的成本费用是营业利润之中的项目，或该补助与日常销售行为密切相关如增值税即征即退等，则认为该政府补助与日常活动相关。

根据政府补助准则规定，政府补助应当划分为与资产相关的政府补助和与收益相关的政府补助，由于两类政府补助给企业带来经济利益或者弥补相关成本或费用的形式不同，从而在具体账务处理上存在差别。设置"其他应收款""其他收益""营业外收入"

和"递延收益"等科目对政府补助进行核算。

1. "总额法"下与收益相关的政府补助

与收益相关的政府补助，应当按照以下两种情况分别进行会计处理：

第一，用于补偿企业以后期间相关成本费用或损失的，企业应在收到时确认为递延收益。在确认相关成本费用或损失期间，判断与日常活动的相关性并计入损益，与日常活动相关的，计入其他收益；与日常活动无关的，计入营业外收入。

第二，用于补偿企业已发生的相关成本费用或损失的，在收到时判断与日常活动的相关性并直接计入当期损益，与日常活动相关的，计入其他收益；与日常活动无关的，计入营业外收入。

财政拨款类补助科研项目：

账务处理：

（1）收到财政拨款。

记账凭证

摘要	会计科目	借方	贷方
收到××项目财政拨款	银行存款–币种–××银行–基本存款/一般存款	××.××	
收到××项目财政拨款	递延收益–技术开发费		××.××
合 计		××.××	××.××

（2）确认政府补助收入。

记账凭证

摘要	会计科目	借方	贷方
递延收益转其他收益	递延收益–技术开发费	××.××	
递延收益转其他收益	其他收益–政府补助–递延收益转入		××.××
合 计		××.××	××.××

凭证附件：银行回单、相关文件；政府拨款项目进度确认资料：结题报告、项目验收报告、递延收益确认收入明细表等。

现金流量表项目：AC4 收到的其他与经营活动有关的现金–其他经营性收入收到现金–集团外单位。

增值税即征即退：增值税一般纳税人销售其自行开发生产的软件产品，按 17% 的税率征收增值税后，对其增值税实际税负超过 3% 的部分实行即征即退政策。

即征即退税额=当期软件产品销售额×17%-当期软件产品可抵扣进项税额-当期软件产品销售额×3%。

账务处理：

记账凭证

摘要	会计科目	借方	贷方
收×月软件退税	银行存款–币种–××银行–××账户	××.××	
收×月软件退税	其他收益–政府补助–税收返还		××.××
合 计		××.××	××.××

凭证附件：银行进账单、增值税即征即退申请审批表等资料。

现金流量表项目：ABO 收到的税费返还。

2. "总额法"下与资产相关的政府补助

企业取得与资产相关的政府补助，实际收到款项或资产时，计入递延收益。在相关资产购建完成交付使用时起，按照系统、合理的方法，将递延收益在资产预计使用期限，分期结转至损益。结转损益时需判断与日常活动的相关性，与日常活动相关的，计入其他收益；与日常活动无关的，计入营业外收入。

相关资产在使用寿命结束时或结束前被处置，尚未分摊的递延收益余额，根据与日常活动的相关性转入资产处置当期的其他收益或营业外收入。

账务处理：

（1）递延期间内摊销递延收益。

记账凭证

摘要	会计科目	借方	贷方
递延收益摊销	递延收益–政府补助	××.××	
递延收益摊销	营业外收入–政府补助–递延收益转入		××.××
递延收益摊销	其他收益–政府补助–递延收益转入		××.××
合 计		××.××	××.××

（2）如果相关资产在使用寿命结束前被处理（出售、转让、报废等），尚未分摊的递延收益余额应当一次性转入资产处置当期的收益，不再予以递延。

记账凭证

摘要	会计科目	借方	贷方
结转递延收益余额	递延收益–政府补助	××.××	
结转递延收益余额	营业外收入–政府补助–递延收益转入		××.××
结转递延收益余额	其他收益–政府补助–递延收益转入		××.××
合 计		××.××	××.××

凭证附件：政府补助文件、银行收款回单、政府补助收入分期确认表；资产处置审批文件、递延收益摊销计算表。

在很少的情况下，与资产相关的政府补助也可能表现为政府向企业无偿划拨长期非货币性资产，应当在实际取得资产并办妥相关受让手续时按照其公允价值确认和计量，如该资产相关凭证上注明的价值与公允价值差异不大的，应当以有关凭证中注明的价值作为公允价值；如该资产相关凭证上没有注明价值或者注明价值与公允价值差异较大，但有活跃市场的，应当根据有确凿证据表明的同类或类似资产市场价格作为公允价值。公允价值不能可靠取得的，按照名义金额（1元）计量。企业取得的政府补助为非货币性资产的，应当首先同时确认一项资产（固定资产或无形资产等）和递延收益，然后在相关资产使用寿命内平均分摊递延收益，计入当期收益。但是，以名义金额计量的政府补助，在取得时直接计入当期损益。为了避免财务报表产生误导，对于不能合理确定价值的政府补助，应当在附注中披露该政府补助的性质、范围和期限。

3. 综合性项目的政府补助

（1）对于综合性项目的政府补助，需要将其分解为与资产相关的部分和与收益相关的部分，分别进行会计处理。

（2）难以区分的，将政府补助整体归类为与收益相关的政府补助。

4. 收到政府给予搬迁补偿款

企业因城镇整体规划、库区建设、棚户区改造、沉陷区治理等公共利益进行搬迁，收到政府从财政预算直接拨付的搬迁补偿款，应作为专项应付款处理。其中，属于对企业在搬迁和重建过程中发生的固定资产和无形资产损失、有关费用性支出、停工损失及搬迁后拟新建资产进行补偿的，应自专项应付款转入递延收益，并按照政府补助准则进行会计处理。企业取得的搬迁补偿款扣除转入递延收益的金额后如有结余的，应当作为资本公积处理。企业收到除上述之外的搬迁补偿款，应当按照固定资产准则、政府补助准则等会计准则进行处理。

（1）收到拆迁补偿款：银行到账后，出纳取得政府行政拨款单据或银行回单，转交会计核算岗，由会计核算岗根据相关资料进行账务处理。

账务处理：

记账凭证

摘要	会计科目	借方	贷方
收到政府搬迁补偿款	银行存款-人民币-××银行-××账户	××.××	
收到政府搬迁补偿款	专项应付款-其他专项应付款-收入		××.××
合计		××.××	××.××

凭证附件：政府城市规划、搬迁补偿文件、合同或协议、银行回单。

现金流量表项目：AC4收到的其他与经营活动有关的现金-其他经营性收入收到现金-集团外单位。

（2）对在搬迁和重建过程中发生的固定资产和无形资产损失、有关费用性支出、停工损失及搬迁后拟新建资产进行补偿的，在相关费用、损失发生时，对相关费用进行支付，确认相关损失，同时自专项应付款结转至递延收益。

账务处理：

记账凭证

摘要	会计科目	借方	贷方
结转专项应付款余额	专项应付款–其他专项应付款–支出–××费	××.××	
确认递延收益	递延收益–政府补助		××.××
合 计		××.××	××.××

凭证附件：费用支付的凭据（合同或协议、发票）、损失发生的凭据（经业务管理部门审核确认的费用或损失审批单）。

（3）拆迁补偿款结余，转入资本公积科目。

账务处理：

记账凭证

摘要	会计科目	借方	贷方
结转补偿款余额	专项应付款–其他专项应付款–支出–其他	××.××	
结转补偿款余额	资本公积–专项拨款		××.××
合 计		××.××	××.××

凭证附件：拆迁补偿收支情况专项说明、费用及损失明细表。

关注：拆迁补偿的税务处理适用《企业政策性搬迁所得税管理办法》（国税函〔2012〕第40号）：

对固定资产和无形资产搬迁净损失补偿部分，按照"净额法"处理，按相应补偿金额将递延收益抵减资产处理损失；对搬迁后拟新建资产补偿部分，在资产预计使用期限内，按照系统、合理的方法（通常应采用年限平均法，有确凿合理依据的可采取其他方法，如工作量法等，并与折旧计提方法匹配）分期结转至营业外收入。取得的搬迁补偿在扣除搬迁损失及新建资产补偿后仍有结余的，应转入资本公积。

企业收到"实际拨付者"为政府，通过政府平台集团等其他方代收代付的搬迁补偿，应按照政府给予的搬迁补偿处理。

注：政府通过异地重建资产对搬迁资产进行补偿的，或其他单位因铁路、道路施工异地重建资产对迁改资产进行补偿的，补偿协议若符合非货币资产交换条件，按照非货币资产交换有关规定处。

5. 政府补助退回

已确认的政府补助需要退回的，应当在需要退回的当期按照以下情况进行会计处理：

（1）初始确认时冲减相关资产账面价值的，调整资产账面价值。

（2）存在相关递延收益的，冲减相关递延收益账面余额，超出部分计入当期损益。

（3）属于其他情况的，直接计入当期损益。

第二节　租　赁

一、术语解释及核算内容

1. 术语解释

（1）租赁，是一种以一定费用借贷实物的经济行为。是指在约定的期间内，出租人将资产使用权让与承租人，以获取租金的协议。

租赁的主要特征是转移资产的使用权，而不是转移资产的所有权，并且这种转移是有偿的，取得使用权以支付租金为代价，从而使租赁有别于资产购置和不把资产的使用权从合同的一方转移给另一方的服务性合同，如劳务合同、运输合同、保管合同、仓储合同等以及无偿提供使用权的借用合同。

（2）租赁期是指租赁协议规定的不可撤销的租赁期间。如果承租人有权选择续租该资产，并且在租赁开始日就可以合理确定承租人将会行使这种选择权，无论是否再支付租金，续租期也包括在租赁期之内。租赁合同签订后一般不可撤销，但下列情况除外：①经出租人同意；②承租人与原出租人就同一资产或同类资产签订了新的租赁合同；③承租人支付一笔足够大的额外款项；④发生某些很少会出现的或有事项。

（3）租赁开始日是指租赁协议日与租赁各方就主要租赁条款做出承诺日中的较早者。在租赁开始日，承租人和出租人应当将租赁认定为融资租赁或经营租赁，并确定在租赁期开始日应确认的金额。

（4）租赁期开始日是指承租人有权行使其使用租赁资产权利的日期。

（5）融资租赁是指实质上转移了与资产所有权有关的全部风险和报酬的租赁。其所有权最终可能转移，也可能不转移。符合下列一项或数项标准的，应当认定为融资租赁：

1）在租赁期届满时，租赁资产的所有权转移给承租人。此种情况通常是指在租赁合同中已经约定，或者在租赁开始日根据相关条件作出合理判断，租赁期届满时出租人能够将资产的所有权转移给承租人。

2）承租人有购买租赁资产的选择权，所订立的购买价款预计将远低于行使选择权时租赁资产的公允价值，因而在租赁开始日就可以合理确定承租人将会行使这种选择权。

3）即使资产的所有权不转移，但租赁期占租赁资产使用寿命的大部分。其中"大部分"，通常掌握在租赁期占租赁开始日租赁资产使用寿命的75%以上（含75%）。若租赁资产为旧资产，在租赁前已使用的年限超过资产自全新时起算可使用年限的75%

以上的，则该条判断标准不再使用。

4）承租人在租赁开始日的最低租赁付款额现值，几乎相当于租赁开始日租赁资产公允价值；出租人在租赁开始日的最低租赁收款额现值，几乎相当于租赁开始日租赁资产公允价值。"几乎相当于"，通常掌握在90%以上（含90%）。

5）租赁资产性质特殊，如果不作较大改造，只有承租人才能使用。

（6）经营租赁是指除融资租赁之外的其他租赁。经营租赁资产的所有权不转移，租赁期届满后，承租人有退租或续租的选择权，而不存在优惠购买选择权。

（7）担保余值，就承租人而言，是指由承租人或与其有关的第三方担保的资产余值；就出租人而言，是指就承租人而言的担保余值加上与承租人和出租人均无关、但在财务上有能力担保的第三方担保的资产余值。其中，资产余值是指在租赁开始日估计的租赁期届满时租赁资产的公允价值。

（8）未担保余值是指租赁资产余值中扣除就出租人而言的担保余值以后的资产余值。

（9）最低租赁付款额是指在租赁期内，承租人应支付或可能被要求支付的款项（不包括或有租金和履约成本），加上由承租人或与其有关的第三方担保的资产余值，但是出租人支付但可退还的税金不包括在内。

承租人有购买租赁资产选择权，所订立的购买价款预计将远低于行使选择权时租赁资产的公允价值，因而在租赁开始日就可以合理确定承租人将会行使这种选择权，购买价款应当计入最低租赁付款额。

（10）或有租金是指金额不固定、以时间长短以外的其他因素（如销售量、使用量、物价指数等）为依据计算的租金。

（11）履约成本是指租赁期内为租赁资产支付的各种使用费用，如技术咨询和服务费、人员培训费、维修费、保险费等。

（12）最低租赁收款额是指最低租赁付款额加上独立于承租人和出租人的第三方对出租人担保的资产余值。

（13）租赁内含利率是指在租赁开始日，使最低租赁收款额的现值与未担保余值的现值之和等于租赁资产公允价值与出租人的初始直接费用之和的折现率。

（14）初始直接费用是指在租赁谈判和签订租赁协议的过程中发生的可直接归属于租赁项目的费用。承租人发生的初始直接费用，通常有印花税、佣金、律师费、差旅费、谈判费等。融资租赁承租人发生的初始直接费用，应当计入租入资产价值，经营租赁承租人发生的初始直接费用，应当计入当期损益。

（15）售后租回交易是一种特殊形式的租赁业务，是指卖主（即承租人）将一项自制或外购的资产出售后，又将该项资产从买主（即出租人）租回，习惯上称为"回租"。

2. 核算内容

本章节主要讲述融资租赁、经营租赁和售后租回等业务的账务处理。

二、主要账务处理

1. 融资租赁业务

（1）承租人对融资租赁业务的账务处理。

1）融资租赁资产入账。在租赁期开始日，承租人应当将租赁开始日租赁资产公允价值与最低租赁付款额现值两者中较低者作为租入资产的入账价值，将最低租赁付款额作为长期应付款的入账价值，其差额作为未确认融资费用。

在计算最低租赁付款额的现值时，如果知悉出租人的租赁内含利率，应当采用出租人的租赁内含利率作为折现率；否则，应当采用租赁协议规定的利率作为折现率。如果出租人的租赁内含利率和租赁协议规定的利率均无法知悉，应当采用同期银行贷款利率作为折现率。

账务处理：

记账凭证

摘要	会计科目	借方	贷方
"融资租入" + "资产名称" + "资产数量"	固定资产–××资产	××.××	
"融资租入" + "资产名称" + "资产数量"	未确认融资费用	××.××	
"融资租入" + "资产名称" + "资产数量"	长期应付款–应付融资租赁款\××公司		××.××
"融资租入" + "资产名称" + "资产数量"	银行存款–人民币–××银行–××账户		××.××
合　计		××.××	××.××

凭证附件：批准文件、融资租赁合同、固定资产验收报告、固定资产管理卡片、手续费单据、发票、资金支付申请表、银行回单、融资租赁计算表等。

现金流量表项目：BO8购建固定资产等支付的现金–购置其他长期资产支付现金。

按实际利率法进行计算：

最低租赁付款额=各期租金之和+行使优惠购买选择权支付的金额；

最低租赁付款额现值=每期租金×(P/A,r,n)+优惠购买金额×(P/F,r,n)；

融资租入资产入账价值=最低租赁付款额现值与租赁开始日租赁资产公允价值的较低者；

未确认融资费用=最低租赁付款额–融资租入资产入账价值；

其中，P/A为年金现值，P/F为复利现值，n为租赁期限，r为使最低租赁付款额现值等于租赁资产公允价值的折现率，在多次测试的基础上用插值法计算得出。

2）按照合同支付租金。在融资租赁下，承租人向出租人支付的租金中，包含了本金和利息两部分。承租人支付租金时，一方面减少长期应付款；另一方面应同时将未确认的融资费用按一定的方法确认为当期融资费用。在先付租金（即每期期初等额支付租金）的情况下，租赁期第一期支付的租金不含利息，只需减少长期应付款，不必确认当期融资费用。

账务处理：

记账凭证

摘要	会计科目	借方	贷方
"支付××单位"＋"资产名称"＋"租金"	长期应付款–应付融资租赁款\××公司	××.××	
"支付××单位"＋"资产名称"＋"租金"	银行存款–人民币–××银行–××账户		××.××
合　计		××.××	××.××

凭证附件：融资租赁费结算通知单、发票、银行付款回单、支付申请等。融资租赁费结算通知单至少应包括融资租赁合同号、本期支付的本金及利息、出租人等信息。

现金流量表项目：BO8 购建固定资产等支付的现金–购置其他长期资产支付现金。

3）未确认融资费用的分摊。在分摊未确认的融资费用时，按照租赁准则的规定，承租人应当采用实际利率法。在采用实际利率法的情况下，根据租赁开始日租赁资产和负债的入账价值基础不同，融资费用分摊率的选择也不同。未确认融资费用的分摊率的确定具体分为下列几种情况：

①以出租人的租赁内含利率为折现率将最低租赁付款额折现，且以该现值作为租赁资产入账价值的，应当将租赁内含利率作为未确认融资费用的分摊率。

②以合同规定利率为折现率将最低租赁付款额折现，且以该现值作为租赁资产入账价值的，应当将合同规定利率作为未确认融资费用的分摊率。

③以银行同期贷款利率为折现率将最低租赁付款额折现，且以该现值作为租赁资产入账价值的应当将银行同期贷款利率作为未确认融资费用的分摊率。

④以租赁资产公允价值为入账价值的，应当重新计算分摊率。该分摊率是使最低租赁付款额的现值等于租赁资产公允价值的折现率。

存在优惠购买选择权时，在租赁期届满时，未确认融资费用应全部摊销完毕，并且租赁负债也应当减少为优惠购买金额。在承租人或与其有关的第三方对租赁资产提供了担保或由于在租赁期届满时没有续租而支付违约金的情况下，在租赁期届满时，未确认融资费用应当全部摊销完毕，租赁负债还应减少至担保余值。

账务处理：

记账凭证

摘要	会计科目	借方	贷方
分摊未确认融资费用	财务费用–未确认融资费用	××.××	
分摊未确认融资费用	未确认融资费用		××.××
合　计		××.××	××.××

凭证附件：未确认融资费用分摊表。

审核要点：复核和计算分摊融资费用，编制未确认融资费用分摊表。

确认的融资费用＝期初应付本金额×r；

应付本金减少额＝本期支付租金−确认的融资费用；

期末应付本金额＝期初应付本金额−应付本金减少额。

4）融资租入固定资产折旧的计算。对于融资租入资产，计提租赁资产折旧时，承租人应采用与自有应折旧资产相一致的折旧政策。如果承租人或与其有关的第三方对租赁资产余值提供了担保，则应计折旧总额为租赁开始日固定资产的入账价值扣除担保余值后的余额；如果承租人或与其有关的第三方未对租赁资产余值提供担保，则应计折旧总额为租赁开始日固定资产的入账价值。

确定租赁资产的折旧期间时，应视租赁协议的规定而论。如果能够合理确定租赁期届满时承租人将会取得租赁资产所有权，应以租赁开始日租赁资产的寿命作为折旧期间；如果无法合理确定租赁期届满后承租人是否能够取得租赁资产的所有权，则应以租赁期与租赁资产寿命两者中较短者作为折旧期间。

具体账务处理参照"第九章　固定资产−固定资产折旧"相关内容。

5）或有租金。或有租金实际发生时，根据权责发生制原则要求，确认当期费用。

6）履约成本。履约成本是指租赁期内为租赁资产支付的各种使用费用，如技术咨询和服务费、人员培训费、维修费、保险费等。

履约成本应当在实际发生时计入当期损益。对于技术咨询和服务费、人员培训费等应予递延分摊计入各期费用或直接计入当期费用；对于固定资产的经常性修理费、保险费等可直接计入当期费用。具体操作流程可参照"第九章　非流动资产""第十一章　费用核算"章节。

7）租赁期届满时的处理。

账务处理：

①返还租赁资产。返还租赁资产时，借记"长期应付款—应付融资租赁款""累计折旧"科目，贷记"固定资产—融资租入固定资产"科目。

记账凭证

摘要	会计科目	借方	贷方
返还××单位租赁资产	长期应付款-应付融资租赁款	××.××	
返还××单位租赁资产	累计折旧-××资产	××.××	
返还××单位租赁资产	固定资产-××资产		××.××
合计		××.××	××.××

②优惠续租租赁资产。若优惠续租，应视同该项租赁一直存在而做出相同的账务处理。如果租赁期届满时承租人没有续租，根据租赁合同规定应向出租人支付违约金的，

计入营业外支出。

③留购租赁资产。在承租人享有优惠购买权的情况下，支付购买价款时，借记"长期应付款-应付融资租赁款"科目，贷记"银行存款"等科目；同时，将固定资产从"融资租入固定资产"明细科目转入有关明细科目。

记账凭证

摘要	会计科目	借方	贷方
"留购"+"资产名称"	长期应付款-应付融资租赁款\××公司	××.××	
"留购"+"资产名称"	应交税费-应交增值税-进项税额-硬件	××.××	
"留购"+"资产名称"	银行存款-人民币-××银行-××账户		××.××
合 计		××.××	××.××

同时将融资租赁资产转为自有资产，在系统固定资产模块中维护卡片信息。

记账凭证

摘要	会计科目	借方	贷方
结转融资租赁资产	固定资产-生产用固定资产	××.××	
结转融资租赁资产	固定资产-融资租入固定资产		××.××
合 计		××.××	××.××

凭证附件：固定资产移交单、原固定资产卡片；发票、付款申请表、银行回单；变更后固定资产卡片。

现金流量表项目：B08购建固定资产等支付的现金-购置其他长期资产支付现金。

（2）出租人对融资租赁业务的账务处理。融资租赁是指经中国银行业监管管理委员会（中国银监会）批准经营融资租赁业务的单位和经对外贸易经济合作主管部门批准经营融资租赁业务的外商投资企业、外国企业开展的融资租赁业务。因此对于出租方的处理略。

2. 经营租赁业务

（1）出租固定资产的账务处理。参照"第九章 固定资产—固定资产出租"相关内容。

（2）租入固定资产的账务处理。在经营租赁下，与租赁资产所有权有关的风险和报酬并没有实质上转移给承租人，集团作为承租人不承担租赁资产的主要风险，集团只需在租赁期内的各个期间按直线法确认为费用；如果其他方法更合理，也可以采用其他方法。

某些情况下，出租人可能对经营租赁提供激励措施，如免租期、承担承租人某些费用等。在出租人提供了免租期的情况下，应将租金总额在整个租赁期内，而不是在租赁期扣除免租期后的期间内按直线法或其他合理的方法进行分摊，免租期内应确认租金费用；在出租人承担了承租人的某些费用的情况下，应将该费用从租金总额中扣除，并将租金余额在租赁期内进行分摊。

1）支付租赁履约保证金。具体账务处理参照"第二章　资金筹集与营运"中相关履约保证金的处理。

2）承租人发生的初始直接费用，应当计入当期损益，具体参照"第十一章　费用核算"进行账务处理。

3）支付每期租金及或有租金时，可参照本节融资租入固定资产及"第十一章　费用核算"相关内容。

如果合同约定每期支付的租金并不相等时，应将应支付的租金总额在租赁期内按照直线法平均分摊计入相应的成本费用。

4）承租人租入的固定资产发生的改良支出，应计入长期待摊费用并分期进行摊销，相关账务处理参见"第九章　非流动资产-长期待摊费用"。

5）租赁结束，出资方退回履约保证金时，参照"第二章　资金筹集与营运"中相关履约保证金的处理。

3. 售后租回业务

售后租回交易是一种特殊形式的租赁业务，是指卖主（即承租人）将一项自制或外购的资产出售后，又将该项资产从买主（即出租人）租回，习惯上称为"回租"。

售后租回应按照租赁的分类标准将其认定为融资租赁或经营租赁分别进行会计处理。

出售资产时，按固定资产账面净值，借记"固定资产清理"科目，按固定资产已提折旧，借记"累计折旧"科目，按固定资产的账面原价，贷记"固定资产"科目；如果出售资产已计提减值准备，还应结转已计提的减值准备。

具体账务处理参照"第九章　固定资产-固定资产处置"相关内容。

（1）售后租回交易认定为融资租赁的账务处理。如果售后租回交易被认定为融资租赁，这种交易实质上转移了出租人所保留的与该项租赁资产的所有权有关的全部风险和报酬，是出租人提供资金给承租人并以该项资产作为担保，因此，售价与资产账面价值之间的差额在会计上均未实现，其实质是售价高于资产账面价值实际上在出售时高估了资产的价值，而售价低于资产账面价值实际上在出售时低估了资产的价值，即承租人应将售价与资产账面价值的差额予以递延，并按该项租赁资产的折旧进度进行分摊，作为折旧费用的调整。按折旧进度进行分摊是指在对该项租赁资产计提折旧时，按与该项资产计提折旧所采用的折旧率相同的比例对未实现售后租回损益进行分摊。

收到出售资产的价款时，借记"银行存款"科目，贷记"固定资产清理"科目，借记或贷记"递延收益-未实现售后租回损益（融资租赁）"科目。

账务处理：

记账凭证

摘要	会计科目	借方	贷方
××资产售后租回收款××单位	银行存款-人民币-××银行-××账户	××.××	
××资产售后租回收款××单位	递延收益-未实现售后租回损益（融资租赁）（或借记）		××.××
××资产售后租回收款××单位	固定资产清理		××.××
××资产售后租回收款××单位	应交税费-应交增值税-销项税额-硬件		××.××
合计		××.××	××.××

凭证附件：资产售后租回协议、增值税专用发票、收款收据、银行回单。

现金流量表项目：BC0 处置固定资产、无形资产和其他长期资产所收回的现金净额。

租回资产时，参照融资租入固定资产的账务处理。

各期根据该项租赁资产的折旧进度或租金支付比例分摊未实现售后租回损益时，借记或贷记"递延收益-未实现售后租回损益（融资租赁）"科目，贷记或借记成本费用类科目。

账务处理：

记账凭证

摘要	会计科目	借方	贷方
分摊未实现售后租回损益	递延收益-未实现售后租回损益（融资租赁）	××.××	
分摊未实现售后租回损益	制造费用-折旧费等		××.××
合计		××.××	××.××

注：如果"递延收益-未实现售后租回损益（融资租赁）"余额在借方的，做相反会计分录。

凭证附件：递延收益分摊表。

其他相关会计处理与一般融资租赁业务的会计处理相同。

（2）售后租回交易认定为经营租赁的账务处理。售后租回交易认定为经营租赁的，应当分别情况处理：在有确凿证据表明售后租回交易是按照公允价值达成的，售价与资产账面价值的差额应当记入当期损益。如果售后租回交易不是按照公允价值达成的，有关损益应于当期确认；但若该损失将由低于市价的未来租赁付款额补偿，应将其递延，并按与确认租金费用相一致的方法分摊于预计的资产使用期限内；售价高于公允价值的，其高出公允价值的部分应予递延，并在预计的使用期限内摊销。

1）收到出售资产的价款。有确凿证据表明售后租回交易是按照公允价值达成的，或售价低于公允价值且未来租赁付款额不低于市价的情况下，实质上相当于一项正常销售，售价与资产账面价值的差额应当记入当期损益。

账务处理：

记账凭证

摘要	会计科目	借方	贷方
××资产售后租回收款××单位	银行存款-人民币-××银行-××账户	××.××	
××资产售后租回收款××单位	营业外收入（或借记营业外支出）		××.××
××资产售后租回收款××单位	固定资产清理		××.××
××资产售后租回收款××单位	应交税费-应交增值税-销项税额-硬件		××.××
合计		××.××	××.××

如果售后租回交易不是按照公允价值达成的，售价低于公允价值但若该损失将由低于市价的未来租赁付款额补偿，或售价高于公允价值的，应予递延，并在预计的使用期限内摊销。

记账凭证

摘要	会计科目	借方	贷方
××资产售后租回收款××单位	银行存款-人民币-××银行-××账户	××.××	
××资产售后租回收款××单位	递延收益-未实现售后租回损益（经营租赁）（或贷记）	××.××	
××资产售后租回收款××单位	固定资产清理		××.××
××资产售后租回收款××单位	应交税费-应交增值税-销项税额-硬件		××.××
合计		××.××	××.××

凭证附件：资产售后租回协议、增值税专用发票、收款收据、银行回单。

现金流量表项目：BC0 处置固定资产、无形资产和其他长期资产所收回的现金净额。

租回资产时，参照经营租入固定资产的账务处理。

2）分摊未实现售后租回损益。

账务处理：

记账凭证

摘要	会计科目	借方	贷方
分摊未实现售后租回损益	管理费用-租赁费等	××.××	
分摊未实现售后租回损益	递延收益-未实现售后租回损益（经营租赁）		××.××
合计		××.××	××.××

注：如果"递延收益-未实现售后租回损益（经营租赁）"余额在贷方的，做相反会计分录。

凭证附件：递延收益分摊表。

其他相关会计处理与一般经营租赁业务的会计处理相同。

第三节 非货币性资产交换

本节内容主要讲述非货币性资产交换的账务处理。

一、术语解释及核算内容

1. 术语解释

（1）货币性资产是指企业持有的货币资金和将以固定或可确定的金额收取的资产，包括库存现金、银行存款、应收账款和应收票据以及准备持有至到期的债券投资等。

（2）非货币性资产是指货币性资产以外的资产。非货币性资产有别于货币性资产的最基本特征是，其在将来为企业带来的经济利益，即货币金额，是不固定的且不可确定的。资产负债表中列示的属于非货币性资产的项目通常有：存货（原材料、包装物、低值易耗品、委托加工物资等）、长期股权投资、投资性房地产、固定资产、在建工程、工程物资、无形资产等。

（3）非货币性资产交换是一种非经常性的特殊交易行为，是交易双方主要以存货、固定资产、无形资产和长期股权投资等非货币性资产进行的交换，一般不涉及货币性资产，或只涉及少量货币性资产即补价。

非货币性资产交换准则规定，认定涉及少量货币性资产的交换为非货币性资产交换，通常以补价占整个资产交换金额的比例低于25%作为参考。

支付的货币性资产占换入资产公允价值（或占换出资产公允价值与支付的补价之和）的比例，或收到的货币性资产占换出资产公允价值（或占换入资产公允价值与收到的补价之和）的比例低于25%的，视为非货币性资产交换，高于25%（含25%的）视为以货币性资产取得非货币性资产，使用其他相关准则。

非货币性资产交换不涉及以下交易和事项：①企业将其拥有的非货币性资产无代价地转让给其他所有者或其他企业，或由其他所有者或其他企业将非货币性资产无代价地转让给企业；②企业合并、债务重组和发行股票取得的非货币性资产。

2. 核算内容

本节主要涉及以公允价值计量的非货币性资产交换的会计处理、以换出资产账面价值计量的非货币性资产交换的会计处理以及涉及多项非货币性交换的会计核算。

二、主要账务处理

1. 以公允价值计量

在以公允价值计量的情况下，应当以换出资产的公允价值和应支付的相关税费作为换入资产的成本，当有确凿证据表明换入资产的公允价值比换出资产公允价值更加可靠时，应以换入资产的公允价值和应支付的相关税费作为换入资产的成本。

换出资产的公允价值与其账面价值的差额，无论是否涉及补价，均应确认为当期损益。

在以公允价值确定换入资产成本的情况下，发生补价的，支付补价方和收到补价方应当分情况处理：

支付补价方：应当以换出资产的公允价值加上支付的补价（即换入资产的公允价值）和应支付的相关税费作为换入资产的成本；换入资产成本与换出资产账面价值加支付的补价、应支付的相关税费之和的差额应当计入当期损益。

收到补价方：应当以换入资产的公允价值（或换出资产的公允价值减去补价）和应支付的相关税费作为换入资产的成本；换入资产成本加收到的补价之和与换出资产账面价值加应支付的相关税费之和的差额应当计入当期损益。

（1）换出资产为存货。应当视同销售处理，根据《企业会计准则第 14 号——收入》按照公允价值确认销售收入，同时结转销售成本，相当于按照公允价值确认的收入和按账面价值结转的成本之间的差额，也即换出资产公允价值和换出资产账面价值的差额，在利润表中作为营业利润的构成部分予以列示。

账务处理：

记账凭证

摘要	会计科目	借方	贷方
非货币性资产交换换入资产	原材料/固定资产/无形资产等-××（换入资产）	××.××	
非货币性资产交换收取补价	银行存款-人民币-××银行-××账户	××.××	
非货币性资产交换进项税	应交税费-应交增值税-进项税额-软件/硬件	××.××	
非货币性资产交换换出产品	主营业务收入-产品销售收入-设备制造收入-软件/硬件		××.××
非货币性资产交换换出材料	其他业务收入-利库物资处置收入		××.××
非货币性资产交换销项税	应交税费-应交增值税-销项税额-软件/硬件		××.××
非货币性资产交换支付补价	银行存款-人民币-××银行-××账户		××.××
合　计		××.××	××.××

凭证附件：非货币性资产交换审批文件、非货币性资产交换协议、资金支付申请表、银行回单、增值税专用发票、产品出库单、资产验收单、评估报告等公允价值确定依据。

现金流量表项目：

①收取补价：

a. 非货币性资产交换换出产品：AA1 销售商品、提供劳务收到的现金-产品销售收入收到现金-集团内关联单位（或 AA2 集团外单位）。

b. 非货币性资产交换换出材料：AA5 销售商品、提供劳务收到的现金-其他主营收入收到现金-集团内关联单位（或 AA6 集团外单位）。

②支付补价：

a. 换入存货：AO1 购买商品、接受劳务支付的现金-生产经营类采购支付现金-集团内关联单位（或 AO2 集团外单位）。

b. 换入固定资产、无形资产：BO1-BO8 购建固定资产等支付的现金-××项目支付现金。

结转换出存货成本参照销售与收款部分结转销售成本的账务处理。

（2）换出资产为固定资产、无形资产。换出资产公允价值和换出资产账面价值的差额，计入营业外收入或营业外支出，将固定资产转入清理以及发生相应的清理费用的处理参照固定资产处置相关内容。

1）换出资产为固定资产。

记账凭证

摘要	会计科目	借方	贷方
非货币性资产交换换入资产	原材料/固定资产/无形资产等-××（换入资产）	××.××	
非货币性资产交换收取补价	银行存款-人民币-××银行-××账户	××.××	
非货币性资产交换进项税	应交税费-应交增值税-进项税额-软件/硬件	××.××	
确认资产处置损益	营业外支出-处置非流动资产损益	××.××	
结转固定资产清理	固定资产清理		××.××
非货币性资产交换销项税	应交税费-应交增值税-销项税额-硬件		××.××
非货币性资产交换支付补价	银行存款-人民币-××银行-××账户		××.××
确认资产处置损益	营业外收入-处置非流动资产损益		××.××
合 计		××.××	××.××

2）换出资产为无形资产。

记账凭证

摘要	会计科目	借方	贷方
非货币性资产交换换入资产	原材料/固定资产/无形资产等-××（换入资产）	××.××	
非货币性资产交换收取补价	银行存款-人民币-××银行-××账户	××.××	
非货币性资产交换进项税	应交税费-应交增值税-进项税额-软件/硬件	××.××	
确认资产处置损益	营业外支出-处置非流动资产损益	××.××	
结转累计摊销	累计摊销-软件/土地使用权【××资产】	××.××	
结转减值准备	无形资产减值准备-软件/土地使用权【××资产】	××.××	
结转无形资产	无形资产-软件/土地使用权【××资产】		××.××
非货币性资产交换税费	应交税费-增值税-销项税额-软件		××.××

摘要	会计科目	借方	贷方
非货币性资产交换支付补价	银行存款-人民币-××银行-××账户		××．××
确认资产处置损益	营业外收入-处置非流动资产损益		××．××
合　计		××．××	××．××

以上 1)、2) 凭证附件：非货币性资产交换审批文件、非货币性资产交换协议、资金支付申请表、银行回单、增值税专用发票、资产清理报告、资产验收单、评估报告等公允价值确定依据。

现金流量表项目：

①收取补价：BC0 处置固定资产、无形资产和其他长期资产所收回的现金净额。

②支付补价：

a. 换入存货：AO1 购买商品、接受劳务支付的现金-生产经营类采购支付现金-集团内关联单位（或 AO2 集团外单位）。

b. 换入固定资产、无形资产：BO1-BO8 购建固定资产等支付的现金-××项目支付现金。

c. 支付税费：AQ1-AQ5 支付的各项税费-缴纳××税支付现金。

(3) 换出资产为长期股权投资。换出资产公允价值和换出资产账面价值的差额，计入投资收益。

记账凭证

摘要	会计科目	借方	贷方
非货币性资产交换换入资产	原材料/固定资产/无形资产等-××（换入资产）	××．××	
非货币性资产交换收取补价	银行存款-人民币-××银行-××账户	××．××	
非货币性资产交换进项税	应交税费-应交增值税-进项税额-软件/硬件	××．××	
结转减值准备	长期股权投资减值准备	××．××	
长期股权投资处置	长期股权投资-成本法/权益法-××（相关明细）		××．××
非货币性资产交换支付补价	银行存款-人民币-××银行-××账户		××．××
确认长期股权投资处置损益	投资收益-处置子公司/合营企业/联营企业/参股企业投资收益		××．××
合　计		××．××	××．××

凭证附件：同上。

现金流量表项目：

①收取补价：BA1 收回投资所收到的现金-集团内关联单位（或 BA2 集团外系统内单位、BA3 系统外单位）。

②支付补价：

a. 换入存货：AO1 购买商品、接受劳务支付的现金-生产经营类采购支付现金-集团内关联单位（或 AO2 集团外单位）。

b. 换入固定资产、无形资产：BO1-BO8 购建固定资产等支付的现金-××项目支付现金。

2. 以换出资产账面价值计量

非货币性资产交换不具有商业实质，或者虽然具有商业实质但换入资产和换出资产的公允价值均不能可靠计量的，应当以换出资产账面价值为基础确定换入资产成本，无论是否支付补价，均不确认损益。涉及补价的，按照以下规定确定换入资产的实际成本：

（1）支付补价的，应按换入资产成本与换出资产账面价值加支付的补价、应支付的相关税费之和的差额，计入当期损益。

（2）收到补价的，应按换入资产成本加收到的补价之和与换出资产账面价值加应支付的相关税费之和的差额，计入资本公积。

账务处理参照以公允价值计量的非货币性资产交换。

3. 涉及多项非货币性交换

涉及多项资产的非货币性资产交换，与单项非货币性资产之间的交换一样，首先应判断是否符合以公允价值计量的两个条件；再分情况确定各项换入资产的成本。涉及多项资产的非货币性资产交换一般可以分为以下几种情况：

（1）资产交换具有商业实质，且各项换出资产和各项换入资产的公允价值均能够可靠计量。在这种情况下，换入资产的总成本应当按照换出资产的公允价值总额为基础确定，除非有确凿证据证明换入资产的公允价值总额更可靠。各项换入资产的成本，应当按照各项换入资产的公允价值占换入资产公允价值总额的比例，对换入资产总成本进行分配，确定各项换入资产的成本。

（2）资产交换具有商业实质，且换入资产的公允价值能够可靠计量、换出资产的公允价值不能可靠计量。在这种情况下，换入资产的总成本应当按照换入资产的公允价值总额为基础确定，各项换入资产的成本，应当按照各项换入资产的公允价值占换入资产公允价值总额的比例，对换入资产总成本进行分配，确定各项换入资产的成本。

（3）资产交换具有商业实质、换出资产的公允价值能够可靠计量、但换入资产的公允价值不能可靠计量。在这种情况下，换入资产的总成本应当按照换出资产的公允价值总额为基础确定，各项换入资产的成本，应当按照各项换入资产的原账面价值占换入资产原账面价值总额的比例，对按照换出资产公允价值总额确定的换入资产总成本进行分配，确定各项换入资产的成本。

（4）资产交换不具有商业实质，或换入资产和换出资产的公允价值均不能可靠计量。在这种情况下，换入资产的总成本应当按照换出资产的账面价值总额为基础确定，各项换入资产的成本，应当按照各项换入资产的原账面价值占换入资产的账面价值总额的比例，对按照换出资产账面价值总额为基础确定换入资产总成本进行分配，确定各项换入资产的成本。

具体账务处理参照上述单项非货币性资产交换的账务处理。

第四节　债务重组

一、术语解释及核算内容

1. 术语解释

（1）债务重组是指在债务人发生财务困难的情况下，债权人按照其与债务人达成的协议或法院的裁定做出让步的事项。

（2）债务人发生财务困难是指因债务人出现资金周转困难、经营陷入困境或者其他原因，导致无法或没有能力按原定条件偿还债务。

（3）债权人做出让步是指债权人同意发生财务困难的债务人现在或者将来以低于重组债务账面价值的金额或者价值偿还债务。

（4）或有应付（或应收）金额是指需要根据未来某种事项的出现而发生的应付（或应收）金额，而且该未来事项的出现具有不确定性。

（5）债务重组日是指债务重组完成日，即债务人履行协议或法院裁决，将相关资产转让给债权人、将债务转为资本或修改后的债务条件开始执行的日期。债务重组可能发生在债务到期前、到期日或到期后。

2. 核算内容

本章内容主要介绍用现金、非现金资产清偿债务，债务转为资本，修改其他债务条件，以上三种方式组合等重组方式进行债务重组的账务处理。

下列情况不属于债务重组，不在本节核算范围内：

（1）债务人根据转换协议将应付可转换集团债券转为资本。

（2）在债务人发生财务困难时，债权人同意债务人用等值库存商品抵偿到期债务，但不调整偿还金额，实质上债权人并未做出让步。

二、主要账务处理

债务重组主要方式有以资产清偿债务、债务转为资本、修改其他债务条件，以上三种方式的组合。

1. 以资产清偿债务

以资产清偿债务是指债务人转让其资产给债权人以清偿债务的债务重组方式。

（1）用现金清偿债务。

1）债务人的账务处理。集团以现金清偿到期债务的，应当将重组债务的账面价值与支付的现金之间的差额确认为债务重组利得，作为营业外收入，计入当期损益，其中，相关重组债务应当在满足金融负债终止确认条件时予以终止确认。

账务处理：

记账凭证

摘要	会计科目	借方	贷方
清偿××公司重组债务	应付账款-应付××款\××公司等	××.××	
清偿××公司重组债务	银行存款-人民币-××银行-××账户		××.××
结转债务重组损益	营业外收入-债务重组利得		××.××
合　计		××.××	××.××

凭证附件：债务重组业务审批单、债务重租协议、资金支付申请表、银行回单、办公会决议等审批文件。

现金流量表项目：AO1-AO6 购买商品、接受劳务支付的现金-××项目支付现金-集团内关联单位（或集团外单位）。

2）债权人的账务处理。债务人以现金清偿债务的，集团应当将重组债权的账面余额与收到的现金之间的差额确认为债务重组损失，作为营业外支出，计入当期损益，其中，相关重组债权应当在满足金融资产终止确认条件时予以终止确认。重组债权已经计提减值准备的，应当先将上述差额冲减已计提的减值准备，冲减后仍有损失的，计入营业外支出（债务重组损失）；冲减后减值准备仍有余额的，应予转回并抵减当期资产减值损失。

账务处理：

记账凭证

摘要	会计科目	借方	贷方
收到重组债务款项	银行存款-人民币-××银行-××账户	××.××	
确认债务重组损失	营业外支出-债务重组损失	××.××	
转销应收账款	应收账款-应收××款\××公司等		××.××
合　计		××.××	××.××

已计提坏账准备且债权账面余额与收到的现金之间的差额大于坏账准备余额的：

记账凭证

摘要	会计科目	借方	贷方
收到重组债务款项	银行存款-人民币-××银行-××账户	××.××	
确认债务重组损失	营业外支出-债务重组损失	××.××	
转销坏账准备	坏账准备-××	××.××	
转销应收账款	应收账款-应收××款\××公司等		××.××
合　计		××.××	××.××

已计提坏账准备且债权账面余额与收到的现金之间的差额小于坏账准备余额的：

记账凭证

摘要	会计科目	借方	贷方
收到重组债务款项	银行存款-人民币-××银行-××账户	××.××	
转销坏账准备	坏账准备-××	××.××	
转回坏账准备	资产减值损失-××	-××.××	
转销应收账款	应收账款-应收××款\××公司等		××.××
合　计		××.××	××.××

凭证附件：债务重组业务审批单、债务重组协议、银行回单、办公会决议等审批文件。

现金流量表项目：AA1-AA6 销售商品、提供劳务收到的现金-××收入收到现金-集团内关联单位（或集团外单位）。

（2）以非现金资产清偿债务。

1）以库存材料、商品抵偿债务。

①债务人的账务处理。集团以存货、固定资产等非现金资产清偿债务时，应当将重组债务的账面价值与转让的非现金资产的公允价值之间的差额确认为债务重组利得，作为营业外收入，计入当期损益，其中，相关重组债务应当在满足金融负债终止确认条件时予以终止确认。转让的非现金资产的公允价值与其账面价值的差额作为转让资产损益，计入当期损益。

在转让非现金资产的过程中发生的一些税费，如资产评估费、运杂费等，直接计入转让资产损益。对于增值税应税项目，如债权人不向债务人另行支付增值税，则债务重组利得应为转让非现金资产的公允价值和该非现金资产的增值税销项税额与重组债务账面价值的差额；如债权人向债务人另行支付增值税，则债务重组利得应为转让非现金资产的公允价值与重组债务账面价值的差额。

账务处理：

记账凭证

摘要	会计科目	借方	贷方
以材料、库存商品抵偿债务	应付账款-应付××款\××公司	××.××	
以材料、库存商品抵偿债务	主营业务收入或其他业务收入		××.××
以材料、库存商品抵偿债务	应交税费-应交增值税-销项税额-××		××.××
确认债务重组收益	营业外收入-债务重组利得		××.××
合　计		××.××	××.××

凭证附件：债务重组业务审批单、债务重组协议、销售出库单、增值税专用发票、办公会决议等审批文件。

②债权人的账务处理。债务人以非现金资产清偿某项债务的，集团应当对受让的非

现金资产按其公允价值入账,重组债权的账面余额与受让的非现金资产的公允价值之间的差额,确认为债务重组损失,作为营业外支出,计入当期损益,其中,相关重组债权应当在满足金融资产终止确认条件时予以终止确认。重组债权已经计提减值准备的,应当先将上述差额冲减已计提的减值准备,冲减后仍有损失的,计入营业外支出(债务重组损失);冲减后减值准备仍有余额的,应予转回并抵减当期资产减值损失。对于增值税应税项目,如债权人不向债务人另行支付增值税,则增值税进项税额可以作为冲减重组债权的账面余额处理;如债权人向债务人另行支付增值税,则增值税进项税额不能作为冲减重组债权的账面余额处理。

账务处理:

记账凭证

摘要	会计科目	借方	贷方
收到抵债物资入库	原材料等	××.××	
收到抵债物资入库	应交税费-应交增值税-进项税额-××	××.××	
转销坏账准备	坏账准备-××	××.××	
确认债务重组损失	营业外支出-债务重组损失	××.××	
转销应收账款	应收账款-应收××款\××公司		××.××
合 计		××.××	××.××

凭证附件:债务重组业务审批单、债务重组协议、增值税专用发票、资金支付申请表、银行回单、物资验收单、办公会决议等审批文件。

现金流量表项目:AO1 购买商品、接受劳务支付的现金-生产经营类采购支付现金-集团内关联单位(或 AO2 集团外单位)。

2)以固定资产抵偿债务。

①债务人的账务处理。以固定资产抵偿到期债务时,应先将抵债资产转入清理,具体处理请参照固定资产处置章节相关内容。

账务处理:

记账凭证

摘要	会计科目	借方	贷方
清偿债务	应付账款-应付××款\××公司	××.××	
确认资产处置损益	营业外支出-非流动资产处置损溢	××.××	
清偿债务	固定资产清理		××.××
资产处置销项税	应交税费-应交增值税-销项税额-××		××.××
确认债务重组损益	营业外收入-债务重组利得		××.××
合 计		××.××	××.××

凭证附件：债务重组业务审批单、债务重组协议、资产交接单、增值税专用发票、办公会决议等审批文件。

②债权人的账务处理。

账务处理：

记账凭证

摘要	会计科目	借方	贷方
抵债资产入账	固定资产-房屋、建筑物等资产\××资产	××.××	
抵债资产进项税	应交税费-应交增值税-进项税额-××	××.××	
转销坏账准备	坏账准备-××	××.××	
确认债务重组损益	营业外支出-债务重组损失	××.××	
转销应收债权	应收账款-应收××款\××公司		××.××
合 计		××.××	××.××

凭证附件：债务重组业务审批单、债务重组协议、增值税专用发票、资产交接单、办公会决议等审批文件。

3）以无形资产清偿债务。

①债务人的账务处理。

账务处理：

记账凭证

摘要	会计科目	借方	贷方
转销重组债务	应付账款-应付××款\××公司	××.××	
转销无形资产累计摊销	累计摊销-无形资产明细	××.××	
转销无形资产减值准备	无形资产减值准备-无形资产明细	××.××	
处置无形资产销项税额	应交税费-应交增值税-销项税额		××.××
转销无形资产账面原值	无形资产-无形资产明细		××.××
确认债务重组利得	营业外收入-债务重组利得		××.××
确认资产处置利得	营业外收入-非流动资产处置利得（或借记营业外支出）		××.××
合 计		××.××	××.××

凭证附件：债务重组业务审批单、债务重组协议、增值税专用发票、资产验收交接单、办公会决议等审批文件。

②债权人的账务处理。

账务处理：

记账凭证

摘要	会计科目	借方	贷方
抵债资产入账	无形资产–无形资产明细	××.××	
转销坏账准备	坏账准备–××	××.××	
转销重组债权	应收账款–应收××款\××公司		××.××
确认债务重组损失	营业外支出–债务重组损失		××.××
合 计		××.××	××.××

凭证附件：债务重组业务审批单、债务重组协议、无形资产验收交接单、办公会决议等审批文件。

4）以长期股权投资等抵偿债务。

①债务人账务处理。

账务处理：

记账凭证

摘要	会计科目	借方	贷方
转销重组债务	应付账款–应付××款\××公司	××.××	
转销其他资本公积	资本公积–其他资本公积	××.××	
转销资产减值准备	长期股权投资减值准备	××.××	
转销抵债资产	长期股权投资–各明细科目		××.××
确认投资收益	投资收益–××		××.××
确认债务重组利得	营业外收入–债务重组利得		××.××
合 计		××.××	××.××

凭证附件：债务重组业务审批单、债务重组协议、股权转让协议、办公会决议等审批文件。

②债权人账务处理。

账务处理：

记账凭证

摘要	会计科目	借方	贷方
抵债资产入账	长期股权投资–各明细科目	××.××	
确认债务重组损失	营业外支出–债务重组损失	××.××	
转销坏账准备	坏账准备–××	××.××	
转销重组债权	应收账款–应收××款\××公司		××.××
合 计		××.××	××.××

凭证附件：债务重组业务审批单、债务重组协议、股权转让协议、办公会决议等审批文件。

如果计提的坏账准备余额大于收到抵债资产公允价值与重组债权账面余额的差额，集团无须确认债务重组损失，同时应将多余的坏账准备转回，具体处理流程参照上述以现金清偿债务的处理流程。

2. 债务转为资本

债务转为资本是指债务人将债务转为资本，同时债权人将债权转为股权的债务重组方式。

①债务人的账务处理。重组债务账面价值超过股份公允价值总额（或者股权的公允价值）的差额，确认为债务重组利得，计入当期营业外收入。

将债务转为资本，应当将债权人放弃债权而享有的股份的面值总额（或者股权份额）确定为股本（或者实收资本），股份的公允价值总额与股本（或者实收资本）之间的差额确定为股本溢价（或者资本溢价）计入资本公积。

债务转为资本发生的相关税费，其中与股票发行直接相关的手续费等，可以作为抵减资本公积处理，其他税费直接计入当期损益。

账务处理：

记账凭证

摘要	会计科目	借方	贷方
××单位以债务转资本清偿债务	应付账款-应付××款\××公司	××.××	
××单位以债务转资本清偿债务	实收资本（股本）-国有法人资本等		××.××
××单位以债务转资本清偿债务	资本公积-资本（股本）溢价		××.××
××单位以债务转资本清偿债务	营业外收入-债务重组利得		××.××
合 计		××.××	××.××

发生的与股票发行直接相关的手续费，计入资本公积；其他发生的相关税费，直接计入当期损益。

记账凭证

摘要	会计科目	借方	贷方
××单位债务重组发生税费	管理费用等	××.××	
××单位债务重组发生税费	资本公积-资本（股本）溢价	××.××	
××单位债务重组发生税费	银行存款等		××.××
合 计		××.××	××.××

凭证附件：债务重组业务审批单、债务重组协议、股权变更手续、办公会决议等审批文件。

现金流量表项目：AR7 支付的其他与经营活动有关的现金-其他经营性支出现金-集团内关联单位（或 AR8 集团外单位）。

②债权人的账务处理。债权人应当将因放弃债权而享有股份的公允价值确认为对债务人的投资，重组债权的账面余额与股份的公允价值之间的差额，确认为债务重组损失，计入营业外支出。债权人已对债权计提减值准备的，应当先将该差额冲减减值准备，冲减后尚有余额的，计入营业外支出（债务重组损失）；冲减后减值准备仍有余额的，应予转回并抵减当期资产减值损失。发生的相关税费，分别按照金融资产和长期股权投资的有关规定进行处理。

账务处理：

接受的债务人的以债务转为资本的公允价值小于债权的账面价值。

记账凭证

摘要	会计科目	借方	贷方
××单位抵债资产入账	长期股权投资-相关明细	××.××	
确认债务重组损失	营业外支出-债务重组损失	××.××	
转销坏账准备	坏账准备-××	××.××	
转销重组债权	应收账款-应收××款\××公司		××.××
债务重组相关税费	应交税费-××		××.××
合　计		××.××	××.××

接受的债务人的以债务转为资本的公允价值大于债权的账面价值。

记账凭证

摘要	会计科目	借方	贷方
××单位抵债资产入账	长期股权投资-相关明细	××.××	
转销坏账准备	坏账准备-××	××.××	
转销重组债权	应收账款-应收××款\××公司		××.××
确认债务重组损失	资产减值损失-应收款项减值损失		××.××
债务重组相关税费	应交税费-××		××.××
合　计		××.××	××.××

凭证附件：债务重组业务审批单、债务重组协议、产权变更手续、发票、办公会决议等审批文件。

现金流量表项目：BR2 支付其他与投资活动有关的现金-其他投资性现金支出。

如果计提的坏账准备大于收到抵债资产公允价值与重组债权账面余额的差额，集团无须确认债务重组损失，同时应将多余的坏账准备转回，具体处理流程参照上述以现金清偿债务的处理流程。

3. 修改其他债务条件

修改其他债务条件是指债务人与债权人达成债务重组协议，以减少未来债务本金、降低利率、减少或免除债务利息等方式进行债务重组的方式。修改其他债务条件进行债务重组的，区分是否涉及或有应付金额进行会计处理。

债务人账务处理：

（1）不涉及或有应付金额的债务重组。重组债务的账面价值大于重组后债务人的入账价值（即修改其他债务条件后债务的公允价值）的差额为债务重组利得，计入营业外收入。

记账凭证

摘要	会计科目	借方	贷方
转销原始债权	应付账款-应付××款\××公司	××.××	
确认重组债权	应付账款-应付××款\××公司		××.××
确认重组损益	营业外收入-债务重组利得		××.××
合 计		××.××	××.××

（2）涉及或有应付金额的债务重组。修改后的债务条款如涉及或有应付金额，且该或有应付金额符合有关预计负债确认条件的，债务人应当将该或有应付金额确认为预计负债。重组债务的账面价值大于重组后债务人的入账价值（即修改其他债务条件后债务的公允价值）和预计负债金额的差额，为债务重组利得，计入营业外收入。

上述或有应付金额在随后会计期间没有发生的，应当冲减已确认的预计负债，同时确认营业外收入。

记账凭证

摘要	会计科目	借方	贷方
××单位债务重组转销原始债权	应付账款-应付××款\××公司	××.××	
××单位债务重组确认重组债权	应付账款-应付××款\××公司		××.××
××单位债务重组确认预计负债金额	预计负债-重组义务		××.××
××单位债务重组确认重组损益	营业外收入-债务重组利得		××.××
合 计		××.××	××.××

如上述或有应付金额在随后会计期间没有发生，应冲销已确认的预计负债金额。

记账凭证

摘要	会计科目	借方	贷方
××单位冲销已确认的或有应付金额	预计负债-重组义务	××.××	
××单位冲销已确认的或有应付金额	营业外收入-债务重组利得		××.××
合 计		××.××	××.××

凭证附件：债务重组业务审批单、债务重组协议、办公会决议等审批文件。

债权人的账务处理：

（1）不涉及或有应收金额的债务重组。以修改其他债务条件进行债务重组，如修改后的债务条款不涉及或有应收金额，则债权人应当将修改其他债务条件后的债权的公允价值作为重组后债权的账面价值，重组债权的账面余额与重组后债权的账面价值之间的差额，确认为债务重组损失，计入营业外支出。债权人已对债权计提减值准备的，应当先将该差额冲减减值准备，减值准备不足以冲减的部分作为债务重组损失，计入营业外支出（债务重组损失）。冲减后减值准备仍有余额的，应予转回并抵减当期资产减值损失。

1）接受的债务人的以修改其他债务条件债权的公允价值小于原债权的账面价值。

记账凭证

摘要	会计科目	借方	贷方
重组债权入账	应收账款-应收××款\××公司	××.××	
确认债务重组损失	营业外支出-债务重组损失	××.××	
转销坏账准备	坏账准备-××	××.××	
转销原始债权	应收账款-应收××款\××公司		××.××
合 计		××.××	××.××

2）接受的债务人的以修改其他债务条件的债权的公允价值大于原债权的账面价值。

记账凭证

摘要	会计科目	借方	贷方
重组债权入账	应收账款-应收××款\××公司	××.××	
转销坏账准备	坏账准备-××	××.××	
确认债务重组损失	资产减值损失-应收款项减值损失		××.××
转销原始债权	应收账款-应收××款\××公司		××.××
合 计		××.××	××.××

凭证附件：债务重组业务审批单、债务重组协议、办公会决议等审批文件。

（2）涉及或有应付金额的债务重组。集团与债权方协商债务重组条件，如果修改后的债务条款涉及或有应付金额，且该或有应付金额符合或有事项中有关预计负债确认条件的，集团应当将该或有应付金额确认为预计负债。重组债务的账面价值与重组后债务的入账价值和预计负债金额之和的差额，作为债务重组利得，计入营业外收入。集团应当在每期末，按照或有事项确认和计量要求，确定其最佳估计数，期末所确定的最佳估计数与原预计数的差额，计入当期损益，具体账务处理流程参照下节"或有事项"相关内容。

集团与债务方协商债务重组条件，修改后的债务条款中涉及或有应收金额的，债权人不应当确认或有应收金额，不得将其计入重组后债权的账面价值。债权人只有在或有应收金额实际发生时，才计入当期损益。

4. 三种方式组合

三种方式的组合是指采用三种方法共同清偿债务的债务重组形式。

债务重组采用以现金、非现金资产、债务转为资本、修改其他债务条件等方式的组合进行的，债务人应当依次以支付的现金、转让的非现金资产公允价值、债权人享有股份的公允价值冲减重组债务的账面价值，再将修改其他债务条件债务的公允价值作为重组后债务的入账价值。重组债务的账面价值与重组后债务的入账价值之间的差额，作为债务重组利得，计入营业外收入。修改后的债务条款如涉及或有应付金额，且该或有应付金额符合预计负债确认条件的，债务人应当将该或有应付金额确认为预计负债。重组债务的账面价值大于重组后债务人的入账价值和预计负债金额的差额，为债务重组利得，计入营业外收入。

债务重组采用以现金、非现金资产、债务转为资本、修改其他债务条件等方式的组合进行的，债权人应先以收到的现金、受让的非现金资产公允价值、享有股份的公允价值冲减重组债权的账面余额，差额与将来应收金额进行比较，据此计算债务重组损失。债权人已对债权计提减值准备的，应当先将该差额冲减减值准备，减值准备不足以冲减的部分作为债务重组损失，计入营业外支出，减值准备冲减完该差额后仍有余额的，应予转回并抵减当期资产减值损失。

第五节　或有事项

本章节主要涉及未决诉讼或仲裁、产品质量保证（含产品安全保证）、亏损合同等或有事项的确认与账务处理。

一、术语解释及核算内容

1. 术语解释

（1）或有事项是指过去的交易或者事项形成的，其结果须由某些未来事项的发生或不发生才能决定的不确定事项。或有事项具有以下特征：①或有事项是因过去的交易或者事项形成的；②或有事项的结果具有不确定性。或有事项的结果是否发生具有不确定性，或有事项的结果预计将会发生，但发生的具体时间或金额具有不确定性；③或有事项的结果须由未来事项决定。即或有事项的结果只能由未来不确定事项的发生或者不发生才能决定。

（2）或有负债是指过去的交易或事项形成的潜在义务，其存在需通过未来不确定事项的发生或不发生予以证实；或过去的交易或事项形成的现时义务，履行该义务不是很可能导致经济利益流出企业或该义务的金额不能可靠计量。

（3）或有资产是指过去的交易或者事项形成的潜在资产，其存在需通过未来不确定事项的发生或不发生予以证实。或有资产作为一种潜在资产，其具有较大的不确定性，只有随着经济情况的变化，通过某些未来不确定事项的发生或不发生才能证实其是否会形成企业真正的资产。

或有负债和或有资产不符合负债或资产的定义和确认条件，企业不应当确认或有负债和或有资产，而应当进行相应的披露。

发生的概率分为以下四个层次：基本确定、很可能、可能、极小可能。其中，"基本确定"是指发生的可能性大于95%但小于100%；"很可能"是指发生的可能性大于50%但小于或等于95%；"可能"是指发生的可能性大于5%但小于或等于50%；"极小可能"是指发生的可能性大于0但小于或等于5%。

2. 核算内容

本章节主要涉及未决诉讼或仲裁、债务担保、产品质量保证（含产品安全保证）、重组义务、亏损合同等或有事项的确认与账务处理。

或有事项主要包括未决诉讼或未决仲裁、债务担保、产品质量保证（含产品安全保证）、亏损合同、重组义务、承诺、环境污染整治等。或有事项可以形成或有资产和或有负债两种。

或有资产只有在企业基本确定能够收到的情况下，才转变为真正的资产，从而予以确认；或有负债应当在同时符合以下三个条件时确认为负债，作为预计负债进行确认和计量：①该义务是企业承担的现时义务；②履行该义务很可能导致经济利益流出企业；③该义务的金额能够可靠地计量。

当与或有事项有关的义务符合确认为负债的条件时应当将其确认为预计负债，预计负债应当按照履行相关现时义务所需支出的最佳估计数进行初始计量。此外，集团清偿预计负债所需支出还可能从第三方或其他方获得补偿。因此，或有事项的计量主要涉及两个问题：①最佳估计数的确定；②预期可获得补偿的处理。

（1）最佳估计数的确定。最佳估计数的确定应当分两种情况处理：

1）所需支出存在一个连续范围（或区间，下同），且该范围内各种结果发生的可能性相同，则最佳估计数应当按照该范围内的中间值，即上下限金额的平均数确定。

2）所需支出不存在一个连续范围，或者虽然存在一个连续范围，但该范围内各种结果发生的可能性不相同，那么，如果或有事项涉及单个项目，最佳估计数按照最可能发生金额确定；如果或有事项涉及多个项目，最佳估计数按照各种可能结果及相关概率计算确定。

（2）预期可获得补偿的处理。如果企业清偿因或有事项而确认的负债所需支出全部或部分预期由第三方或其他方补偿，则此补偿金额只有在基本确定能收到时，才能作为资产单独确认，确认的补偿金额不能超过所确认负债的账面价值。

（3）预计负债的计量需要考虑的其他因素。企业在确定最佳估计数时，应当综合考虑与或有事项有关的风险、不确定性、货币时间价值和未来事项等因素。

企业应当在资产负债表日对预计负债的账面价值进行复核。有确凿证据表明该账面价值不能真实反映当前最佳估计数的，应当按照当前最佳估计数对该账面价值进行调整。

二、主要账务处理

1. 未决诉讼或未决仲裁

（1）在诉讼或仲裁尚未裁决之前，符合预计负债确认条件时的账务处理。集团发生未决诉讼或仲裁时，公司法务工作部门应根据相关诉讼或仲裁的最新情况估计最佳赔偿金额并出具书面报告，并获取第三方中介机构的书面材料，报相关领导审批，会计核算岗根据最佳估计金额确认预计负债。

账务处理：

记账凭证

摘要	会计科目	借方	贷方
确认预计负债	管理费用-诉讼费	××.××	
确认预计负债	营业外支出-××	××.××	
确认预计负债	预计负债-未决诉讼		××.××
合 计		××.××	××.××

凭证附件：法律部门出具的未决诉讼及预计负债证明、办公会或类似机构决议、凭证事由说明。凭证事由说明至少应包括诉讼事由、诉讼可能结果说明、预计负债金额等信息。

（2）在资产负债表日对预计负债的账面价值进行复核。资产负债表日，应对前期计提的预计负债账面余额进行复核，有确凿证据表明该账面余额不能真实反映当前最佳估计数的，应当按照当前最佳估计数对该账面余额进行调整。

当集团前期计提的预计负债金额小于重估金额时调增预计负债，当集团前期计提的预计负债金额大于重估金额时调减预计负债。

（3）预计负债实际发生。诉讼或仲裁审理结束，赔偿金额确定，集团应当将当期实际发生的诉讼损失金额与已计提的相关预计负债之间的差额，直接计入或冲减当期损益。

账务处理：

记账凭证

摘要	会计科目	借方	贷方
补计（冲减）预计负债	管理费用-诉讼费	(-××.××) ××.××	
补计（冲减）预计负债	营业外支出-××	(-××.××) ××.××	
支付××单位诉讼赔偿款	预计负债-未决诉讼	××.××	
支付××单位诉讼赔偿款	银行存款-人民币-××银行-××账户		××.××
合 计		××.××	××.××

凭证附件：法院判决书或仲裁报告、资金支付申请表、银行回单。相关业务管理部门提供的预计负债清偿或冲减说明。预计负债清偿或冲减说明至少应包括清偿或冲减依据、清偿或冲减预计负债金额等信息。

现金流量表项目：AR7 支付的其他与经营活动有关的现金-其他经营性支付现金-集团内关联单位（或 AR8 集团外单位）。

如果集团在前期资产负债表日，依据当时实际情况和所掌握的证据，原本应当能够合理估计诉讼损失，但企业所作的估计却与当时的事实严重不符，应当按照重大会计差错更正的方法进行处理。

账务处理：

记账凭证

摘要	会计科目	借方	贷方
××单位/调整××会计差错	以前年度损益调整	××.××	
××单位/调整××会计差错	预计负债-未决诉讼		××.××
合　计		××.××	××.××

或

记账凭证

摘要	会计科目	借方	贷方
××单位/调整××会计差错	预计负债-未决诉讼	××.××	
××单位/调整××会计差错	以前年度损益调整		××.××
合　计		××.××	××.××

凭证附件：集团所做的估计与当时的事实严重不符的证明资料。

企业在前期资产负债表日，依据当时实际情况和所掌握的证据，确实无法合理预计诉讼损失，因而未确认预计负债，则在该项损失实际发生的当期，直接计入当期损益。

账务处理：

记账凭证

摘要	会计科目	借方	贷方
确认诉讼损失	管理费用-诉讼费	××.××	
确认诉讼损失	营业外支出-××	××.××	
确认诉讼损失	银行存款-人民币-××银行-××账户		××.××
合　计		××.××	××.××

凭证附件：法院判决书或仲裁报告、月度其他支付申请表、银行回单。

现金流量表项目：AR7 支付的其他与经营活动有关的现金-其他经营性支付现金-

集团内关联单位（或 AR8 集团外单位）。

资产负债表日后至财务报告批准报出日之间发生的需要调整或说明的未决诉讼事项，按照资产负债表日后事项的有关规定进行会计处理。

2. 产品质量保证

（1）初始确认。产品质量保证通常指销售商或制造商在销售产品或提供劳务后，对客户提供服务的一种承诺。在约定期内（或终身保修），若产品或劳务在正常使用过程中出现质量或与之相关的其他属于正常范围的问题，集团负有更换产品、免费或只收成本价进行修理等责任。为此，集团应当在符合确认条件的情况下，于销售成立时确认预计负债。

账务处理：

记账凭证

摘要	会计科目	借方	贷方
预计××产品质量保证	销售费用–售后服务费	××.××	
预计××产品质量保证	预计负债–质量保证		××.××
合计		××.××	××.××

凭证附件：销售合同、业务部门提供的预计负债确认表等。

（2）在资产负债表日对预计负债的账面价值进行复核。资产负债表日，应对前期计提的预计负债账面余额进行复核，有确凿证据表明该账面余额不能真实反映当前最佳估计数的，应当按照当前最佳估计数对该账面余额进行调整。

当集团前期计提的预计负债金额小于重估金额时调增预计负债，当集团前期计提的预计负债金额大于重估金额时调减预计负债。

（3）发生产品质量维护费用时。

账务处理：

记账凭证

摘要	会计科目	借方	贷方
支付产品质量保证金	预计负债–质量保证	××.××	
支付产品质量保证金	银行存款–人民币–××银行–××账户		××.××
更换质量问题产品	库存商品–××商品		××.××
合计		××.××	××.××

注：如果发现产品质量保证费用的实际发生额与预计数相差较大，应及时调整预计比例。

凭证附件：销售合同或协议、产品质量问题鉴定报告、产品质量问题处理意见、资金支付申请表、银行回单、预计负债计算表至少应包括合同号、产品名称、质保期、保修费用计提比率、预计保修费用金额等信息。

现金流量表项目：AR7 支付的其他与经营活动有关的现金–其他经营性支付现金–

集团内关联单位（或 AR8 集团外单位）。

（4）冲回预计负债。企业应在下面两种情况发生时，将预计负债余额冲销，不留余额：①企业针对特定批次产品确认预计负债，该批产品保修期结束；②已确认预计负债的产品，企业停产，产品质量保证期结束。

账务处理：

记账凭证

摘要	会计科目	借方	贷方
预计负债余额转回	预计负债-质量保证	××.××	
预计负债余额转回	销售费用-售后服务费		××.××
合 计		××.××	××.××

凭证附件：销售合同、产品质量保证金转回说明。

3. 亏损合同

待执行合同变为亏损合同，同时该亏损合同产生的义务满足预计负债的确认条件的，应当确认为预计负债。其中，亏损合同是指履行合同义务不可避免会发生的成本超过预期经济利益的合同。预计负债的计量应当反映了退出该合同的最低净成本，即履行该合同的成本与未能履行该合同而发生的补偿或处罚两者之中的较低者。企业与其他企业签订的商品销售合同、劳务合同、租赁合同等，均可能变为亏损合同。

企业对亏损合同进行会计处理，需要遵循以下两点：

第一，如果与亏损合同相关的义务不需支付任何补偿即可撤销，企业通常就不存在现时义务，不应确认预计负债；如果与亏损合同相关的义务不可撤销，企业就存在了现时义务，同时满足该义务很可能导致经济利益流出企业和金额能够可靠地计量的，通常应当确认预计负债。

第二，亏损合同存在标的资产的，应当对标的资产进行减值测试并按规定确认减值损失，如果预计亏损超过该减值损失，应将超过部分确认为预计负债；合同不存在标的资产的，亏损合同相关义务满足预计负债确认条件时，应当确认为预计负债。

（1）无标的资产的亏损性合同。

1）确认预计负债。

账务处理：

记账凭证

摘要	会计科目	借方	贷方
××单位确认××亏损性合同形成的预计负债	营业外支出-××	××.××	
××单位确认××亏损性合同形成的预计负债	预计负债-亏损性合同		××.××
合 计		××.××	××.××

凭证附件：亏损性合同、相关业务部门提供的履行合同将会发生重大损失的证明材

料、办公会或类似机构决议、凭证事由说明单。凭证事由说明单至少应包括合同号、合同可能损失原因说明、合同总额、预计负债金额等信息。

2）资产负债表日对预计负债的账面价值进行复核。资产负债表日，应对前期计提的预计负债账面余额进行复核，有确凿证据表明该账面余额不能真实反映当前最佳估计数的，应当按照当前最佳估计数对该账面余额进行调整。

当集团前期计提的预计负债金额小于重估金额时调增预计负债，当集团前期计提的预计负债金额大于重估金额时调减预计负债。

3）待相关产品生产完成后，将已确认的预计负债冲减产品成本。

账务处理：

记账凭证

摘要	会计科目	借方	贷方
××单位亏损性合同损失	预计负债–亏损性合同	××.××	
××单位亏损性合同损失	库存商品等		××.××
合 计		××.××	××.××

凭证附件：预计负债冲减产品成本说明、产品出库单。

（2）存在标的资产的亏损性合同。

1）确认预计负债。在确认预计负债时，首先应对标的资产进行减值测试，并按规定计提减值损失。

账务处理：

记账凭证

摘要	会计科目	借方	贷方
××单位确认××资产减值损失	资产减值损失–××资产	××.××	
××单位确认××资产减值损失	存货跌价准备等		××.××
合 计		××.××	××.××

凭证附件：资产减值损失计提表、资产减值的相关证明、资产减值损失审批表。

如果预计亏损超过该减值损失，应将超过部分确认为预计负债。

账务处理：

记账凭证

摘要	会计科目	借方	贷方
××单位确认××亏损性合同形成的预计负债	营业外支出–××	××.××	
××单位确认××亏损性合同形成的预计负债	预计负债–亏损性合同		××.××
合 计		××.××	××.××

凭证附件：相关合同、确认预计负债说明等。

2）资产负债表日对预计负债的账面价值进行复核。（略）

3）待企业执行合同时，结转亏损性合同损失。

账务处理：

记账凭证

摘要	会计科目	借方	贷方
××单位亏损性合同损失	预计负债-亏损性合同	××.××	
××单位亏损性合同损失	库存商品等		××.××
合计		××.××	××.××

凭证附件：预计负债冲减产品成本说明、产品出库单。

第六节　投资性房地产

一、术语解释及核算内容

1. 术语解释

（1）投资性房地产的定义。投资性房地产是指为了赚取租金或资本增值，或者两者兼有而持有的房地产，其确认、计量和披露适用《企业会计准则第 3 号——投资性房地产》的规定，租金收入的确认、计量和披露适用《企业会计准则第 21 号——租赁》的规定。

投资性房地产的主要特征：

1）投资性房地产是一种经营性活动。投资性房地产的主要形式是出租建筑物、出租土地使用权，这实质上属于一种让渡资产使用权的行为，房地产的租金就是让渡资产使用权取得的使用费收入，是企业为完成其经营目标所从事的经营性活动以及与之相关的其他活动形成的经济利益的总流入。投资性房地产的另一种形式是持有并准备增值后转让的土地使用权，尽管其增值收益通常与市场供求、经济发展等因素相关，但目的是增值后转让以赚取增值收益，也是企业为完成其经营目标所从事的经营性活动以及与之相关的其他活动形成的经济利益的总流入。

2）投资性房地产在用途、状态、目的等方面区别于作为生产经营场所的房地产和用于销售的房地产。由于投资性房地产各方面的特殊性，就需要将投资性房地产单独作为一项资产核算和反映，与自用的厂房、办公室等房地产加以区分，从而更加清晰地反映企业所持有房地产的构成情况和盈利能力。

3）投资性房地产有两种后续计量模式，成本模式和公允价值模式。企业通常采用成本模式对投资性房地产进行后续计量，只有在满足特定条件的情况下，即有确凿证据表明其所有投资性房地产的公允价值能够持续可靠取得的，才可以采用公允价值模式进行后续计量。同一企业只能采用一种模式对所有投资性房地产进行后续计量，不得同时采用两种计量模式进行后续计量。

（2）投资性房地产的范围。

1）已出租的土地使用权。已出租的土地使用权是指企业通过出让或转让方式取得的、以经营租赁方式出租的土地使用权。

2）持有并准备增值后转让的土地使用权。持有并准备增值后转让的土地使用权是指企业取得的、准备增值后转让的土地使用权，这类土地使用权很可能给企业带来资本增值收益，符合投资性房地产的定义。按照国家有关规定认定的闲置土地，不属于持有并准备增值后转让的土地使用权，也就不属于投资性房地产。

3）已出租的建筑物。已出租的建筑物是指企业拥有产权的、以经营租赁方式出租的建筑物，包括自行建造或开发活动完成后用于出租的建筑物以及正在建造或开发过程中将来用于出租的建筑物。

下列项目不属于投资性房地产：①自用房地产；②作为存货的房地产；③以经营租赁方式租入再转租给其他单位的建筑物、土地使用权；④按照国家有关规定认定的闲置土地。

2. 核算内容

设置"投资性房地产""投资性房地产累计折旧（摊销）""投资性房地产减值准备"一级科目，并按照投资性房地产类别设置明细科目，对投资性房地产的取得、初始计量、后续支出、后续计量、计量模式的变更、转换以及处置等内容进行核算。

按照投资性房地产准则的规定，投资性房地产在后续计量时，通常应当采用成本模式，满足特定条件的情况下也可以采用公允价值模式。但是，同一企业只能采用一种模式对所有投资性房地产进行后续计量，不得同时采用两种计量模式。

二、采用成本模式计量的投资性房地产

1. 投资性房地产的初始计量

根据投资性房地产准则的规定，投资性房地产应当按照成本进行初始确认和计量。

成本模式的会计处理比较简单，主要涉及"投资性房地产""投资性房地产累计折旧（摊销）""投资性房地产减值准备"等科目，可比照"固定资产""无形资产""累计折旧""累计摊销""固定资产减值准备""无形资产减值准备"等相关科目进行处理。

（1）外购或自行建造的投资性房地产。外购采用成本模式计量的土地使用权和建

筑物，应当按照取得时的实际成本进行初始计量，其成本包括购买价款、相关税费和可直接归属于该资产的其他支出。企业购入的房地产，部分用于出租（或资本增值）、部分自用，用于出租（或资本增值）的部分应当予以单独确认的，应按照不同部分的公允价值占公允价值总额的比例将成本在不同部分之间进行合理分配。

自行建造的采用成本模式计量的投资性房地产，其成本由建造该项资产达到预定可使用状态前发生的必要支出构成，包括土地开发费、建筑安装成本、应予以资本化的借款费用、支付的其他费用和分摊的间接费用等。建造过程中发生的非正常性损失直接计入当期损益，不计入建造成本。

（2）非投资性房地产转换为投资性房地产。房地产的转换，是因房地产用途发生改变而对房地产进行的重新分类。企业必须有确凿证据表明房地产用途发生改变，才能将投资性房地产转换为非投资性房地产或者将非投资性房地产转换为投资性房地产。这里的确凿证据包括两个方面：一是企业董事会或类似机构应当就改变房地产用途形成正式的书面决议，二是房地产因用途改变而发生实际状态上的改变，从自用状态改为出租状态。

1）作为存货的房地产转换为投资性房地产。作为存货的房地产转换为投资性房地产，通常指房地产开发企业将其持有的开发产品以经营租赁的方式出租，存货相应地转换为投资性房地产。

2）自用房地产转换为投资性房地产。企业将原本用于日常生产商品、提供劳务或者经营管理的房地产改用于出租，通常应于租赁期开始日按照固定资产或无形资产的账面价值，将固定资产或无形资产相应地转换为投资性房地产。对不再用于日常生产经营活动且经整理后达到可经营出租状态的房地产，如果企业董事会或类似机构正式作出书面决议，明确表明其自用房地产用于经营出租且持有意图短期内不再发生变化的，应视为自用房地产转换为投资性房地产，转换日为企业董事会或类似机构正式作出书面决议的日期。

企业将自用土地使用权或建筑物转换为以成本模式计量的投资性房地产时，应当按照该项建筑物或土地使用权在转换日的原价、累计折旧、减值准备等，分别转入"投资性房地产""投资性房地产累计折旧（摊销）""投资性房地产减值准备"科目，按其账面余额，借记"投资性房地产"科目，贷记"固定资产"或"无形资产"科目，按已计提的折旧或摊销，借记"累计折旧"或"累计摊销"科目，贷记"投资性房地产累计折旧（摊销）"科目，原已计提减值准备的，借记"固定资产减值准备"或"无形资产减值准备"科目，贷记"投资性房地产减值准备"科目。

账务处理：

①房屋、建筑物出租。

记账凭证

摘要	会计科目	借方	贷方
将××房屋、建筑物出租，固定资产转为投资性房地产	投资性房地产-成本模式-已出租的房屋\建筑物	××.××	
将××房屋、建筑物出租，固定资产转为投资性房地产	累计折旧-房屋\建筑物	××.××	
将××房屋、建筑物出租，固定资产转为投资性房地产	固定资产减值准备-房屋\建筑物	××.××	
将××房屋、建筑物出租，固定资产转为投资性房地产	固定资产-房屋\建筑物		××.××
将××房屋、建筑物出租，固定资产转为投资性房地产	投资性房地产累计折旧（摊销）-已出租的房屋\建筑物		××.××
将××房屋、建筑物出租，固定资产转为投资性房地产	投资性房地产减值准备		××.××
合计		××.××	××.××

②土地使用权出租。

记账凭证

摘要	会计科目	借方	贷方
将××土地出租，无形资产转为投资性房地产	投资性房地产-成本模式-已出租的土地使用权	××.××	
将××土地出租，无形资产转为投资性房地产	累计摊销-土地使用权	××.××	
将××土地出租，无形资产转为投资性房地产	无形资产减值准备-土地使用权	××.××	
将××土地出租，无形资产转为投资性房地产	无形资产-土地使用权		××.××
将××土地出租，无形资产转为投资性房地产	投资性房地产累计折旧（摊销）-已出租的土地使用权		××.××
将××土地出租，无形资产转为投资性房地产	投资性房地产减值准备		××.××
合计		××.××	××.××

凭证附件：办公会决议、租赁合同、经出租、承租双方签章确认的实物资产交接清单等资料。

2. 投资性房地产的后续计量

采用成本模式进行后续计量的投资性房地产，应当按照《企业会计准则第4

号——固定资产》或《企业会计准则第 6 号——无形资产》的有关规定，按月计提折旧或摊销，借记"其他业务成本"等科目，贷记"投资性房地产累计折旧（摊销）"。取得的租金收入，借记"银行存款"等科目，贷记"其他业务收入"等科目。投资性房地产存在减值迹象，应当适用资产减值的相关规定，经减值测试后确定发生减值的，应当计提减值准备，借记"资产减值损失"科目，贷记"投资性房地产减值准备"科目，如果已经计提减值准备的投资性房地产的价值又得以恢复，不得转回。

（1）计提折旧（摊销）。

账务处理：

①房屋、建筑物计提折旧。

记账凭证

摘要	会计科目	借方	贷方
计提 20××年××月折旧	其他业务成本–投资性房地产	××.××	
计提 20××年××月折旧	投资性房地产累计折旧（摊销）–已出租的房屋\建筑物		××.××
合 计		××.××	××.××

②土地使用权摊销。

记账凭证

摘要	会计科目	借方	贷方
计提 20××年××月摊销	其他业务成本–投资性房地产	××.××	
计提 20××年××月摊销	投资性房地产累计折旧（摊销）–已出租的土地使用权		××.××
合 计		××.××	××.××

凭证附件：折旧（摊销）计算明细表。

（2）确认租金收入。资产管理部门按照合同规定按期收取租金，会计核算岗根据增值税专用发票记账联及银行进账单编制记账凭证。

账务处理：

记账凭证

摘要	会计科目	借方	贷方
"收"＋"集团名称"＋"租金（保证金）"	银行存款–人民币–××银行–××账户	××.××	
"收"＋"集团名称"＋"租金（保证金）"	其他业务收入–投资性房地产		××.××
"收"＋"集团名称"＋"租金（保证金）"	其他应付款–其他应付保证金		××.××
"收"＋"集团名称"＋"租金（保证金）"	应交税费–应交增值税–销项税额		××.××
合 计		××.××	××.××

凭证附件：租赁合同或协议、发票、银行回单、收据记账联等。

现金流量表项目：AC3 收到的其他与经营活动有关的现金–其他经营性收入收到现金–集团外单位（或 AC4 集团内关联单位）。

（3）投资性房地产减值。

账务处理：

记账凭证

摘要	会计科目	借方	贷方
"计提" + "资产名称" + "减值损失"	资产减值损失–投资性房地产减值损失	XX.XX	
"计提" + "资产名称" + "减值损失"	投资性房地产减值准备		XX.XX
合 计		XX.XX	XX.XX

凭证附件：独立鉴定报告、投资性房地产减值损失审批表、投资性房地产减值准备计算表。

3. 投资性房地产的后续支出

（1）资本化的后续支出。与投资性房地产有关的后续支出，满足投资性房地产确认条件的，应当计入投资性房地产成本。例如，集团为了提高投资性房地产的使用效能，往往需要对投资性房地产进行改建、扩建而使其更加坚固耐用，或者通过装修而改善其室内装潢，改扩建或装修支出满足确认条件的，应当将其资本化。集团对投资性房地产进行改扩建等再开发且再开发完成后仍作为投资性房地产的，在再开发期间应继续将其作为投资性房地产，再开发期间不计提折旧或摊销。

投资性房地产发生资本化的后续支出时，一般应将该投资性房地产的原值、已计提的累计折旧（摊销）和减值准备转销，将固定资产的账面价值转入在建工程，并停止计提折旧。发生的后续支出，通过"在建工程"科目核算。在固定资产发生的后续支出完工并达到预定可使用状态时，再从在建工程转为固定资产，并按重新确定的使用寿命、预计净残值和折旧方法计提折旧。

1）投资性房地产转出。

记账凭证

摘要	会计科目	借方	贷方
"集团名称" + "资产名称" + "更新改造转入在建工程"	在建工程–建筑工程支出（XX工程）	XX.XX	
"集团名称" + "资产名称" + "更新改造转入在建工程"	投资性房地产累计折旧（摊销）–已出租的房屋\建筑物	XX.XX	
"集团名称" + "资产名称" + "更新改造转入在建工程"	投资性房地产减值准备	XX.XX	
"集团名称" + "资产名称" + "更新改造转入在建工程"	投资性房地产–成本模式–已出租的房屋\建筑物		XX.XX
合 计		XX.XX	XX.XX

凭证附件：更新改造支出的审批文件。

2）发生各项支出。投资性房地产改扩建过程中发生相关支出的具体账务处理参照"第六章　工程项目"相关章节。

3）资本化项目结束，投资性房地产转回。投资性房地产改扩建结束转回的具体操作流程参照"第六章　工程项目"相关章节。

账务处理：

记账凭证

摘要	会计科目	借方	贷方
××工程完工转资	投资性房地产-成本模式-已出租的房屋\建筑物	××.××	
××工程完工转资	在建工程-建筑工程支出（××工程）		××.××
合计		××.××	××.××

凭证附件：工程竣工决算报告、固定资产卡片。

（2）费用化的后续支出。与投资性房地产有关的后续支出，不满足投资性房地产确认条件的，应当在发生时计入当期损益。如集团对投资性房地产进行日常维护发生一些支出。企业在发生投资性房地产费用化的后续支出时，借记"其他业务成本"等科目，贷记"银行存款"等科目。

投资性房地产费用化的后续支出的具体操作流程参照"第十一章　费用核算"相关章节。

账务处理：

记账凭证

摘要	会计科目	借方	贷方
支付××款项	其他业务成本-投资性房地产	××.××	
支付××款项	银行存款-人民币-××银行-基本存款或一般存款		××.××
合计		××.××	××.××

凭证附件：发票、资金支付申请表、银行回单。

现金流量表项目：AR8 支付的其他与经营活动有关的现金-其他经营性支付现金-集团外单位。

4. 投资性房地产的转换

集团将原本用于出租的房地产改变用途，用于生产商品、提供劳务或者经营管理，投资性房地产相应地转换为固定资产或无形资产，转换日为房地产达到自用状态，集团开始将房地产用于生产商品、提供劳务或者经营管理的日期。

投资性房地产转换为自用房地产时，应当按该项投资性房地产在转换日的账面余额、累计折旧或摊销、减值准备等，分别转入"固定资产""累计折旧""固定资产减值准备"等科目。

　　租赁合同到期，双方无续租意向的，实物管理部门应当组织资产出租前的实物管理部门，与承租方办理实物交接及验收手续，并书面通知财务部门，财务部门据此办理结算租金尾款、退还押金及保证金等有关手续。

　　账务处理：

　　①转为自用房屋、建筑物。

记账凭证

摘要	会计科目	借方	贷方
投资性房地产转为固定资产	固定资产-房屋\建筑物	××.××	
投资性房地产转为固定资产	投资性房地产累计折旧（摊销）-已出租的房屋\建筑物	××.××	
投资性房地产转为固定资产	投资性房地产减值准备	××.××	
投资性房地产转为固定资产	投资性房地产-成本模式-已出租的房屋\建筑物		××.××
投资性房地产转为固定资产	累计折旧-房屋\建筑物		××.××
投资性房地产转为固定资产	固定资产减值准备-房屋\建筑物		××.××
合　计		××.××	××.××

　　②转为自用土地使用权。

记账凭证

摘要	会计科目	借方	贷方
将××土地出租，无形资产转为投资性房地产	无形资产-土地使用权	××.××	
将××土地出租，无形资产转为投资性房地产	投资性房地产累计折旧（摊销）-已出租的土地使用权	××.××	
将××土地出租，无形资产转为投资性房地产	投资性房地产减值准备	××.××	
将××土地出租，无形资产转为投资性房地产	投资性房地产-成本模式-已出租的土地使用权		××.××
将××土地出租，无形资产转为投资性房地产	累计摊销-土地使用权		××.××
将××土地出租，无形资产转为投资性房地产	无形资产减值准备-土地使用权		××.××
合　计		××.××	××.××

　　凭证附件：租赁协议、固定资产（无形资产）卡片等资料。

5. 投资性房地产的处置

　　当投资性房地产被处置，或者永久退出使用且预计不能从其处置中取得经济利益时，应当终止确认该项投资性房地产。

处置采用成本模式进行后续计量的投资性房地产时，应当按实际收到的金额，借记"银行存款"等科目，贷记"其他业务收入"科目；按该项投资性房产的账面价值，借记"其他业务成本"科目，按其账面余额，贷记"投资性房地产"科目，按照已计提的折旧或摊销，借记"投资性房地产累计折旧（摊销）"科目，原已计提减值准备的，借记"投资性房地产减值准备"科目。

账务处理：

记账凭证

摘要	会计科目	借方	贷方
处置投资性房地产	其他业务成本–投资性房地产	××.××	
处置投资性房地产	投资性房地产累计折旧（摊销）–已出租的房屋\建筑物	××.××	
处置投资性房地产	投资性房地产减值准备	××.××	
处置投资性房地产	投资性房地产–成本模式–已出租的房屋\建筑物		××.××
合　计		××.××	××.××

记账凭证

摘要	会计科目	借方	贷方
处置投资性房地产	银行存款–人民币–××银行–基本存款或一般存款	××.××	
处置投资性房地产	其他业务收入–投资性房地产		××.××
处置投资性房地产	应交税费–应交增值税–销项税额		××.××
合　计		××.××	××.××

凭证附件：处置协议、合同审核表、发票、银行业务回单。

现金流量表项目：BC0 处置固定资产、无形资产和其他长期资产所收回的现金净额。

三、采用公允价值模式计量的投资性房地产

企业存在确凿证据表明其公允价值能够持续可靠取得的，可以采用公允价值计量模式。企业选择公允价值模式，就应当对其所有投资性房地产采用公允价值模式进行后续计量，不得对一部分投资性房地产采用成本模式进行后续计量，对另一部分投资性房地产采用公允价值模式进行后续计量。

采用公允价值模式计量投资性房地产，应当同时满足以下两个条件：

（1）投资性房地产所在地有活跃的房地产交易市场；

（2）企业能够从房地产交易市场上取得同类或类似房地产的市场价格及其他相关信息，从而对投资性房地产的公允价值做出科学合理的估计。这两个条件必须同时具

备，缺一不可。

上述所说"同类或类似"的房地产，对建筑物而言，是指所处地理位置和地理环境相同、性质相同、结构类型相同或相近、新旧程度相同或相近，可使用状况相同或相近的建筑物；对土地使用权而言，是指同一位置区域、所处地理环境相同或相近、可使用状况相同或相近的土地。

四、投资性房地产后续计量模式的变更

为保证会计信息的可比性，企业对投资性房地产的计量模式一经确定，不得随意变更。只有在房地产市场比较成熟、能够满足采用公允价值模式条件的情况下，才允许企业对投资性房地产从成本模式计量变更为公允价值模式计量。

成本模式转为公允价值模式的，应当作为会计政策变更处理，并按计量模式变更时公允价值与账面价值的差额调整期初留存收益。

已采用公允价值模式计量的投资性房地产，不得从公允价值模式转为成本模式。

第七节　可供出售金融资产

一、术语解释

可供出售金融资产是指初始确认时即被指定为可供出售的非衍生金融资产，以及没有划分为以公允价值计量且其变动计入当期损益的金融资产、持有至到期投资、贷款、应收款项的金融资产以及投资企业持有的对被投资单位不具有控制、共同控制或重大影响，并在活跃市场中没有报价、公允价值不能可靠计量的权益性投资。

企业购入的在活跃市场上有报价的股票、债券和基金等，没有划分为以公允价值计量且其变动计入当期损益的金融资产或持有至到期投资等金融资产的，可以归为此类。相对于交易性金融资产而言，可供出售金融资产的持有意图不明确。

二、核算原则

（1）可供出售金融资产应当按照该金融资产的公允价值和相关交易费用之和作为初始确认金额。支付的价款中包含的已到付息期但尚未领取的债券利息或已宣告但尚未发放的现金股利，应单独确认为应收项目。

（2）企业应当按照公允价值对可供出售金融资产进行后续计量，且不扣除将来处置该金融资产时可能发生的交易费用。

每个资产负债表日，可供出售金融资产公允价值变动形成的利得或损失，除减值损

失和外币货币性金融资产形成的汇兑差额外，应当直接计入所有者权益（其他综合收益），在该金融资产终止确认时转出，计入当期损益（投资收益）。可供出售外币货币性金融资产形成的汇兑差额，应当计入当期损益。

（3）资产负债表日，采用实际利率法计算的可供出售债务工具（债券）的利息，应当计入当期损益；可供出售权益工具投资的现金股利，应当在被投资单位宣告发放股利时计入当期损益。

（4）处置可供出售金融资产时，应将取得的价款与该金融资产账面价值之间的差额，计入投资收益；同时，将原直接计入所有者权益的公允价值变动累计额对应处置部分的金额转出，计入投资收益。以公允价值计量且其变动计入当期损益的金融资产、持有至到期投资、贷款和应收款项、可供出售金融资产四类金融资产因价值变动形成的利得或损失，与套期保值有关的，应当按照套期保值会计方法处理。

（5）投资企业持有的对被投资单位不具有控制、共同控制或重大影响，并在活跃市场中没有报价、公允价值不能可靠计量的权益性投资，划分为可供出售金融资产后，应采用成本法计量，不确认公允价值变动，在发生减值时，应当计提减值准备。

企业应当设置"可供出售金融资产"科目，核算企业持有的可供出售金融资产的公允价值，包括划分为可供出售的股票投资、债券投资等金融资产。该科目按可供出售金融资产的类别和品种，分别按"成本""利息调整""应计利息""公允价值变动"等科目进行明细核算。该科目期末为借方余额，反映企业可供出售金融资产的公允价值。

三、主要账务处理

（1）企业取得可供出售的金融资产，应按其公允价值与交易费用之和，借记"可供出售金融资产-股票（债券、基金）-成本"科目，按支付的价款中包含的已宣告但尚未发放的现金股利，借记"应收股利"科目，按实际支付的金额，贷记"银行存款"等科目。

企业取得的可供出售金融资产为债券投资的，应按债券的面值，借记"可供出售金融资产-债券-应计利息"科目，按支付的价款中包含的已到付息期但尚未领取的利息，借记"应收利息"科目，按实际支付的金额，贷记"银行存款"等科目，按差额，借记或贷记"可供出售金融资产-债券-利息调整"科目。

（2）资产负债表日，可供出售债券为分期付息、一次还本债券投资的，应按票面利率计算确定的应收未收利息，借记"应收利息"科目，按可供出售债券的摊余成本和实际利率计算确定的利息收入，贷记"投资收益"科目，按其差额，借记或贷记"可供出售金融资产-债券-利息调整"科目。

可供出售债券为一次还本付息债券投资的，应于资产负债表日按票面利率计算确定的应收未收利息，借记"可供出售金融资产-债券-应计利息"科目，按可供出售债券的摊余成本和实际利率计算确定的利息收入，贷记"投资收益"科目，按其差额，借记或贷记"可供出售金融资产-债券-利息调整"科目。

（3）资产负债表日，可供出售金融资产的公允价值高于其账面余额的差额，借记"可供出售金融资产-债券-公允价值变动"科目，贷记"其他综合收益"科目；公允价值低于其账面余额的差额做相反的会计分录。

（4）可供出售债券投资发生减值后利息的处理。资产负债表日，应按可供出售债券投资的摊余成本和实际利率计算确定的利息收入，借记"可供出售金融资产-债券-公允价值变动"科目，贷记"投资收益"科目。同时，将按债券的面值和票面利率计算确定的应收利息金额进行表外登记。

为简化核算，可供出售债券投资发生减值后按可供出售债券投资的摊余成本和实际利率计算确定的利息收入较小时，可不再继续确认利息收入，但须将按债券的面值和票面利率计算确定的应收利息金额进行表外登记。

（5）将持有至到期投资重分类为可供出售金融资产的，应在重分类日按其公允价值，借记"可供出售金融资产"科目，按其账面余额，贷记"持有至到期投资"科目，按其差额，贷记或借记"其他综合收益"科目。已计提减值准备的，还应同时结转减值准备。

（6）出售可供出售的金融资产，应按实际收到的金额，借记"银行存款"等科目，按其账面余额，贷记"可供出售金融资产-债券-成本、公允价值变动、利息调整、应计利息"科目，按应从所有者权益中转出的公允价值累计变动额，借记或贷记"其他综合收益"科目，已减值的可供出售金融资产按减值金额，贷记"可供出售金融资产-债券-公允价值变动"，差额贷记或借记"投资收益"科目。

第十五章 会计调整

本章主要涉及会计政策变更、会计估计变更、前期差错更正及资产负债表日后事项的核算业务。

会计调整是指企业按照法律、行政法规和国家统一的会计制度的要求，或者在特定情况下按照会计准则及有关规定，对原采用的会计政策、会计估计所做的调整，以及针对当期发现的前期差错、资产负债表日后调整事项等所做的调整。

按照《国家电网公司会计核算办法 2014》［国网（财/2）469-2014］的规定：

（1）会计政策标准按公司统一规定执行。

（2）对个别会计政策可以自行选择，如存货可以直接采用实际成本计量、发出计价方法、低值易耗品的摊销方法、制造费用的摊销方法和需要较多职业判断的如研发支出的资本化、公允价值确定运用估值技术等。

（3）对个别会计政策的确定需报公司备案或审批，如折旧年限的确定在公司固定资产目录内的范围内确定但须备案、折旧年限调整须报公司总部批准。

（4）涉及期初数调整的，如对于重大会计差错的调整和会计政策变更事项调整报表期初数，各单位需填写申请表向集团财务部门申请，经集团审核后报公司审批，审批通过后才能进行账务调整。

第一节 会计政策变更

一、术语解释及核算内容

会计政策变更是指企业对相同的交易或者事项由原来采用的会计政策改用另一会计政策的行为。为了保证会计信息的可比性，一般情况下，企业采用的会计政策，在每一会计期间和前后各期应当保持一致，不得随意变更。

1. 满足下列两种情况之一的可以变更会计政策

（1）法律、行政法规或者国家统一的会计制度等要求变更。

（2）会计政策变更能够提供更可靠、更相关的会计信息。

除法律、行政法规以及国家统一的会计制度要求变更会计政策的，应当按照国家的相关规定执行外，企业因满足上述第二个条件变更会计政策时，必须有充分、合理的证据表明其变更的合理性，并说明变更会计政策后，能够提供关于企业财务状况、经营成果和现金流量等更可靠、更相关的会计信息的理由。如无充分、合理的证据表明会计政策变更的合理性，或者未重新批准擅自变更会计政策的，或者连续、反复地自行变更会计政策的，视为滥用会计政策，按照前期差错更正的方法进行处理。

2. 下列两种情况不属于会计政策变更

（1）本期发生的交易或者事项与以前相比具有本质差别而采用新的会计政策。

（2）对初次发生的或不重要的交易或者事项采用新的会计政策。

集团及所属企业会计政策的选择与变更应遵循公司的统一规定，对于在公司规定的范围内可以自行选择的会计政策的变更，经集团审批后报送公司总部备案或审批。

二、主要账务处理

1. 会计政策变更的会计处理原则

会计政策变更根据具体情况，分别采用以下五种方法处理：

（1）根据法律、行政法规或者国家统一的会计制度等要求变更会计政策的，企业应当分别按照以下情况进行处理：①国家发布相关的会计处理办法，则按照国家发布的相关会计处理规定进行处理；②国家没有发布相关的会计处理办法，则采用追溯调整法进行会计处理。

（2）会计政策变更能够提供更可靠、更相关的会计信息的，企业应当采用追溯调整法进行会计处理，将会计政策变更累积影响数调整列报前期最早期初留存收益，其他相关项目的期初余额和列报前期披露的其他比较数据也应当一并调整。

（3）确定会计政策变更对列报前期影响数不切实可行的，应当从可追溯调整的最早期间期初开始应用变更后的会计政策。

（4）在当期期初确定会计政策变更对以前各期累积影响数不切实可行的，应当采用未来适用法处理。

不切实可行是指企业在采取所有合理的方法后，仍然不能获得必需的信息，而导致无法对某项会计政策变更应用追溯调整法或进行追溯重述，包括：①应用追溯调整法的累积影响数不能确定；②应用追溯调整法要求对管理层在该期当时的意图做出假定；③应用追溯调整法要求对有关金额进行重大估计，并且不可能将提供有关交易发生时存在状况的证据和该期间财务报表批准报出时能够取得的信息这两类信息与其他信息客观地加以区分。

（5）会计政策变更的披露。企业应当在附注中披露与会计政策变更有关的下列信息：①会计政策变更的性质、内容和原因；②当期和各个列报前期财务报表中受影响的项目名称和调整金额；③无法进行追溯调整的，说明该事实和原因以及开始应用变更后的会计政策的时点、具体应用情况。

2. 追溯调整法的运用

追溯调整法是指对某项交易或事项变更会计政策，视同该项交易或事项初次发生时即采用变更后的会计政策，并以此对财务报表相关项目进行调整的方法。

（1）在采用追溯调整法时，对于比较财务报表期间的会计政策变更，应调整各期间净损益各项目和财务报表其他相关项目，视同该政策在比较财务报表期间一直采用。对于比较财务报表可比期间以前的会计政策变更的累积影响数，应调整比较财务报表最早期间的期初留存收益，财务报表其他相关项目的期初数也应一并调整。但确定会计政策变更对列报前期影响数不切实可行的应当从可追溯调整的最早期间期初开始应用变更后的会计政策。

（2）追溯调整法的运用通常包括以下内容：①计算会计政策变更的累积影响数；②编制相关项目的调整分录；③调整列报前期最早期初财务报表相关项目及其金额；④附注说明。

（3）会计政策变更的累积影响数，指按变更后的会计政策对以前各期追溯计算的列报前期最早期初留存收益应有金额与现有金额之间的差额。会计政策变更的累积影响数可以分解为以下两个金额之间的差额：①在变更会计政策当期，按变更后的会计政策对以前各期追溯计算所得到列报前期最早期初留存收益金额；②在变更会计政策当期，列报前期最早期初留存收益金额。

上述留存收益金额，包括法定盈余公积、任意盈余公积以及未分配利润各项目，不考虑由于损益的变化而应当补分的利润或股利。

（4）累积影响数通常可以通过以下各步计算获得：①根据新会计政策重新计算受影响的前期交易或事项；②计算两种会计政策下的差异；③计算差异的所得税影响金额；④确定前期中的每一期的税后差异；⑤计算会计政策变更的累积影响数。

（5）账务处理。会计主管提交会计政策变更申请，经报公司审批通过后进行期初数调整账务处理；按照累积影响额，调增未分配利润、盈余公积的，在系统中进行账务处理。

1）调整相关科目。

记账凭证

摘要	会计科目	借方	贷方
××单位会计政策变更调整××（项目）	××相关科目	××.××	
××单位会计政策变更调整××（项目）	利润分配-未分配利润		××.××
合　计		××.××	××.××

2）调税。

税法不承认会计政策变更，因此会计政策变更只改变账面价值，不改变计税基础，变更形成的影响数全部属于暂时性差异，应确认递延所得税项目，无须调整应交所得税。

记账凭证

摘要	会计科目	借方	贷方
××单位会计政策变更调整××（项目）	利润分配-未分配利润	××.××	
××单位会计政策变更调整××（项目）	递延所得税资产/负债		××.××
合 计		××.××	××.××

3）调整利润分配。

记账凭证

摘要	会计科目	借方	贷方
××单位/会计政策变更调整××（项目）	利润分配-未分配利润	××.××	
××单位/会计政策变更调整××（项目）	盈余公积		××.××
合 计		××.××	××.××

凭证附件：调整事由说明及计算过程、上级批复文件等。

3. 未来适用法的运用

未来适用法是指将变更后的会计政策应用于变更日及以后发生的交易或者事项，或者在会计估计变更当期和未来期间确认会计估计变更影响数的方法。

在当期期初确定会计政策变更对以前各期累积影响数不切实可行的，应当采用未来适用法处理。

在未来适用法下，不需要计算会计政策变更产生的累积影响数，也无须重编以前年度的财务报表。企业会计账簿记录及财务报表上反映的金额，变更之日仍保留原有的金额，不因会计政策变更而改变以前年度的既定结果，并在现有金额的基础上再按新的会计政策进行核算。

第二节　会计估计变更

一、术语解释及核算内容

（1）会计估计是指企业对其结果不确定的交易或事项以最近可利用的信息为基础

所作的判断。

（2）会计估计变更是指由于资产和负债的当前状况及预期经济利益和义务发生了变化，从而对资产或负债的账面价值或者资产的定期消耗金额进行调整。

会计估计变更是指由于资产和负债的当前状况及预期未来经济利益和义务发生了变化，从而对资产和负债的账面价值或资产的定期消耗金额进行的重估和调整。并不意味着以前期间会计估计是错误的，只是由于情况发生变化，或者掌握了新的信息，积累了更多的经验，使变更会计估计能够更好地反映企业的财务状况和经营成果。如果以前期间的会计估计是错误的，则属于前期差错，按前期差错更正的规定进行会计处理。

（3）会计估计变更的情形包括：①赖以进行估计的基础发生了变化；②取得了新的信息、积累了更多的经验。

（4）通常情况下，下列事项的确定属于会计估计：

1）存货可变现净值的确定。

2）采用公允价值模式下的投资性房地产公允价值的确定。

3）固定资产的预计使用寿命与净残值；固定资产的折旧方法、弃置费用的确定。

4）使用寿命有限的无形资产的预计使用寿命、残值、摊销方法。

5）非货币性资产公允价值的确定。

6）固定资产、无形资产、长期股权投资等非流动资产可收回金额的确定。

7）职工薪酬金额的确定。

8）与股份支付相关的公允价值的确定。

9）与债务重组相关的公允价值的确定。

10）预计负债金额的确定。

11）收入金额的确定、提供劳务完工进度的确定。

12）建造合同完工进度的确定。

13）与政府补助相关的公允价值的确定。

14）一般借款资本化金额的确定。

15）应纳税暂时性差异和可抵扣暂时性差异的确定。

16）与非同一控制下的企业合并相关的公允价值的确定。

17）租赁资产公允价值的确定、最低租赁付款额现值的确定、承租人融资租赁折现率的确定、融资费用和融资收入的确定、未担保余值的确定。

18）与金融工具相关的公允价值的确定、摊余成本的确定、金融资产减值损失的确定。

19）继续涉入所转移金融资产程度的确定、金融资产所有权上风险和报酬转移程度的确定。

20）套期工具和被套期项目公允价值的确定。

21）探明矿区权益、井及相关设施的折耗计提方法。与油气开采活动相关的辅助设备及设施的折旧方法，弃置费用的确定。

二、主要账务处理

1. 会计政策变更与会计估计变更的划分

企业应当正确划分会计政策变更与会计估计变更，并按照不同的方法进行相关会计处理。

（1）会计政策变更与会计估计变更的划分基础

1）以会计确认是否发生变更作为判断基础。对会计确认的指定或选择是会计政策，其相应的变更是会计政策变更。会计确认的变更一般会引起列报项目的变更。

2）以计量基础是否发生变更作为判断基础。对计量基础的指定或选择是会计政策，其相应的变更是会计政策变更。

3）以列报项目是否发生变更为判断基础。对列报项目的指定或选择是会计政策，其相应的变更是会计政策变更。

4）根据会计确认、计量基础和列报项目所选择的、为取得与该项目有关的金额或数值所采用的处理方法，不是会计政策，而是会计估计，其相应的变更是会计估计变更。

在单个会计期间，会计政策决定了财务报表所列报的会计信息和列报方式；会计估计是用来确定与财务报表所列报的会计信息有关的金额和数值。

（2）划分会计政策变更与会计估计变更的方法。企业可以采用以下具体方法进行划分：分析并判断该事项是否涉及会计确认、计量基础选择或列报项目的变更。当至少涉及上述一项划分基础变更时，该事项是会计政策变更；不涉及上述划分基础变更时，该事项可以判断为会计估计变更。

2. 会计估计变更的账务处理

会计估计变更应采用未来适用法。其处理方法为：

（1）会计估计的变更仅影响变更当期的，其影响数应当在变更当期予以确认。

（2）会计估计的变更既影响变更当期又影响未来期间的，其影响数应当在变更当期和未来期间予以确认。

如企业的一项可计提折旧的固定资产，其有效使用年限或预计净残值的估计发生变更，影响了变更当期及资产以后使用年限内各个期间的折旧费用，这项会计估计的变更，应于变更当期及以后各期确认。

（3）企业应当正确划分会计政策变更和会计估计变更，并按不同的方法进行相关会计处理。企业通过判断会计政策变更和会计估计变更划分基础仍然难以对某项变更进行区分的，应当将其作为会计估计变更处理。

第三节 前期差错更正

一、术语解释及核算内容

（1）前期差错是指由于没有运用或错误运用下列两种信息，而对前期财务报表造成省略或错报：

1）编报前期财务报表时预期能够取得并加以考虑的可靠信息。

2）前期财务报告批准报出时能够取得的可靠信息。

前期差错通常包括计算错误、应用会计政策错误、疏忽或曲解事实以及舞弊产生的影响，以及存货、固定资产盘盈等。

（2）没有运用或错误运用上述两种信息而形成前期差错的情形主要有：

1）计算以及账户分类错误。

2）采用法律、行政法规或者国家统一的会计制度等不允许的会计政策。

3）对事实的疏忽或曲解，以及舞弊。

4）在期末对应计项目与递延项目未予调整。

5）提前确认尚未实现的收入或不确认已实现的收入。

6）资本性支出与收益性支出划分差错等。

需要注意的是，就会计估计的性质来说，它是个近似值，随着更多信息的获得，估计可能需要进行修正，但是会计估计变更不属于前期差错更正。

（3）前期差错的分类。前期差错分为重要的前期差错和不重要的前期差错。

1）重要的前期差错是指足以影响财务报表使用者对单位财务状况、经营成果和现金流量做出正确判断的前期差错。

2）不重要的前期差错是指不足以影响财务报表使用者对单位财务状况、经营成果和现金流量做出正确判断的前期差错。

前期差错的重要性取决于在相关环境下对遗漏或错误表述的规模和性质的判断。前期差错所影响的财务报表项目的金额或性质，是判断该前期差错是否具有重要性的决定性因素。一般情况下，前期差错所影响的财务报表项目的金额越大、性质越严重，其重要性水平越高。

二、账务处理

（1）不重要的前期差错的会计处理。对于不重要的前期差错，不需要调整财务报表相关项目的期初数，但应调整发现当期与前期相同的相关项目。属于影响损益的，应直接计入本期与上期相同的损益项目；属于不影响损益的，应调整本期与前期相同的相关项目。

（2）重要的前期差错的会计处理。对于重要的前期差错，应当在其发现当期的财务报表中，调整前期比较数据。具体地说，应当在重要的前期差错发现当期的财务报表中，通过下述方式处理对其进行追溯更正：

1）追溯重述差错发生期间列报的前期比较金额。

2）如果前期差错发生在列报的最早前期之前，则追溯重述列报的最早前期的资产、负债和所有者权益相关项目期初余额。

对于发生的重要前期差错，如影响损益，应将其对损益的影响数调整发现当期的期初留存收益，财务报表其他相关项目的期初数也应一并调整；如不影响损益的，应调整财务报表相关项目的期初数。

在编制比较财务报表时，对于比较财务报表期间的重要的前期差错，应调整各该期间的净损益和其他相关项目，视同该差错在产生的当期已经更正；对于比较财务报表期间以前的重要的前期差错，应调整比较财务报表最早期间的期初留存收益，财务报表其他相关项目的数字也应一并调整。

确定前期差错影响数不切实可行的，可以从可追溯重述的最早期间开始调整留存收益的期初余额，财务报表其他相关项目的期初余额也应当一并调整，也可以采用未来适用法。当企业确定前期差错对列报的一个或者多个前期比较信息的特定期间的累积影响数不切实可行时，应当追溯重述切实可行的最早期间的资产、负债和所有者权益相关项目的期初余额；当企业在当期期初确定前期差错对所有前期的累积影响数不切实可行时，应当从确定前期差错影响数切实可行的最早日期开始采用未来适用法追溯重述比较信息。

（3）举例说明。在追溯重述法下，涉及损益类事项的先通过"以前年度损益调整"科目，然后再转入"未分配利润"明细科目；涉及利润分配事项的直接通过"未分配利润"明细科目；既不涉及损益，也不涉及利润分配事项的，调整相应的科目。调整会计差错用红字冲回，不允许做相反分录。

ABC 集团在 20×6 年发现，20×5 年集团漏记一项固定资产的折旧费用 150000 元，但在所得税申报表中扣除了该项折旧。假设 20×5 年适用所得税税率为 25%，对上述折旧费用记录了 49500 元的递延所得税负债，无其他纳税调整事项。该集团按净利润的 10% 提取法定盈余公积，按净利润的 5% 提取任意盈余公积。该集团发行股票份额为 18000000 股。

1）分析差错的影响数。

20×5 年少计折旧费用 150000 元，多计所得税费用 37500 元（150000×25%）；多计净利润 112500 元；多计应交税金 37500 元（150000×25%）；多提法定盈余公积和任意盈余公积 11250 元（112500×10%）和 5625 元（112500×5%）。假定税法允许调整应交所得税。

2）编制有关项目的调整分录。

①补提折旧。

借：以前年度损益调整 150000

　　贷：累计折旧 150000

②调整应交所得税。

借：应交税费——应交所得税 375000

　　贷：以前年度损益调整 37500

③将"以前年度损益调整"科目的余额转入利润分配。

借：利润分配——未分配利润 112500

　　贷：以前年度损益调整 112500

④调整利润分配有关数字。

借：盈余公积 16875

　　贷：利润分配——未分配利润 16875

第四节　资产负债表日后事项

一、术语解释及核算内容

（1）资产负债表日后事项是指资产负债表日至财务报告批准报出日之间发生的有利或不利事项。包括资产负债表日后调整事项和资产负债表日后非调整事项。

（2）财务报告批准报出日是指董事会或类似机构批准财务报告报出的日期。

资产负债表日后事项涵盖的期间是资产负债表日次日起至财务报告批准报出日止的一段期间。财务报告批准报出以后、实际报出之前又发生与资产负债表日后事项有关的事项，并由此影响财务报告对外公布日期的，应以董事会或类似机构再次批准财务报告对外公布的日期为截止日期。

（3）有利或不利事项是指资产负债表日后对企业财务状况和经营成果具有一定影响（既包括有利影响也包括不利影响）的事项。

二、主要账务处理

1. 资产负债表日后调整事项的计处理

（1）资产负债表日后调整事项的内容。资产负债表日后调整事项是指对资产负债表日已经存在的情况提供了新的或进一步证据的事项。通常包括下列各项：

1）资产负债表日后诉讼案件结案，法院判决证实了单位在资产负债表日已经存在现时义务，需要调整原先确认的与该诉讼案件相关的预计负债，或确认一项新负债。

2）资产负债表日后取得确凿证据，表明某项资产在资产负债表日发生了减值或者需要调整该项资产原先确认的减值金额。

3）资产负债表日后进一步确定了资产负债表日前购入资产的成本或售出资产的收入。

4）资产负债表日后发现了财务报表舞弊或差错等。

（2）资产负债表日后调整事项的会计处理原则。企业发生资产负债表日后调整事项，应当调整资产负债表日已编制的财务报表。对于年度财务报告而言，由于资产负债表日后事项发生在报告年度的次年，报告年度的有关账目已经结转，特别是损益类科目在结账后已无余额。因此，年度资产负债表日后发生的调整事项，应分别按以下情况进行处理：

1）涉及损益的事项，通过"以前年度损益调整"科目核算。调整增加以前年度利润或调整减少以前年度亏损的事项，记入"以前年度损益调整"科目的贷方；反之，记入"以前年度损益调整"科目的借方。

需要注意：涉及损益的调整事项如果发生在资产负债表日所属年度（即报告年度）所得税汇算清缴前的，应按准则要求调整报告年度应纳税所得额、应纳所得税税额；发生在报告年度所得税汇算清缴后的，应按准则要求调整本年度（即报告年度的次年）应纳所得税税额。

2）涉及利润分配调整的事项，直接在"利润分配——未分配利润"科目中核算。

3）不涉及损益以及利润分配的事项，调整相关科目。

4）通过上述账务处理后，还应同时调整财务报表相关项目的数字，包括：①资产负债表日编制的财务报表相关项目的期末数或本年发生数；②当期编制的财务报表相关项目的期初数或上年数；③经过上述调整后，如果涉及报表附注内容的，还应当调整报表附注相关项目的数字。

（3）举例说明。以下以"资产负债表日后进一步确定了资产负债表日前购入资产的成本或售出资产的收入"调整事项为例进行说明。包括两方面的内容：

1）若资产负债表日前购入的资产已经按暂估金额等入账，资产负债表日后获得证据，可以进一步确定该资产的成本，则应该对已入账的资产成本进行调整。

2）企业在资产负债表日已根据收入确认条件确认资产销售收入，但资产负债表日后获得关于资产收入的进一步证据，如发生销售退回等，此时也应调整财务报表相关项目的金额。需要说明：资产负债表日后发生的销售退回，既包括报告年度或报告中期销售的商品在资产负债表日后发生的销售退回，也包括以前期间销售的商品在资产负债表日后发生的销售退回。

资产负债表所属期间或以前期间所售商品在资产负债表日后退回的，应作为资产负债表日后调整事项处理。发生于资产负债表日后至财务报告批准报出日之间的销售退回事项，可能发生于年度所得税汇算清缴之前，也可能发生于年度所得税汇算清缴之后，其会计处理分别为：涉及报告年度所属期间的销售退回发生于报告年度所得税汇算清缴之前，应调整报告年度利润表的收入、成本等，并相应调整报告年度的应纳税所得额以及报告年度应缴纳的所得税等。

例1：甲集团20×7年12月20日销售一批商品给丙企业，取得收入100000元（不含税，增值税率17%）。甲集团发出商品后，按照正常情况已确认收入并结转成本80000元。此笔货款到年末尚未收到，甲集团未对应收账款计提坏账准备。20×8年1月18日，由于产品质量问题，本批货物被退回。企业于20×8年2月28日完成20×7年所得税汇算清缴。集团适用的所得税税率为25%。

本例中，销售退回业务发生在资产负债表日后事项涵盖期间内，应属于资产负债表日后调整事项。

甲集团的账务处理如下：

1）20×8年1月18日，调整销售收入。

借：以前年度损益调整　　　　　　　　　　　　100000
　　应交税费——应交增值税（销项税额）　　　　17000
　　贷：应收账款　　　　　　　　　　　　　　　　117000

2）调整销售成本。

借：库存商品　　　　　　　　　　　　　　　　80000
　　贷：以前年度损益调整　　　　　　　　　　　　80000

3）调整应缴纳的所得税。

借：应交税费——应交所得税　　　　　　　　　5000
　　贷：以前年度损益调整　　　　　　　　　　　　5000

★注：5000＝（100000-80000）×25%

4）将"以前年度损益调整"科目余额转入未分配利润。

借：利润分配——未分配利润　　　　　　　　　15000
　　贷：以前年度损益调整　　　　　　　　　　　　15000

5）调整盈余公积。

借：盈余公积　　　　　　　　　　　　　　　　1500
　　贷：利润分配——未分配利润　　　　　　　　　1500

6）调整报告年度相关财务报表。

①资产负债表项目的年末数调整：调减应收账款117000元；调增库存商品80000元；调减盈余公积1500元；调减未分配利润13500元。

②利润表项目的调整：调减营业收入100000；调减营业成本80000元。

③所有者权益表项目的调整：调减净利润20000元，提取盈余公积项目中盈余公积一栏调减1500元，未分配利润一栏调增1500元。

资产负债表日后事项中涉及报告年度所属期间的销售退回发生于报告年度所得税汇

算清缴之后，应调整报告年度会计报表的收入、成本等，但按照税法规定在此期间的销售退回所涉及的应缴所得税，应作为本年度的纳税调整事项。

例2：沿用上例的资料，假定销售退回的时间改为20×8年3月5日即报告期所得税汇算清缴后。

甲集团的账务处理如下：

1）20×8年3月5日，调整销售收入。

借：以前年度损益调整　　　　　　　　　　　　　　100000

　　应交税费——应交增值税（销项税额）　　　　　17000

　　贷：应收账款　　　　　　　　　　　　　　　　　117000

2）调整销售成本。

借：库存商品　　　　　　　　　　　　　　　　　　80000

　　贷：以前年度损益调整　　　　　　　　　　　　　80000

3）将"以前年度损益调整"科目余额转入未分配利润。

借：利润分配——未分配利润　　　　　　　　　　　20000

　　贷：以前年度损益调整　　　　　　　　　　　　　20000

4）调整盈余公积。

借：盈余公积　　　　　　　　　　　　　　　　　　2000

　　贷：利润分配——未分配利润　　　　　　　　　　2000

5）调整报告年度相关财务报表。

①资产负债表项目的年末数调整：调减盈余公积2000元；调减未分配利润18000元。

②利润表项目的调整：调减应收账款117000元；调增库存商品80000元；调减营业收入100000元；调减营业成本80000元。

③所有者权益表项目的调整：调减净利润20000元；提取盈余公积项目中盈余公积一栏调减2000元，未分配利润一栏调增2000元。

通过上述账务处理后，还应同时调整财务报表相关项目的数字，包括：第一，资产负债表日编制的财务报表相关项目的期末数或本年发生数；第二，当期编制的财务报表相关项目的期初数或上年数；第三，经过上述调整后，如果涉及报表附注内容的，还应做出相应调整。

2. 资产负债表日后非调整事项的处理

资产负债表日后发生的非调整事项，是表明资产负债表日后发生的情况的事项，与资产负债表日存在状况无关，不应当调整资产负债表日的财务报表。但由于事项重大，如不加以说明，将不利于财务报告使用者做出正确估计和决策，因此，应在财务报表附注中加以披露。

资产负债表日后非调整事项通常包括下列各项：

（1）资产负债表日后发生重大诉讼、仲裁、承诺。

（2）资产负债表日后资产价格、税收政策、外汇汇率发生重大变化。

（3）资产负债表日后因自然灾害导致资产发生重大损失。

（4）资产负债表日后发行股票和债券以及其他巨额举债。

（5）资产负债表日后资本公积转增资本。

（6）资产负债表日后发生巨额亏损。

（7）资产负债表日后发生企业合并或处置子公司。

（8）资产负债表日后，企业利润分配方案中拟分配的以及经审议批准宣告发放的股利或利润。

第十六章　关联方及关联方交易

本章主要对关联方、关联方交易的认定及集团涉及的系统内关联方交易的抵销和披露作出规定。

第一节　术语解释

一、关联方及关联方关系

1. 关联方

一方控制、共同控制另一方或对另一方施加重大影响，以及两方或两方以上同受一控制、共同控制的，构成关联方。其中，控制，是指有权决定一个企业的财务和经营政策，并能据以从该企业的经营活动中获取利益。共同控制，是指按照约定对某项经济活动所共有的控制，仅在与该项经济活动相关的重要财务和经营决策需要分享控制权的投资方一致同意时存在。重大影响，是指对一个企业的财务和经营政策有参与决策的权力，但并不能够控制或者与其他方一起共同控制这些政策的制定。

2. 关联方的特征

关联方涉及两方或多方，任何单独的个体不能构成关联方关系。

3. 认定为关联方关系的常见情形

下列各方构成企业的关联方：

（1）该企业的母公司。

（2）该企业的子公司。

（3）与该企业受同一母公司控制的其他企业。

（4）对该企业实施共同控制的投资方。

（5）对该企业施加重大影响的投资方。

（6）该企业的合营企业。

（7）该企业的联营企业。

（8）该企业的主要投资者个人及与其关系密切的家庭成员。主要投资者个人，是指能够控制、共同控制一个企业或者对一个企业施加重大影响的个人投资者。

（9）该企业或其母公司的关键管理人员及与其关系密切的家庭成员。关键管理人员，是指有权力并负责计划、指挥和控制企业活动的人员，主要包括董事长、董事、董事会秘书、总经理、副总经理、总会计师、财务总监，以及行使类似高管职能的人员等。

（10）该企业主要投资者个人、关键管理人员或与其关系密切的家庭成员控制、共同控制或施加重大影响的其他企业。与主要投资者个人或关键管理人员关系密切的家庭成员，是指在处理与企业的交易时可能影响该个人或受该个人影响的家庭成员。

（11）企业设立的企业年金基金也构成企业的关联方。

4. 界定关联方关系的例外情况

仅与企业存在下列关系的各方，不构成企业的关联方：

（1）与该企业发生日常往来的资金提供者、公用事业部门、政府部门和机构，以及与该企业发生大量交易而存在经济依存关系的单个客户、供应商、特许商、经销商和代理商之间，不构成关联方关系。

（2）与该企业共同控制合营企业的合营者之间，不构成关联方关系。

（3）仅仅同受国家控制而不存在控制、共同控制或重大影响关系的企业，不构成关联方关系。

二、关联方交易

1. 关联方交易

是指关联方之间转移资源、劳务或义务的行为，而不论是否收取价款。

2. 关联方交易的交易类型

主要有：①购买或销售商品；②购买或销售除商品以外的其他资产；③提供或接受劳务；④担保；⑤提供资金（贷款或股权投资）；⑥租赁；⑦代理；⑧研究与开发项目的转移；⑨许可协议；⑩代表企业或由企业代表另一方进行债务结算；⑪关键管理人员薪酬。

3. 系统内关联交易

系统内关联交易是指公司合并范围内企业之间发生的关联交易。

第二节 系统内关联交易的处理

一、会计核算的基本要求

（1）企业发生关联交易。应先通过往来类的科目和往来类的对象进行核算，再通过往来类的科目和往来类的对象进行银行收付款核算；对象使用应规范，严禁使用虚拟对象进行核算。主要情形包括：

1）应收及预付、应付及预收等往来业务，上下级间的缴拨业务应按对方单位进行辅助核算。

2）内部委托贷款应按合同进行辅助核算。

3）长期股权投资等应按被投资单位进行辅助核算。

（2）企业发生关联交易。应区分业务类型进行处理，不能在同一张记账凭证上同时处理两种或两种以上业务；对于同一种业务，收入或成本确认与收款或支付业务不能同时在一张凭证上处理。

（3）企业发生关联交易。如涉及多个关联方的，应分别按关联方处理，不能在一张记账凭证上同时处理多个关联方业务。

（4）企业发生关联交易冲销事项。应通过红字在原业务发生方向进行冲销；企业发生关联交易调减事项，应通过红字在原业务发生方向进行调减。

（5）企业发生内部关联往来余额重分类调整，关联交易双方应同时进行账务处理，并进行合并抵销处理。

二、系统内关联交易的抵销

1. 合并抵销的基本理念

通过会计核算"一本账"的集中部署，企业关联交易的合并抵销改变了传统的通过报表进行抵销的处理方式，引入了抵销账务数据的理念。企业合并（汇总）单位可以实时查询各级会计主体实际账务数据、抵销账务数据、合并（汇总）账务数据。实际账务数据由实际凭证构成，抵销账务数据由抵销凭证构成，合并（汇总）账务数据由实际凭证和抵销凭证构成。抵销凭证分录与原凭证分录科目一致，方向相同，金额相反。

2. 关联交易的主要抵销处理

（1）长期股权投资业务。

1）同一控制下形成的长期股权投资。

①以货币性资产进行投资。发生该类关联交易时，投资方借记"长期股权投资-成本法"科目，贷记"银行存款——现金流量分类\投资活动产生现金流量\投资活动现金流出\投资支付的现金"等科目，被投资方借记"银行存款——现金流量分类\筹资活动产生现金流量\筹资活动现金流出\吸收投资收到的现金"等科目，贷记"实收资本（股本）"科目，存在溢价的，贷记"资本公积-资本（股本）溢价"科目。

双方应及时完成凭证协同或集团对账，在共同的上一级生成抵销凭证，按照投资成本进行抵销，借记"长期股权投资-成本法"科目（红字），贷记"实收资本（股本）"科目（红字），存在溢价的，贷记"资本公积-资本（股本）溢价"科目（红字），被投资方是控股子公司的，贷记"少数股东权益"；被投资方是控股子公司的，按子公司所有者权益中除资本（股本）溢价外的资本公积、留存收益、外币报表折算差额等归属于少数股东的份额，借记"资本公积""盈余公积""利润分配-未分配利润""外币报表折算差额"等科目，贷记"少数股东权益"科目。涉及现金流量项目抵销的，借记"过渡科目-银行存款中间科目——现金流量分类\筹资活动产生现金流量\筹资活动现金流出\吸收投资收到的现金"项目（红字），贷记"过渡科目-银行存款中间科目——现金流量分类\投资活动产生现金流量\投资活动现金流出\投资支付的现金"科目（红字）。

②以非货币性资产进行投资。发生该类关联交易时，投资方借记"长期股权投资-成本法"科目，贷记"固定资产""无形资产"等科目，被投资方借记"固定资产""无形资产"等科目，贷记"实收资本（股本）"科目，存在溢价的，贷记"资本公积-资本（股本）溢价"科目。

双方应及时完成凭证协同或集团对账，在共同的上一级生成抵销凭证，长期股权投资与子公司所有者权益的抵销、少数股东权益与子公司所有者权益的抵销同货币性资产投资。

2）非同一控制下形成的长期股权投资。

①以货币性资产进行投资。发生该类关联交易时，投资方借记"长期股权投资-成本法"科目，贷记"银行存款——现金流量分类\投资活动产生现金流量\投资活动现金流出\投资支付的现金"等科目；被投资方做股东方变更，进行相应业务处理。

双方应及时完成凭证协同或集团对账，在共同的上一级生成抵销凭证，按照投资成本进行抵销，借记"长期股权投资-成本法"科目（红字），贷记"实收资本（股本）"科目（红字），贷记"资本公积-资本（股本）溢价"科目（红字）。存在负商誉的，贷记"营业外收入"科目。存在正商誉的，借记"商誉"科目，被投资方是控股子公司的，贷记"少数股东权益"科目；被投资方是控股子公司的，按所有者权益中除资本（股本）溢价外的资本公积、留存收益、外币报表折算差额等归属于少数股东的份额，借记"资本公积""盈余公积""利润分配-未分配利润""外币报表折算差额"等科目，贷记"少数股东权益"科目。同时，涉及现金流量项目抵销的，与同一控制下的长期股权投资相同。

②以非货币性资产进行投资。发生该类关联交易时，投资方借记"长期股权投资-成本法"科目，贷记"固定资产""无形资产"等科目；被投资方做股东方变更，进行相应业务处理。

双方应及时完成凭证协同或集团对账，在共同的上一级生成抵销凭证，长期股权投资与子公司所有者权益的抵销、少数股东权益与子公司所有者权益的抵销同非同一控制下的货币性资产投资。

（2）股利分配业务。对于凭证协同已覆盖的业务，如股利分配确认业务应通过凭证协同处理，由被投资方发起。股利实际收付款业务通过集团对账处理。

1）宣告分配股利。发生该类关联交易时，投资方借记"应收股利"科目，贷记"投资收益"科目；被投资方借记"利润分配-应付现金股利或利润"科目，贷记"应付股利"科目。

双方应及时完成凭证协同或集团对账，在共同的上一级生成抵销凭证，借记"应收股利"科目（红字），贷记"应付股利"科目（红字）；借记"利润分配-应付现金股利或利润"科目（红字），贷记"投资收益"科目（红字）。

2）实际收付股利。发生该类关联交易时，投资方借记"银行存款—现金流量分类\投资活动产生现金流量\投资活动现金流入\取得投资收益收到的现金"科目，贷记"应收股利"科目；被投资方借记"应付股利"科目，贷记"银行存款——现金流量分类\筹资活动产生现金流量\筹资活动现金流出\分配股利、利润或偿付利息支付的现金"科目。

双方应及时完成凭证协同或集团对账，在共同的上一级生成抵销凭证，借记"应付股利"科目（红字），贷记"应收股利"科目（红字）；借记"过渡科目-银行存款中间科目——现金流量分类\投资活动产生现金流量\投资活动现金流入\取得投资收益收到的现金"项目（红字），贷记"过渡科目-银行存款中间科目——现金流量分类\筹资活动产生现金流量\筹资活动现金流出\分配股利、利润或偿付利息支付的现金"项目（红字）。

（3）内部存货购销业务。对于凭证协同已覆盖的业务，如收入资产确认、预收账款结转应收账款与预付账款结转应付账款等往来互抵业务，应通过凭证协同处理；往来款项的实际收付款结算通过集团对账处理。

1）销售产品业务。购货方购入的产品作为存货、固定资产、在建工程、工程物资、无形资产等管理。

①销货方确认收入，购货方确认资产。发生该类关联交易时，销售方借记"应收账款-应收产品销售收入"科目，贷记"主营业务收入-产品销售收入"科目，贷记"应交税费-应交增值税-销项税额"科目；购货方通过暂估处理的，借记"应付账款-应付暂估款"科目，借记"应交税费-应交增值税-进项税额"科目，贷记"应付账款-应付物资款""应付账款-应付商品款""应付账款-应付工程款"等科目；购货方未通过暂估处理的，借记"原材料"等存货类科目、"固定资产""在建工程""工程物资""无形资产"等科目，借记"应交税费-应交增值税-进项税额"科目，贷记"应付账款-应付物资款""应付账款-应付商品款""应付账款-应付工程款"等科目。

双方应及时完成凭证协同或集团对账，在共同的上一级生成抵销凭证，借记"应收账款-应收产品销售收入"科目（红字），贷记"应付账款-应付物资款""应付账款-应付商品款""应付账款-应付工程款"等科目（红字）。综合毛利率为正时，借记"主营业务成本-产品销售成本"科目（红字），借记"原材料"等存货类科目（红字）、"固定资产""在建工程""工程物资""无形资产"等科目（红字），贷记"主营业务收入-产品销售收入"科目（红字）。综合毛利率为负时，借记"主营业务成本-产品销售成本"科目（红字），贷记"原材料"等存货类科目（红字）、"固定资产""在建工程""工程物资""无形资产"等科目（红字），贷记"主营业务收入-产品销售收入"科目（红字）。

②销售方收款，付款方付款。

A. 销售方采用应收账款核算，购货方采用应付账款核算的。

发生该类关联交易时，销货方借记"银行存款——现金流量分类\经营活动产生现金流量\经营活动现金流入\销售商品、提供劳务收到的现金"科目，贷记"应收账款-应收产品销售收入"。购货方购入的产品作为存货的，借记"应付账款-应付物资款""应付账款-应付商品款"等科目，贷记"银行存款——现金流量分类\经营活动产生现金流量\经营活动现金流出\购买商品、接受劳务支付的现金"科目。购货方购入的产品作为固定资产、在建工程、工程物资、无形资产等管理的，借记"应付账款-应付物资款""应付账款-应付商品款""应付账款-应付工程款"等科目，贷记"银行存款——现金流量分类\投资活动产生现金流量\投资活动现金流出\购建固定资产、无形资产和其他长期资产支付的现金"科目。

双方应及时完成凭证协同或集团对账，在共同的上一级生成抵销凭证，借记"应付账款-应付物资款""应付账款-应付商品款""应付账款-应付工程款"等科目（红字），贷记"应收账款-应收产品销售收入"科目（红字）。购货方购入的产品作为存货的，借记"过渡科目-银行存款中间科目——现金流量分类\经营活动产生现金流量\经营活动现金流入\销售商品、提供劳务收到的现金"项目（红字），贷记"过渡科目-银行存款中间科目——现金流量分类\经营活动产生现金流量\经营活动现金流出\购买商品、接受劳务支付的现金"项目（红字）。购货方购入的产品作为固定资产、在建工程、工程物资、无形资产等管理的，借记"过渡科目-银行存款中间科目——现金流量分类\经营活动产生现金流量\经营活动现金流入\销售商品、提供劳务收到的现金"项目（红字），贷记"过渡科目-银行存款中间科目——现金流量分类\投资活动产生现金流量\投资活动现金流出\购建固定资产、无形资产和其他长期资产支付的现金"项目（红字）。

B. 销售方采用预收账款核算，购货方采用预付账款核算的。

发生该类关联交易时，销货方借记"银行存款——现金流量分类\经营活动产生现金流量\经营活动现金流入\销售商品、提供劳务收到的现金"科目，贷记"预收账款-预收产品销售收入款"科目。购货方购入的产品作为存货的，借记"预付账款-预付物资款""预付账款-预付商品款"等科目，贷记"银行存款——现金流量分类\经营活动产生现金流量\经营活动现金流出\购买商品、接受劳务支付的现金"科目。购货方购入的产品作为固定资产、在建工程、工程物资、无形资产等管理的，借记"预付账款-预付物资款""预付账款-预付商品款""预付账款-预付工程款"等科目，贷记"银行存款——现金流量分类\投资活动产生现金流量\投资活动现金流出\购建固定资产、无形资产和其他长期资产支付的现金"科目。

在销货方和购货方共同的上一级生成抵销凭证，借记"预付账款-预付物资款""预付账款-预付商品款""预付账款-预付工程款"等科目（红字），贷记"预收账款-预收产品销售收入款"科目（红字）；同时进行现金流量项目的抵销。

销售方预收账款结转应收账款，购货方预付账款结转应付账款应同期进行账务处理，并进行抵销。

C. 销售方与购货方采用应收票据或应付票据核算的。

参照收付款业务处理。

2）销售商品业务。

①销货方确认收入，购货方确认资产。购货方购入的商品作为存货、固定资产、在建工程、工程物资、无形资产等管理。

发生该类关联交易时，销售方借记"应收账款-应收商品销售收入"科目，贷记"主营业务收入-商品销售收入"科目，贷记"应交税费-应交增值税-销项税额"科目。购货方通过暂估处理的，借记"应付账款-应付暂估款"科目，借记"应交税费-应交增值税-进项税额"科目，贷记"应付账款-应付物资款""应付账款-应付商品款""应付账款-应付工程款"等科目。购货方未通过暂估处理的，借记"原材料"等存货类科目、"固定资产""在建工程""工程物资""无形资产"等科目，借记"应交税费-应交增值税-进项税额"科目，贷记"应付账款-应付物资款""应付账款-应付商品款""应付账款-应付工程款"等科目。

双方应及时完成凭证协同或集团对账，在共同的上一级生成抵销凭证，借记"应收账款-应收商品销售收入"科目（红字），贷记"应付账款-应付物资款""应付账款-应付商品款""应付账款-应付工程款"等科目（红字）。综合毛利率为正时，借记"主营业务成本-商品销售成本"科目（红字），借记"原材料"等存货类科目（红字）、"固定资产""在建工程""工程物资""无形资产"等科目（红字），贷记"主营业务收入-商品销售收入"科目（红字）。综合毛利率为负时，借记"主营业务成本-商品销售成本"科目（红字），贷记"原材料"等存货类科目（红字）、"固定资产""在建工程""工程物资""无形资产"等科目（红字），贷记"主营业务收入-商品销售收入"科目（红字）。

②销售方收款，付款方付款。销售商品业务往来款项结算，债权债务的抵销参照销售产品业务，现金流量项目的抵销同销售产品业务。

3）销售材料业务。

①销货方确认收入，购货方确认资产。购货方购入的材料作为存货、固定资产、在建工程、工程物资、无形资产等管理。

发生该类关联交易时，销售方借记"应收账款-应收其他业务收入"科目，贷记"其他业务收入-利库物资处置收入"科目，贷记"应交税费-应交增值税-销项税额"科目。购货方通过暂估处理的，借记"应付账款-应付暂估款"科目，借记"应交税费-应交增值税-进项税额"科目，贷记"应付账款-应付物资款""应付账款-应付商品款""应付账款-应付工程款"等科目。购货方未通过暂估处理的，借记"原材料"等存货类科目、"固定资产""在建工程""工程物资""无形资产"等科目，借记"应交税费-应交增值税-进项税额"科目，贷记"应付账款-应付物资款""应付账款-应付商品款""应付账款-应付工程款"等科目。

双方应及时完成凭证协同或集团对账，在共同的上一级生成抵销凭证，借记"应收账款-应收其他业务收入"科目（红字），贷记"应付账款-应付物资款""应付账款-应付商品款""应付账款-应付工程款"等科目（红字）。综合毛利率为正时，借记"其他业务成本-利库物资处置成本"科目（红字），借记"原材料"等存货类科目（红字）、"固定资产""在建工程""工程物资""无形资产"等科目（红字），贷记"其他业务收入-利库物资处置收入"科目（红字）。综合毛利率为负时，借记"其他业务成本-利库物资处置成本"科目（红字），贷记"原材料"等存货类科目（红字）、"固定资产""在建工程""工程物资""无形资产"等科目（红字），贷记"其他业务收入-利库物资处置收入"科目（红字）。

②销售方收款，付款方付款。销售材料业务往来款项结算，债权债务的抵销参照销售产品业务，现金流量项目的抵销同销售产品业务。

（4）内部购销固定资产、无形资产业务。对于凭证协同已覆盖的业务，如收入资产确认、预收账款结转应收账款与预付账款结转应付账款等往来互抵业务，应通过凭证协同处理；往来款项的实际收付款结算通过集团对账处理。

1）内部销售固定资产。销售方销售固定资产，购买方作为原材料、固定资产、在建工程、工程物资等管理。

①销售方确认收入，购货方确认资产。发生该类关联交易时，销售方借记"其他应收款"等科目，贷记"固定资产清理"科目，贷记"应交税费-应交增值税-销项税额"科目。产生处置利得的，贷记"营业外收入-非流动资产处置利得"科目；产生处置损失的，借记"营业外支出-非流动性资产处置损失"科目。购买方未通过暂估处理的，借记"原材料""固定资产""在建工程""工程物资"科目，借记"应交税费-应交增值税-进项税额"科目，贷记"应付账款-应付物资款""应付账款-应付工程款"等科目。购买方通过暂估处理的，借记"应付账款-应付暂估款"，借记"应交税费-应交增值税-进项税额"科目，贷记"应付账款-应付物资款""应付账款-应付工程款"等科目。

双方应及时完成凭证协同或集团对账，在共同的上一级生成抵销凭证，借记"其他应收款"科目（红字），贷记"应付账款-应付物资款""应付账款-应付工程款"等科目（红字）。综合毛利率为正时，借记"原材料""固定资产""在建工程""工程物资"科目（红字），贷记"营业外收入-非流动资产处置利得"科目（红字）；综合毛利率为负时，借记"营业外支出-非流动性资产处置损失"科目（红字），贷记"原材料""固定资产""在建工程""工程物资"科目（红字）。

②销售方收款，购买方付款。

A. 销售方采用应收账款核算，购货方采用应付账款核算的。发生该类关联交易时，销售方借记"银行存款——现金流量分类\投资活动产生现金流量\投资活动现金流入\处置固定资产、无形资产和其他长期资产收回的现金净额"科目，贷记"其他应收款"等科目。购货方购入的固定资产作为存货的，借记"应付账款-应付物资款""应付账款-应付工程款"等科目，贷记"银行存款——现金流量分类\经营活动产生现金流量\经营活动现金流出\购买商品、接受劳务支付的现金"科目。购货方购入的固定资产作为固定资产、在建工程、工程物资等管理的，借记"应付账款-应付物资款""应付账款-应付工程款"等科目，贷记"银行存款——现金流量分类\投资活动产生现金流量\投资活动现金流出\购建固定资产、无形资产和其他长期资产支付的现金"科目。

双方应及时完成凭证协同或集团对账，在共同的上一级生成抵销凭证，借记"应付账款-应付物资款""应付账款-应付工程款"等科目（红字），贷记"其他应收款"等科目（红字）。购货方购入的固定资产作为存货的，借记"过渡科目-银行存款中间科目——现金流量分类\投资活动产生现金流量\投资活动现金流入\处置固定资产、无形资产和其他长期资产收回的现金净额"项目（红字），贷记"过渡科目-银行存款中间科目——现金流量分类\经营活动产生现金流量\经营活动现金流出\购买商品、接受劳务支付的现金"项目（红字）。购货方购入的固定资产作为固定资产、在建工程、工程物资等管理的，借记"过渡科目-银行存款中间科目——现金流量分类\投资活动产生现金流量\投资活动现金流入\处置固定资产、无形资产和其他长期资产收回的现金净额"项目（红字），贷记"过渡科目-银行存款中间科目——现金流量分类\投资活动产生现金流量\投资活动现金流出\购建固定资产、无形资产和其他长期资产支付的现金"项目（红字）。

B. 销售方采用预收账款核算，购货方采用预付账款核算的。发生该类关联交易时，销售方借记"银行存款——现金流量分类\投资活动产生现金流量\投资活动现金流入\处置固定资产、无形资产和其他长期资产收回的现金净额"科目，贷记"预收账款-其他"等科目。购货方购入的固定资产作为存货的，借记"预付账款-预付物资款"等科目，贷记"银行存款——现金流量分类\经营活动产生现金流量\经营活动现金流出\购买商品、接受劳务支付的现金"科目。购货方购入的固定资产作为固定资产、在建工程、工程物资等管理的，借记"预付账款-预付物资款""预付账款-零购固定资产或无形资产""预付账款-预付工程款"等科目，贷记"银行存款——现金流量分类\投资活动产生现金流量\投资活动现金流出\购建固定资产、无形资产和其他长期资产支付的现金"科目。

双方应及时完成凭证协同或集团对账，在共同的上一级生成抵销凭证，借记"预付账款-预付物资款""预付账款-零购固定资产或无形资产""预付账款-预付工程款"

等科目（红字），贷记"预收账款-其他"等科目（红字）；同时进行现金流量项目的抵销。

销售方预收账款结转应收账款，购货方预付账款结转应付账款应同期进行账务处理，并进行抵销。

2）内部销售无形资产。

①销售方确认收入，购货方确认资产。内部销售无形资产，购买方购入无形资产作为无形资产管理。发生该类关联交易时，销售方借记"其他应收款"等科目，贷记"待处理财产损溢-待处理非流动资产损溢"科目，产生处置利得的，贷记"营业外收入-非流动资产处置利得"科目，产生处置损失的，借记"营业外支出-非流动性资产处置损失"科目。购买方未通过暂估处理的，借记"无形资产"科目，贷记"其他应付款"等科目。购买方通过暂估处理的，借记"应付账款-应付暂估款"科目，贷记"其他应付款"等科目。

双方应及时完成凭证协同或集团对账，在共同的上一级生成抵销凭证，借记"其他应收款"等科目（红字），贷记"其他应付款"等科目（红字）。综合毛利率为正时，借记"无形资产"科目（红字），贷记"营业外收入-非流动资产处置利得"科目（红字）。综合毛利率为负时，借记"营业外支出-非流动性资产处置损失"科目（红字），贷记"无形资产"科目（红字）。

②销售方收款，购买方付款。内部销售无形资产业务往来款项结算，债权债务的抵销参照内部销售固定资产业务处理；现金流量项目的抵销，同内部销售固定资产业务中购货方购入的固定资产作为固定资产、在建工程、工程物资等管理的处理。

（5）内部提供服务业务。对于凭证协同已覆盖的业务，如收入相关成本确认、预收账款结转应收账款与预付账款结转应付账款等往来互抵业务，应通过凭证协同处理；往来款项的实际收付款结算通过集团对账处理。

1）提供研发服务、技术咨询服务、技术转让服务。

A. 接受服务方确认为"研发支出-费用化支出"科目的。发生该类关联交易时，提供服务方借记"应收账款-应收技术收入"等科目，贷记"主营业务收入-技术收入"等科目，涉及增值税的，贷记"应交税费-应交增值税-销项税额"科目。接受服务方不通过暂估处理的，借记"研发支出-费用化支出"科目，涉及增值税的，借记"应交税费-应交增值税-进项税额"科目，贷记"应付账款-应付服务款"等科目。接受服务方通过暂估处理的，借记"应付账款-应付暂估款"，涉及增值税的，借记"应交税费-应交增值税-进项税额"科目，贷记"应付账款-应付服务款"等科目。

双方应及时完成凭证协同或集团对账，在共同的上一级生成抵销凭证，借记"应收账款-应收技术收入"等科目（红字），贷记"应付账款-应付服务款"等科目（红字）；按照费用化金额，借记"主营业务成本-技术成本"等科目（红字），贷记"主营业务收入-技术收入"等科目（红字）。

B. 提供服务方采用应收账款核算，接受服务方采用应付账款核算的。发生该类关联交易时，提供服务方借记"银行存款——现金流量分类\经营活动产生现金流量\经营活动现金流入\销售商品、提供劳务收到的现金"科目，贷记"应收账款-应收技术收入"等科目。接受服务方借记"应付账款-应付服务款"等科目，贷记"银行存款——现金流量分类\经营活动产生现金流量\经营活动现金流出\购买商品、接受劳务支付的现金"科目。

双方应及时完成凭证协同或集团对账，在共同的上一级生成抵销凭证，借记"应付账款-应付服务款"等科目（红字），贷记"应收账款-应收技术收入"等科目（红字）；借记"过渡科目-银行存款中间科目——现金流量分类\经营活动产生现金流量\经营活动现金流入\销售商品、提供劳务收到的现金"项目（红字），贷记"过渡科目-银行存款中间科目——现金流量分类\经营活动产生现金流量\经营活动现金流出\购买商品、接受劳务支付的现金"项目（红字）。

C. 提供服务方采用预收账款核算，接受服务方采用预付账款核算的。

a. 提供服务方收款，接受服务方付款。发生该类关联交易时，提供服务方借记"银行存款——现金流量分类\经营活动产生现金流量\经营活动现金流入\销售商品、提供劳务收到的现金"科目，贷记"预收账款-预收技术收入款"等科目。接受服务方借记"预付账款-预付服务款"等科目，贷记"银行存款——现金流量分类\经营活动产生现金流量\经营活动现金流出\购买商品、接受劳务支付的现金"科目。

双方应及时完成凭证协同或集团对账，在共同的上一级生成抵销凭证，借记"预付账款-预付服务款"等科目（红字），贷记"预收账款-预收技术收入款"等科目（红字）；同时进行现金流量项目的抵销。

b. 提供服务方预收账款结转应收账款，提供服务方预付账款结转应付账款。发生该类关联交易时，提供服务方借记"预收账款-预收技术收入款"等科目，贷记"应收账款-应收技术收入"等科目；接受服务方借记"应付账款-应付服务款"等科目，贷记"预付账款-预付服务款"等科目。

双方应及时完成凭证协同或集团对账，在共同的上一级生成抵销凭证，借记"预收账款-预收技术收入款"等科目（红字），贷记"预付账款-预付服务款"等科目（红字）；借记"应付账款-应付服务款"等科目（红字），贷记"应收账款-应收技术收入"等科目（红字）。

D. 接受服务方确认为"研发支出-资本化支出""在建工程"科目的。发生该类关联交易时，提供服务方借记"应收账款-应收技术收入"等科目，贷记"主营业务收入-技术收入"等科目，涉及增值税的，贷记"应交税费-应交增值税-销项税额"科目。接受服务方未通过暂估处理的，借记"研发支出-资本化支出""在建工程"等科目，涉及增值税的，借记"应交税费-应交增值税-进项税额"科目，贷记"应付账款-应付服务款""应付账款-应付工程款"等科目。接受服务方通过暂估处理的，借记

"应付账款-应付暂估款"，涉及增值税的，借记"应交税费-应交增值税-进项税额"科目，贷记"应付账款-应付服务款""应付账款-应付工程款"等科目。

双方应及时完成凭证协同或集团对账，在共同的上一级生成抵销凭证，借记"应收账款-应收技术收入"等科目（红字），贷记"应付账款-应付服务款""应付账款-应付工程款"等科目（红字）。综合毛利率为正时，借记"主营业务成本-技术成本"等科目（红字），借记"研发支出-资本化支出""在建工程"等科目（红字），贷记"主营业务收入-技术收入"等科目（红字）。综合毛利率为负时，借记"主营业务成本-技术成本"等科目（红字），贷记"主营业务收入-技术收入"等科目（红字），贷记"研发支出-资本化支出""在建工程"等科目（红字）。

提供服务方与接受服务方的往来款项结算，债权债务的抵销参照费用化研发支出处理；现金流量项目的抵销为：借记"过渡科目-银行存款中间科目——现金流量分类\经营活动产生现金流量\销售商品、提供劳务收到的现金"项目（红字），贷记"过渡科目-银行存款中间科目——现金流量分类\投资活动产生现金流量\投资活动现金流出\购建固定资产、无形资产和其他长期资产支付的现金"项目（红字）。

2）提供网络通信服务。关联方交易提供网络通信服务，接受服务方计入"管理费用""生产成本"等科目。

发生该类关联交易时，提供服务方借记"应收账款-应收其他业务收入-通信收入"科目，贷记"其他业务收入-通信收入"科目。接受服务方未通过暂估处理的，借记"管理费用""生产成本"等科目，贷记"应付账款-应付服务款"等科目。接受服务方通过暂估处理的，借记"应付账款-应付暂估款"，贷记"应付账款-应付服务款"等科目。

双方应及时完成凭证协同或集团对账，在共同的上一级生成抵销凭证，借记"应收账款-应收其他业务收入-通信收入"科目（红字），贷记"应付账款-应付服务款"等科目（红字）；借记"其他业务成本-通信支出"（红字），贷记"其他业务收入-通信收入"科目（红字）。

A. 提供服务方采用应收账款核算，提供服务方通过应付账款核算的。发生该类关联交易时，提供服务方借记"银行存款——现金流量分类\经营活动产生现金流量\经营活动现金流入\销售商品、提供劳务收到的现金"科目，贷记"应收账款-应收其他业务收入-通信收入"科目；接受服务方借记"应付账款-应付服务款"等科目，贷记"银行存款——现金流量分类\经营活动产生现金流量\经营活动现金流出\购买商品、接受劳务支付的现金"科目。

双方应及时完成凭证协同或集团对账，在共同的上一级生成抵销凭证，借记"应付账款-应付服务款"等科目（红字），贷记"应收账款-应收其他业务收入-通信收入"科目（红字），借记"过渡科目-银行存款中间科目——现金流量分类\经营活动产生现金流量\经营活动现金流入\销售商品、提供劳务收到的现金"项目（红字），贷记

"过渡科目-银行存款中间科目——现金流量分类\经营活动产生现金流量\经营活动现金流出\购买商品、接受劳务支付的现金"项目（红字）。

B. 提供服务方采用预收账款核算，接受服务方采用预付账款核算的。发生该类关联交易时，提供服务方借记"银行存款——现金流量分类\经营活动产生现金流量\经营活动现金流入\销售商品、提供劳务收到的现金"科目，贷记"预收账款-预收技术收入款-服务收入"等科目；接受服务方借记"预付账款-预付服务款"等科目，贷记"银行存款——现金流量分类\经营活动产生现金流量\经营活动现金流出\购买商品、接受劳务支付的现金"科目。

双方应及时完成凭证协同或集团对账，在共同的上一级生成抵销凭证，借记"预付账款-预付服务款"等科目（红字），贷记"预收账款-预收技术收入款-服务收入"科目（红字）；同时进行现金流量项目的抵销。

提供服务方预收账款结转应收账款，接受服务方预付账款结转应付账款，参照提供研发服务、技术咨询服务、技术转让服务处理。

3）提供物业服务、物流服务、宾馆服务、广告服务。关联方交易提供物业服务、物流服务、宾馆服务、广告服务，接受服务方计入"管理费用""生产成本"等科目。

发生该类关联交易时，提供服务方借记"应收账款-应收其他主营收入"科目，贷记"主营业务收入-其他主营业务收入"科目。接受服务方不通过暂估处理的，借记"管理费用""生产成本"等科目，贷记"应付账款-应付服务款"等科目。接受服务方通过暂估处理的，借记"应付账款-应付暂估款"，贷记"应付账款-应付服务款"等科目。

双方应及时完成凭证协同或集团对账，在共同的上一级生成抵销凭证，借记"应收账款-应收其他主营收入"科目（红字），贷记"应付账款-应付服务款"等科目（红字）；借记"主营业务成本-其他主营业务成本"科目（红字），贷记"主营业务收入-其他主营业务收入"科目（红字）。

提供物业服务、物流服务、宾馆服务、广告服务的往来款项结算，债权债务的抵销参照提供网络通信服务处理；现金流量的抵销同提供网络通信服务。

4）提供培训服务。关联方交易提供培训服务，接受服务方计入"管理费用""生产成本"等科目。

发生该类关联交易时，提供服务方借记"应收账款-应收其他业务收入-培训收入"科目，贷记"其他业务收入-培训收入"科目。接受服务方借记"生产成本-工资附加-职工教育经费"等科目，贷记"应付职工薪酬-职工教育经费"科目，借记"应付职工薪酬-职工教育经费"科目，贷记"应付账款-应付服务款"等科目。

双方应及时完成凭证协同或集团对账，在共同的上一级生成抵销凭证，借记"应收账款-应收其他业务收入-培训收入"科目（红字），贷记"应付账款-应付服务款"等科目（红字）；借记"其他业务成本-培训业务支出"等科目（红字），贷记"其他业务收入-培训收入"科目（红字）。

A. 提供服务方采用应收账款核算，接受服务方采用应付账款核算的。发生该类关联交易时，提供服务方借记"银行存款——现金流量分类\经营活动产生现金流量\经营活动现金流入\销售商品、提供劳务收到的现金"科目，贷记"应收账款-应收其他业务收入-培训收入"科目。接受服务方支付生产人员、管理人员的培训费，借记"应付账款-应付服务款"等科目，贷记"银行存款——现金流量分类\经营活动产生现金流量\经营活动现金流出\支付给职工以及为职工支付的现金"科目。接受服务方支付在建工程人员的培训费，借记"应付账款-应付服务款"等科目，贷记"银行存款——现金流量分类\投资活动产生现金流量\投资活动现金流出\购建固定资产、无形资产和其他长期资产支付的现金"科目。

双方应及时完成凭证协同或与集团对账，在共同的上一级生成抵销凭证，借记"应付账款-应付服务款"等科目（红字），贷记"应收账款-应收其他业务收入-培训收入"科目（红字）。接受服务方支付生产人员、管理人员的培训费，借记"过渡科目-银行存款中间科目——现金流量分类\经营活动产生现金流量\经营活动现金流入\销售商品、提供劳务收到的现金"项目（红字），贷记"过渡科目-银行存款中间科目——现金流量分类\经营活动产生现金流量\经营活动现金流出\支付给职工以及为职工支付的现金"项目（红字）。接受服务方支付在建工程人员的培训费，借记"过渡科目-银行存款中间科目——现金流量分类\经营活动产生现金流量\经营活动现金流入\销售商品、提供劳务收到的现金"项目（红字），贷记"过渡科目-银行存款中间科目——现金流量分类\投资活动产生现金流量\投资活动现金流出\购建固定资产、无形资产和其他长期资产支付的现金"项目（红字）。

B. 提供服务方采用预收账款核算，接受服务方采用预付账款核算的。发生该类关联交易时，提供服务方借记"银行存款——现金流量分类\经营活动产生现金流量\经营活动现金流入\销售商品、提供劳务收到的现金"科目，贷记"预收账款-预收技术收入款"等科目。接受服务方支付生产人员、管理人员的培训费，借记"预付账款-应付服务款"等科目，贷记"银行存款——现金流量分类\经营活动产生现金流量\经营活动现金流出\支付给职工以及为职工支付的现金"科目。接受服务方支付在建工程人员的培训费，借记"预付账款-预付服务款"等科目，贷记"银行存款——现金流量分类\投资活动产生现金流量\投资活动现金流出\购建固定资产、无形资产和其他长期资产支付的现金"科目。

双方应及时完成凭证协同或集团对账，在共同的上一级生成抵销凭证，借记"预付账款-预付服务款"等科目（红字），贷记"预收账款-预收技术收入款"等科目（红字）；同时进行现金流量项目的抵销。

提供服务方预收账款结转应收账款，接受服务方预付账款结转应付账款，参照提供研发服务、技术咨询服务、技术转让服务处理。

5）提供招投标服务。

①标书费。发生该类关联交易时，招标人借记"应收账款-应收其他主营收入"科目，贷记"主营业务收入-其他主营业务收入"科目。投标人借记"管理费用"等科目，贷记"应付账款-其他"等科目。

双方应及时完成凭证协同或集团对账，在共同的上一级生成抵销凭证，借记"应收账款-应收其他主营收入"科目（红字），贷记"应付账款-其他"等科目（红字）；借记"主营业务成本-其他主营业务成本"科目（红字），贷记"主营业务收入-其他主营业务收入"科目（红字）。

发生该类关联交易时，招标人借记"银行存款——现金流量分类\经营活动产生现金流量\经营活动现金流入\收到其他与经营活动有关的现金"等科目，贷记"应收账款-应收其他主营收入"科目；投标人借记"应付账款-其他"等科目，贷记"银行存款——现金流量分类\经营活动产生现金流量\经营活动现金流出\支付其他与经营活动有关的现金"等科目。

双方应及时完成凭证协同或集团对账，在共同的上一级生成抵销凭证，借记"应付账款-其他"等科目（红字），贷记"应收账款-应收其他主营收入"科目（红字）；借记"过渡科目-银行存款中间科目——现金流量分类\经营活动产生现金流量\经营活动现金流入\收到其他与经营活动有关的现金"项目（红字），贷记"过渡科目-银行存款中间科目——现金流量分类\经营活动产生现金流量\经营活动现金流出\支付其他与经营活动有关的现金"项目（红字）。

②投标保证金。投标人一般通过网上汇款、汇票、支票、保函方式支付投标保证金。通过网上汇款方式支付的，招标人应及时进行往来核算；通过保函方式支付的，双方均无需进行账务处理；通过汇票和支票方式支付的，招标人应及时将汇票和支票存入银行。

A. 招标人收取投标保证金，投标人支付投标保证金。发生该类关联交易时，招标人借记"银行存款——现金流量分类\经营活动产生现金流量\经营活动现金流入\收到其他与经营活动有关的现金"科目，贷记"其他应付款"科目；投标人对投资项目进行投标的，借记"其他应收款"科目，通常贷记"银行存款——现金流量分类\投资活动产生现金流量\投资活动现金流出\支付其他与投资活动有关的现金"科目。投标人对经营项目进行投标的，借记"其他应收款"科目，通常贷记"银行存款——现金流量分类\经营活动产生现金流量\经营活动现金流出\支付其他与经营活动有关的现金"科目。

双方应及时完成凭证协同或集团对账，在共同的上一级生成抵销凭证，借记"其他应收款"科目（红字），贷记"其他应付款"科目（红字）。投标人对投资项目进行投标的，借记"过渡科目-银行存款中间科目——现金流量分类\经营活动产生现金流量\经营活动现金流入\收到其他与经营活动有关的现金"项目（红字），贷记"过渡科目-银行存款中间科目——现金流量分类\投资活动产生现金流量\投资活动现金流出\支付其他与投资活动有关的现金"项目（红字）。投标人对经营项目进行投标的，借记"过渡科目-银行存款中间科目——现金流量分类\经营活动产生现金流量\经营活动现金流入\收到其他与经营活动有关的现金"项目（红字），贷记"过渡科目-银行存款中间科目——现金流量分类\经营活动产生现金流量\经营活动现金流出\支付其他与经营活动有关的现金"项目（红字）。

B. 招标人退回投标保证金，投标人收回投标保证金。发生该类关联交易时，招标人借记"其他应付款"科目，贷记"银行存款——现金流量分类\经营活动产生现金流量\经营活动现金流入\收到其他与经营活动有关的现金"科目；投标人对投资项目进行投标的，通常借记"银行存款——现金流量分类\投资活动产生现金流量\投资活动现金流入\收到其他与投资活动有关的现金"科目，贷记"其他应收款"科目；投标人对经营项目进行投标的，借记"银行存款——现金流量分类\经营活动产生现金流量\经营活动现金流入\收到其他与经营活动有关的现金"科目，贷记"其他应收款"科目。

双方应及时完成凭证协同或集团对账，在共同的上一级生成抵销凭证，借记"其他应付款"科目（红字），贷记"其他应收款"科目（红字）；同时进行现金流量项目的抵销。

③招标代理服务费。发生该类关联交易时，招标代理人借记"应收账款-应收其他主营收入"科目，贷记"主营业务收入-其他主营业务收入"科目。投标人借记"销售费用-投标费用""工程施工"等科目，贷记"应付账款-应付服务款""应付账款-应付工程款"等科目。

双方应及时完成凭证协同或集团对账，在共同的上一级生成抵销凭证，借记"应收账款-应收其他主营收入"科目（红字），贷记"应付账款-应付服务款""应付账款-应付工程款"等科目（红字）。招标代理人不区分综合毛利率的，借记"主营业务成本-其他主营成本"等科目（红字），贷记"主营业务收入-其他主营业务收入"科目（红字）。招标代理人区分综合毛利率的，综合毛利率为正的，借记"主营业务成本-其他主营成本"等科目（红字），借记"在建工程"等科目（红字），贷记"主营业务收入-其他主营业务收入"科目（红字）；综合毛利率为负的，借记"主营业务成本-其他主营成本"等科目（红字），贷记"在建工程"等科目（红字），贷记"主营业务收入-其他主营业务收入"科目（红字）。

发生该类关联交易时，招标代理人收取招标代理服务费，借记"银行存款——现金流量分类\经营活动产生现金流量\经营活动现金流入\销售商品、提供劳务收到的现金"科目，贷记"应收账款-应收其他主营收入"科目。中标人支付投资项目招标代理服务费的，借记"应付账款-应付服务款"等科目，通常贷记"银行存款——现金流量分类\投资活动产生现金流量\投资活动现金流出\支付其他与投资活动有关的现金"科目。中标人支付经营项目招标代理服务费的，借记"应付账款-应付服务款"等科目，贷记"银行存款——现金流量分类\经营活动产生现金流量\经营活动现金流出\支付其他与经营活动有关的现金"科目。

双方应及时完成凭证协同或集团对账，在共同的上一级生成抵销凭证，借记"应付账款-应付服务款""应付账款-应付工程款"等科目（红字），贷记"应收账款-应收其他主营收入"等科目（红字）。中标人支付投资项目招标代理服务费的，借记"银行存款——现金流量分类\经营活动产生现金流量\经营活动现金流入\销售商品、提供劳务收到的现金"项目（红字），贷记"银行存款——现金流量分类\投资活动产生现金流量\投资活动现金流出\支付其他与投资活动有关的现金"项目（红字）。中标人支付经营项目招标代理服务费的，借记"银行存款——现金流量分类\经营活动产生现金流量\经营活动现金流入\销售商品、提供劳务收到的现金"项目（红字），贷记"银行存款——现金流量分类\经营活动产生现金流量\经营活动现金流出\支付其他与经营活动有关的现金"项目（红字）。

（6）委托贷款业务。关联方之间发生委托贷款业务，涉及本金收付、利息计提、利息收付、委托贷款手续费、本金归还等业务。

1）本金收付业务。

①借款期限在一年以下（含一年）。发生该类关联交易时，委托人支付本金，借记"委托贷款-本金"科目，或借记"其他应收款"科目，挂账对象委托贷款合同，贷记"银行存款——现金流量分类\投资活动产生现金流量\投资活动现金流出\投资支付的现金"科目。借款人收到本金，借记"银行存款——现金流量分类\筹资活动产生现金流量\筹资活动现金流入\取得借款所收到的现金"科目，贷记"短期借款-委托借款本金"科目，挂账对象短期借款合同。

双方应及时完成凭证协同或集团对账，在共同的上一级生成抵销凭证，借记"委托贷款-本金"科目（红字），或借记"其他应收款"科目（红字），贷记"短期借款-委托借款本金"科目（红字）；借记"过渡科目-银行存款中间科目——现金流量分类\筹资活动产生现金流量\筹资活动现金流入\取得借款所收到的现金"项目（红字），贷记"过渡科目-银行存款中间科目——现金流量分类\投资活动产生现金流量\投资活动现金流出\投资支付的现金"项目（红字）。

②借款期限在一年以上（不含一年）。发生该类关联交易时，委托人支付本金，借记"委托贷款-本金"科目，或借记"长期应收款-长期信托应收款"科目，挂账对象委托贷款合同，贷记"银行存款——现金流量分类\投资活动产生现金流量\投资活动现金流出\投资支付的现金"科目；借款人收到本金，借记"银行存款——现金流量分类\筹资活动产生现金流量\筹资活动现金流入\取得借款所收到的现金"科目，贷记"长期借款-委托借款本金"科目。

双方应及时完成凭证协同或集团对账，在共同的上一级生成抵销凭证，借记"委托贷款-本金"科目（红字），或借记"长期应收款-长期信托应收款"科目（红字），贷记"长期借款-委托借款本金"科目（红字）；同时进行现金流量项目的抵销。

2）利息计提业务。

①借款利息费用化。发生该类关联交易时，委托人应按月计提利息收入，借记"应收利息-委托贷款利息"科目，贷记"投资收益-委托贷款收益"科目。借款人按月计提利息支出，借记"财务费用-利息支出"科目，借款期限在一年以下（含一年）的，贷记"应付利息-短期借款利息"科目；借款期限在一年以上（不含一年）的，贷记"应付利息-长期借款利息"科目。

双方应及时完成凭证协同或集团对账，在共同的上一级生成抵销凭证，借记"应收利息-委托贷款利息"科目（红字），贷记"应付利息-短期借款利息"科目（红字），或贷记"应付利息-长期借款利息"科目（红字）；借记"财务费用-利息支出"科目（红字），贷记"投资收益-委托贷款收益"科目（红字）。

②借款利息资本化。发生该类关联交易时，委托人按月计提利息收入，借记"应收利息-委托贷款利息"科目，贷记"投资收益-委托贷款收益"科目。借款人按月计提利息支出，借记"在建工程""开发成本"等科目，借款期限在一年以下（含一年）的，贷记"应付利息-短期借款利息"科目；借款期限在一年以下（含一年）的，贷记"应付利息-长期借款利息"科目。

双方应及时完成凭证协同或集团对账，在共同的上一级生成抵销凭证，借记"应收利息-委托贷款利息"科目（红字），贷记"应付利息-短期借款利息"科目（红字），或贷记"应付利息-长期借款利息"科目（红字）；借记"在建工程""开发成本"等科目（红字），贷记"投资收益-委托贷款收益"科目（红字）。

3）利息支付业务。发生该类关联交易时，委托人借记"银行存款——现金流量分类\投资活动产生现金流量\投资活动现金流入\取得投资收益收到的现金"科目，借记"其他应付款"科目，借记"应缴税费-应缴增值税""应缴税费-应缴城市维护建设税""应缴税费-应缴教育费附加""应缴税费-应缴地方教育费附加"科目，贷记"应收利息-委托贷款利息"科目。借款期限在一年以下（含一年）的，借款人借记"应付利息-短期借款利息"科目，贷记"银行存款——现金流量分类\筹资活动产生现金流量\筹资活动现金流出\分配股利、利润或偿付利息支付的现金"科目；借款期限在一年以上（不含一年）的，借款人借记"应付利息-长期借款利息"科目，贷记"银行存款——现金流量分类\筹资活动产生现金流量\筹资活动现金流出\分配股利、利润或偿付利息支付的现金"科目。

双方应及时完成凭证协同或集团对账，在共同的上一级生成抵销凭证，按照委托人实际收款的金额加上手续费金额，借记"应付利息-短期借款利息"科目（红字），或借记"应付利息-长期借款利息"科目（红字），借记"其他应付款"科目（红字），贷记"应收利息-委托贷款利息"科目（红字）。按照委托人实际收款金额进行现金流量项目的抵销，借记"过渡科目-银行存款中间科目——现金流量分类\投资活动产生现金流量\投资活动现金流入\取得投资收益收到的现金"项目（红字），贷记"过渡科目-银行存款中间科目——现金流量分类\筹资活动产生现金流量\筹资活动现金流出\分配股利、利润或偿付利息支付的现金"项目（红字）。

4）手续费计提业务。委托业务银行、信托机构是系统内单位时，委托人计提委托贷款手续费、信托贷款手续费应与业务银行、信托机构确认佣金收入进行合并抵销。

发生该类关联交易时，委托人借记"财务费用-手续费"科目，贷记"其他应付款"科目；业务银行或信托机构借记"应收手续费及佣金"科目，贷记"手续费及佣金收入"科目。

双方应及时完成凭证协同或集团对账，在共同的上一级生成抵销凭证，借记"应收手续费及佣金"科目（红字），贷记"应收利息-委托贷款利息"科目（红字）；借记"财务费用-手续费"科目（红字），贷记"手续费及佣金收入"科目（红字）。

5）手续费支付业务。发生该类关联交易时，业务银行、金融机构扣收委托方应支付的手续费时，业务银行、金融机构借记"代理业务负债——现金流量分类\经营活动产生现金流量\经营活动现金流入\收取利息、手续费及佣金的现金"科目，或借记"银行存款——现金流量分类\经营活动产生现金流量\经营活动现金流入\收取利息、手续费及佣金的现金"科目，贷记"应收手续费及佣金"科目。

在业务银行或金融机构与委托方共同的上一级按照实际收取的手续费金额抵销现金流量项目，借记"过渡科目-银行存款中间科目——现金流量分类\经营活动产生现金流量\经营活动现金流入\收取利息、手续费及佣金的现金"项目（红字），贷记"过渡科目-银行存款中间科目——现金流量分类\筹资活动产生现金流量\筹资活动现金流出\分配股利、利润或偿付利息支付的现金"项目（红字）。

6）本金归还业务。

①借款期限在一年以下（含一年）。发生该类关联交易时，借款人借记"短期借款-委托借款本金"科目，贷记"银行存款"科目——现金流量分类\筹资活动产生现金流量\筹资活动现金流出\偿还债务支付的现金科目。委托人借记"银行存款"科目——现金流量分类\投资活动产生现金流量\投资活动现金流入\收回投资收到的现金科目，贷记"委托贷款-本金"科目或"其他应收款"科目。

双方应及时完成凭证协同或集团对账，在共同的上一级生成抵销凭证，借记"短期借款-本金"科目（红字），贷记"委托贷款-本金"科目（红字），或贷记"其他应收款"科目（红字）；借记"过渡科目-银行存款中间科目——现金流量分类\投资活动产生现金流量\投资活动现金流入\收回投资收到的现金"项目（红字），贷记"过渡科目-银行存款中间科目——现金流量分类\筹资活动产生现金流量\筹资活动现金流出\偿还债务支付的现金"项目（红字）。

②借款期限在一年以上（不含一年）。发生该类关联交易时，借款人借记"长期借款-委托借款本金"科目，贷记"银行存款"科目——现金流量分类\筹资活动产生现金流量\筹资活动现金流出\偿还债务支付的现金科目。委托人借记"银行存款"科

目——现金流量分类\投资活动产生现金流量\投资活动现金流入\收回投资收到的现金科目，贷记"委托贷款-本金"科目，或贷记"长期应收款-长期信托应收款"科目。

双方应及时完成凭证协同或集团对账，在共同的上一级生成抵销凭证，借记"长期借款-委托借款本金"科目（红字），贷记"委托贷款-本金"科目（红字），或贷记"长期应收款-长期信托应收款"科目（红字）；同时进行现金流量项目的抵销。

（7）集中收付款业务。

1）集中支付且非集中收款。

①下属单位债务上划。

A. 成本性项目。发生该类关联交易时，下属单位借记"应付账款"等科目，贷记"内部往来"科目；上级单位借记"内部往来"科目，贷记"应付账款"等科目。

下属单位和上级单位实际账务自动抵销。

上级单位与收款单位应进行抵销处理，同未集中支付的购销业务。

B. 资本性项目。发生该类关联交易时，下属单位借记"应付账款"等科目，贷记"上级拨入资金"科目。上级单位借记"拨付所属资金"科目，贷记"应付账款"等科目。

双方应及时完成凭证协同或集团对账，在共同的上一级生成抵销凭证，借记"拨付所属资金"科目（红字），贷记"上级拨入资金"科目（红字）。

上级单位与收款单位应进行抵销处理，同未集中支付的购销业务。

②下属单位债务不上划。

A. 成本性支出。发生该类关联交易时，下属单位按资金支付进度提出付款申请，借记"过渡科目-银行存款中间科目——与现金流量无关的现金流"科目，贷记"内部往来"科目；借记"应付账款"等科目，贷记"过渡科目-银行存款中间科目——与现金流量无关的现金流"科目。上级单位收到资金支付申请，借记"内部往来"科目，贷记"过渡科目-银行存款中间科目——与现金流量无关的现金流"科目；借记"过渡科目-银行存款中间科目——与现金流量无关的现金流"科目，贷记"银行存款——现金流量分类\经营活动产生现金流量\经营活动现金流出\购买商品、接受劳务支付的现金"科目。

下属单位与上级单位实际账务自动抵销；下属单位与收款单位应进行债权债务的抵销，同未集中支付的购销业务；上级单位与收款单位应进行现金流量项目的抵销，同未集中支付的购销业务。

B. 资本性支出。发生该类关联交易时，下属单位按资金支付进度提出付款申请，借记"过渡科目-银行存款中间科目——与现金流量无关的现金流"科目，贷记"上级拨入资金"科目；借记"应付账款"等科目，贷记"过渡科目-银行存款中间科目——与现金流量无关的现金流"科目。上级单位收到资金支付申请，借记"拨付所属资金"科目，贷记"过渡科目-银行存款中间科目——与现金流量无关的现金流"科目；借记

"过渡科目-银行存款中间科目——与现金流量无关的现金流"科目，贷记"银行存款——现金流量分类\投资活动产生现金流量\投资活动现金流出\购建固定资产、无形资产和其他长期资产支付的现金"科目。

上级单位与下属单位应及时完成凭证协同或集团对账，在共同的上一级生成抵销凭证，借记"拨付所属资金"科目（红字），贷记"上级拨入资金"科目（红字）；下属单位与收款单位应进行债权债务的抵销，同未集中支付的购销业务；上级单位与收款单位应进行现金流量项目的抵销，同未集中支付的购销业务。

2）集中收款且非集中支付。债权通常采取不上划的模式。

①销售商品、提供劳务的。发生该类关联交易时，上级单位借记"银行存款——现金流量分类\经营活动产生现金流量\经营活动现金流入\销售商品、提供劳务收到的现金"科目，贷记"过渡科目-银行存款中间科目——与现金流量无关的现金流"科目；借记"过渡科目-银行存款中间科目——与现金流量无关的现金流"科目，贷记"内部往来"科目。下属单位借记"过渡科目-银行存款中间科目——与现金流量无关的现金流"科目，贷记"应收账款"等科目；借记"内部往来"科目，贷记"过渡科目-银行存款中间科目——与现金流量无关的现金流"科目。

下属单位与上级单位实际账务自动抵销；下属单位与付款单位应进行债权债务的抵销，同未集中收款的购销业务；上级单位与付款单位应进行现金流量项目的抵销，同未集中收款的购销业务。

②销售固定资产、无形资产等长期资产的。发生该类关联交易时，上级单位借记"银行存款——现金流量分类\投资活动产生现金流量\投资活动现金流入\处置固定资产、无形资产和其他长期资产收回的现金净额"科目，贷记"过渡科目-银行存款中间科目——与现金流量无关的现金流"科目；借记"过渡科目-银行存款中间科目——与现金流量无关的现金流"科目，贷记"拨付所属资金"科目。下属单位借记"过渡科目-银行存款中间科目——与现金流量无关的现金流"科目，贷记"应收账款"等科目；借记"上级拨入资金"科目，贷记"过渡科目-银行存款中间科目——与现金流量无关的现金流"科目。

上级单位与下属单位应及时完成凭证协同或集团对账，在共同的上一级生成抵销凭证，借记"上级拨入资金"科目（红字），贷记"拨付所属资金"科目（红字）；下属单位与付款单位应进行债权债务的抵销，同未集中收款的购销业务；上级单位与付款单位应进行现金流量项目的抵销，同未集中收款的购销业务。

3）集中付款且集中收款。

①付款方债务不上划。付款方集中付款参照集中支付处理；收款方集中收款参照集中收款处理。

付款方下属单位和收款方下属单位应进行债权债务的抵销，同未集中支付和未集中收款的购销业务；付款方上级单位与收款方上级单位应进行现金流量项目的抵销，同未集中支付和未集中收款的购销业务。

②付款方债务上划。付款方集中付款参照集中支付处理；收款方集中收款参照集中收款处理。

付款方上级单位与收款方下属单位应进行债权债务的抵销，同未集中支付和未集中收款的购销业务；付款方上级单位与收款方上级单位应进行现金流量项目的抵销，同未集中支付和未集中收款的购销业务。

（8）统借统还业务。

1）上级单位取得借款。上级单位与外部银行之间不属于关联交易，不应进行抵销。

2）拨付统贷统还资金。发生该类关联交易时，上级单位借记"其他应收款""长期应收款–其他"科目，贷记"银行存款——现金流量分类\筹资活动产生现金流量\筹资活动现金流入\支付其他与筹资活动有关的现金"科目。各用款单位借记"银行存款——现金流量分类\筹资活动产生现金流量\筹资活动现金流入\取得借款所收到的现金"科目，贷记"短期借款–金融机构借款本金""长期借款–金融机构借款本金"科目。

双方应及时完成凭证协同或集团对账，在共同的上一级生成抵销凭证，借记"其他应收款"科目（红字），或借记"长期应收款–其他"科目（红字），贷记"短期借款–金融机构借款本金"科目（红字），或贷记"长期借款–金融机构借款本金"科目（红字）；借记"过渡科目–银行存款中间科目——现金流量分类\筹资活动产生现金流量\筹资活动现金流入\取得借款所收到的现金"项目（红字），贷记"过渡科目–银行存款中间科目——现金流量分类\筹资活动产生现金流量\筹资活动现金流入\支付其他与筹资活动有关的现金"项目（红字）。

3）利息计提与支付。

①用款单位计提利息。月末，用款单位借记"财务费用–利息支出""在建工程"等科目，贷记"应付利息"科目。上级单位无须进行账务处理。用款单位与外部银行或非银行金融机构之间无需进行合并抵销处理。

②用款单位支付利息。用款单位借记"应付利息"科目，贷记"银行存款——现金流量分类\筹资活动产生现金流量\筹资活动现金流出\分配股利、利润或偿付利息支付的现金"科目；上级单位借记"银行存款——现金流量分类\筹资活动产生现金流量\筹资活动现金流入\收到其他与筹资活动有关的现金"科目，贷记"其他应收款"科目。上级单位与用款单位之间无需进行合并抵销。

③上级单位支付利息。发生该类交易时，上级单位借记"其他应收款"科目，贷记"银行存款——现金流量分类\筹资活动产生现金流量\筹资活动现金流出\支付其他与筹资活动有关的现金"科目。上级单位与外部银行或非银行金融机构之间无需进行合并抵销处理。

4）用款单位归还本金。发生该类关联交易时，用款单位借记"短期借款–金融机构借款本金"科目，或借记"长期借款–金融机构借款本金"科目，贷记"银行存款——现金流量分类\筹资活动产生现金流量\筹资活动现金流入\偿还债务支付的现金"科目。上级单位借记"银行存款——现金流量分类\筹资活动产生现金流量\筹资活动现金流入\收到其他与筹资活动有关的现金"科目，贷记"其他应收款"科目，或贷记"长期应收款-其他"科目。

双方应及时完成凭证协同或集团对账，在共同的上一级生成抵销凭证，借记"短期借款-金融机构借款本金"科目（红字），或借记"长期借款-金融机构借款本金"科目（红字），贷记"其他应收款"科目（红字），或贷记"长期应收款-其他"科目（红字）；借记"过渡科目-银行存款中间科目——现金流量分类\筹资活动产生现金流量\筹资活动现金流入\收到其他与筹资活动有关的现金"项目（红字），贷记"过渡科目-银行存款中间科目——现金流量分类\筹资活动产生现金流量\筹资活动现金流入\偿还债务支付的现金"项目（红字）。

5）上级单位偿还本金。发生该类交易时，上级单位借记"短期借款-金融机构借款本金"科目，或借记"长期借款-金融机构借款本金"科目，贷记"银行存款——现金流量分类\筹资活动产生现金流量\筹资活动现金流入\偿还债务支付的现金"科目。

上级单位与外部银行或非银行金融机构无须进行抵销处理。

（9）其他业务。

1）上级单位下拨考核奖励业务。

①跨法人下拨考核奖励业务。发生该类关联交易时，上级单位借记"应付职工薪酬-工资（拨付所属）"科目，贷记"银行存款——现金流量分类\经营活动产生现金流量\经营活动现金流出\支付给职工以及为职工支付的现金"科目。下级单位借记"银行存款——现金流量分类\经营活动产生现金流量\经营活动现金流入\收到其他与经营活动有关的现金"科目，贷记"应付职工薪酬-工资（上级拨入）"。

双方应及时完成凭证协同或集团对账，在共同的上一级生成抵销凭证，借记"应付职工薪酬-工资（拨付所属）"科目（红字），贷记"应付职工薪酬-工资（上级拨入）"科目（红字）；借记"过渡科目-银行存款中间科目——现金流量分类\经营活动产生现金流量\经营活动现金流入\收到其他与经营活动有关的现金"项目（红字），贷记"过渡科目-银行存款中间科目——现金流量分类\经营活动产生现金流量\经营活动现金流出\支付给职工以及为职工支付的现金"项目（红字）。

②法人内部下拨考核奖励业务。发生该类关联交易时，上级单位借记"应付职工薪酬-工资（拨付所属）"科目，贷记"内部往来"科目。下级单位借记"内部往来"科目，贷记"应付职工薪酬-工资（上级拨入）"。

双方应及时完成凭证协同或集团对账，在共同的上一级生成抵销凭证，借记"应付职工薪酬-工资（拨付所属）"科目（红字），贷记"应付职工薪酬-工资（上级拨入）"科目（红字）。

2）法人内部固定资产调拨业务。

发生该类关联交易时，上级单位借记"拨付所属资金（资产调入方）"科目，贷记"过渡科目-资产划转"科目；同时，借记"过渡科目-资产划转"科目，贷记"拨付所属资金（资产调出芳）"科目。资产调出方借记"上级拨入资金（上级单位）"科目，贷记"固定资产"科目；资产调入方借记"固定资产"科目，贷记"上级拨入资金（上级单位）"科目。

上级单位与资产调出方应及时完成凭证协同或集团对账，在共同的上一级生成抵销凭证，借记"上级拨入资金"科目（红字），贷记"拨付所属资金"科目（红字）；上级单位与资产调入方应及时完成凭证协同或集团对账，在共同的上一级生成抵销凭证，借记"拨付所属资金"科目（红字），贷记"上级拨入资金"科目（红字）。

3）集团账户与子账户业务。

A. 上级单位集团账户归集子账户资金。发生该类关联交易时，上级单位借记"银行存款—与现金流量无关的现金流"科目，贷记"其他应付款-集团账户"科目。下级单位无须处理。

上级单位应在共同上级进行抵销处理，借记"银行存款——与现金流量无关的现金流"项目（红字），贷记"其他应付款-集团账户"科目（红字）。

B. 上级单位下拨集团账户子账户资金。发生该类关联交易时，上级单位借记"其他应付款-集团账户"科目，贷记"银行存款——与现金流量无关的现金流"科目；下级单位无须处理。

上级单位应在共同上级进行抵销处理，借记"其他应付款-集团账户"科目（红字），贷记"银行存款——与现金流量无关的现金流"项目（红字）。

（10）特殊业务。

1）重分类调整业务。年末，短期债权债务存在相反方向余额时，关联交易双方应同期进行重分类调整，调整至对应的短期债务债权科目，并进行抵销处理。长期债权债务在一年内到期时，关联交易双方应同期进行重分类调整，长期债权调整至一年内到期的非流动资产，长期债务调整至一年内到期的非流动负债，并进行抵销处理。委托贷款应按照贷款期限及到期情况，进行重分类调整，调整至其他应收款、长期应收款、一年内到期的非流动资产，涉及关联交易的，应进行抵销处理。

A. 短期债权债务存在相反方向余额的。发生该类关联交易时，销售方借记"应收账款""应收保费""其他应收款"科目，贷记"预收账款""预收保费""其他应付款"科目；购买方借记"预付账款""预付赔付款""其他应收款"科目，贷记"应付账款""应付赔付款""其他应付款"科目。

双方应及时完成凭证协同或集团对账，在共同的上一级生成抵销凭证，借记"应收账款""应收保费""其他应收款"科目（红字），贷记"应付账款""应付赔付款""其他应付款"科目（红字）。借记"预付账款""预付赔付款"科目（红字），贷记"预收账款""预收保费"科目（红字）。

B. 长期债权债务在一年内到期的。

a. 长期信托贷款在一年内到期的。发生该类关联交易时，委托人借记"一年内到期的非流动资产"科目，贷记"长期应收款-长期信托应收款"科目。借款人借记"长期借款-委托借款本金"科目，贷记"一年内到期的非流动负债"科目。

双方应及时完成凭证协同或集团对账，在共同的上一级生成抵销凭证，借记"长期借款-委托借款本金"科目（红字），贷记"长期应收款-长期信托应收款"科目（红字）；借记"一年内到期的非流动资产"科目（红字），贷记"一年内到期的非流动负债"科目（红字）。

b. 长期直接贷款在一年内到期的。发生该类关联交易时，内部金融机构借记"一年内到期的非流动资产"科目，贷记"贷款-中长期"科目；对方借记"长期借款-金融机构借款本金"科目，贷记"一年内到期的非流动负债"科目。

双方应及时完成凭证协同或集团对账，在共同的上一级生成抵销凭证，借记"长期借款-金融机构借款本金"科目（红字），贷记"贷款-中长期"科目（红字）；借记"一年内到期的非流动资产"科目（红字），贷记"一年内到期的非流动负债"科目（红字）。

c. 统贷统还、国债转贷、企业债券在一年内到期的。发生该类关联交易时，上级单位借记"一年内到期的非流动资产"科目，贷记"长期应收款-其他""长期应收款-应收国债转贷""长期应收款-应收企业债券（中票）"科目。下级单位借记"长期借款-金融机构借款本金""长期借款-国债转贷本金""应付债券"科目，贷记"一年内到期的非流动负债"科目。

双方应及时完成凭证协同或集团对账，在共同的上一级生成抵销凭证，借记"长期借款-金融机构借款本金""长期借款-国债转贷本金""应付债券"科目（红字），贷记"长期应收款-其他""长期应收款-应收国债转贷""长期应收款-应收企业债券（中票）"科目（红字）；借记"一年内到期的非流动资产"科目（红字），贷记"一年内到期的非流动负债"科目（红字）。

C. 委托贷款余额的重分类调整。

a. 委托贷款的期限在一年以下的。发生该类事项时，委托人借记"其他应收款"科目，贷记"委托贷款"科目。

委托贷款的重分类调整涉及关联交易的，在委托人与受托人共同的上一级进行抵销处理，借记"其他应收款"科目（红字），贷记"委托贷款"科目（红字）。

b. 长期委托贷款到期日在一年以上的。发生该类事项时，委托人借记"长期应收款-其他"科目，贷记"委托贷款"科目。

委托贷款的重分类调整涉及关联交易的，在委托人与受托人共同的上一级进行抵销处理，借记"长期应收款-其他"科目（红字），贷记"委托贷款"科目（红字）。

c. 长期委托贷款在一年内到期的。发生该类事项时，委托人借记"一年内到期的非流动资产"科目,贷记"委托贷款-本金"科目;借款人借记"长期借款-委托借款本金"科目,贷记"一年内到期的非流动负债"科目。

委托人和受托人应及时完成凭证协同或集团对账,在共同的上一级生成抵销凭证,借记"长期借款-委托借款本金"科目(红字),贷记"委托贷款-本金"科目(红字);借记"一年内到期的非流动资产"科目(红字),贷记"一年内到期的非流动负债"科目(红字)。

2)未实现内部销售利润的后续抵销。

①存货未实现销售利润的后续抵销。存货未实现销售利润的抵销数,应在销售实现的当月进行转销,由购销双方共同的上一级进行抵销处理。综合毛利率为正时,借记"原材料"等存货类科目,贷记"主营业务收入"科目;综合毛利率为负时,借记"主营业务成本"科目,贷记"原材料"等存货类科目。

②固定资产未实现销售利润的后续抵销。固定资产内部未实现销售利润的抵销数,由购销双方共同的上一级对未实现内部销售利润净额按综合折旧率每月进行转销处理,借记"生产成本-其他成本-折旧费"等科目(红字),贷记"累计折旧"科目(红字);或借记"生产成本-其他成本-折旧费"等科目,贷记"累计折旧"科目。

③研发支出未实现销售利润的后续抵销。研发支出-资本化支出未实现销售利润的抵销数,应在研发项目结束形成无形资产时转入"无形资产"科目,综合毛利率为正时,借记"研发支出-资本化支出"科目,贷记"无形资产"科目;综合毛利率为负时,借记"无形资产"科目,贷记"研发支出-资本化支出"科目。

④无形资产未实现销售利润的后续抵销。无形资产未实现销售利润的抵销数,由购销双方共同的上一级对未实现内部销售利润净额按综合摊销率按月进行转销处理,借记"生产成本-其他成本-其他运营费用-无形资产摊销"等科目(红字),贷记"累计摊销"科目(红字);或借记"生产成本-其他成本-其他运营费用-无形资产摊销"等科目,贷记"累计摊销"科目。

第三节　单位划转抵销数据调整

内部单位划转分为跨数据中心的单位划转和本数据中心的单位划转。

一、跨数据中心的单位划转抵销数据调整

1. 产权变更抵销数据的调整

(1)划入方抵销数据调整。涉及子公司划转的,划入方接收的长期股权投资,应于划转当月在划入方实际账套中增加长期股权投资,借记"长期股权投资-成本"科

目，贷记"资本公积—无偿调入资产"科目。同时，划入方应在划转当月抵销账套中将长期股权投资予以冲销，借记"长期股权投资-成本"科目（红字），贷记"资本公积—无偿调入资产"科目（红字），并在其抵销账套中将增加的长期股权投资账务处理调整至年初调整期，在年初账期增加长期股权投资，借记"长期股权投资-成本"科目，贷记"资本公积—无偿调入资产"科目。

（2）划出方抵销数据调整。涉及子公司划转的，划出方划转的长期股权投资，应于划转当月在划出方实际账套中减少长期股权投资，借记"长期股权投资-成本"科目（红字），贷记"资本公积—无偿调出资产"科目（红字）。同时，划出方应在划转当月抵销账套中将长期股权投资予以转回，借记"长期股权投资-成本"科目，贷记"资本公积—无偿调出资产"科目，并在其抵销账套中将减少的长期股权投资账务处理调整至年初调整期，在年初账期减少长期股权投资，借记"长期股权投资-成本"科目（红字），贷记"资本公积—无偿调出资产"科目（红字）。

2. 抵销数据期初数的调整

（1）划出方抵销数据期初数调整。划出方应将涉及划转标的企业的原已抵销的数据予以冲销还原，其中涉及年初累计已抵销的数据在划出方抵销账套年初调整期中进行处理，本年发生的抵销数据在抵销账套中逐月在相应月份冲销还原。

（2）划入方抵销数据期初数调整。划入方要重新梳理划转标的企业与本数据中心相关单位之间的关联交易，区分期初抵销数据和本年抵销数据，分别在划入方抵销账套应归属的相应账期进行补录。

（3）划出方与划入方的共同上级抵销数据期初数调整。划转标的企业为分公司的，划出方与划入方的共同上级与划转标的企业之间的关联交易，由共同上级在抵销账套中进行关联交易对象调整。

二、本数据中心的单位划转抵销数据调整

（1）划出方抵销数据的调整。划出方应将涉及划转标的企业的原已抵销的数据予以冲销还原，其中涉及年初累计已抵销的数据在划出方抵销账套年初调整期中进行处理，本年发生的抵销数据在抵销账套中逐月在相应月份冲销还原。

（2）划入方抵销数据的调整。划入方要重新梳理划转标的企业与划入方合并范围内企业间的关联交易，区分期初抵销数据和本年抵销数据，分别在划入方抵销账套应归属的相应账期进行补录。

（3）划出方与划入方的共同上级的抵销调整。划转标的企业为分公司的，划出方与划入方的共同上级与划转标的企业的之间的关联交易，由共同上级在抵销账套中进行关联交易对象调整。

第四节 关联方关系及其交易的披露

一、最低披露要求

企业存在关联方关系的，无论是否发生关联方交易，均应当在附注中披露与母公司和子公司有关的下列信息：

（1）母公司和子公司的名称。母公司不是该企业最终控制方的，还应当披露最终控制方名称。母公司和最终控制方均不对外提供财务报表的，还应当披露母公司之上与其最相近的对外提供财务报表的母公司名称。

（2）母公司和子公司的业务性质、注册地、注册资本（或实收资本、股本）及其变化。

（3）母公司对该企业或者该企业对子公司的持股比例和表决权比例。

二、发生关联方交易情形下的追加披露要求

企业与关联方发生关联方交易的，应当在附注中披露该关联方关系的性质、交易类型及交易要素。交易要素至少应当包括：

（1）交易的金额。

（2）未结算项目的金额、条款和条件，以及有关提供或取得担保的信息。

（3）未结算应收项目的坏账准备金额。

（4）定价政策。

关联方交易的披露应遵循重要性原则。对企业财务状况和经营成果有影响的关联方交易，应当分别关联方以及交易类型予以披露。不具有重要性的，类型相似的关联方交易，在不影响财务报表阅读者正确理解关联方交易对财务报表影响的情况下，可以合并披露。

企业只有在提供确凿证据的情况下，才能披露关联方交易是公平交易。

三、对外提供合并财务报表时的披露要求

对外提供合并财务报表的，对于已经包括在合并范围内各企业之间的交易不予披露，但应当披露与合并范围外各关联方的关系及其交易。

第十七章　财务报告

本章节主要涉及财务快报、单体财务报表、合并财务报表及报表附注的编制等业务。

第一节　术语解释及核算内容

1. 财务报告

财务报告是对集团经营状况、资金运作的综合概括和高度反映。财务报告包括资产负债表、利润表、现金流量表、所有者权益变动表和附注。

2. 财务报表

财务报表是会计主题对外提供的反映会计主体财务状况和经营的会计报表。

财务报表可以按照不同的标准进行分类：

（1）按财务报表编报期间的不同，可以分为中期财务报表和年度财务报表。中期财务报表是以短于一个完整会计年度的报告期间为基础编制的财务报表，包括月报、季报和半年报等。

（2）按财务报表编报主体的不同，可以分为个别财务报表和合并财务报表。个别财务报表是由集团在自身会计核算基础上对账簿记录进行加工而编制的财务报表，它主要用以反映集团自身的财务状况、经营成果和现金流量情况。合并财务报表是由母公司编制的以母公司和子公司组成的企业集团为会计主体，综合反映集团范围财务状况、经营成果及现金流量的财务报表。

企业对外提供的财务会计报告的内容、财务报表的种类和格式、财务情况说明书的格式等，由公司按国家有关规定制定；企业内部管理需要的财务报表的种类和格式根据公司规定执行。

第二节 财务报表列报的基本要求

一、依据各项会计准则确认和计量的结果编制财务报表

集团应当根据实际发生的交易和事项，按照会计准则的规定进行确认和计量，并在此基础上编制财务报表。集团应当在附注中对这一情况做出声明，只有遵循了企业会计准则的所有规定时，财务报表才应当被称为"遵循了企业会计准则"。

集团不应以附注披露代替确认和计量。也就是说，集团如果采用不恰当的会计政策，不得通过在附注中披露等其他形式予以更正。

二、列报基础

持续经营是会计的基本前提，是会计确认、计量及编制财务报表的基础。集团管理层应当对集团持续经营的能力进行评价，需要考虑的因素包括市场经营风险、集团目前或长期的盈利能力、偿债能力、财务弹性以及集团管理层改变经营政策的意向等。评价后对集团持续经营的能力产生严重怀疑的，应当在附注中披露导致对持续经营能力产生重大怀疑的因素以及拟采取的改善措施。

非持续经营是集团在极端情况下呈现的一种状态。集团存在以下情况之一的，通常表明集团处于非持续经营状态：①集团已在当期进行清算或停止营业；②集团已经正式决定在下一个会计期间进行清算或停止营业；③集团已确定在当期或下一个会计期间没有其他可供选择的方案而将被迫进行清算或停止营业。集团处于非持续经营状态时，应当采用其他基础编制财务报表。比如，集团处于破产状态时，其资产应当采用可变现净值计量、负债应当按照其预计的结算金额计量等。在非持续经营情况下，集团应当在附注中声明财务报表未以持续经营为基础列报，披露未以持续经营为基础的原因以及财务报表的编制基础。

三、重要性和项目列报

依据重要性原则来判断项目在财务报表中是单独列报还是合并列报。具体情况如下：

（1）性质或功能不同的项目，一般应当在财务报表中单独列报，比如存货和固定资产在性质上和功能上都有本质差别，必须分别在资产负债表上单独列报。但是不具有重要性的项目可以合并列报。

（2）性质或功能类似的项目，一般可以合并列报，但是对其具有重要性的类别应

该单独列报。例如原材料、在产品等项目在性质上类似，均通过生产过程形成集团的产品存货，因此可以合并列报，合并之后的类别统称为"存货"在资产负债表上列报。

（3）项目单独列报的原则不仅适用于报表，还适用于附注。某些项目的重要性程度不足以在资产负债表、利润表、现金流量表或所有者权益变动表中单独列报，但是可能对附注而言却具有重要性，在这种情况下应当在附注中单独披露。

（4）重要性是判断项目是否单独列报的重要标准。集团在进行重要性判断时，应当根据所处环境，从项目的性质和金额大小两方面予以判断：一方面，应当考虑该项目的性质是否属于集团日常活动、是否对集团的财务状况和经营成果具有较大影响等因素；另一方面，判断项目金额大小的重要性，应当通过单项金额占资产总额、负债总额、所有者权益总额、营业收入总额、净利润等直接相关项目金额的比重加以确定。

四、列报的一致性

可比性是会计信息质量的一项重要质量要求，目的是使同一集团不同期间和同一期间不同集团的财务报表相互可比。为此，财务报表项目的列报应当在各个会计期间保持一致，不得随意变更。这一要求不仅只针对财务报表中的项目名称，还包括财务报表项目的分类、排列顺序等方面。

在以下规定的特殊情况下，财务报表项目的列报是可以改变的：

（1）会计准则要求改变；

（2）集团经营业务的性质发生重大变化后，变更财务报表项目的列报能够提供更可靠、更相关的会计信息。

五、财务报表项目金额间的相互抵销

财务报表项目应当以总额列报，资产和负债、收入和费用不能相互抵销，即不得以净额列报，但企业会计准则另有规定的除外。比如，集团欠客户的应付款不得与其他客户欠集团的应收款相抵销，如果相互抵销就掩盖了交易的实质。

下列两种情况不属于抵销，可以以净额列示：

（1）资产项目按扣除减值准备后的净额列示，不属于抵销。对资产计提减值准备，表明资产的价值确实已经发生减损，按扣除减值准备后的净额列示，才反映了资产当时的真实价值。

（2）非日常活动的发生具有偶然性，并非集团主要的业务，从重要性来讲，非日常活动产生的损益以收入扣减费用后的净额列示，更有利于报表使用者的理解，也不属于抵销。

六、比较信息的列报

集团在列报当期财务报表时，至少应当提供所有列报项目上一可比会计期间的比较数据，以及与理解当期财务报表相关的说明，目的是向报表使用者提供对比数据，提高信息在会计期间的可比性，以反映集团财务状况、经营成果和现金流量的发展趋势，提高报表使用者的判断与决策能力。

在财务报表项目的列报确需发生变更的情况下，集团应当对上期比较数据按照当期的列报要求进行调整，并在附注中披露调整的原因和性质，以及调整的各项目金额。但是，在某些情况下，对上期比较数据进行调整是不切实可行的，则应当在附注中披露不能调整的原因。

七、财务报表表首的列报要求

财务报表一般分为表首、正表两部分，其中，在表首部分公司应当概括地说明下列基本信息：

（1）编报集团的名称，如集团名称在所属当期发生了变更的，还应明确标明；

（2）对资产负债表而言，须披露资产负债表日，而对利润表、现金流量表、所有者权益变动表而言，须披露报表涵盖的会计期间；

（3）货币名称和单位，按照我国企业会计准则的规定，集团应当以人民币作为记账本位币列报，并标明金额单位，如人民币元、人民币万元等；

（4）财务报表是合并财务报表的，应当予以标明（八）报告期间。

集团至少应当编制年度财务报表。根据《中华人民共和国会计法》的规定，会计年度自公历 1 月 1 日起至 12 月 31 日止。因此，在编制年度财务报表时，可能存在年度财务报表涵盖的期间短于一年的情况，比如集团在年度中间（如 3 月 1 日）开始设立等，在这种情况下，集团应当披露年度财务报表的实际涵盖期间及其短于一年的原因，并说明由此引起财务报表项目与比较数据不具可比性这一事实。

第三节　财务快报

一、快报说明

财务快报包括资产负债表、利润表、现金流量表、成本费用表、其他指标表、合并抵销数据表六部分内容。

二、主要指标解释

1. 资产负债表（快报 01 表）

表内"年初数"项目，应根据上年决算数据填列，对当年存在合并范围变化、重大会计差错更正、会计政策变更的，应按调整后年初数填列。

（1）资产项目除固定资产外，应按扣除相应减值准备后的净额填列。

（2）投资性房地产：指为赚取租金或资本增值，或者两者兼有而持有的房地产。

本项目应根据"投资性房地产"科目余额，减去"投资性房地产累计折旧（摊销）"和"投资性房地产减值准备"科目期末余额后的金额填列。投资性房地产若采用公允价值模式计量，须报公司总部审批。

（3）开发支出：反映企业开发无形资产过程中能够资本化形成无形资产成本的支出部分。应当根据"研发支出"科目中所属的"资本化支出"明细科目期末余额填列。

（4）商誉：指能在未来期间为企业经营带来超额利润的潜在经济价值，或企业预期的获利能力超过可辨认资产正常获利能力的资本化价值。一般是由非同一控制下企业合并中，购买成本大于被购买企业可辨认净资产公允价值的差额形成。

2. 利润表（快报02表）

本表反映集团各单位本月、本年累计数及上年同期累计数三个期间的经营成果情况。本表应根据损益类科目及有关明细科目的本月发生数、本年累计数和上年同期累计数分析填列。

（1）营业总收入：反映企业经营主要业务和其他业务所确认的收入总额。根据"主营业务收入""其他业务收入"科目的发生额汇总填列。

（2）资产减值损失：反映企业各项资产发生的减值损失。

（3）主营业务利润：指主营业务收入净额扣除主营业务成本和主营业务税金及附加后的部分。

（4）公允价值变动收益：反映企业应当计入当期损益的资产或负债公允价值变动收益，如为净损失以"–"号列示。其中项"交易性金融资产（金融负债）""投资性房地产"根据明细项目分析填列。

（5）政府补助：反映企业从政府无偿取得货币性资产或非货币性资产，但不包括政府作为企业所有者投入的资本。主要包括财政拨款、财政贴息、税收返还及无偿划拨的非货币性资产等。

（6）其他综合收益：反映企业根据企业会计准则规定未在损益中确认的各项利得和损失扣除所得税影响后的净额。

3. 现金流量表（快报03表）

本表反映集团各单位本月、本年累计数及上年同期累计数三个期间的现金和现金等价物的流入和流出动态状况的报表。采用直接法编制经营活动的现金流量，有关现金流量的信息可以从会计记录中直接获得，也可以在利润表营业收入、营业成本等数据的基础上，通过调整存货和经营性应收应付项目的变动，以及固定资产折旧、无形资产摊销等项目后填列。

本表项目应按照企业会计准则及集团会计核算办法相关规定列示，与集团决算报表相应项目填报口径和方法一致。

4. 成本费用表（快报 04 表）

本表主要反映集团各单位发生的全部成本费用情况，具体包括：产品生产成本、技术成本、勘测设计成本、劳务成本、制造费用、开发成本、管理费用、营业费用等。

本表中除会议费、业务招待费、客服及商务费用和其他成本费用、"在建工程"项下的工资、福利、生产用车辆使用费等指标，及上年同期数需分析填列外，其他项目均可通过账表取数自动编制完成。

（1）其他成本费用是指非电力生产企业发生的产品生产成本、技术成本、勘测设计成本、劳务成本、制造费用及开发成本等，在本项目填列。

（2）可控成本费用是按预算考核口径填列。

5. 其他指标表（快报 05 表）

本表主要反映各单位的企业基本情况、主要经济指标、人员及薪酬情况、固定资产投资情况、税费指标、资本性收支情况等信息。

（1）企业基本情况。

1）增加值是指企业生产过程中产出超过这一过程中间投入的价值，根据国家统计局有关规定按收入法计算，增加值为劳动者报酬、生产税净额、固定资产折旧和营业盈余四个部分之和。本项目应按上报统计局同口径数据填列，如不上报统计局可按下列参考公式计算填列：

增加值=本期应发工资总额+社会保险费+福利费+企业负担的住房费用+本期计提的固定资产折旧+营业利润+政府补助−公允价值变动收益−投资收益+本期应交税金总额−应交所得税−（出口退税额+应补预算弥补亏损及补贴）

2）工业总产值是指以货币表现的工业企业在一定时期内生产的工业产品总量。此指标按照现行价格计算，仅由工业企业填报。

3）工业销售产值是指以货币表现的工业企业在报告期内销售的本企业生产的工业产品总量。包括已销售的成品、半成品的价值，对外提供的工业性作业价值和对本企业基本建设部门、生活福利部门等提供的产品和工业性作业及自制设备的价值。此指标按现行价格计算，仅由工业企业填报。

4）计提折旧固定资产平均原值是按加权平均计算，即先按月初月末加权平均，然后再按全年加权平均计算。

5）企业技术投入指标。

高新技术产品销售收入：反映企业高新技术产品实现的销售收入。

技术转让费支出：反映企业用于获得各项技术专利的所有权或使用权的费用支出情况。

企业研发投入：反映企业本年为研究开发新技术、新工艺等具有创新性质项目的实际投入情况。

政府拨款：反映政府有关部门当年对本企业拨款到账的科技费用。

企业自筹：反映本企业以自有资金、借入资金投入的科技费用。

（2）主要经济指标。

1）综合折旧率：计提的固定资产折旧总额/计提折旧固定资产平均原值。

2）经济增加值（EVA）。

3）EVA=税后净营业利润−资本成本。

4）税后净营业利润=净利润+（财务费用+研究开发费）×（1−所得税率）。

5）资本成本=（平均所有者权益+平均负债−平均无息付债−平均在建工程）×4.1%。

6）平均无息付债=平均应付票据+平均应付账款+平均预收账款+平均应交税费+平均应付股利及利息+平均其他应付款+平均其他流动负债（注意不包括应付职工薪酬）。

7）资产负债率：负债总额/资产总额。

8）净资产收益率：归属于母公司所有者的净利润/归属于母公司所有者的平均所有者权益。

9）流动资产周转率：主营业务收入/平均流动资产总额。

10）成本收入比：（主营业务成本+主营业务税金及附加+管理费用+营业费用+财务费用）/主营业务收入净额。

注：上述公式中计算年各项平均资产、负债、权益使用的年初数，为资产负债表中年初数。

（3）人员及薪酬情况。

1）平均从业人员人数：指企业本年各月从业人员人数的算术平均值。从业人员是指在企业实际从事生产经营活动的全部人员。包括：在岗的职工（合同制职工）、临时工及其他聘用、留用的人员，不包括离、退休人员、与法人单位签订劳务派遣合同的人员、内退、下岗人员等。

2）平均职工人数：指企业本年各月职工人数的算术平均值。职工是指人事关系和工资关系均在本企业的固定职工、劳动合同制职工等。

3）平均从业人员人数、职工人数本月数无须填列。

4）薪酬总额：指企业为获得职工提供的服务而给予各种形式的报酬以及其他相关支出。包括企业为职工在职期间和离职后提供的全部货币性薪酬和非货币性福利。企业提供给职工配偶、子女或其他被赡养人的福利等，也属于职工薪酬。薪酬总额不包含劳务派遣支出。

5）实发工资总额：反映企业本期间实际发放工资。

6）社会保险费用：反映企业在工资以外实际为从业人员缴纳的养老保险、医疗保险、失业保险、工伤保险和生育保险费用，不包括商业保险。

7）福利费用：反映企业在工资以外用于职工个人以及集体的福利费用。主要包括为职工卫生保健、生活等发放或支出的各项现金补贴和非货币福利；企业尚未分离的内设集体福利部门所发生的设备、设施和人员费用；职工困难补助，或者企业统筹建立和管理的专门用于帮助、救济困难职工的基金支出；离退休人员统筹外费用；按规定发生的其他职工福利费。

8）其他薪酬：指不包括在工资、社会保险费用、福利费用、非货币性福利、辞退福利中的其他职工薪酬。如教育经费、工会经费等。

（4）固定资产投资情况。反映企业本月或本年累计新增固定资产投资总额，包括购置固定资产投资额和基本建设投资额，不包括企业以非货币性交易换入和债务重组等方式取得的固定资产。应根据"固定资产""在建工程""工程物资"等科目的借方发生额分析填列。

1）实际完成投资额：指企业快报列示的各会计期间完成的固定资产投资额，根据"在建工程""固定资产"科目借方发生额分析填列。

2）主业：指经国资委确认并公布的企业主要经营业务，公司经国资委确认的主业为电力供应与生产、相关专业技术服务。

3）主业完成投资额：指本年已完成投资额中属于公司主业范围的投资额。

4）非主业完成投资额：指本年已完成投资额中不属于公司主业范围的投资额。

5）新开工项目：指本年开工建设的投资项目。企业购置的不需安装的固定资产，并入本项目填列。

6）续建项目：指以前年度开工建设，本年度继续建设的项目。

7）重点项目：按照企业投资管理制度规定，经董事会或总经理办公会议研究决定的项目。

8）到位资金：指企业在当年筹集到位的用于固定资产投资的各类货币资金总额。其中，自有资金指企业资本和经营积累，包括捐赠、溢价及从股市募集的资金等；贷款指企业向银行及非银行金融机构借入用于固定资产投资的资金；其他指除自有资金和贷款以外的资金。

（5）税费指标。

1）应交税费总额是指企业按照税法等规定应交纳的各种税费，包括增值税、消费税、所得税、资源税、土地增值税、城市维护建设税、印花税、房产税、土地使用税、车船使用税等应交的税费合计数。

2）应交增值税是指一般纳税人和小规模纳税人销售货物或者提供加工、修理修配劳务应交纳的增值税，等于销项税额与进项税额之间的差额。如果一般纳税人企业进项税大于销项税，致使应交税增值税出现负数时，该项一律按零填报。

（6）资本性收支情况。反映当期新增的资本性资金筹措和运用情况，按合并口径填报发生额。

1）资本性资金来源。

净利润是指当期扣除未用现金分利的投资收益后的净利润，应与损益指标中的净利润保持一致。

财政拨款是指财政部门拨付的用于工程项目支出，并增加集团资本公积资金。

2）资本性（投资）现金支出：指当期发生的资本性项目财务支出数。

归还贷款本金是指当期归还用于资本性项目的长短期借款本金。

用户工程是指当期用户工程实际支出数。

3）融资：指当期新发生的用于资本性支出的长短期借款，具体分为从系统内单位借款、融资租赁、国债转贷资金、外资借款、银行借款、企业债券、中期票据、短期及超短期融资券等。

企业债券、中期票据、短期及超短期融资券仅有发行人填列，其余长短期借款项目各单位均需填报。

第四节　单体财务报表

主要财务报表包括资产负债表、利润表、现金流量表、所有者权益变动表、资产减值准备情况表等。

1. 资产负债表

资产负债表是反映集团在某一特定日期的财务状况的会计报表。

资产负债表的列报方法

（1）年初余额栏的列报方法。"年初余额"栏内各项目数字，应根据上年末决算批复的资产负债表"期末余额"栏内所列数字填列。如果本年度资产负债表规定的各个项目的名称和内容同上年度不一致，应对上年年末资产负债表各项目的名称和数字按本年度的规定进行调整，按调整后的数字填入本表"年初余额"栏。并对调整后的数字过入各项目账套余额。

（2）期末余额栏的列报方法。"期末余额"是指某一资产负债表日的数字，即月末、季末、半年末或年末的数字。期末数字可以通过以下几种方式取得：①根据总账科目余额填列；②根据明细科目余额填列；③根据总账科目和明细账科目余额分析填列；④根据总账科目余额减去其备抵科目余额后的净额填列。

（3）资产负债表各项目的列报说明。对集团须填列的项目说明如下：

1）"货币资金"项目，反映集团库存现金、银行结算存款、外埠存款、银行汇票存款、银行本票存款、信用卡存款、信用证保证金存款等的合计数。本项目根据"现金""银行存款""其他货币资金"科目的期末余额的合计数填列。

2）"交易性金融资产"项目，反映集团持有的以公允价值计量且其变动计入当期损益的为交易目的所持有的债券投资、股票投资、基金投资、权证投资等金融资产。本项目应根据"交易性金融资产"科目的期末余额填列。

3）"应收票据"项目，反映集团因销售商品、提供劳务等而收到的商业汇票，包括商业承兑汇票和银行承兑汇票。根据"应收票据"科目的期末余额，减去"坏账准备"科目中有关应收票据计提的坏账准备期末余额后的金额填列。

4）"应收账款"项目，反映集团因销售产品和提供劳务等经营活动应收取的各种款项。根据"应收账款""预收账款"科目所属各明细科目的期末借方余额合计数，减去"坏账准备"科目中有关应收账款计提的坏账准备期末余额后的金额填列。

5）"预付账款"项目，反映集团按照购货合同规定预付给供应单位的款项等。根据"预付账款"和"应付账款"科目所属各明细科目的期末借方余额合计数，减去"坏账准备"科目中有关预付款项计提的坏账准备期末余额后的金额填列。如"预付账款"科目所属有关明细科目期末有贷方余额的，应在资产负债表"应付账款"项目内填列。

6）"应收利息"项目，反映集团应收取的债券投资等的利息。根据"应收利息"科目的期末余额，减去"坏账准备"科目中有关应收利息计提的坏账准备期末余额后的金额填列。

7）"应收股利"项目，反映集团应收取的现金股利和应收其他单位分配的利润。本项目应根据"应收股利"科目的期末余额，减去"坏账准备"科目中有关应收股利计提的坏账准备期末余额后的金额填列。

8）"其他应收款"项目，反映集团除应收票据、应收账款、预付账款、应收股利、应收利息等经营活动以外的其他各种应收、暂付的款项；委托贷款中短期及一年内到期（含一年）的委托贷款也在本项目填列。本项目应根据"其他应收款"的期末余额，减去"坏账准备"科目中有关其他应收款计提的坏账准备期末余额后的金额，与委托贷款中短期及一年内到期的委托贷款期末余额，减去该部分委托贷款减值准备期末余额后的金额合计填列。

9）"存货"项目，根据"原料""库存商品""发出商品""委托加工物资""周转材料""主要材料""备品备件""燃料"等存货类各科目期末余额合计，减去"存货跌价准备"科目期末余额后的金额填列。

10）"一年内到期的非流动资产"项目，反映集团将于一年内（含一年）到期的非流动资产项目金额。根据有关科目的期末余额分析填列。

11）"其他流动资产"项目，反映集团除货币资金、交易性金融资产、应收票据、应收账款、存货等流动资产以外的其他流动资产。本项目应根据有关科目的期末余额填列。

12）"可供出售的金融资产"项目，反映集团持有的以公允价值计量的可供出售的股票投资、债券投资等金融资产。本项目应根据"可供出售金融资产"科目的期末余额，减去"可供出售金融资产减值准备"科目期末余额后的金额填列。

13）"持有至到期投资"项目，反映集团持有的以摊余成本计量的持有至到期投资。本项目应根据"持有至到期投资"科目的期末余额，减去"持有至到期投资减值准备"科目期末余额后的金额填列。

14）"长期应收款"项目，反映集团融资租赁产生的应收款项、采用递延方式具有融资性质的销售商品和提供劳务等产生的长期应收款项等；截至资产负债日，到期日在一年以上的委托贷款也在本项目填列。本项目应根据"长期应收款"科目的期末余额，减去相应的"未实现融资收益"科目和"坏账准备"科目所属相关明细科目期末余额后的金额填列，与到期日在一年以上的委托贷款期末余额，减去该部分委托贷款减值准备期末余额后的金额合计填列。

15）"长期股权投资"项目，反映集团对子公司、联营集团和合营集团的长期股权投资，以及投资公司持有的对被投资单位没有控制、共同控制或重大影响，并且在活跃市场中没有报价、公允价值不能可靠计量的权益性投资。本项目应根据"长期股权投资"科目的期末余额，减去"长期股权投资减值准备"科目期末余额后的金额填列。

16）"投资性房地产"项目，反映集团持有的投资性房地产。集团采用成本模式计量投资性房地产的，本项目应根据"投资性房地产"科目的期末余额，减去"投资性房地产累计折旧（摊销）"和"投资性房地产减值准备"科目期末余额后的金额填列。

17）"固定资产"项目，反映集团的各种固定资产原价减去累计折旧和累计减值准备后的净额。本项目应根据"固定资产"科目的期末余额，减去"累计折旧"和"固定资产减值准备"科目期末余额后的金额填列。

18）"在建工程"项目，反映集团期末各项未完工程的实际支出，包括交付安装的设备价值，未完建筑安装工程已经耗用的材料、工资和费用支出、预付出包工程的价款等的可收回金额。本项目应根据"在建工程"科目的期末余额，减去"在建工程减值准备"科目期末余额后的金额填列。

19）"工程物资"项目，反映集团各项工程尚未使用的工程物资的实际成本。本项目应根据"工程物资"科目的期末余额减去已计提的减值准备后的金额填列。

20）"固定资产清理"项目，反映集团因出售、毁损、报废等原因转入清理但尚未清理完毕的固定资产的净值，以及固定资产清理过程中所发生的清理费用和变价收入等各项金额的差额。本项目应根据"固定资产清理"科目的期末借方余额填列，如"固定资产清理"科目期末为贷方余额，以"-"号填列。

21）"无形资产"项目，反映集团持有的各项无形资产。本项目应根据"无形资产"科目的期末余额，减去"累计摊销"和"无形资产减值准备"科目期末余额后的金额填列。

22）"开发支出"项目，反映集团开发无形资产过程中能够资本化形成无形资产成本的支出部分。本项目应根据"研发支出"科目中所属的"资本化支出"明细科目期末余额填列。

23）"商誉"项目，反映集团非同一控制下的吸收合并中形成的商誉的价值。本项目应根据"商誉"科目的期末余额，减去相应减值准备后的金额填列。

24）"长期待摊费用"项目，反映集团已经发生但应由本期和以后各期负担的分摊期限在一年以上的各项费用。长期待摊费用中一年内（含一年）摊销的部分，应在资产负债表"一年内到期的非流动资产"项目填列。本项目应根据"长期待摊费用"科目的期末余额减去将于一年内（含一年）摊销的数额后的金额填列。

25）"递延所得税资产"项目，反映集团确认的可抵扣暂时性差异产生的递延所得税资产。本项目应根据"递延所得税资产"科目的期末余额填列。

26）"其他非流动资产"项目，反映集团除长期股权投资、固定资产、在建工程、工程物资、无形资产等资产以外的其他非流动资产，施工集团的临时设施也在本项目反映。本项目应根据有关科目的期末余额填列。

27）"短期借款"项目，反映集团向银行或者其他金融机构等借入的期限在一年以下（含一年）的各种借款。本项目应根据"短期借款"科目的期末余额填列。

28）"交易性金融负债"项目，反映集团承担的以公允价值计量且其变动计入当期损益的为交易目的所持有的金融负债。本项目应根据"交易性金融负债"科目的期末余额填列。

29）"应付票据"项目，反映集团因购买材料、商品和接受劳务等而开出、承兑的商业汇票，包括银行承兑汇票和商业承兑汇票。本项目应根据"应付票据"科目的期末余额填列。

30）"应付账款"项目，反映集团购买原材料、燃料、外购电力和接受劳务等经营活动而应付给供应单位的款项。本项目应根据"应付账款"和"预付款项"科目所属各明细科目的期末贷方余额合计数填列；如"应付账款"科目所属各明细科目期末有借方余额的，应在资产负债表"预付账款"项目内填列。

31）"预收账款"项目，反映集团按照销货合同规定预收购买单位的款项。本项目应根据"预收账款"和"应收账款"科目所属各明细科目的期末贷方余额合计数填列。如"预收账款"科目所属有关明细科目有借方余额的，应在资产负债表"应收账款"项目内填列。

32）"应付职工薪酬"项目，反映集团根据有关规定应付职工或为职工负担的工资、职工福利费、社会保险费、工会经费、职工教育经费、非货币性福利、辞退福利等各种薪酬。本项目应根据"应付职工薪酬"科目期末余额填列。其中：应付工资和应付福利费应单独列示。

33）"应交税费"项目，反映集团按照税法规定计算应缴纳的各种税费，包括增值税、消费税、所得税、资源税、土地增值税、城市维护建设税、房产税、土地使用税、车船使用税、教育费附加、矿产资源补偿费等。本项目应根据"应交税费"科目的期末贷方余额填列；如"应交税费"科目期末为借方余额，应以"–"号填列，其中：应交税金应单独列示。

34）"应付利息"项目，反映集团按照规定应当支付的利息，包括分期付息到期还本的长期借款应支付的利息、集团发行的集团债券应支付的利息等。本项目应根据"应付利息"科目的期末余额填列。

35）"应付股利"项目，反映集团分配的现金股利或利润。集团分配的股票股利，不通过本项目列示。本项目应根据"应付股利"科目的期末余额填列。

36）"其他应付款"项目，反映集团除应付票据、应付账款、预收账款等以外的其他各项应付、暂收的款项，集团应交政府等部门的各项基金及附加也在本项目反映。本项目应根据"其他应付款""其他应交款"科目的期末余额填列。

37）"一年内到期的非流动负债"项目，反映集团非流动负债中将于资产负债表日后一年内到期部分的金额，如将于一年内偿还的长期借款。本项目应根据有关科目的期末余额填列。

38）"其他流动负债"项目，反映集团除短期借款、交易性金融负债、应付票据、应付账款、应付职工薪酬、应交税费等流动负债以外的其他流动负债。本项目应根据有关科目的期末余额填列。

39）"长期借款"项目，反映集团借入尚未归还的 1 年期以上（不含 1 年）的各项借款。本项目应根据"长期借款"科目所属明细科目的期末余额填列。

40）"应付债券"项目，反映集团发行的尚未偿还的各种长期债券的本息。本项目应根据"应付债券"科目所属明细科目的期末余额填列。

41）"长期应付款"项目，反映集团除长期借款和应付债券以外的其他各种长期应付款项。本项目应根据"长期应付款"科目的期末余额，减去相应的"未确认融资费用"科目期末余额后的金额填列。递延收益期末余额也在本项目填列。

42）"专项应付款"项目，反映集团取得政府作为集团所有者投入的具有专项或特定用途的款项，以及集团范围集中使用的技术开发费等尚未结转或转销余额。本项目应根据"专项应付款"科目的期末余额填列。

43）"预计负债"项目，反映集团确认的对外提供担保、未决诉讼、产品质量保证、重组义务、亏损合同等预计负债。本项目应根据"预计负债"科目的期末余额填列。

44）"递延所得税负债"项目，反映集团确认的应纳税暂时性差异产生的所得税负债。本项目应根据"递延所得税负债"科目的期末余额填列。

45）"其他非流动负债"项目，反映集团除长期借款、应付债券等负债以外的其他非流动负债。本项目应根据有关科目的期末余额减去将于一年内（含一年）到期偿还数后的余额填列。非流动负债各项目中将于一年内（含一年）到期的非流动负债，应在"一年内到期的非流动负债"项目内单独反映。

46）"实收资本（或股本）"项目，反映集团各投资者实际投入的资本（或股本）

总额。本项目应根据"实收资本（股本）"科目的期末余额填列。其中，国有资本是指有权代表国家投资的政府部门或机构、直属事业单位、具有独立法人地位的国有企业（单位）或国有独资集团对企业投资形成的资本金；国有法人资本是指具有独立法人地位的国有企业（单位）或国有独资集团对企业投资形成的资本金；集体资本是指由本企业职工等自然人集体投资或各种机构对企业进行扶持形成的集体性质的资本金，以及具有独立法人地位的集体企业对企业投资形成的资本金；私营资本是指除国有资本、集体资本、外商资本以外的其他资本，个人资本指自然人实际投入企业的资本金；外商资本是指外国和我国香港、澳门及台湾地区投资者实际投入企业的资本金。

47）"资本公积"项目，反映集团资本公积的期末余额。本项目应根据"资本公积"科目的期末余额填列。

48）"专项储备"项目，反映高危行业企业按照国家规定提取的安全生产费、维简费等专项储备的期末余额。本项目应根据"专项储备"科目的期末余额填列。

49）"盈余公积"项目，反映集团盈余公积的期末余额。本项目应根据"盈余公积"科目的期末余额填列。

50）"未分配利润"项目，反映集团尚未分配的利润。本项目应根据"本年利润"科目和"利润分配"科目的余额计算填列。未弥补的亏损在本项目内以"−"号填列。

2. 利润表

利润表是反映集团在一定会计期间的经营成果的会计报表。

（1）利润表的列报方法。

1）上期金额栏的列报方法。利润表"上期金额"栏内各项数字，应根据上年该期利润表"本期金额"栏内所列数字填列。如果上年该期利润表规定的各个项目名称和内容同本期不相一致，应对上年该期利润表各项目的名称和数字按本期的规定进行调整，填入利润表"上期金额"栏内。

2）本期金额栏的列报方法。

①利润表"本期金额"栏内各项数字表反映集团本年收入、费用、支出及净损益情况。集团应根据损益类账户及其有关明细账户的上年全年累计实际发生数和本年累计实际发生数分析填列。如果上年度利润表与本年度该表的项目名称和内容不相一致，应按本年度口径调整后填列。

②"少数股东损益"及"归属于少数股东的综合收益总额"仅由编制合并会计报表的集团企业填报。

（2）利润表各项目的列报说明。对集团需填列的项目说明如下：

1）"营业收入"项目，反映集团经营主要业务和其他业务所确认的收入总额。本项目应根据"主营业务收入"和"其他业务收入"科目的发生额分析填列。

2）"营业成本"项目，反映集团经营主要业务和其他业务所发生的成本总额。本项目应根据"主营业务成本"和"其他业务成本"科目的发生额分析填列。

3）"税金及附加"项目，反映集团经营业务应负担的税金及附加，包括营业税、消费税、城市维护建设税、资源税、土地增值税和教育费附加等。本项目应根据"税金及附加"科目的发生额分析填列。

4）"销售费用"项目，反映集团在销售商品过程中发生的运输费、广告费、客服及商务费用、设计联络费、销售服务费、差旅费、保险费等费用和为销售集团商品而专设的销售机构的职工薪酬、业务费等经营费用。本项目应根据"销售费用"科目的发生额分析填列。

5）"管理费用"项目，反映集团为组织和管理生产经营活动而发生的管理费用，主要包括业务招待费、企业研发费用、租赁费、办公费、会议费、水电费、差旅费、低值易耗品摊销、修理费、职工薪酬、劳动保险费、诉讼费、咨询费、无形资产摊销、折旧费、税金、排污费、绿化费、聘请中介机构费、存货盘盈或盘亏、保险费、劳动保护费、车辆运行费、仓储费、运杂费、劳务费、协会会费和物业管理费等。本项目应根据"管理费用"科目的发生额分析填列。

6）"财务费用"项目，反映集团为筹集生产经营所需资金而发生的筹资费用。本项目应根据"财务费用"科目的发生额分析填列。其中，利息支出、利息收入、汇兑净损失项目需单独列示，以正数填列，若汇兑净损失项目为汇兑净收益，以"－"号填列。其中，利息支出反映企业本年发生的不符合资本化条件而计入当期损益的票据贴现利息、应付票据利息、交易性金融负债利息、金融机构长短期借款利息、应付债券利息等其他带息负债利息。

7）"资产减值损失"项目，反映集团各项资产发生的减值损失。本项目应根据"资产减值损失"科目的发生额分析填列。

8）"公允价值变动收益"项目，反映集团应当计入当期损益的资产或负债公允价值变动收益。本项目应根据"公允价值变动损益"科目的发生额分析填列，如为净损失，本项目以"－"号填列。

9）"投资收益"项目，反映集团以各种方式对外投资所取得的收益。本项目应根据"投资收益"科目的发生额分析填列。如为投资损失，本项目以"－"号填列。其中，"对联营企业和合营企业的投资收益"单独列示。

10）"营业利润"项目，反映集团实现的营业利润。如为亏损，本项目以"－"号填列。

11）"营业外收入"项目，反映集团发生的与经营业务无直接关系的各项收入。本项目应根据"营业外收入"科目的发生额分析填列。包括非流动资产处置利得、非货币性资产交换利得、债务重组利得、政府补助、盘盈利得、捐赠利得等。企业确认处置非流动资产利得、非货币性资产交换利得、债务重组利得，比照"固定资产清理""无形资产""原材料""库存商品""应付账款"等科目的相关规定进行处理。政府补助，反映企业从政府无偿取得货币性资产或非货币性资产，但不包括政府作为企业所有者投入的资本。

12）"营业外支出"项目，反映集团发生的与生产经营活动无直接关系的各项支出，但应从本年实现的利润总额中扣除的损失。本项目应根据"营业外支出"科目的发生额分析填列。包括非流动资产处置损失、非货币性资产交换损失、债务重组损失、公益性捐赠支出、非常损失、盘亏损失等。企业确认处置非流动资产损失、非货币性资产交换损失、债务重组损失，比照"固定资产清理""无形资产""原材料""库存商品""应付账款"等科目的相关规定进行处理。

13）"利润总额"项目，反映集团实现的利润。如为亏损，本项目以"－"号填列。

14）"所得税费用"，反映集团应从当期利润总额中扣除的所得税费用，包括当期所得税和递延所得税两个部分。本项目应根据"所得税费用"科目的发生额分析填列。

15）"净利润"项目，反映集团实现的净利润。如为净亏损，本项目以"－"号填列。

16）"每股收益"项目：反映普通股股东每持有一股所能享有的企业利润或承担的亏损，包括基本每股收益和稀释每股收益。仅由普通股或潜在普通股已公开交易的企业，以及正处于公开发行普通股或潜在普通股过程中的企业填列。

"基本每股收益"项目，反映股份有限集团仅考虑当期实际发行在外的普通股股份计算的每股收益，按照归属于普通股股东的当期净利润，除以当期实际发行在外普通股的加权平均数计算确定。

"稀释每股收益"项目，反映股份有限集团以基本每股收益为基础，假设企业所有发行在外的稀释性潜在普通股均已转换为普通股，从而分别调整归属于普通股股东的当期净利润以及发行在外普通股的加权平均数而计算的每股收益。

17）"其他综合收益"项目，反映集团根据企业会计准则规定未在损益中确认的各项利得和损失扣除所得税影响后的净额。如为净损失，本项目以"－"号填列。

18）"综合收益总额"项目，反映集团净利润与其他综合收益的合计金额。如为净损失，本项目以"－"号填列。主要包括以下项目：

①可供出售金融资产的公允价值变动、减值及处置导致的其他资本公积的增加或减少；将持有至到期投资重分类为可供出售金融资产时，重分类日公允价值与账面余额的差额计入其他资本公积的部分，以及将可供出售金融资产重分类为采用成本或摊余成本计量的金融资产的，对于原计入资本公积的相关金额进行摊销或于处置时转出导致的其他资本公积的减少。

②确认按照权益法核算的在被投资单位其他综合收益中所享有的份额导致的其他资本公积的增加或减少。

③计入其他资本公积的现金流量套期工具利得或损失中属于有效套期的部分，以及其后续的转出。

④境外经营外币报表折算差额的增加或减少。

⑤其他。如自用房地产或存货转换为采用公允价值模式计量的投资性房地产，转换当日的公允价值大于原账面价值，其差额计入所有者权益导致的其他资本公积的增加，及处置时的转出；计入其他资本公积的，满足运用套期会计方法条件的境外经营净投资套期产生的利得或损失中有效套期的部分，以及其后续的转出。

3. 现金流量表

现金流量表是反映集团一定会计期间现金和现金等价物流入和流出的报表。

（1）现金流量表的列报方法。

1）本表反映企业一定会计期间内有关现金和现金等价物的流入和流出的信息。企业采用直接法报告经营活动的现金流量时，有关现金流量的信息可以从会计记录中直接获得，也可以在利润表营业收入、营业成本等数据的基础上，通过调整存货和经营性应收应付项目的变动，以及固定资产折旧、无形资产摊销等项目后获得。

2）现金流量表应当分类反映经营活动产生的现金流量、投资活动产生的现金流量和筹资活动产生的现金流量，最后汇总反映集团现金及现金等价物净增加额。

3）集团应当采用间接法在附注中披露将净利润调节为经营活动现金流量的信息。

4）外币现金流量及境外子公司的现金流量，应当采用现金流量发生日的即期汇率或即期汇率的近似汇率折算。汇率变动对现金的影响额应作为调节项目，在现金流量表中单设"汇率变动对现金及现金等价物的影响"项目。

（2）现金流量表各项目的列报说明。

1）"销售商品、提供劳务收到的现金"项目：反映集团销售商品、提供劳务实际收到的现金（含销售收入和应向购买者收取的增值税额），包括本期销售商品、提供劳务收到的现金，以及前期销售和前期提供劳务本期收到的现金和本期预收的账款，减去本期退回本期销售的商品和前期销售本期退回的商品支付的现金。企业销售材料和代购代销业务收到的现金也在本项目反映。本项目可根据"现金""银行存款""应收账款""应收票据""预收账款""主营业务收入""其他业务收入"等科目的记录分析填列。

2）"收到的税费返还"项目：反映集团收到返还的各种税费，如增值税、消费税、营业税、所得税、教育费附加返还等。但不包括收到的各种财政拨付作为增加国家资本的所得税退库、外汇借款项目以税还贷退税资金。

3）"收到的其他与经营活动有关的现金"项目：反映企业除上述各项目外，收到的其他与经营活动有关的现金流入，如经营租赁收入、罚款收入、流动资产损失中由个人赔偿的现金收入、收到的个税手续费返还等。其他经营租赁收入、现金流入如价值较大的，应单列项目反映。

4）"购买商品、接受劳务支付的现金"项目：反映企业购买材料、商品、接受劳务实际支付的现金，包括本期购入材料、商品、接受劳务支付的现金，以及本期支付前期购入商品、接受劳务的未付款项和本期预付款项（包括增值税进项税额）。本期发生的购货退回收到的现金应从本项目中扣除。本项目可根据"现金""银行存款""应付账款""应付票据""主营业务成本"等科目的记录分析填列。

5）"支付给职工以及为职工支付的现金"项目：反映集团实际支付给职工，以及为职工支付的现金，包括本期实际支付给职工的工资、奖金、各种津贴和补贴等，为职工代扣代缴的个人所得税以及为职工支付的其他费用。不包括支付的离退休人员的各项费用和支付给在建工程人员的工资等。集团为职工支付的基本养老、失业等社会保险缴费、补充养老保险缴费、住房公积金、支付给职工的住房困难补助，以及集团支付给职工或为职工支付的其他福利费等，应按职工的工作性质和服务对象，分别在本项目和"购建固定资产、无形资产和其他长期资产所支付的现金"项目反映。根据"应付工资""现金""银行存款"等科目的记录分析填列。

6）"支付的各项税费"项目：反映企业按规定支付的各种税费，包括本期发生并支付的税费，以及本期支付以前各期发生的税费和预交的税金。根据"应交税金""现金""银行存款"等科目的记录分析填列。

7）"支付的其他与经营活动有关的现金"项目：反映企业除上述各项目外，支付的其他与经营活动有关的现金流出，如罚款支出、支付的差旅费、业务招待费现金支出、支付的保险费等。本项目根据有关科目的记录分析填列。

8）"收回投资所收到的现金"项目：本项目反映集团出售、转让或到期收回除现金等价物以外的交易性金融资产、持有至到期投资、可供出售金融资产、长期股权投资等而收到的现金。不包括债权性投资收回的利息、收回的非现金资产，以及处置子公司及其他营业单位收到的现金净额。本项目可以根据"交易性金融资产""持有至到期投资""可供出售金融资产""长期股权投资""库存现金""银行存款"等科目的记录分析填列。

9）"取得投资收益所收到的现金"项目：反映集团因股权性投资而分得的现金股利，从子公司、联营企业或合营企业分回利润而收到的现金，因债权性投资而取得的现金利息收入，不包括股票股利。包括在现金等价物范围内的债券性投资，其利息收入在本项目中反映。应根据"应收股利""应收利息""投资收益""现金""银行存款"等科目的记录分析填列。

10）"处置固定资产、无形资产和其他长期资产而收回的现金净额"项目：反映集团处置固定资产、无形资产和其他长期资产收回的现金，扣除为处置这些资产所发生的费用后的净额。如处置固定资产、无形资产和其他长期资产而收回的现金净额为负数，则应作为投资活动产生的现金流量，在"支付的其他与投资活动有关的现金"项目中反映。本项目可以根据"固定资产清理""现金""银行存款"等科目的记录分析填列。

11）"处置子公司及其他营业单位收到的现金净额"项目：反映集团处置子公司及

其他营业单位所取得的现金减去子公司或其他营业单位持有的现金和现金等价物以及相关处置费用后的净额。本项目可以根据有关科目的记录分析填列。

12）"收到的其他与投资活动有关的现金"项目：反映集团除上述各项外，收到的其他与投资活动有关的现金流入。本项目可根据有关科目的记录分析填列。

13）"购建固定资产、无形资产和其他长期资产支付的现金"项目：反映集团购买、建造固定资产，取得无形资产和其他长期资产所支付的现金。包括购买机器设备所支付的现金及增值税款、建造工程支付的现金、支付在建工程人员的工资等现金支出，不包括为购建固定资产、无形资产和其他长期资产而发生的借款利息资本化的部分，以及融资租入固定资产所支付的租赁费。为购建固定资产、无形资产和其他长期资产而发生的借款利息资本化部分，在"分配股利、利润或偿付利息支付的现金"项目中反映；融资租入固定资产所支付的租赁费，在"支付其他与筹资活动有关的现金"项目中反映。本项目可根据"固定资产""在建工程""无形资产""现金""银行存款"等科目的记录分析填列。

14）"投资支付的现金"项目：反映集团进行权益性投资和债权性投资所支付的现金，包括企业取得的除现金等价物以外的交易性金融资产、持有至到期投资、可供出售金融资产而支付的现金，以及支付的佣金、手续费等附加费用。本项目可根据"交易性金融资产""持有至到期投资""可供出售金融资产""投资性房地产""长期股权投资""现金""银行存款"等科目的记录分析填列。

15）"取得子公司及其他营业单位支付的现金净额"项目：反映集团取得子公司及其他营业单位购买出价中以现金支付的部分，减去子公司或其他营业单位持有的现金和现金等价物后的净额，可根据有关科目的记录分析填列。取得子公司及其他营业单位支付的现金净额如为负数，则将该净额填列至"收到的其他与投资活动有关的现金"项目中。

16）"支付的其他与投资活动有关的现金"项目：反映集团除上述各项目外，支付的其他与投资活动有关的现金流出。本项目可根据有关科目的记录分析填列。

17）"吸收权益性投资所收到的现金"项目：反映集团以发行股票等方式筹集资金实际收到款项净额（发行收入减去支付的佣金等发行费用后的净额）。以发行股票等方式筹集资金而由企业直接支付的审计、咨询等费用不在本项目反映，在"支付的其他与筹资活动有关的现金"项目反映，不在本项目内减去。本项目可根据"实收资本（或股本）""现金""银行存款"等科目的记录分析填列。

18）"取得借款收到的现金"项目：反映集团举借各种短期、长期借款而收到的现金，以及发行债券实际收到的款项净额（发行收入减去直接支付的佣金等发行费用后的净额）。本项目可以根据"短期借款""长期借款""交易性金融负债""应付债券""库存现金""银行存款"等科目的记录分析填列。

19）"收到其他与筹资活动有关的现金"项目：反映集团除上述各项外，收到的其他与筹资活动有关的现金流入。本项目可根据有关科目的记录分析填列。

20）"偿还债务支付的现金"项目：反映集团以现金偿还债务的本金，包括偿还银行或其他金融机构等的借款本金、偿还债券本金等。本项目可根据"短期借款""长期借款""交易性金融负债""应付债券""现金""银行存款"等科目的记录分析填列。

21）"分配股利、利润或偿付利息支付的现金"项目：反映集团实际支付的现金股利、支付给其他投资单位的利润以及支付的借款利息、债券利息等。不同用途的借款，其利息的开支渠道不一样，如在建工程、财务费用等，均在本项目中反映。本项目可以根据"应付股利""应付利息""利润分配""财务费用""在建工程""制造费用""研发支出""库存现金""银行存款"等科目的记录分析填列。

22）"支付的其他与筹资活动有关的现金"项目：反映集团除了上述各项目外，支付的其他与筹资活动有关的现金，如捐赠现金支出、融资租入固定资产支付的租赁费、以分期付款方式购建固定资产以后各期支付的现金、减少注册资本所支付的现金、以发行股票、债券等方式筹集资金而由集团直接支付的审计、咨询、公证、印刷费等。其他与筹资活动有关的现金流出，如价值较大的，应单列项目反映。

23）"子公司支付给少数股东的股利、利润"项目：反映子集团实际支付给少数股东的现金股利、利润等。

24）"汇率变动对现金及现金等价物的影响"项目：反映集团外币现金流量及境外子公司的现金流量折算为人民币时，所采用的现金流量发生日的即期汇率或即期汇率近似的汇率折算为人民币金额与"现金及现金等价物净增加额"中外币现金净增加额按资产负债表日的即期汇率折算的人民币金额之间的差额。

（3）审核要点。

1）销售商品、提供劳务收到的现金项目审核要点：销售商品、提供劳务收到的现金＝主营业务收入＋其他业务收入＋增值税销项税额＋应收账款原值（期初－期末）＋应收票据（期初－期末）＋预收账款（期末－期初）＋收回前期核销的坏账－未支付现金抵偿的债务－核销坏账减少的应收账款－当期应收票据贴现支付的利息－当期应收票据背书转让额。数据误差在20%以内可以认定为勾稽关系相符，数据误差大于20%，应查明原因。

2）收到的税费返还项目审核要点：收到的个税手续费返还不属于此项，应记入"收到的其他与经营活动有关的现金"；应与附注"政府补助明细"项下"税收返还"进行比对分析差异。

3）购买商品、接收劳务支付的现金项目审核要点：购买商品、接收劳务支付的现金＝主营业务成本＋其他业务成本＋存货（期末－期初）＋增值税进项税额＋应付账款（非固定资产、在建工程部分）（期初－期末）＋应付票据（期初－期末）＋预付账款（非工程款）（期末－期初）＋本期在建工程领用的材料、产成品等存货－生产成本、制造费用中列支的薪酬－生产成本、制造费用中列支的折旧－当期非现金资产清偿债务减少的应付账款及应付票据–应收票据支付的购买商品、劳务款–其他（接受捐赠、接受投资等存货增加因素），数据误差在20%以内可以认定为勾稽关系相符，数据误差20%以上应查明原因；为购置存货而发生的借款利息资本化部分，应在"分配股利、利润或偿付利息支付的现金"项目中反映。

4) 支付给职工以及为职工支付的现金项目审核要点：该项目包括代扣代缴的个人所得税；支付的劳务派遣人员、临时用工及离退休人员的各项费用，在"支付的其他与经营活动有关的现金"项目中反映；支付给在建工程人员的工资在"购建固定资产、无形资产和其他长期资产所支付的现金"项目下反映；与企财表"人工成本情况表"中的"职工人工成本总额"有勾稽关系，二者也并非完全相等，还应考虑应交税费–应交个人所得税、其他应付款中个人负担的社会保险费等期初期末余额的变化。

5) 支付的各项税费项目审核要点：购建固定资产及工程建设期间支付的各类税费在"购建固定资产、无形资产和其他长期资产所支付的现金"项目反映；为职工代扣代缴的个人所得税在"支付给职工以及为职工支付的现金"项目反映等；本项目也不包括本期退回的增值税、所得税，本期退回的增值税、所得税等，在"收到的税费返还"项目中反映；不包括应作为投资活动实际支付的耕地占用税、契税、代扣代缴个人所得税；与企财表"应上交应弥补款项表"中"本年实际上交税费总额"大多数情况下相等，如不相等，应能列明原因。

6) 处置固定资产、无形资产和其他长期资产所收回的现金净额项目审核要点：如处置固定资产、无形资产和其他长期资产所收回的现金净额为负数，则应作为投资活动产生的现金流量，在"支付的其他与投资活动有关的现金"项目中反映。

7) 取得借款所收到的现金项目审核要点：取得借款所收到的现金和偿还债务所支付的现金之差与企财表"带息负债情况表"中借款本金的年末年初之差（不包含融资租赁的本金的年末年初之差）进行比对，一般情况下，应相等，如不相等，应分析差异原因。

8) 偿还债务所支付的现金项目审核要点：集团偿还的借款利息、债券利息，在"分配股利、利润或偿付利息所支付的现金"项目中反映；取得借款所收到的现金和偿还债务所支付的现金之差与企财表"带息负债情况表"中借款本金的年末年初之差（不包含融资租赁的本金的年末年初之差）进行比对，一般情况下，应相等，如不相等，应分析差异原因。

9) 分配股利、利润或偿付利息所支付的现金项目审核要点：不同用途的借款，其利息的开支渠道不一样，如在建工程、财务费用等，均在本项目中反映；代扣少数股东分红税款应通过此项目列示。

(4) 集团应当采用间接法在附注中披露将净利润调节为经营活动现金流量的信息。

"将净利润调节为经营活动的现金流量"各项目的填列方法如下：

1) 计提的资产减值准备。反映集团计提的各项资产的减值准备，属净利润的减除项目，但没有发生现金流出，在将净利润调节为经营活动的现金流量时，需要加回。本项目可根据各项减值准备账户和"资产减值损失"等账户的记录分析填列。

2）固定资产折旧。反映集团本期累计提取的折旧属净利润的减除项目，但没有发生现金流出，在将净利润调节为经营活动的现金流量时，需要加回。本项目根据"累计折旧"账户的贷方发生额分析填列。

投资性房地产本期计提的折旧额也应在本项目填列。

3）无形资产摊销。反映集团本期累计摊入成本费用的无形资产价值属净利润的减除项目，但没有发生现金流出，在将净利润调节为经营活动的现金流量时，需要加回。该项目可以根据"累计摊销"等账户的贷方发生额分析填列。

4）长期待摊费用摊销。反映集团本期累计摊入成本费用的长期待摊费用属净利润的减除项目，但没有发生现金流出，在将净利润调节为经营活动的现金流量时，需要加回。该项目可以根据"长期待摊费用"等账户的贷方发生额分析填列。

5）处置固定资产、无形资产和其他长期资产的损失（减：收益）。反映集团本期由于处置固定资产、无形资产和其他长期资产而发生的净损失。本项目可根据"营业外收入""营业外支出"等科目所属有关明细科目的记录分析填列；如为净收益，以"－"号填列。

6）固定资产报废损失。反映集团本期报废固定资产以及固定资产盘亏（减盘盈）后的净损失。本项目可以根据"营业外支出""营业外收入"等科目所属有关明细科目中报废固定资产以及固定资产盘亏损失减去固定资产盘盈收益后的差额填列。

7）公允价值变动损失（减：收益）。反映集团应当计入当期损益的资产或负债公允价值变动损失减去收益后的净损失。本项目可根据"公允价值变动损益"科目的发生额分析填列，如为净收益，本项目以"－"号填列。

8）财务费用。反映集团本期发生的应属于投资活动或筹资活动的财务费用以及在经营活动中发生的不涉及现金流入、流出的财务费用。本项目可以根据"财务费用"科目的本期借方发生额分析填列。

9）投资损失（减：收益）。反映集团本期投资所发生的损失减去收益后的净损失。本项目可以根据利润表"投资收益"项目的数字填列。

10）递延所得税资产减少（减：增加）。反映集团本期递延所得税资产的净增加或净减少。本项目可以根据资产负债表"递延所得税资产"项目的期初、期末余额的差额分析填列。"递延所得税资产"的期末数小于期初数的差额，以"＋"填列；"递延所得税资产"的期末数大于期初数的差额，以"－"号填列。

11）递延所得税负债增加（减：减少）。反映集团本期递延所得税负债的净增加或净减少。本项目可以根据资产负债表"递延所得税负债"项目的期初、期末余额的差额分析填列。"递延所得税负债"的期末数大于期初数的差额，以"＋"号填列；"递延所得税负债"的期末数小于期初数的差额，以"－"填列。

12）存货的减少（减：增加）。反映集团经营性存货的减少（减增加），即存货的增减变动所反映的交易和事项属于经营活动。本项目不含非经营性存货的增减变动，非经营性存货的增减变动一般包括：长期资产耗用存货（如在建工程领用存货）、投资转出存货、投资分利分回存货、捐赠转入存货、固定资产清理回收存货等。本项目可根据资产负债表"存货"项目的期初、期末余额的差额分析填列；期末数大于期初数的差额，以"－"号填列。

13）经营性应收项目的减少（减：增加）。反映集团本期经营性应收项目（包括应收账款、应收票据和其他应收款等中与经营活动有关的部分）的减少（减增加）。

14）经营性应付项目的增加（减：减少）。反映集团本期经营性应付项目（包括应付账款、应付票据、应付职工薪酬、应交税费、其他应付款等中与经营活动有关的部分）的增加（减：减少）。

15）其他。反映影响集团损益，但不影响集团经营活动现金流量，又没有在以上项目反映的项目。

不涉及现金收支的重大投资和筹资活动：反映集团一定期间内影响资产或负债但不形成该期现金收支的所有投资和筹资活动的信息。不涉及现金收支的重大投资和筹资活动主要有：

1）债务转为资本：反映集团本期转为资本的债务金额；

2）一年内到期的可转换集团债券：反映集团一年内到期的可转换集团债券的本息；

3）融资租入固定资产：反映集团本期融资租入固定资产记入"长期应付款"科目的金额。

现金及现金等价物净变动情况：反映集团应在现金流量表补充资料中提供现金和现金等价物的期末和期初余额，并通过期末余额与期初余额的比较得出现金及现金等价物的净增加额。

1）"现金的期末余额"，如无特殊说明，本项目填列资产负债表中的"货币资金"的期末余额。

2）"现金的期初余额"，如无特殊说明，本项目填列资产负债表中的"货币资金"的期初余额。

3）"现金等价物的期末余额"，本项目按集团确定的现金等价物期末余额填列。

4）"现金等价物的期初余额"，本项目按集团确定的现金等价物期初余额填列。

（5）间接法编制现金流量表审核要点。

1）资产减值准备：采用间接法将净利润调节为经营活动现金流量中本期、上期计提的"资产减值准备"金额是否与利润表的资产减值损失本期、上期金额一致。

2）固定资产折旧、投资性房地产累计折旧（摊销）：采用间接法将净利润调节为经营活动现金流量中本期"固定资产折旧"金额是否与财务报表附注披露的对应期间"成本模式计量的投资性房地产"中房屋建筑物折旧和摊销计提数、固定资产折旧计提数的合计数一致。注应与企财表"基本情况表"中88行L列"2.本年计提的固定资产折旧总额"与附注表"按成本计量的投资性房地产"5行E列的和一致,不一致,应能分析差异原因。

3)无形资产摊销:采用间接法将净利润调节为经营活动现金流量中本期"无形资产摊销"金额是否与财务报表附注披露的对应期间"成本模式计量的投资性房地产"中土地使用权摊销数和无形资产摊销数的合计数一致。

4)长期待摊费用摊销:采用间接法将净利润调节为经营活动现金流量中本期"长期待摊费用摊销"金额是否与财务报表附注中长期待摊费用本年摊销金额一致。

5)处置固定资产、无形资产和其他长期资产的损失(收益以"-"号填列):采用间接法将净利润调节为经营活动现金流量中,本期"处置固定资产、无形资产和其他长期资产的损失"与"固定资产报废损失"之和是否与财务报表附注中营业外收入、支出中的非流动资产处置损失净额一致。

6)固定资产报废损失(收益以"-"号填列):采用间接法将净利润调节为经营活动现金流量中,本期"处置固定资产、无形资产和其他长期资产的损失"与"固定资产报废损失"之和是否与财务报表附注中营业外收入、支出中的非流动资产处置损失净额一致。

7)公允价值变动损失(收益以"-"号填列):采用间接法将净利润调节为经营活动现金流量中本期、上期"公允价值变动损失"金额是否与利润表公允价值变动收益本期、上期金额一致,方向相反。

8)财务费用(收益以"-"号填列):采用间接法将净利润调节为经营活动现金流量中本期财务费用金额是否与利润表及附注中财务费用中利息支出、融资顾问费一致(如果有外币货币资金还应考虑"汇率变动对现金的影响"金额)。

9)投资损失(收益以"-"号填列):采用间接法将净利润调节为经营活动现金流量中本期、上期"投资损失"金额是否与利润表投资收益本期、上期金额一致,方向相反。

10)递延所得税资产减少(增加以"-"号填列):递延所得税资产减少=资产负债表中递延所得税资产期初减期末-递延所得税资产附注中计入其他综合收益的可供出售金融资产公允价值变动期初减期末。

11)递延所得税负债增加(减少以"-"号填列):递延所得税负债增加=资产负债表中递延所得税负债期末减期初-递延所得税负债附注中计入其他综合收益的可供出售金融资产公允价值变动期末减期初。

12)存货的减少(增加以"-"号填列):采用间接法将净利润调节为经营活动现

金流量中本期"存货的减少"金额是否与财务报表附注中存货原值期初数减期末数差额一致。

13）经营性应收项目的减少（增加以"−"号填列）：采用间接法将净利润调节为经营活动现金流量中本期"经营性应收项目的减少"金额是否与财务报表附注中应收票据、应收账款、预付账款和其他应收款期初余额与期末余额的差额差异不大。

14）经营性应付项目的增加（减少以"−"号填列）：采用间接法将净利润调节为经营活动现金流量中本期"经营性应付项目的增加"金额是否与财务报表附注中应付票据、应付账款、预收账款、应付职工薪酬、应交税费、其他应付款期末余额与期初余额的差额差异不大。

15）其他：采用间接法将净利润调节为经营活动现金流量中"其他"金额一般情况下没有数据，如有数据应有对应的说明。

16）经营活动产生的现金流量净额：采用间接法将净利润调节为经营活动现金流量中本期、上期"经营活动产生的现金流量净额"是否与"现金流量表"中"经营活动产生的现金流量净额"一致。

4. 所有者权益变动表

所有者权益变动表是反映构成所有者权益的各组成部分当期的增减变动情况的报表。

（1）所有者权益变动表的列报方法。

本表反映企业所有者权益的各组成部分本年和上年年初调整及本年和上年增减变动的情况，不仅包括所有者权益总量的增减变动，还包括所有者权益增减变动的重要结构性信息。

1）上年金额栏的列报方法。所有者权益变动表"上年金额"栏内各项目数字，应根据上年度所有者权益变动表"本年金额"栏内所列数字填列。如果上年度所有者权益变动表规定的各个项目的名称和内容同本年度不相一致，应对上年度所有者权益变动表各项目的名称和数字按本年度的规定进行调整，填入所有者权益变动表"上年金额"栏内。

2）本年金额栏的列报方法。所有者权益变动表"本年金额"栏内各项目数字一般应根据"实收资本（股本）""资本公积""盈余公积""专项储备""利润分配""库存股""以前年度损益调整"等科目的发生额分析填列。

（2）所有者权益变动表各项目的列报说明。

1）"上年年末余额"项目，反映集团上年资产负债表中实收资本（股本）、资本公积、盈余公积、未分配利润的年末余额。

2）"会计政策变更"和"前期差错更正"项目，分别反映集团采用追溯调整法处理会计政策变更的累积影响金额和采用追溯重述法处理的前期差错更正的累积影响金额。本项目应根据"盈余公积""利润分配""以前年度损益调整"等科目的发生额分析填列，如为减少，本项目以"-"号填列。

3）"净利润"项目，反映企业当年实现的净利润（或净亏损）金额，对应列在"未分配利润"栏。

4）"其他综合收益"项目，反映企业根据企业会计准则规定未在损益中确认的各项利得和损失扣除所得税影响后的净额；综合收益总额是企业净利润与其他综合收益的合计金额。

5）"所有者投入和减少资本"项目，反映集团当年所有者投入的资本和减少的资本。其中：

①"所有者投入资本"项目，反映企业接受投资者投入形成的实收资本（或股本）和资本溢价或股本溢价，对应列在"实收资本"和"资本公积"栏。

②"股份支付计入所有者权益的金额"项目，股份支付计入所有者权益的金额：反映企业处于等待期中的权益结算的股份支付当年计入资本公积的金额，对应列在"资本公积"。

6）"专项储备提取和使用"项目：反映企业当年专项储备的提取和使用情况。

①提取专项储备：反映企业当年依照国家有关规定提取的安全费用以及具有类似性质的各项费用，对应列在"专项储备"栏。

②使用专项储备：反映企业当年按规定使用安全生产储备用于购建安全防护设备或与安全生产相关的费用性支出情况，对应列在"专项储备"栏。

7）利润分配：反映当年按照规定提取的盈余公积金额和对所有者（或股东）分配的利润（或股利）金额，对应列在"盈余公积"和"未分配利润"栏。其中：

①提取盈余公积：反映企业按照规定提取的盈余公积、储备基金、企业发展基金项目、中外合作经营在合作期间归还投资者的投资等项目。

②对所有者（或股东）的分配：反映对所有者（或股东）分配的利润（或股利）金额。

8）所有者权益内部结转：反映不影响当年所有者权益总额的所有者各组成部分之间当年的增减变动。其中：

①资本公积转增资本（或股本）：反映企业以资本公积转增资本或股本的金额。

②盈余公积转增资本（或股本）：反映企业以盈余公积转增资本或股本的金额。

③盈余公积弥补亏损：反映企业以盈余公积弥补亏损的金额。

5. 资产减值准备情况表

本表反映企业各项资产减值准备的年初账面余额、本期增减变动和期末账面余额，以及待处理资产损失、政策性挂账和当年处理以前年度损失和挂账等情况。

（1）资产减值准备情况表的列报方法。

1）各项目应根据各项资产减值准备情况分析填列。

2）"待处理资产损失""政策性挂账""当年处理以前年度损失和挂账"由执行行业会计制度企业填列，其他企业不填。

（2）资产减值准备情况表各项目的列报说明。

1）"坏账准备"项目：反映集团应收款项的坏账准备。

2）"存货跌价准备"项目：反映集团按照成本高于可变现净值的差额计提的存货跌价准备。执行新准则企业适用《企业会计准则第1号——存货》。

3）"可供出售金融资产减值准备"项目：反映集团在期末对各项可供出售的金融资产进行全面检查，有客观证据表明该金融资产发生减值的，所计提的减值准备。执行新准则企业适用《企业会计准则第22号——金融工具确认和计量》。未执行新准则企业将短期投资及长期债权投资划分至可供出售金融资产所对应的减值准备填列至该行。

4）"持有至到期投资减值准备"项目：反映集团计提的持有至到期投资减值准备。未执行新准则企业将短期投资及长期债权投资划分至可供出售金融资产所对应的减值准备填列至该行。

5）"长期股权投资减值准备"项目：反映集团按照可收回金额低于账面价值的差额计提的长期股权投资减值准备。

6）"投资性房地产减值准备"项目：采用公允价值模式计量的投资性房地产的减值，适用《企业会计准则第3号——投资性房地产》的规定。

7）固定资产减值准备：反映集团按照可收回金额低于账面价值的差额提取的固定资产减值准备。

8）"工程物资减值准备、在建工程减值准备"项目：根据《企业会计准则第15号——建造合同》等规定计提的资产减值准备。

9）"生产性生物资产减值准备"项目：反映集团遵循《企业会计准则第5号——生物资产》和《企业会计准则第8号——资产减值》准则，根据生产性生物资产的可收回金额低于账面价值的差额提取的资产减值准备。

10）"油气资产减值准备"项目：反映集团遵循《企业会计准则第27号—石油天然气开采》和《企业会计准则第8号——资产减值》等准则，按照可收回金额低于账面价值的差额提取的油气资产减值损失。

11）"无形资产减值准备"项目：反映集团按照可收回金额低于账面价值的差额计提的无形资产减值准备。

12）"商誉减值准备"项目：反映集团遵循《企业会计准则第20号—企业合并》和《企业会计准则第8号—资产减值》等准则，根据购买方企业合并成本大于合并中取得的被购买方可辨认资产公允价值的部分作为商誉确认，于每一个会计年度进行测试，商誉发生减值的，计入商誉减值准备。

13）"其他减值准备"项目：反映集团其他减值准备。未执行企业会计准则的企业核算的短期投资减值准备及长期债权投资减值准备扣除划分至可供出售金融资产减值准备及持有至到期投资减值准备后的余额填列至该行反映。

14）"在当年损益中处理以前年度损失挂账"项目：反映集团按财务会计制度规定当年消化处理 2000 年（企业会计制度颁布时间）以前发生且未处理的各类损失，包括无法收回的应收款项、积压存货、应提未提和应摊未摊费用，以及历史遗留问题挂账等。该项目须经中介机构逐户、分明细项审计确认，并在审计报告中加以详细披露或作专项审计说明。

15）"合并增加额"项目：反映本期由于非同一控制下企业合并，被合并企业在购买日的资产减值金额。

16）"合并减少额"项目：反映本期出售或减少子公司，被出售或减少的企业在发生日的资产减值金额。

17）"因资产价值回升转回额"项目：反映集团在以前会计期间计提的减值准备，在本期期末因资产价值回升而转回的金额（因对方单位经营状况改善，影响应收款项坏账准备转回的金额，在本项目下反映）。

18）"转销额"项目：反映集团在以前会计期间计提的减值准备，在本期因资产处置、核销等因素，转销的减值准备金额。

19）"待处理资产净损失"项目：仅由执行行业会计制度的企业填报。

20）"当年处理以前年度损失和挂账"：反映集团在权益和当期损益中处理的按照有关规定统一组织清产核资基准日以前或 2000 年（企业会计制度颁布时间）以前未处理的各类损失和潜亏挂账。其中：在当年损益中消化以前年度损失挂账反映企业在当年损益中消化处理的各类损失和潜亏挂账，包括无法收回的应收款项、积压存货、应提未提和应摊未摊费用，以及历史遗留问题挂账等。该项目须经中介机构逐户、分明细项审计确认，并在审计报告中加以详细披露或作专项审计说明。

6. 附注

附注是对资产负债表、利润表、现金流量表和所有者权益变动表等报表中列示项目的文字描述或明细资料，以及对未能在这些报表中列示项目的说明等。

（1）附注披露的基本要求。

1）附注披露的信息应是定量、定性信息的结合，从量和质两个角度对集团的经济事项完整地进行反映，满足信息使用者的决策需求。

2）附注应当按照一定结构，进行系统合理的排列分类，有顺序地披露信息，以便于使用者理解和掌握，更好地实现财务报表的可比性。

3）附注相关信息应当与资产负债表、利润表、现金流量表和所有者权益变动表等报表中列示的项目相互参照。

（2）附注披露的内容。

集团应当按照规定披露附注信息，主要包括下列内容：

1）集团的基本情况。

①集团注册地、组织形式和总部地址。

②集团的业务性质和主要经营活动。

③母公司以及集团最终母公司的名称。

④财务报告的批准报出者和财务报告批准报出日。

2）财务报表的编制基础。说明集团的持续经营情况。

3）遵循企业会计准则的声明。集团应当声明编制的财务报表符合企业会计准则的要求，真实、完整地反映了集团的财务状况、经营成果和现金流量等有关信息。

4）重要会计政策和会计估计。根据财务报表列报准则的规定，集团应当披露采用的重要会计政策和会计估计，不重要的会计政策和会计估计可以不披露。包括财务报表项目的计量基础和会计政策的确定依据等，以及下一会计期间内很可能导致资产、负债账面价值重大调整的会计估计的确定依据等。

5）会计政策和会计估计变更以及差错更正的说明。

6）报表重要项目的说明。集团对报表重要项目的说明，应当按照资产负债表、利润表、现金流量表、所有者权益变动表及其项目列示的顺序，采用文字和数字描述相结合的方式进行披露。附注中还应披露将净利润调节为经营活动现金流量、不涉及现金收支的重大投资和筹资活动、现金及现金等价物净变动情况，以及当期取得或处置子公司及其他营业单位的有关信息。

7）或有事项的说明。

①或有负债的种类及其形成原因，包括已贴现商业承兑汇票、未决诉讼、未决仲裁、对外提供担保等形成的或有负债。

②经济利益流出不确定性的说明。

③或有负债预计产生的财务影响及获得补偿的可能性；无法预计的，应当说明原因。

④企业通常不应当披露或有资产。但或有资产很可能会给集团带来经济利益的，应当披露其形成的原因、预计产生的财务影响等。

8）资产负债表日后事项

①每项重要的资产负债表日后非调整事项的性质、内容，及其对财务状况和经营成果的影响。无法做出估计的，应当说明原因。

②资产负债表日后，企业利润分配方案中拟分配的及经审议批准宣告发放的股利或利润。

9）关联方关系及其交易。其他需要说明的重要事项。这主要包括或有和承诺事项、资产负债表日后非调整事项、关联方关系及其交易等其他需要说明的事项。

第五节　合并财务报表

一、合并报表说明

合并财务报表是指反映母公司和其全部子公司形成的集团范围整体财务状况、经营成果和现金流量的财务报表。与个别财务报表相比，合并财务报表反映的对象是由母公司和其全部子公司组成的会计主体。其中，母公司是指有一个或一个以上子公司的集团；子公司是指被母公司控制的集团。

合并财务报表至少应当包括下列组成部分：①合并资产负债表；②合并利润表；③合并现金流量表；④合并所有者权益（或股东权益，下同）变动表；⑤附注。

二、合并财务报表的编制

1. 合并财务报表编制的规定

（1）合并范围。合并财务报表的合并范围应当以控制为基础予以确定。控制是指投资方拥有对被投资方的权利，通过参与被投资方的相关活动而享有可变回报，并且有能力运用对被投资方的权利影响其回报金额。

1）对被投资方的活动享有可变回报。可变回报，是不固定且可能随着被投资方业绩而变化的回报，可以仅是正回报，仅是负回报，或者同时包括正回报和负回报。投资方在评价其享有被投资方的回报是否可变以及可变的程度时，是基于合同安排，而不是法律形式。

2）对被投资方拥有权力，并能够运用此权力影响回报金额。

①母公司直接或通过子公司间接拥有被投资单位半数以上的表决权，表明母公司能够控制被投资单位，应当将该被投资单位认定为子公司，纳入合并财务报表的合并范围。但是，有证据表明母公司不能控制被投资单位的除外。

②母公司拥有被投资单位半数或以下的表决权，且满足下列条件之一的，视为母公司能够控制被投资单位，但是，有证据表明母公司不能控制被投资单位的除外：

A. 通过与被投资单位其他投资者之间的协议，拥有被投资单位半数以上的表决权。

B. 根据集团章程或协议，有权决定被投资单位的财务和经营政策。

C. 有权任免被投资单位的董事会或类似机构的多数成员。

D. 在被投资单位的董事会或类似机构占多数表决权。

3）在确定能否控制被投资单位时，应当考虑集团和其他单位持有的被投资单位的当期可转换的集团债券、当期可执行的认股权证等潜在表决权因素。

4）母公司应当将其控制的所有子公司，无论是小规模的子公司还是经营业务性质特殊的子公司，均纳入合并财务报表的合并范围。

受所在国外汇管制及其他管制，资金调度受到限制的境外子公司，如果该被投资单位的财务和经营政策仍然由集团决定，资金调度受到限制并不妨碍集团对其实施控制，应将其纳入合并范围。

母公司控制的特殊目的主体也应纳入合并财务报表的合并范围。

5）下列被投资单位不包括在合并财务报表的合并范围之内：

①已宣告被清理整顿的原子公司；

②已宣告破产的原子公司；

③母公司不能控制的其他被投资单位。

（2）编制基础与编报主体。合并财务报表的编制者或编制主体是母公司，以纳入合并范围的企业个别财务报表为基础，根据其他有关资料，抵销母公司与子公司、子公司相互之间发生的内部交易对合并财务报表的影响编制的。

对非同一控制下集团合并取得的子公司，还应当根据母公司为该子公司设置的备查簿的记录，以记录该子公司的各项可辨认资产、负债及或有负债等在购买日的公允价值为基础，通过编制调整分录，对该子公司的个别财务报表进行调整，以使子公司的个别财务报表反映为在购买日公允价值基础上确定的可辨认资产、负债及或有负债在本期资产负债日的金额。母公司按照权益法调整子公司的长期股权投资并确认应享有该子公司净损益的份额时，也应当以取得投资时该子公司各项可辨认资产等的公允价值为基础，对该子公司的净利润进行调整后确认。

（3）会计政策和会计期间。母公司应当统一子公司的所采用的会计政策和会计期间，子公司所采用的会计政策和会计期间与母公司不一致的，应当按照母公司的会计政策和会计期间对子公司的财务报表进行必要的调整，或要求子公司按照母公司的会计政策和会计期间另行编报财务报表。

（4）报告期内新增子公司。母公司在报告期内因同一控制下集团合并增加的子公司，编制合并财务报表时，应调整合并资产负债表的期初数，并将该子公司合并当期期初至报告期末的收入、费用、利润纳入合并利润表，将该子公司合并当期期初至报告期末的现金流量纳入合并现金流量表。

母公司在报告期内因非同一控制下集团合并增加的子公司，编制合并财务报表时，不调整合并资产负债表的期初数，将该子公司购买日至报告期末的收入、费用、利润纳入合并利润表，将该子公司购买日至报告期末的现金流量纳入合并现金流量表。

非同一控制下的企业合并中，购买方在购买日取得被购买方可辨认资产和负债，应当根据企业会计准则的规定，结合购买日存在的合同条款、经营政策、并购政策等相关因素进行分类或指定，主要包括被购买方的金融资产和金融负债的分类、套期关系的指定、嵌入衍生工具的分拆等。但是，合并中如涉及租赁合同和保险合同且在购买日对合同条款做出修订的，购买方应当根据企业会计准则的规定，结合修订的条款和其他因素对合同进行分类。

集团通过多次交易分步实现非同一控制下企业合并的，在编制合并财务报表时，对于购买日之前持有的被购买方的股权，应当按照该股权在购买日的公允价值进行重新计量，公允价值与其账面价值的差额计入当期投资收益；购买日之前持有的被购买方的股权涉及其他综合收益的，与其相关的其他综合收益应当转为购买日所属当期投资收益。购买方应当在附注中披露其在购买日之前持有的被购买方的股权在购买日的公允价值、按照公允价值重新计量产生的相关利得或损失的金额。

（5）报告期内处置子公司。母公司在报告期内处置子公司，编制合并财务报表时，不应调整合并资产负债表的期初数，并将该子公司期初至处置日的收入、费用、利润纳入合并利润表，将该子公司期初至处置日的现金流量纳入合并现金流量表。

集团因处置部分股权投资或其他原因丧失了对原有子公司控制权的，在合并财务报表中，对于剩余股权，应当按照其在丧失控制权日的公允价值进行重新计量。处置股权取得的对价与剩余股权公允价值之和，减去按原持股比例计算应享有原有子公司自购买日开始持续计算的净资产的份额之间的差额，计入丧失控制权当期的投资收益。与原有子公司股权投资相关的其他综合收益，应当在丧失控制权时转为当期投资收益。集团应当在附注中披露处置后的剩余股权在丧失控制权日的公允价值、按照公允价值重新计量产生的相关利得或损失的金额。

（6）报告期内系统内划转子公司。在编制合并财务报表时，划入方应调整合并资产负债表的期初数以及合并利润表、合并现金流量表、合并所有者权益变动表的上年数，对于合并所有者权益变动表，还应对"上年金额"的"上年年末余额"进行调整。划入方在编制合并财务报表时，与划入子公司发生的经济业务做合并抵销处理。

划出方与划入方做相反的合并抵销处理。

注：由于个别财务报表是以法人为会计主体，以划转业务的实际发生日期为依据，所以划入方个别财务报表不追溯调整期初数。

2. 合并报表的编制流程

（1）设置合并工作底稿。合并工作底稿格式应包括母公司和子公司的报表项目，在合并工作底稿中，对母公司和纳入合并范围的子公司个别财务报表各项目的数额进行汇总和调整、抵销处理，最终计算得出合并财务报表各项目的合并数。

（2）财务报表数据汇总。将母公司和子公司的个别资产负债表、利润表、所有者权益变动表及现金流量表各项目的数据过入合并工作底稿，并在合并工作底稿中对母公司和子公司个别财务报表各项目的数据进行加总，计算得出个别财务报表各项目的合计数。

（3）编制调整分录与抵销分录。将母公司与子公司、子公司相互之间发生的经济业务对个别财务报表有关项目的影响进行调整抵销处理，编制调整分录和抵销分录并过入到合并工作底稿中。

（4）计算合并财务报表各项目的合并数额。

1）资产类项目，其合并数根据该项目加总的数额，加上该项目调整分录与抵销分录的借方发生额，减去该项目调整分录与抵销分录的贷方发生额计算确定。

2）负债类项目和所有者权益类项目，其合并数根据该项目加总的数额，减去该项目调整分录与抵销分录的借方发生额，加上该项目调整分录与抵销分录的贷方发生额计算确定。

3）有关收益类项目，其合并数根据该项目加总的数额，减去该项目调整分录与抵销分录的借方发生额，加上该项目调整分录与抵销分录的贷方发生额计算确定。

4）有关成本费用类项目和有关利润分配的项目，其合并数根据该项目加总的数额，加上该项目调整分录与抵销分录的借方发生额，减去该项目调整分录与抵销分录的贷方发生额计算确定。

5）有关现金流量表流入类项目，其合并数根据该项目加总的数额，加上该项目抵销分录的贷方发生额，减去该项目抵销分录的借方发生额计算确定。

6）有关现金流量表流出类项目，其合并数根据该项目加总的数额，加上该项目抵销分录的借方发生额，减去该项目抵销分录的贷方发生额计算确定。

本流程适用基于报表的合并，对公司系统基于财务管控"一本账"模式形成的合并报表而言，具有相互印证的作用。

3. 基于报表的合并抵销

（1）合并资产负债表。合并资产负债表是反映企业集团在某一特定日期财务状况的报表，由合并资产、负债和所有者权益各项目组成。

合并资产负债表应当以母公司和子公司的资产负债表为基础，在抵销母公司与子公司、子公司相互之间发生的内部交易对合并资产负债表的影响后，由母公司合并编制。

1）合并资产负债表的格式。合并资产负债表格式在个别资产负债表基础上，主要增加了两个项目：①在所有者权益项目下增加了"少数股东权益"项目，用于反映非全资子公司的所有者权益中不属于母公司的份额。②在"未分配利润"项目之后，"归属于母公司所有者权益合计"项目之前，增加了"外币报表折算差额"项目，用于反映境外经营的资产负债表折算为母公司记账本位币表示的资产负债表时所发生的折算差额中归属于母公司的部分。

此外，合并资产负债表"商誉"项目，包括在非同一控制下的控股合并中，母公司对子公司的长期股权投资大于其在子公司所有者权益中享有份额的差额。

2）对子公司的个别财务报表进行调整。对于属于同一控制下企业合并中取得的子公司的个别财务报表，如果不存在与母公司会计政策和会计期间不一致的情况，则不需要对该子公司的个别财务报表进行调整，即不需要将该子公司的个别财务报表调整为公允价值反映的财务报表，只需要抵销内部交易对合并财务报表的影响即可。

对于属于非同一控制下企业合并中取得的子公司，除了存在与母公司会计政策和会计期间不一致的情况，需要对该子公司的个别财务报表进行调整外，还应当根据母公司为该子公司设置的备查簿的记录，以记录的该子公司的各项可辨认资产、负债及或有负债等在购买日的公允价值为基础，通过编制调整分录，对该子公司的个别财务报表进行调整，以使子公司的个别财务报表反映为在购买日公允价值基础上确定的可辨认资产、负债及或有负债在本期资产负债表日的金额。

对于非同一控制下的企业合并，调整分录如下：

①合并当期的调整。

A. 将购买日子公司各项资产、负债由账面价值调整到公允价值。

合并调整分录

摘要	会计科目	借方	贷方
将资产、负债账面价值调整到公允价值	固定资产等	××.××	
将资产、负债账面价值调整到公允价值	资本公积		××.××
合 计		××.××	××.××

B. 调整购买日公允价值与账面价值的差额影响的当期损益。

合并调整分录

摘要	会计科目	借方	贷方
调整公允价值与账面价值的差额影响的损益	管理费用等	××.××	
调整公允价值与账面价值的差额影响的损益	固定资产—累计折旧等		××.××
合 计		××.××	××.××

②连续编制合并财务报表时的调整。

A. 将购买日子公司各项资产、负债由账面价值调整到公允价值。

合并调整分录

摘要	会计科目	借方	贷方
将年初资产、负债账面价值调整到公允价值	固定资产等	××.××	
将年初资产、负债账面价值调整到公允价值	资本公积–年初		××.××
合 计		××.××	××.××

B. 调整购买日公允价值与账面价值的差额对本期期初留存收益的影响。

合并调整分录

摘要	会计科目	借方	贷方
调整年初公允价值与账面价值差额影响的期初未分配利润	未分配利润—年初	××.××	
调整年初公允价值与账面价值差额影响的期初未分配利润	固定资产—累计折旧等		××.××
合 计		××.××	××.××

C. 调整购买日公允价值与账面价值的差额影响的当期损益。

合并调整分录

摘要	会计科目	借方	贷方
调整本期公允价值与账面价值影响的当期损益	管理费用等	××.××	
调整本期公允价值与账面价值影响的当期损益	固定资产—累计折旧等		××.××
合 计		××.××	××.××

3）按权益法调整对子公司的长期股权投资。合并财务报表应当以母公司和其子公司的财务报表为基础，根据其他有关资料，按照权益法调整对子公司的长期股权投资后，由母公司编制。因此，在编制合并报表时，需要将对子公司的长期股权投资调整为权益法。

在确认应享有子公司净损益的份额时，对于属于非同一控制下企业合并形成的长期股权投资，应当以在备查簿中记录的子公司各项可辨认资产、负债及或有负债等在购买日的公允价值为基础，对该子公司的净利润进行调整后确认；对于属于同一控制下的企业合并形成的长期股权投资，可以直接以该子公司的净利润进行确认，但是该子公司的会计政策或会计期间与母公司不一致的，仍需对净利润进行调整。如果存在未实现内部交易损益，在采用权益法进行调整时还应对该未实现内部交易损益进行调整。

在合并工作底稿中编制的调整分录：

①合并当期的调整。

A. 对于应享有子公司当期实现净利润的份额。

合并调整分录

摘要	会计科目	借方	贷方
根据××公司当期净利润调整长期股权投资	长期股权投资	××.××	
根据××公司当期净利润调整长期股权投资	投资收益		××.××
合 计		××.××	××.××

B. 对于当期收到子公司分派的现金股利或利润，应调整成本法核算与权益法核算的差额，若成本法核算收到现金股利时确认了投资收益，则调整分录为：

合并调整分录

摘要	会计科目	借方	贷方
调整成本法下确认的投资收益	投资收益	××.××	
调整成本法下确认的投资收益	长期股权投资		××.××
合 计		××.××	××.××

C. 对于权益法核算和成本法核算确认投资收益的差额调整盈余公积。

合并调整分录

摘要	会计科目	借方	贷方
调整成本法与权益法确认投资收益的差额	利润分配–提取盈余公积	××.××	
调整成本法与权益法确认投资收益的差额	盈余公积		××.××
合　计		××.××	××.××

D. 对于子公司除净损益以外所有者权益的其他变动，在持股比例不变的情况下，按母公司应享有或应承担的份额。

合并调整分录

摘要	会计科目	借方	贷方
调整××公司所有权权益的其他变动	长期股权投资	××.××	
调整××公司所有权权益的其他变动	资本公积		××.××
合　计		××.××	××.××

②连续编制合并财务报表。

A. 对于应享有子公司以前年度实现净利润的份额。

合并调整分录

摘要	会计科目	借方	贷方
调整享有××公司以前年度净利润的份额	长期股权投资	××.××	
调整享有××公司以前年度净利润的份额	未分配利润—年初		××.××
合　计		××.××	××.××

B. 按照应承担子公司以前年度发生的亏损份额。

合并调整分录

摘要	会计科目	借方	贷方
调整承担××公司以前年度发生的亏损份额	未分配利润—年初	××.××	
调整承担××公司以前年度发生的亏损份额	长期股权投资		××.××
合　计		××.××	××.××

C. 对于以前期间收到子公司分派的现金股利或利润。

合并调整分录

摘要	会计科目	借方	贷方
调整以前期间××公司分派的现金股利或利润	未分配利润—年初	××.××	
调整以前期间××公司分派的现金股利或利润	长期股权投资		××.××
合　计		××.××	××.××

D. 对于权益法核算和成本法核算以前年度确认投资收益的差额调整盈余公积。

合并调整分录

摘要	会计科目	借方	贷方
调整以前期间成本法与权益法确认投资收益的差额	未分配利润—年初	××.××	
调整以前期间成本法与权益法确认投资收益的差额	盈余公积—年初		××.××
合　计		××.××	××.××

E. 对于子公司以前年度除净损益以外所有者权益的其他变动，在持股比例不变的情况下，按母公司应享有或应承担的份额。

合并调整分录

摘要	会计科目	借方	贷方
调整以前期间××公司所有权权益的其他变动	长期股权投资	××.××	
调整以前期间××公司所有权权益的其他变动	资本公积—年初		××.××
合　计		××.××	××.××

③对于母公司向联营企业或合营企业出售资产的顺流交易，在该交易存在未实现内部交易损益的情况下（即有关资产未对外部独立第三方出售），母公司在采用权益法计算确认应享有联营企业或合营企业的投资损益时，应抵销该未实现内部交易损益的影响，同时调整对联营企业或合营企业长期股权投资的账面价值。在合并财务报表中对该未实现内部交易损益应在个别报表已确认投资收益的基础上进行以下调整：

合并抵销分录

摘要	会计科目	借方	贷方
抵销××公司未实现内部交易损益的影响	营业收入	××.××	
抵销××公司未实现内部交易损益的影响	营业成本		××.××
抵销××公司未实现内部交易损益的影响	投资收益		××.××
合　计		××.××	××.××

④对于联营企业或合营企业向母公司出售资产的逆流交易，在该交易存在未实现内部交易损益的情况下（即有关资产未对外部独立第三方出售），母公司在采用权益法计算确认应享有联营企业或合营企业的投资损益时，应抵销该未实现内部交易损益的影响。当母公司自其联营企业或合营企业购买资产时，在将该资产出售给外部独立第三方之前，不应确认联营企业或合营企业因该交易产生的损益中本企业应享有的部分。在合并财务报表中对该未实现内部交易损益应在个别报表已确认投资收益的基础上进行以下调整：

合并抵销分录

摘要	会计科目	借方	贷方
抵销集团未实现内部交易损益的影响	长期股权投资	××.××	
抵销集团未实现内部交易损益的影响	存货、固定资产等		××.××
合 计		××.××	××.××

4) 编制合并资产负债表时应抵销的项目。

①母公司对子公司长期股权投资与子公司所有者权益抵销。

编制合并财务报表时应当在母公司和子公司财务报表数据（或经调整的数据）简单相加的基础上，将母公司对子公司长期股权投资项目与子公司所有者权益项目予以抵销。

母公司按照权益法调整对子公司的长期股权投资后，与在子公司所有者权益中所享有的份额应当相互抵销，同时抵销相应的长期股权投资减值准备；子公司所有者权益中不属于母公司的份额，即子公司所有者权益中抵销母公司所享有的份额后的余额，在合并财务报表中作为"少数股东权益"处理。

对于非同一控制下企业合并，在购买日母公司对子公司的长期股权投资与大于在子公司所有者权益中应享有的份额的差额，在合并资产负债表"商誉"项目中列示，合并日以后商誉发生减值的，应当按照经减值测试后的金额列示。

在合并工作底稿中编制的抵销分录：

合并抵销分录

摘要	会计科目	借方	贷方
抵销长投与××公司的所有者权益	实收资本（股本）	××.××	
抵销长投与××公司的所有者权益	资本公积	××.××	
抵销长投与××公司的所有者权益	盈余公积	××.××	
抵销长投与××公司的所有者权益	未分配利润	××.××	
抵销长投与××公司的所有者权益	商誉（借方差额）	××.××	
抵销长投与××公司的所有者权益	长期股权投资		××.××
抵销长投与××公司的所有者权益	少数股东权益（子公司所有者权益×少数股东投资持股比例）		××.××
抵销长投与××公司的所有者权益	营业外收入（贷方差额）		××.××
合 计		××.××	××.××

注：同一控制下的企业合并，没有借贷方差额。

抵销持有子公司长期股权投资的投资收益：

合并抵销分录

摘要	会计科目	借方	贷方
抵销持有××公司长期股权投资的投资收益	投资收益	××.××	
抵销持有××公司长期股权投资的投资收益	少数股东损益	××.××	
抵销持有××公司长期股权投资的投资收益	未分配利润—年初	××.××	
抵销持有××公司长期股权投资的投资收益	提取盈余公积	××.××	
抵销持有××公司长期股权投资的投资收益	对所有者（或股东）的分配	××.××	
抵销持有××公司长期股权投资的投资收益	未分配利润—年末		××.××
合　计		××.××	××.××

同时按应抵销的长期股权投资减值准备金额：

合并抵销分录

摘要	会计科目	借方	贷方
抵销长期股权投资减值准备	长期股权投资减值准备	××.××	
抵销长期股权投资减值准备	资产减值损失		××.××
合　计		××.××	××.××

各子公司之间的长期股权投资以及子公司对母公司的长期股权投资，应当比照上述规定，将长期股权投资与其对应的子公司或母公司所有者权益中所享有的份额相互抵销。

②母公司与子公司、子公司相互之间发生的内部债权与债务的抵销。

母公司与子公司、子公司相互之间发生的内部债权与债务是指母公司与子公司、子公司相互之间因销售商品、提供劳务以及发生结算业务等原因产生的应收账款与应付账款、应收票据与应付票据、预付账款与预收账款、持有至到期投资（假定该项债券投资持有方划归为持有至到期投资，若划归为交易性金融资产或可供出售金融资产，原理相同）与应付债券、应收股利与应付股利、其他应收款与其他应付款等项目。

抵销内部债权、债务时，应同时抵销当期计提的应收款项的坏账准备和债券投资等的减值准备，在合并工作底稿中编制抵销分录：

合并抵销分录

摘要	会计科目	借方	贷方
抵销内部债权、债务	应付账款	××.××	
抵销内部债权、债务	应付票据	××.××	
抵销内部债权、债务	预收账款	××.××	
抵销内部债权、债务	应付股利	××.××	
抵销内部债权、债务	其他应付款	××.××	
抵销内部债权、债务	应收账款		××.××

续表

摘要	会计科目	借方	贷方
抵销内部债权、债务	应收票据		××.××
抵销内部债权、债务	预付账款		××.××
抵销内部债权、债务	可供出售金融资产		××.××
抵销内部债权、债务	应收股利		××.××
抵销内部债权、债务	其他应收款		××.××
合　计		××.××	××.××

合并抵销分录

摘要	会计科目	借方	贷方
抵销计提的坏账准备或减值准备	应收账款-坏账准备	××.××	
抵销计提的坏账准备或减值准备	可供出售金融资产-减值准备	××.××	
抵销计提的坏账准备或减值准备	资产减值损失		××.××
合　计		××.××	××.××

连续编制合并财务报表因内部债权、债务抵销而相应抵销应收款项的坏账准备，应将上期资产减值损失中抵销的内部应收账款计提的坏账准备对本期期初未分配利润的影响予以抵销，即按上期资产减值损失项目中抵销的内部应收账款计提的坏账准备和减值准备的金额，编制抵销分录：

合并抵销分录

摘要	会计科目	借方	贷方
抵销计提的坏账准备或减值准备	应收账款-坏账准备	××.××	
抵销计提的坏账准备或减值准备	可供出售金融资产-减值准备	××.××	
抵销计提的坏账准备或减值准备	未分配利润—年初		××.××
合　计		××.××	××.××

③母公司与子公司内部购销抵销。

母公司与子公司、子公司相互之间发生的销售商品（或提供劳务）或其他方式形成的存货、固定资产、工程物资、在建工程、无形资产等所包含的未实现内部销售损益的抵销。

A. 内部存货交易的抵销处理。

当期内部购进商品并形成存货情况下的抵销处理。在企业集团内部购进并且在会计期末形成存货的情况下，编制合并财务报表时，一方面将销售企业实现的内部销售收入及其相对应的销售成本予以抵销，另一方面将内部购进形成的存货价值中包含的未实现内部销售损益予以抵销。进行抵销处理时，按照内部销售收入的金额，编制抵销分录：

合并抵销分录

摘要	会计科目	借方	贷方
抵销内部购进存货交易	营业收入	××.××	
抵销内部购进存货交易	营业成本		××.××
抵销内部购进存货交易	存货		××.××
合　计		××.××	××.××

注：营业收入与营业成本的差额为内部购进的存货价值中包含的未实现内部销售损益，差额也可出现在借方。

同时，确认该存货可抵扣暂时性差异的递延所得税影响：

合并抵销分录

摘要	会计科目	借方	贷方
确认抵销内部购进存货交易形成的递延所得税资产	递延所得税资产	××.××	
确认抵销内部购进存货交易形成的递延所得税资产	所得税费用		××.××
合　计		××.××	××.××

若内部购进商品形成存货已计提了跌价准备，因计提的存货跌价准备在存货中未实现内部销售利润范围内，应将其全额抵销，编制抵销分录：

合并抵销分录

摘要	会计科目	借方	贷方
抵销内部购进存货交易计提的存货跌价准备	存货跌价准备	××.××	
抵销内部购进存货交易计提的存货跌价准备	资产减值损失		××.××
合　计		××.××	××.××

同时，对由于存货计提跌价准备产生的可抵扣暂时性差异在单体财务报表上确认的递延所得税资产进行抵销：

合并抵销分录

摘要	会计科目	借方	贷方
抵销内部购进存货交易计提存货跌价准备形成的递延所得税资产	所得税费用	××.××	
抵销内部购进存货交易计提存货跌价准备形成的递延所得税资产	递延所得税资产		××.××
合　计		××.××	××.××

B. 连续编制合并财务报表时内部购进商品的抵销处理。

在连续编制合并财务报表的情况下，首先必须将上期抵销的存货价值中包含的未实现内部销售损益对本期期初未分配利润的影响予以抵销，调整本期期初未分配利润的金额；然后，再对本期内部购进存货进行抵销处理，其具体抵销处理程序和方法如下：

将上期抵销的存货价值中包含的未实现内部销售利润等对本期期初未分配利润的影响进行抵销，编制抵销分录：

合并抵销分录

摘要	会计科目	借方	贷方
抵销上期存货价值中包含的未实现内部销售利润	未分配利润-年初	XX.XX	
抵销上期存货价值中包含的未实现内部销售利润	营业成本		XX.XX
合　计		XX.XX	XX.XX

或做相反抵销分录：

合并抵销分录

摘要	会计科目	借方	贷方
抵销上期内部购进存货确认的递延所得税资产	递延所得税资产	XX.XX	
抵销上期内部购进存货确认的递延所得税资产	未分配利润-年初		XX.XX
合　计		XX.XX	XX.XX

合并抵销分录

摘要	会计科目	借方	贷方
抵销上期内部购进存货计提的存货跌价准备	存货跌价准备	XX.XX	
抵销上期内部购进存货计提的存货跌价准备	未分配利润-年初		XX.XX
合　计		XX.XX	XX.XX

合并抵销分录

摘要	会计科目	借方	贷方
抵销上期内部存货交易计提存货跌价准备形成的递延所得税资产	未分配利润-年初	XX.XX	
抵销上期内部存货交易计提存货跌价准备形成的递延所得税资产	递延所得税资产		XX.XX
合　计		XX.XX	XX.XX

对于本期发生内部购销活动的，将内部销售收入、内部销售成本及内部购进存货中未实现内部销售损益予以抵销。即按照销售企业内部销售收入的金额，编制抵销分录：

合并抵销分录

摘要	会计科目	借方	贷方
抵销内部购进存货交易	营业收入	XX.XX	
抵销内部购进存货交易	营业成本		XX.XX

摘要	会计科目	借方	贷方
抵销内部购进存货交易	存货		XX.XX
合　计		XX.XX	XX.XX

注：营业收入与营业成本的差额为内部购进的存货价值中包含的未实现内部销售损益，差额也可出现在借方。

同时，确认该存货可抵扣暂时性差异的递延所得税影响，或计算本期应转回的递延所得税资产金额，编制调整分录：

合并抵销分录

摘要	会计科目	借方	贷方
确认抵销内部购进存货交易形成的递延所得税资产	递延所得税资产	XX.XX	
确认抵销内部购进存货交易形成的递延所得税资产	所得税费用		XX.XX
合　计		XX.XX	XX.XX

或做相反抵销分录

将本期与内部购进商品并形成存货相对应的计提的跌价准备予以抵销，编制抵销分录：

合并抵销分录

摘要	会计科目	借方	贷方
抵销内部购进存货交易计提的存货跌价准备	存货跌价准备	XX.XX	
抵销内部购进存货交易计提的存货跌价准备	资产减值损失		XX.XX
合　计		XX.XX	XX.XX

将本期转回的跌价准备予以抵销，编制抵销分录：

合并抵销分录

摘要	会计科目	借方	贷方
抵销内部购进存货交易计提的存货跌价准备	资产减值损失	XX.XX	
抵销内部购进存货交易计提的存货跌价准备	存货跌价准备		XX.XX
合　计		XX.XX	XX.XX

对本期销售商品结转的存货跌价准备进行抵销：

合并抵销分录

摘要	会计科目	借方	贷方
抵销本期销售商品结转的存货跌价准备	营业成本	XX.XX	
抵销本期销售商品结转的存货跌价准备	存货跌价准备		XX.XX
合　计		XX.XX	XX.XX

对期末结存的商品因抵销存货跌价准备进行抵销：

合并抵销分录

摘要	会计科目	借方	贷方
抵销本期销售商品结转存货跌价准备形成的递延所得税资产	递延所得税资产	××.××	
抵销本期销售商品结转存货跌价准备形成的递延所得税资产	所得税费用		××.××
合 计		××.××	××.××

C. 内部固定资产交易的抵销处理。

a. 购入当期内部交易的固定资产的抵销处理。

集团内部企业将自身生产的产品销售给企业集团内的其他企业的，将内部交易固定资产相关的销售收入、销售成本以及其原价中包含的未实现内部销售损益予以抵销。编制抵销分录：

合并抵销分录

摘要	会计科目	借方	贷方
抵销内部固定资产交易	营业收入（按销售企业由于该固定资产交易所实现的销售收入）	××.××	
抵销内部固定资产交易	营业成本（按照其销售成本）		××.××
抵销内部固定资产交易	固定资产		××.××
合 计		××.××	××.××

注：按照该固定资产的销售收入与销售成本之间的差额确认固定资产，即原价中包含的未实现内部销售损益的金额，该差额也可出现在借方。

集团内部企业将其自用的固定资产出售给集团内部其他企业的，应将销售企业的因内部交易所实现的固定资产处置损益予以抵销，同时将购买企业固定资产原价中包含的未实现内部销售损益的金额予以抵销。编制抵销分录：

合并抵销分录

摘要	会计科目	借方	贷方
抵销内部处置固定资产交易	营业收入	××.××	
抵销内部处置固定资产交易	固定资产-原价		××.××
合 计		××.××	××.××

或

合并抵销分录

摘要	会计科目	借方	贷方
抵销内部处置固定资产交易	固定资产-原价	××.××	

续表

摘要	会计科目	借方	贷方
抵销内部处置固定资产交易	营业外支出		××.××
合 计		××.××	××.××

确认内部交易固定资产的可抵扣暂时性差异或应纳税暂时性差异的递延所得税影响：

合并抵销分录

摘要	会计科目	借方	贷方
确认内部固定资产交易形成的递延所得税影响	递延所得税资产	××.××	
确认内部固定资产交易形成的递延所得税影响	所得税费用		××.××
合 计		××.××	××.××

或

合并抵销分录

摘要	会计科目	借方	贷方
确认内部固定资产交易形成的递延所得税影响	所得税费用	××.××	
确认内部固定资产交易形成的递延所得税影响	递延所得税负债		××.××
合 计		××.××	××.××

将内部交易固定资产当期多计提的折旧费（或少计提的折旧费）予以抵销。对内部交易固定资产当期多计提的折旧费用抵销时，应按当期多计提的金额，编制抵销分录：

合并抵销分录

摘要	会计科目	借方	贷方
抵销内部交易固定资产多计提的折旧	固定资产–累计折旧	××.××	
抵销内部交易固定资产多计提的折旧	营业成本、管理费用等		××.××
合 计		××.××	××.××

对内部交易固定资产当期少计提的折旧费用抵销时，应按当期少计提的金额，编制抵销分录：

合并抵销分录

摘要	会计科目	借方	贷方
抵销内部交易固定资产少计提的折旧	营业成本、管理费用等	××.××	
抵销内部交易固定资产少计提的折旧	固定资产–累计折旧		××.××
合 计		××.××	××.××

b. 以后会计期间内部交易固定资产的抵销处理。

以后会计期间，该内部交易固定资产仍然以其原价在购买企业的个别资产负债表中列示，编制合并财务报表时，应将内部交易固定资产原价中包含的未实现内部销售损益抵销，并调整期初未分配利润。即按照固定资产原价中包含的未实现内部销售损益的金额，编制抵销分录：

合并抵销分录

摘要	会计科目	借方	贷方
抵销上期内部交易固定资产形成的未实现内部销售损益	未分配利润–年初	××.××	
抵销上期内部交易固定资产形成的未实现内部销售损益	固定资产–原价		××.××
合 计		××.××	××.××

或做相反分录。将上期因确认递延所得税资产或递延所得税负债而调整的所得税费用对本期期初未分配利润的影响予以抵销：

合并抵销分录

摘要	会计科目	借方	贷方
抵销上期内部交易固定资产确认的递延所得税影响	递延所得税资产	××.××	
抵销上期内部交易固定资产确认的递延所得税影响	未分配利润–年初		××.××
合 计		××.××	××.××

或

合并抵销分录

摘要	会计科目	借方	贷方
抵销上期内部交易固定资产确认的递延所得税影响	未分配利润–年初	××.××	
抵销上期内部交易固定资产确认的递延所得税影响	递延所得税负债		××.××
合 计		××.××	××.××

将以前会计期间内部交易固定资产多计提（或少计提）的累计折旧抵销，并调整期初未分配利润。按照以前会计期间抵销该内部交易固定资产多计提的累计折旧额，编制抵销分录：

合并抵销分录

摘要	会计科目	借方	贷方
抵销上期内部交易固定资产多提的累计折旧影响	固定资产–累计折旧	××.××	
抵销上期内部交易固定资产多提的累计折旧影响	未分配利润–年初		××.××
合 计		××.××	××.××

按照以前会计期间抵销该内部交易固定资产少计提的累计折旧额，编制抵销分录：

合并抵销分录

摘要	会计科目	借方	贷方
抵销上期内部交易固定资产少提的累计折旧影响	未分配利润-年初	××.××	
抵销上期内部交易固定资产少提的累计折旧影响	固定资产-累计折旧		××.××
合 计		××.××	××.××

将本期由于该内部交易固定资产的使用而多计提（或少计提）的折旧费用予以抵销，并调整本期计提的累计折旧额。按照本期该内部交易的固定资产多计提的折旧额，编制抵销分录：

合并抵销分录

摘要	会计科目	借方	贷方
抵销本期内部交易固定资产多计提的折旧	固定资产-累计折旧	××.××	
抵销本期内部交易固定资产多计提的折旧	营业成本、管理费用等		××.××
合 计		××.××	××.××

按照本期该内部交易的固定资产少计提的折旧额，编制抵销分录：

合并抵销分录

摘要	会计科目	借方	贷方
抵销本期内部交易固定资产少计提的折旧	营业成本、管理费用等	××.××	
抵销本期内部交易固定资产少计提的折旧	固定资产-累计折旧		××.××
合 计		××.××	××.××

D. 清理期间内部交易固定资产的抵销处理。

使用期限届满进行清理时，只将本期多计提（或少计提）的累计折旧与期初包含的内部未实现内部销售损益予以抵销，编制抵销分录：

合并抵销分录

摘要	会计科目	借方	贷方
抵销清理期间内部交易固定资产对多提折旧及未实现内部销售损益的影响	未分配利润-年初	××.××	
抵销清理期间内部交易固定资产对多提折旧及未实现内部销售损益的影响	营业成本		××.××
合 计		××.××	××.××

或做相反抵销分录。

使用期限未满提前进行清理时，编制抵销分录：

合并抵销分录

摘要	会计科目	借方	贷方
抵销提前清理内部交易固定资产对折旧及未实现内部销售损益的影响	未分配利润-年初	××.××	
抵销提前清理内部交易固定资产对折旧及未实现内部销售损益的影响	营业成本		××.××
抵销提前清理内部交易固定资产对折旧及未实现内部销售损益的影响	营业外收入		××.××
合　计		××.××	××.××

或做相反抵销分录。

E. 与内部交易形成的固定资产相对应的已计提的减值准备抵销，参照内部应收款项的坏账准备的减值准备抵销处理。

内部交易形成的工程物资、在建工程、无形资产等，应比照上述存货、固定资产抵销进行处理。

④集团内单位委托金融机构向集团内其他企业发放的贷款，应予以抵销。

编制抵销分录：

合并抵销分录

摘要	会计科目	借方	贷方
抵销集团内部委托贷款	短期借款	××.××	
抵销集团内部委托贷款	长期借款	××.××	
抵销集团内部委托贷款	委托贷款		××.××
抵销集团内部委托贷款	长期应收款		××.××
合　计		××.××	××.××

⑤其他内部交易的抵销。

母公司与子公司、子公司相互之间发生的其他内部交易的抵销，参见关联方及关联方交易章节。

⑥递延所得税率的确定。

抵销未实现内部销售损益，应按照购买方适用的所得税率确认递延所得税费用。未实现内部销售损益对应的所得税率无法准确区分的，统一按照25%处理。

（2）合并利润表。合并利润表应当以母公司和子公司的利润表为基础，在抵销母公司与子公司、子公司相互之间发生的内部交易对合并利润表的影响后，由母公司合并编制。

1）合并利润表基本格式。合并利润表的格式是在个别利润表的基础上，主要增加了两个项目，即在"净利润"项目下增加"归属于母公司所有者的净利润"和"少数股东损益"两个项目，分别反映净利润中由母公司所有者享有的份额和非全资子公司当期实现的净利润中属于少数股东权益的份额。在属于同一控制下企业合并增加子公司当期的合并利润表中，还应在"净利润"项目之下增加"其中：被合并方在合并日以前实现的净利润"项目，用于反映同一控制下企业合并中取得的被合并方在合并当期期初至合并日实现的净利润。

同一控制下企业合并的当期，还应单独列示被合并方在合并前实现的净利润。

2）编制合并利润表时应进行抵销处理的项目。

①母公司与子公司、子公司相互之间销售商品所产生的营业收入和营业成本应当抵销。母公司与子公司、子公司相互之间销售商品，期末全部实现对外销售的，应当将购买方的营业成本与销售方的营业收入相互抵销；期末未实现对外销售而形成存货、固定资产、工程物资、在建工程、无形资产等资产的，在抵销销售商品的营业成本和营业收入的同时，应当将各项资产所包含的未实现内部销售损益予以抵销。母公司与子公司、子公司相互之间销售商品形成的固定资产或无形资产所包含的未实现内部销售损益抵销的同时，也应当对固定资产的折旧额或无形资产的摊销额与未实现内部销售损益项关的部分进行抵销。

具体抵销分录编制参见合并资产负债表相关规定。

②母公司与子公司、子公司相互之间持有对方债券所产生的投资收益，应当与其相对应的发行方利息费用相互抵销。

编制的抵销分录：

合并抵销分录

摘要	会计科目	借方	贷方
抵销持有××子公司债券产生的投资收益	投资收益	××.××	
抵销持有××子公司债券产生的投资收益	财务费用		××.××
合计		××.××	××.××

③母公司与子公司、子公司相互之间持有对方长期股权投资的投资收益应当抵销。内部投资收益是指母公司对子公司或子公司对母公司、子公司相互之间的长期股权投资的收益，实际上就是子公司当期营业收入减去营业成本和期间费用、所得税后的余额与其持股比例相乘的结果。在子公司为全资子公司的情况下，母公司对某一子公司在合并工作底稿中按权益法调整的投资收益实际上就是该子公司当期实现的净利润（假定不存在有关的调整因素）。编制合并利润表时，必须将集团内投资产生的投资收益予以抵销。

由于合并所有者权益变动表中的本年利润分配项目是站在整个企业集团角度，反映对母公司股东和子公司的少数股东的利润分配情况，因此，子公司的个别所有者权益变动表中本年利润分配各项目的金额，包括提取盈余公积、对所有者（或股东）的分配和期末未分配利润的金额都必须予以抵销。将上述项目抵销时，应当编制的抵销分录为：

合并抵销分录

摘要	会计科目	借方	贷方
抵销持有××公司股权产生的投资收益影响	投资收益	××.××	
抵销持有××公司股权产生的投资收益影响	少数股东损益	××.××	
抵销持有××公司股权产生的投资收益影响	未分配利润-年初	××.××	
抵销持有××公司股权产生的投资收益影响	利润分配-提取盈余公积		××.××
抵销持有××公司股权产生的投资收益影响	利润分配-对所有者（或股东）的分配		××.××
抵销持有××公司股权产生的投资收益影响	利润分配-年末		××.××
合　计		××.××	××.××

④集团内单位委托金融机构向集团内其他企业发放贷款，收取的委托贷款利息，应予以抵销，编制抵销分录：

合并抵销分录

摘要	会计科目	借方	贷方
抵销委托贷款产生的投资收益	投资收益	××.××	
抵销委托贷款产生的投资收益	财务费用		××.××
合　计		××.××	××.××

⑤母公司与子公司、子公司相互之间发生的其他内部交易对合并利润表的影响应当抵销。

3）子公司发生超额亏损在合并利润表中的反映。子公司少数股东分担的当期亏损超过了少数股东在该子公司期初所有者权益中所享有的份额，其余额应当分下列情况进行处理：

①集团章程或协议规定少数股东有义务承担，并且少数股东有能力予以弥补的，该项余额应当冲减少数股东权益；子公司少数股东分担的当期亏损超过了少数股东在该子公司期初所有者权益中所享有的份额的，其余额仍应当冲减少数股东权益。

②集团章程或协议未规定少数股东有义务承担的，该余额应冲减母公司的所有者权益。该子公司以后期间实现的利润，在弥补了由母公司所有者权益所承担的属于少数股东的损失之前，应当全部归属于母公司的所有者权益。

（3）合并现金流量表。合并现金流量表是综合反映母公司及其子公司组成的企业集团，在一定会计期间现金和现金等价物流入、流出的报表。合并现金流量表应当以母公司和子公司的现金流量表为基础，在抵销母公司与子公司、子公司相互之间发生的内部交易对合并现金流量表的影响后，由母公司编制。

1）合并现金流量表基本格式。合并现金流量表的基本格式与单体现金流量表一致。

2）编制合并现金流量表时应进行抵销处理的项目。

①母公司与子公司、子公司相互之间当期以现金投资或收购股权增加的投资所产生的现金流量抵销。企业集团内一方直接以现金对另一方集团进行的长期股权投资或以现金从企业集团内其他单位处收购股权，表现为现金流出；接受这一投资（或处置投资）时，表现为现金流入。从企业集团整体来看，并未引起企业集团的现金流量的增减变动，编制合并现金流量表时，应当予以抵销。编制抵销分录：

合并抵销分录

摘要	会计科目	借方	贷方
抵销投资××公司产生的现金流量	投资支付的现金	××.××	
抵销投资××公司产生的现金流量	吸收投资收到的现金		××.××
合 计		××.××	××.××

②母公司与子公司、子公司相互之间当期取得投资收益收到的现金与分配股利、利润或偿付利息支付的现金抵销。企业集团内一方对另一方集团进行的长期股权投资和债权投资，在持有期间收到另一方集团分派的现金股利（利润）或债券利息，表现为现金流入；另一方集团在其个别现金流量中反映为分配股利、利润或偿付利息支付的现金。从企业集团整体来看，并未引起企业集团的现金流量的增减变动，编制合并现金流量表时，应当予以抵销。编制抵销分录：

合并抵销分录

摘要	会计科目	借方	贷方
抵销××公司分配股利产生的现金流量	分配股利、利润或偿付利息支付的现金	××.××	
抵销××公司分配股利产生的现金流量	取得投资收益所收到的现金		××.××
合 计		××.××	××.××

③母公司与子公司、子公司相互之间以现金结算债权与债务所产生的现金流量抵销。母公司与子公司、子公司相互之间当期以现金结算应收账款或应付账款等债权与债务，表现为一方的现金流入和另一方的现金流出，从企业集团整体来看，并未引起企业集团的现金流量的增减变动，编制合并现金流量表时，应当予以抵销。编制抵销分录：

合并抵销分录

摘要	会计科目	借方	贷方
抵销与××公司结算往来款产生的现金流量	购买商品、接受劳务支付的现金	××.××	

摘要	会计科目	借方	贷方
抵销与××公司结算往来款产生的现金流量	销售商品、提供劳务收到的现金		××.××
合计		××.××	××.××

④母公司与子公司、子公司相互之间当期销售商品所产生的现金流量抵销。企业集团内销售方集团向企业集团内购买方集团当期销售商品所收到的现金，表现为现金流入，购买方集团向销售方集团支付购货款，表现为现金流出，从企业集团整体来看，这种内部商品购销现金收支，并不引起整个企业集团的现金流量的增减变动，编制合并现金流量表时，应当予以抵销。

编制抵销分录：

合并抵销分录

摘要	会计科目	借方	贷方
抵销与××公司购销商品产生的现金流量	购买商品、接受劳务支付的现金	××.××	
抵销与××公司购销商品产生的现金流量	销售商品、提供劳务收到的现金		××.××
合计		××.××	××.××

⑤母公司与子公司、子公司相互之间通过委托金融机构贷款的现金流量抵销。母公司与子公司、子公司相互之间通过委托金融机构贷款的现金流量抵销，按照当年实收实付现金数额，编制抵销分录：

合并抵销分录

摘要	会计科目	借方	贷方
抵销与××公司委托贷款产生的现金流量	支付其他与筹资活动有关的现金	××.××	
抵销与××公司委托贷款产生的现金流量	取得借款收到的现金		××.××
抵销与××公司委托贷款产生的现金流量	偿还债务支付的现金	××.××	
抵销与××公司委托贷款产生的现金流量	收到其他与筹资活动有关的现金		××.××
合计		××.××	××.××

⑥母公司与子公司、子公司相互之间处置固定资产、无形资产和其他长期资产收回的现金净额与购建固定资产、无形资产和其他长期资产支付的现金抵销。企业集团内一方向另一方集团处置固定资产等长期资产，表现为现金流入，另一方集团表现为现金流出，从企业集团整体来看，这种固定资产处置与购置的现金收支，并不引起整个企业集团的现金流量的增减变动，编制合并现金流量表时，应当将母公司与子公司、子公司相互之间处置固定资产、无形资产和其他长期资产收回的现金净额与购建固定资产、无形资产和其他长期资产支付的现金相互抵销。

编制抵销分录：

合并抵销分录

摘要	会计科目	借方	贷方
抵销与××公司内部固定资产交易产生的现金流量	购建固定资产、无形资产和其他长期资产支付的现金	××.××	
抵销与××公司内部固定资产交易产生的现金流量	销售商品、提供劳务收到的现金		××.××
合　计		××.××	××.××

合并抵销分录

摘要	会计科目	借方	贷方
抵销与××公司内部固定资产交易产生的现金流量	购建固定资产、无形资产和其他长期资产支付的现金	××.××	
抵销与××公司内部固定资产交易产生的现金流量	处置固定资产、无形资产和其他长期资产收回的现金净额		××.××
合　计		××.××	××.××

⑦其他现金流量抵销。母公司与子公司、子公司相互之间发生其他业务形成现金流入流出，按照当年实际发生额编制抵销分录如下：

合并抵销分录

摘要	会计科目	借方	贷方
抵销与××公司发生其他业务产生的现金流量	支付的其他与经营活动有关的现金	××.××	
抵销与××公司发生其他业务产生的现金流量	收到的其他与经营活动有关的现金		××.××
合　计		××.××	××.××

3）合并现金流量表中少数股东权益项目的列示。合并现金流量表编制与个别现金流量表相比，一个特殊的问题是在子公司为非全资子公司的情况下，涉及子公司与其少数股东之间的现金流入和现金流出的处理问题。

对于子公司的少数股东增加在子公司中的权益性资本投资，在合并现金流量表中应当在"筹资活动产生的现金流量"中的"吸收投资收到的现金"项目下单列"其中：子公司吸收少数股东投资收到的现金"项目反映。

对于子公司向少数股东支付现金股利或利润，在合并现金流量表中应当在"筹资活动产生的现金流量"中的"分配股利、利润或偿付利息支付的现金"项目下单列"其中：子公司支付给少数股东的股利、利润"项目反映。

（4）合并所有者权益变动表。合并所有者权益变动表是反映构成企业集团所有者权益的各组成部分当期的增减变动情况的财务报表。合并所有者权益变动表应当以母公司和子公司的所有者权益变动表为基础，在抵销母公司与子公司、子公司相互之间发生的内部交易对合并所有者权益变动表的影响后，由母公司编制。合并所有者权益变动表也可以根据合并资产负债表和合并利润表进行编制。

1）合并所有者权益变动表格式。合并所有者权益变动表的格式与个别所有者权益变动表的格式基本相同。在存在少数股东的情况下，合并所有者权益变动表增加"少数股东权益"栏目，用于反映少数股东权益变动的情况。

2）编制合并所有者权益变动表时应进行抵销的项目。

①母公司对子公司的长期股权投资与母公司在子公司所有者权益中享有的份额相互抵销；

②母公司对子公司、子公司相互之间持有对方长期股权投资的投资收益应当抵销；

③母公司与子公司、子公司相互之间发生的其他内部交易对所有者权益变动的影响抵销。

合并所有者权益变动表各项目抵销处理参见合并资产负债表和合并利润表相关抵销分录内容。

3）合并工作底稿。主要包括内部往来核对表和内部交易统计表、合并报表抵销调整分录等。

4. 基于财务管控"一本账"财务报表的合并抵销

（1）主要操作流程。

1）手工录入抵销凭证。手工录入抵销凭证主要适用于以下情况：

①调整非同一控制下企业合并时，子公司资产的账面价值与公允价值不一致的情况；

②将母公司对子公司的长期股权投资由成本法调整为权益法；

③账务上未体现相应抵销信息，需要手工录入抵销数据的其他情况。

2）期初抵销凭证录入。期初抵销凭证录入是专用于录入期初抵销凭证的菜单，功能使用和手工录入抵销凭证相同。

3）调整期录入抵销凭证。适用情况：存在科目体系调整情况下，对不再使用的旧科目所含的内部未实现利润调整至新科目上。

调整期录入抵销凭证功能使用和手工录入抵销凭证相似，仅界面不同，增加调整期标示显示。

4）原始凭证冲销。由于凭证数据录入有时候存在错误，就需要对原始业务凭证进行冲销处理。

5）期末生成抵销凭证。通过"集团账务→抵销平台→生成抵销凭证→期末生成抵销凭证"，进入"期末生成抵销凭证"界面。

（2）主要业务抵销分录。

1）股权投资业务（以下表述的会计科目为简单表述。）

①对全资子公司的投资。

A. 初始投资设立形成长期股权投资。

合并抵销分录

摘要	会计科目	借方	贷方
抵销××公司的长期股权投资	长期股权投资-成本法-全资子公司（红字）	××.××	
抵销××公司的长期股权投资	实收资本（股本）（红字）		××.××
抵销××公司的长期股权投资	资本公积-资本（股本）溢价（红字）		××.××
合 计		××.××	××.××

B. 非同一控制企业合并形成长期股权投资。

合并抵销分录

摘要	会计科目	借方	贷方
抵销××公司的长期股权投资	长期股权投资-成本法-全资子公司（红字）	××.××	
抵销××公司的长期股权投资	商誉	××.××	
抵销××公司的长期股权投资	子公司净资产公允价值（红字）		××.××
抵销××公司的长期股权投资	营业外收入		××.××
合 计		××.××	××.××

注：合并抵销借方差额为商誉，贷方差额为营业外收入。

②对控股子公司的投资。

A. 初始投资设立形成的长期股权投资。

合并抵销分录

摘要	会计科目	借方	贷方
抵销××公司的长期股权投资	长期股权投资-成本法-控股子公司（红字）	××.××	
抵销××公司的长期股权投资	实收资本（股本）（红字）		××.××
抵销××公司的长期股权投资	资本公积-资本（股本）溢价（红字）		××.××
抵销××公司的长期股权投资	少数股东权益		××.××
合 计		××.××	××.××

B. 非同一控制企业合并形成的长期股权投资。

合并抵销分录

摘要	会计科目	借方	贷方
抵销××公司的长期股权投资	长期股权投资-成本法-控股子公司（红字）	××.××	
抵销××公司的长期股权投资	商誉	××.××	
抵销××公司的长期股权投资	子公司净资产公允价值（红字）		××.××
抵销××公司的长期股权投资	营业外收入		××.××

摘要	会计科目	借方	贷方
抵销××公司的长期股权投资	少数股东权益		XX.XX
合　计		XX.XX	XX.XX

注：合并抵销借方差额为商誉，贷方差额为营业外收入。

③股利分配业务。

合并抵销分录

摘要	会计科目	借方	贷方
抵销××公司的股利分配	应收股利（红字）	XX.XX	
抵销××公司的股利分配	应付股利（红字）		XX.XX
抵销××公司的股利分配	利润分配-应付现金股利或利润（红字）	XX.XX	
抵销××公司的股利分配	投资收益（红字）		XX.XX
合　计		XX.XX	XX.XX

④实际收付股利业务。

合并抵销分录

摘要	会计科目	借方	贷方
抵销收到××公司的股利	应付股利（红字）	XX.XX	
抵销收到××公司的股利	应收股利（红字）		XX.XX
合　计		XX.XX	XX.XX

2）内部购销存货业务。

以企业销售产品为例：

①加价销售（销售毛利率为正）。购买方作为原材料、库存商品、工程物资、固定资产、在建工程管理。

合并抵销分录

摘要	会计科目	借方	贷方
抵销内部销售商品	应收账款-应收产品销售收入（红字）	XX.XX	
抵销内部销售商品	应付账款-应付物资款/商品款（红字）		XX.XX
抵销内部销售商品	主营业务成本-产品销售成本（红字）	XX.XX	
抵销内部销售商品	原材料、库存商品、在建工程/项目成本、工程物资、固定资产等（红字）	XX.XX	
抵销内部销售商品	主营业务收入-产品销售收入（红字）		XX.XX
合　计		XX.XX	XX.XX

②减价销售（销售毛利率为负）。购买方作为原材料、库存商品、工程物资、固定资产、在建工程管理。

合并抵销分录

摘要	会计科目	借方	贷方
抵销内部销售商品	应收账款-应收产品销售收入（红字）	××.××	
抵销内部销售商品	应付账款-应付物资款/商品款（红字）		××.××
抵销内部销售商品	主营业务成本-产品销售成本（红字）	××.××	
抵销内部销售商品	原材料、库存商品、在建工程/项目成本、工程物资、固定资产等（红字）		××.××
抵销内部销售商品	主营业务收入-产品销售收入（红字）		××.××
合 计		××.××	××.××

3）内部购建固定资产、在建工程业务。

①销售毛利率为正。购买方作为固定资产、存货、工程物资、在建工程管理。

合并抵销分录

摘要	会计科目	借方	贷方
抵销购建固定资产、在建工程业务	应收账款-应收其他业务收入（红字）	××.××	
抵销购建固定资产、在建工程业务	应付账款-应付物资款（红字）		××.××
抵销购建固定资产、在建工程业务	原材料、库存商品、在建工程/项目成本、工程物资、固定资产等（红字）	××.××	
抵销购建固定资产、在建工程业务	营业外收入（红字）		××.××
合 计		××.××	××.××

②销售毛利率为负。购买方作为固定资产、存货、工程物资、在建工程管理。

合并抵销分录

摘要	会计科目	借方	贷方
抵销购建固定资产、在建工程业务	应收账款-应收其他业务收入（红字）	××.××	
抵销购建固定资产、在建工程业务	应付账款-应付物资款（红字）		××.××
抵销购建固定资产、在建工程业务	原材料、库存商品、在建工程/项目成本、工程物资、固定资产等（红字）		××.××
抵销购建固定资产、在建工程业务	营业外支出（红字）	××.××	
合 计		××.××	××.××

4）内部提供服务业务。

以提供技术开发、技术咨询、检测等服务业务为例：

①如未实现内部销售利润（不区分毛利率）。

合并抵销分录

摘要	会计科目	借方	贷方
抵销内部提供业务	应收账款-应收技术收入（红字）	XX.XX	
抵销内部提供业务	应付账款-应付劳务款（红字）		XX.XX
抵销内部提供业务	主营业务成本-技术成本（红字）	XX.XX	
抵销内部提供业务	主营业务收入-技术收入（红字）		XX.XX
合 计		XX.XX	XX.XX

②销售毛利率为正。

合并抵销分录

摘要	会计科目	借方	贷方
抵销内部提供业务	应收账款-应收技术收入（红字）	XX.XX	
抵销内部提供业务	应付账款-应付劳务款/工程款（红字）		XX.XX
抵销内部提供业务	主营业务成本-技术成本（红字）	XX.XX	
抵销内部提供业务	研发支出-资本化支出、在建工程等（红字）	XX.XX	
抵销内部提供业务	主营业务收入-技术收入（红字）		XX.XX
合 计		XX.XX	XX.XX

③销售毛利率为负。

合并抵销分录

摘要	会计科目	借方	贷方
抵销内部提供业务	应收账款-应收技术收入（红字）	XX.XX	
抵销内部提供业务	应付账款-应付劳务款/工程款（红字）		XX.XX
抵销内部提供业务	主营业务成本-技术成本（红字）	XX.XX	
抵销内部提供业务	研发支出-资本化支出、在建工程等（红字）		XX.XX
抵销内部提供业务	主营业务收入-技术收入（红字）		XX.XX
合 计		XX.XX	XX.XX

5）委托贷款业务。

①本金收付业务处理。

合并抵销分录

摘要	会计科目	借方	贷方
抵销委托贷款本金	委托贷款-本金（红字）	XX.XX	
抵销委托贷款本金	短期/长期借款-委托借款本金（红字）		XX.XX
合 计		XX.XX	XX.XX

②利息费用计提。委托方和借款方对于委托贷款业务的利息核算的频度和科目应当统

一，各方均按月或按季进行核算，且必须首先挂入往来，再进行应收应付的相关核算。

合并抵销分录

摘要	会计科目	借方	贷方
抵销委托贷款收益	财务费用-利息支出、在建工程等（红字）	××.××	
抵销委托贷款收益	投资收益-委托贷款收益（红字）		××.××
抵销应收委托贷款收益	应收利息（红字）	××.××	
抵销应收委托贷款收益	应付利息-短期/长期借款利息（红字）		××.××
合计		××.××	××.××

③利息费用支付。集团对账凭证对应：委托人收到利息凭证与借款人付息凭证对应，对账生成抵销凭证。

合并抵销分录

摘要	会计科目	借方	贷方
抵销收到的委托贷款收益	应付利息-短期/长期借款利息（红字）	××.××	
抵销收到的委托贷款收益	应收利息（红字）		××.××
合计		××.××	××.××

④收回本金抵销。

合并抵销分录

摘要	会计科目	借方	贷方
抵销收到的委托贷款本金	短期/长期借款-委托借款本金（红字）	××.××	
抵销收到的委托贷款本金	委托贷款-本金（红字）		××.××
合计		××.××	××.××

6）内部债权债务业务。

合并抵销分录

摘要	会计科目	借方	贷方
抵销内部债权、债务实际收付款业务	应付账款（红字）	××.××	
抵销内部债权、债务实际收付款业务	应收账款（红字）		××.××
抵销内部债权、债务实际收付款业务	预付账款（红字）	××.××	
抵销内部债权、债务实际收付款业务	预收账款（红字）		××.××
抵销内部债权、债务实际收付款业务	其他应付款（红字）	××.××	
抵销内部债权、债务实际收付款业务	其他应收款（红字）		××.××
抵销内部债权、债务实际收付款业务	应收票据（红字）	××.××	
抵销内部债权、债务实际收付款业务	应付票据（红字）		××.××
抵销内部债权、债务实际收付款业务	长期应付款（红字）	××.××	

摘要	会计科目	借方	贷方
抵销内部债权、债务实际收付款业务	长期应收款（红字）		××.××
抵销内部债权、债务实际收付款业务	银行存款/库存现金/其他货币资金（红字）	××.××	
抵销内部债权、债务实际收付款业务	银行存款/库存现金/其他货币资金（红字）		××.××
合　计		××.××	××.××

5. 合并报表附注

合并报表附注在个别财务报表附注披露的基础上，还应当披露以下信息：

（1）子公司的清单，包括集团名称、注册地、业务性质、母公司的持股比例和表决权比例。

（2）母公司直接或通过子公司间接拥有被投资单位表决权不足半数但能对其形成控制的原因。

（3）母公司直接或通过其他子公司间接拥有被投资单位半数以上的表决权但未能对其形成控制的原因。

（4）子公司所采用的与母公司不一致的会计政策，编制合并财务报表的处理方法及其影响。

（5）子公司与母公司不一致的会计期间，编制合并财务报表的处理方法及其影响。

（6）本期增加子公司，区分同一控制下集团合并和非同一控制下集团合并，并按照以下的规定进行披露：

1）同一控制下集团合并。

①参与合并集团的基本情况。

②属于同一控制下集团合并的判断依据。

③合并日的确定依据。

④以支付现金、转让非现金资产以及承担债务作为合并对价的，所支付对价在合并日的账面价值；以发行权益性证券作为合并对价的，合并中发行权益性证券的数量及定价原则，以及参与合并各方交换有表决权股份的比例。

⑤被合并方的资产、负债在上一会计期间资产负债表日及合并日的账面价值；被合并方自合并当期期初至合并日的收入、净利润、现金流量等情况。

⑥合并合同或协议约定将承担被合并方或有负债的情况。

⑦被合并方采用的会计政策与合并方不一致所作调整情况的说明。

⑧合并后已处置或准备处置被合并资产、负债的账面价值、处置价格等。

2）非同一控制下集团合并。

①参与合并集团的基本情况。

②购买日的确定依据。

③合并成本的构成及其账面价值、公允价值及公允价值的确定方法。

④被购买方各项可辨认资产、负债在上一会计期间资产负债表日及购买日的账面价值和公允价值。

⑤合并合同或协议约定将承担被购买方或有负债的情况。

⑥被购买方自购买日起至报告期期末的收入、净利润和现金流量等情况。

⑦商誉的金额及其确定方法。

⑧因合并成本小于合并中取得的被购买方可辨认净资产公允价值的份额计入当期损益的金额。

⑨合并后已处置或准备处置被购买方资产、负债的账面价值、处置价格等。

（7）本期不再纳入合并范围的原子公司，说明原子公司的名称、注册地、业务性质、母公司的持股比例和表决权比例，本期不再成为子公司的原因，其在处置日和上一会计期间资产负债表日资产、负债和所有者权益的金额以及本期期初至处置日的收入、费用和利润的金额。

（8）子公司向母公司转移资金的能力受到严格限制的情况。

（9）需要在附注中说明的其他事项。

三、中期财务报告

中期财务报告是指以短于一个完整会计年度的报告期间为基础编制的财务报告，包括月度财务报告、季度财务报告、半年度财务报告，也包括年初至本中期末的财务报告。

1. 中期财务报告应遵循的原则

（1）遵循与年度财务报告相一致的会计政策原则，不得随意变更会计政策。

（2）遵循重要性原则。对重要性的判断应注意以下三点：

1）重要性程度的判断应当以中期财务数据为基础，而不得以预计的年度财务数据为基础。中期财务数据既包括本中期的财务数据，也包括年初至本中期末的财务数据。

2）重要性原则的运用应当保证中期财务报告包括与理解企业中期末财务状况和中期经营成果及其现金流量相关的信息。

3）重要性程度的判断需要根据具体情况做出具体分析和职业判断。

（3）遵循及时性原则，向会计信息使用者提供比年度财务报告更加及时的信息，提高会计信息的决策有用性。

同时，对于其他会计原则也应当像年度财务报告一样予以遵循。

2. 中期财务报告的确认与计量

（1）中期财务报告中各会计要素的确认和计量原则应当与年度财务报告所采用的原则相一致。

（2）在编制中期财务报告时，中期会计计量应当以年初至本中期末为基础，无论中期财务报告的频率是月度、季度还是半年度，中期会计计量的结果最终应当与年度财务报告中的会计计量结果相一致。

（3）中期采用的会计政策应当与年度财务报告相一致，会计政策、会计估计变更应当符合规定。

在同一会计年度内，以前中期财务报表项目在以后中期发生了会计估计变更的，以后中期财务报表应当反映该会计估计变更后的金额，对以前中期财务报表项目金额不作调整。

（4）企业取得季节性、周期性或者偶然性收入，应当在发生时予以确认和计量，除会计年度末允许预提或者递延的之外，不应当在中期财务报表中预计或者递延。

（5）企业在会计年度中不均匀发生的费用，应当在发生时予以确认和计量，除会计年度末允许预提或者待摊的之外，不应在中期财务报表中预提或者待摊。

3. 中期财务报告的内容

中期财务报告至少应当包括资产负债表、利润表、现金流量表和会计报表附注。

中期资产负债表、利润表和现金流量表应当是完整报表，其格式和内容应当与上年度财务报表相一致。

中期财务报告附注应当以年初至本中期末为基础编制，应当对自上年度资产负债表日之后发生的重要的交易或者事项进行披露，中期财务报告附注至少包括以下信息：

（1）中期会计报表所采用的会计政策与上年度会计报表一致的说明。

（2）会计估计变更的内容、理由及其影响数；如果影响数不能确定，应当说明理由。

（3）前期差错的性质及其更正金额；无法进行追溯重述的，应当说明原因。

（4）企业经营的季节性或者周期性特征。

（5）存在控制关系的关联方发生变化的情况；关联方之间发生交易的，应当披露关联方关系的性质、交易类型和交易要素。

（6）合并财务报表的合并范围发生变化的情况。

（7）对性质特别或者金额异常的财务报表项目的说明。

（8）债务性证券和权益性证券的发行、回购和偿还情况。

（9）向集团所有者分配利润的情况，包括在中期内实施的利润分配和已提出或者已批准但尚未实施的利润分配情况。

（10）披露分部报告信息的，应当披露主要报告形式的分部收入与分部利润（亏损）。

（11）中期资产负债表日至中期财务报告批准报出日之间发生的非调整事项。

（12）上年度资产负债表日以后所发生的或有负债和或有资产的变化情况。

（13）企业结构变化情况，包括企业合并，对被投资单位具有重大影响、共同控制或者控制关系的长期股权投资的购买或者处置，终止营业等。

会计核算手册

（14）其他重大交易或者事项。

4. 比较财务报表的编制

企业在中期末除了编制中期财务报表外，还应当提供前期比较财务报表，中期财务报告应当按照下列规定提供比较财务报表：

（1）本中期末的资产负债表和上年度末的资产负债表。

（2）本中期的利润表、年初至本中期末的利润表以及上年度可比中期的利润表和上年度年初至上年可比中期末的利润表。

（3）年初至本中期末的现金流量表和上年度年初至上年度可比中期末的现金流量表。

当年新实施的会计准则对财务报表格式和内容作了修改的，中期财务报表应当按照修改后的报表格式和内容编制，上年度比较财务报表的格式和内容也应当作相应调整。

5. 中期合并财务报表和母公司财务报表的编制

（1）上年度编制合并报表的，中期期末应当编制合并财务报表。上年度财务报告除了包括合并财务报表，还包括母公司财务报表的，中期财务报告也应当包括母公司财务报表。

（2）上年度财务报表报告包括合并财务报表，但报告中期内处置了所有应当纳入合并范围的子公司的，中期财务报告只需提供母公司财务报表，除上年度可比中期没有子公司外，上年度比较报表仍应当包括合并财务报表。

6. 中期会计政策变更的处理

企业在中期发生了会计政策变更的，应当按照规定处理，并在财务报告附注中作相应披露。会计政策变更的累积影响数能够合理确定，且涉及本会计年度以前中期财务报表相关数字的，应当予以追溯调整；同时，上年度可比中期财务报表也应当作相应调整。会计政策变更的累积影响数不能合理确定的，以及不涉及本会计年度以前中期财务报表相关数字的，应当采用未来适用法。同时在附注中说明会计政策变更的内容、原因及其影响数，影响数不能确定，应当说明原因。

· 420 ·